J. Alves

OS CINCO MINUTOS DOS SANTOS

© 2002 by Editora Ave-Maria. All rights reserved.
Tel.: (11) 3823-1060/ 3826-6111 – Fax: (11) 3825-4674
Rua Martim Francisco, 636 – 01226-000 – São Paulo, SP – Brasil
e-mail: comercial@avemaria.com.br • editorial@avemaria.com.br
site: www.avemaria.com.br

ISBN: 978-85-276-0839-8

Printed in Brazil – Impresso no Brasil
4. ed. – 2012

Capa: Maycon Robinson de Almeida
Ilustrações: José Ricardo

(Algumas imagens reproduzidas neste livro têm caráter meramente ilustrativo)

Dados Internacionais de Catalogação na Publicação (CIP)
(Câmara Brasileira do Livro, SP, Brasil)

Alves, J., 1949-
Os cinco minutos dos santos / J. Alves. – São Paulo:
Editora Ave-Maria, 2002.

ISBN: 978-85-276-0839-8

1. Devoções diárias 2. Festas religiosas 3. Igreja
Católica – Liturgia 4. Santos – Culto 5. Testemunhos
(Cristianismo) 6. Vida cristã I. Título.

01-0196   CDD-242.37

Índices para catálogo sistemático:
1. Santos do dia: Festas cristãs: Literatura
   devocional: Cristianismo   242.37

Diretor Geral: Marcos Antônio Mendes, cmf
Diretor Editorial: Luís Erlin Gomes Gordo, cmf
Gerente Editorial: J. Augusto Nascimento
Editor Assistente: Valdeci Toledo
Revisão: Dulce S. Seabra, Oneide M. M. Espinosa e Danielle Sales
Diagramação: Júlio César Nogueira
Produção Gráfica: Carlos Eduardo P. de Sousa
Impressão e acabamento: Gráfica Ave-Maria

A Editora Ave-Maria faz parte do Grupo de Editores Claretianos
(Claret Publishing Group).
Bangalore • Barcelona • Buenos Aires • Chennai •
Macau • Madri • Manila • São Paulo

Dedico este livro

*a meus pais, Antônio Augusto Alves e Maria José Alves,
e familiares, verdadeiros exemplos de oração
e de devoção aos santos, sobretudo à Mãe de Deus.*

*À minha esposa, Fátima,
e a meus filhos, Igor, Maíra e Saulo* (post memoriam),
*que abriram mão de preciosas horas de convivência,
para que eu pudesse me dedicar
à elaboração destas páginas.*

Agradeço

*aos amigos e companheiros da Editora Ave-Maria,
que me ajudaram no parto difícil da edição dessa obra.*

*De modo especial
a Pe. Nestor Zatt,
Pe. Brás Lorenzetti,
Pe. Américo e Silvia Villalta,
que assumiram o desafio desta publicação.*

*À Leonice, que fez a pesquisa iconográfica,
e a José Ricardo, que elaborou as ilustrações.*

SUMÁRIO

Apresentação, 11

Janeiro
1. Maria, Mãe de Deus (*solenidade*) – S. Odilão, 14
2. S. Gregório Nazianzeno (*memória*), 16
3. S. Genoveva – S. Antero, 18
4. S. Elisabete Seton, 20
5. S. Simeão Estilita, 22
6. Epifania – Reis Magos (*solenidade*) – S. João de Ribera, 24
7. S. Raimundo de Peñaforte, 26
8. B. Alix Le Clercq, 28
9. S. Pedro Sebaste, 30
10. S. Agatão, 32
11. S. Teodósio, 34
12. S. Arcádio – S. Antônio Maria Pucci, 36
13. S. Aelredo, 38
14. S. Odo de Novara, 40
15. S. Paulo de Tebaida – S. Amaro, 42
16. S. Marcelo I, 44
17. S. Antão Abade (*memória*), 46
18. Nossa Senhora dos Impossíveis – S. Prisca, 48
19. S. Margarida Bourgeoys – S. Volstano, 50
20. S. Sebastião – S. Fabiano, 52
21. S. Inês (*memória*) – S. Epifânio, 54
22. S. Vicente de Saragoça – B. Laura Vicuña, 56
23. S. Ildefonso de Toledo, 58
24. S. Francisco de Sales (*memória*) – S. Paula Gambara, 60
25. Conversão de S. Paulo (*festa*) – S. Popo, 62
26. S. Timóteo e S. Tito (*memória*) – S. Alberico (S. Álvaro), 64
27. B. Henrique de Ossó, 66
28. S. Tomás de Aquino (*memória*) – S. Pedro Nolasco, 68
29. S. Julião Hospitaleiro e S. Basilissa, 70
30. S. Jacinta Marescotti, 72
31. S. João Bosco (*memória*), 74 – S. Marcela, 75

Fevereiro
1. S. Veridiana, 76
2. Apresentação do Senhor (*festa*) – N. S. dos Navegantes ou da Boa Viagem, 78
3. S. Brás, 80 – S. Oscar, 81
4. S. José de Leonissa, 82
5. S. Águeda (*memória*) – S. Avito de Vienne, 84
6. S. Paulo Miki e seus companheiros (*memória*) – S. Amando de Maastricht, 86
7. S. Ricardo, 88
8. B. Josefina Bakita – S. Jaquelina, 90
9. S. Apolônia de Alexandria, 92
10. S. Escolástica (*memória*) – B. Hugo de Fosses, 94
11. N. S. de Lourdes – S. Adolfo, 96
12. S. Antônio Cauleas, 98
13. S. Jordão, 100
14. S. Cirilo e S. Metódio (*memória*), 102
15. B. Cláudio de la Colombière, 104
16. S. Onésimo, 106
17. S. Fundadores dos Servos de Maria, 108 – N. S. do Desterro, 109
18. S. João de Fiésole (Fra Angélico), 110

- **19** S. Conrado de Piacenza, 112
- **20** S. Euquério – B. Tomás Pormort, 114
- **21** S. Pedro Damião, 116
- **22** Cátedra de S. Pedro, Apóstolo (*festa*), 118
- **23** S. Policarpo (*memória*) – B. Rafaela Ibarra, 120
- **24** B. Maria Josefa Naval Girbés – S. Edilberto, 122
- **25** S. Valburga, 124
- **26** S. Nestor – S. Alexandre de Alexandria, 126
- **27** S. Leandro de Sevilha, 128
- **28** S. Romano, 130
- **29** S. Gregório de Narek, 132

Março
- **1** S. Rosendo – S. Davi de Menévia, 134
- **2** S. Simplício, 136
- **3** S. Nicolau Albergati – S. Cunegundes de Luxemburgo, 138
- **4** S. Casimiro da Polônia (*memória*), 140
- **5** B. Jeremias – S. Gerasmo, 142
- **6** S. Olegário – S. Coleta Boylet, 144
- **7** S. Perpétua e S. Felicidade (*memória*), 146
- **8** S. João de Deus – S. Julião, 148
- **9** S. Francisca Romana, 150
- **10** B. Maria Eugênia Millaret, 152
- **11** S. Constantino – S. Sofrônio, 154
- **12** S. Gregório de Nissa, 156
- **13** S. Eufrásia, 158
- **14** B. Tiago Gusmão, 160
- **15** S. Clemente Maria Hoffbauer, 162
- **16** S. Abrão, 164
- **17** S. Gertrudes de Nivela, 166
- **18** S. Gabriel Arcanjo – S. Alexandre de Jerusalém, 168
- **19** S. José, esposo de Maria (*solenidade*), 170 – S. João Burali, 171
- **20** S. Serapião de Têmuis, 172
- **21** S. Nicolau de Flue, 174
- **22** S. Lea – S. Zacarias, 176
- **23** S. José Oriol, 178
- **24** S. Diogo José de Cádis, 180
- **25** Anunciação do Senhor (*solenidade*) – N. S. da Encarnação – S. Dimas, 182
- **26** Madre Paulina – S. Ludgero, 184
- **27** S. Ruperto – B. Francisco Faá de Bruno, 186
- **28** S. Sisto III, 188
- **29** S. Jonas e S. Baraquísio, 190
- **30** S. João Clímaco, 192
- **31** S. Benjamim – S. Balbina, 194

Abril
- **1** N. S. da Penha – S. Hugo de Grenoble, 196
- **2** B. Elisabete Vendramini – S. Maria Egípcia, 198
- **3** S. José, o Hinógrafo – S. Nicetas, 200
- **4** S. Benedito – S. Irene, 202
- **5** S. Juliana de Cornillon, 204
- **6** S. Marcelino, 206
- **7** S. João Batista de La Salle (*memória*) – S. Hermano José, 208
- **8** S. Dionísio, 210
- **9** S. Maria Cléofas, 212
- **10** S. Antônio Neyrot, 214
- **11** S. Gema Galgani – S. Estanislau (*memória*), 216
- **12** S. Júlio I, 218
- **13** S. Martinho I (*memória*), 220
- **14** S. Hermenegildo, 222
- **15** S. Pedro Gonzale, 224
- **16** S. Bernadete, 226
- **17** S. Roberto de Turlane e comp., 228
- **18** S. Perfeito, 230
- **19** S. Expedito, 232 – S. Ema, 233
- **20** N. S. da Saúde – S. Hildegonda, 234
- **21** S. Simeão, 236
- **22** S. Senhorinha, 238
- **23** S. Jorge, 240
- **24** S. Maria de S. Eufrásia Pelletier, 242
- **25** S. Marcos, Evangelista (*festa*) – N. S. de Casaluce – S. Guilherme de Vercelli, 244
- **26** N. S. do Bom Conselho – S. Anacleto, 246 – S. Marcelino, 247
- **27** S. Zita – S. Ântimo, 248
- **28** S. Luís M.Grignion de Montfort – S. Teodora e S. Dídimo, 250

29 S. Catarina de Sena (*memória*) – S. Pedro de Verona, 252
30 S. Pio V, 254

Maio
1 S. José Operário – S. Brioco, 256 – S. Peregrino Laziozi, 257
2 B. Pio de Pietrelcina – S. Atanásio (*memória*), 258
3 S. Tiago Menor – S. Filipe (*festa*), 260
4 B. Zeferino G. Malla – S. Floriano, 262 – S. Silvano, 263
5 S. Máximo de Jerusalém – S. Hilário, 264
6 S. Lúcio de Cirene – S. Evódio, 266
7 S. João de Beverley, 268
8 N. S. de Luján, 270 – S. Bonifácio IV, 271
9 S. Pacômio, 272
10 S. João De Ávila – B. Henrique Rebuschini, 274
11 S. Francisco de Jerônimo, 276
12 S. Nereu, S. Aquiles e S. Pancrácio, 278
13 N. S. de Fátima, 280
14 S. Matias Apóstolo (*festa*) – S. Maria Domingas Mazzarello, 282
15 S. Dimpna, 284
16 S. André Bobola – S. Simão Stock, 286
17 S. Pascoal Bailão – B. Antônia Messina, 288
18 S. João I, 290
19 S. Celestino V, 292
20 S. Ivo de Chartres, 294
21 S. Goderico, 296
22 S. Rita de Cássia, 298
23 S. Crispim de Viterbo, 300
24 N. S. Auxiliadora (*solenidade*) – S. Donaciano e S. Rogaciano, 302
25 S. Maria Madalena de Pazzi – S. Beda, o Venerável, 304
26 S. Filipe Neri (*memória*) – N. S. do Caravaggio, 306
27 S. Júlio, 308
28 S. Lanfranco, 310
29 B. José Gérard, 312
30 S. Fernando de Castela, 314
31 N. S. da Visitação (*festa*), 316 – S. Petronila, 317

Junho
1 S. Justino (*memória*) – B. Aníbal Maria de Francia, 318
2 S. Potino, S. Blandina e companheiros, 320
3 S. S. Clotilde – Carlos Lwanga e companheiros (*memória*), 322
4 S. Francisco Caracciolo, 324
5 S. Bonifácio (*memória*) – S. Doroteu, o Jovem, 326
6 S. Noberto de Xanten, 328
7 S. Antônio Maria Gianelli, 330
8 S. Medardo – B. Maria do Divino Coração, 332
9 B. José de Anchieta (*memória*), 334 – S. Efrém, 335
10 B. João Dominici, 336
11 S. Barnabé, Apóstolo (*memória*) – S. Paula Frassinetti, 338
12 S. Onofre – S. Gaspar Bertoni, 340
13 S. Antônio de Pádua (*memória*), 342 – S. Gerardo de Claraval, 343
14 S. Metódio I – S. Iolanda, 344
15 S. Maria Micaela do Santíssimo Sacramento – S. Germana Cousin, 346
16 S. Julita, 348
17 S. Rainério de Pisa, 350
18 B. Hosana de Mântua, 352
19 S. Gervásio e S. Protásio, 354
20 S. Juliana de Falconiere, 356
21 S. Luís Gonzaga (*memória*) – S. Raul, 358
22 S. João Fisher, 360
23 S. José Cafasso, 362
24 Nascimento de S. João Batista (*solenidade*) – B. Raingarda, 364
25 S. Máximo de Turim, 366
26 B. José Maria Escrivá, 368 – B. Madalena Fontaine e Companheiras, 369
27 N. S. do Perpétuo Socorro – S. Cirilo de Alexandria, 370
28 S. Leão II – S. Irineu (*memória*), 372
29 S. Pedro – S. Paulo (*solenidade*), 374
30 S. Raimundo Lulo, 376

Julho
1 S. Suetônio, 378
2 S. Bernardino Realino, 380
3 S. Tomé, Apóstolo (*festa*) – S. Anatólio, 382
4 S. Isabel de Portugal, 384
5 S. Filomena, 386
6 S. Maria Goretti – S. Godeliva, 388
7 S. Bento XI, 390
8 B. Gregório Grassi e Comp., 392
9 N. Senhora da Paz – S. Verônica Giuliani, 394
10 S. Felicidade e os seus sete filhos, 396
11 S. Bento de Núrsia (*memória*), 398 – S. Olga, 399
12 S. João Gualberto – S. João de Wall, 400
13 S. Henrique, o Pacífico, 402
14 S. Camilo de Lélis, 404
15 S. Boaventura (*memória*), 406
16 N. S. do Carmo, 408
17 B. S. Aleixo e S. Marcelina – B. Inácio de Azevedo e companheiros (*memória*), 410
18 S. Frederico, 412
19 S. Arsênio, 414
20 Padre Cícero Romão Batista, 416 – S. Aurélio, 417
21 S. Lourenço de Brindisi, 418
22 S. Maria Madalena (*memória*) – B. Agostinho Fangi, 420
23 S. João Cassiano, 422
24 S. Cristina, a Admirável, 424
25 S. Tiago Maior (*memória*) – S. Cristóvão, 426
26 S. Joaquim e Sant'Ana (*memória*) – B. Bartolomea Capitânio, 428
27 S. Natália, Aurélio, Liliana, Félix e Jorge, 430
28 S. Vítor, 432
29 S. Marta (*memória*), 434 – S. Olavo, 435
30 B. Eduardo Powell, S. Júlia, 436
31 S. Inácio de Loyola (*memória*) – S. Fábio, 438

Agosto
1 S. Afonso Maria de Ligório (*memória*) – S. Etelvoldo, 440
2 N. S. dos Anjos – S. Eusébio de Vercelli, 442
3 S. Nicodemos, 444
4 S. João Maria Batista Vianney (*memória*) – S. Aristarco, 446
5 N. S. das Neves – S. Sisto II, 448
6 Transfiguração do Senhor (*festa*), 450 – S. Hormisda, 451
7 S. Caetano, 452
8 S. Domingos de Gusmán (*memória*) – Santos Auxiliadores, 454
9 S. Osvaldo da Nortúmbria – B. Florentino Asensio Barroso, 456
10 S. Lourenço (*festa*), 458
11 S. Clara de Assis (*memória*) – S. Alexandre, o Carvoeiro, 460
12 N. S. da Cabeça, 462 – S. Euplo, 463
13 Mártires de Barbastro – S. Ponciano e S. Hipólito, 464
14 S. Maximiliano Kolbe (*memória*) – N. S. da Boa Morte, 467
15 N. S. da Assunção (*solenidade*) – N. S. de Bolonha – N. S. da Abadia, 468
16 S. Estêvão da Hungria, 470
17 S. Roque, 472 – S. Clara de Montefalco, 473
18 S. Helena, 474
19 S. João Eudes, 476
20 S. Bernardo (*memória*) – S. Felisberto, 478
21 S. Pio X (*memória*) – B. Umbelina, 480
22 N. S. Rainha (*memória*) – S. Sinforiano, 482
23 S. Rosa de Lima (*festa*) – S. Filipe Benício ou Benizi, 484
24 S. Bartolomeu, Apóstolo (*festa*) – S. Emília de Vialar, 486
25 S. Luís, 488
26 S. Teresa Jornet, 490
27 S. Mônica (*memória*) – S. Cesário de Arles, 492
28 S. Agostinho (*memória*) – S. Joaquina de Verdruma, 494
29 Martírio de S. João Batista (*memória*) – S. Sabina, 496
30 B. Joana Jugan, 498
31 S. Raimundo Nonato – S. Aristides, 500

Setembro
1 S. Beatriz da Silva, 502
2 S. Justo de Lião e S. Viator, 504
3 S. Gregório Magno (*memória*), 506 – S. Serápia, 507
4 N. S. da Consolação – S. Rosália, 508
5 S. Lourenço Justiniano, 510
6 B. Liberato, 512
7 S. Clodoaldo ou Cloud, 514
8 Natividade de Nossa Senhora (*festa*) – S. Corbiniano, 516
9 S. Tomás de Vilanova – S. Pedro Claver, 518
10 S. Nicolau de Tolentino, 520
11 N. S. do Bom Sucesso ou dos Agonizantes – S. Proto e S. Jacinto, 522
12 S. Guido, 524
13 S. João Crisóstomo (*memória*) – S. Amado, 526
14 Exaltação da Santa Cruz (*festa*) – N. S. de Nazaré, 528
15 N. S. das Dores ou da Angústia (*memória*) – S. João, o Anão, 530
16 S. Cornélio, papa e S. Cipriano (*memória*), bispo, 532
17 S. Hildegarda, 534
18 S. José de Copertino, 536
19 N. S. da Salete – S. Emília Rodat, 538
20 B. Caetano Catanoso – S. André Kim e companheiros (*memória*), 540
21 S. Mateus (*festa*), 542
22 S. Félix IV, 544
23 S. Lino, 546
24 N. S. das Mercês, 548 – N. S. Aparecida de Cabo Frio, 549
25 S. Hermano, o Entrevado, 550
26 S. Cosme e S. Damião – S. Cipriano, o Mago, Justina, 552
27 S. Vicente de Paulo (*memória*), 554 – S. Adolfo e João, 555
28 S. Eustáquia, 556
29 S. Miguel, S. Gabriel e S. Rafael, Arcanjos (*festa*) – S. Ciríaco, o Eremita, 558
30 S. Jerônimo (*memória*) – S. Gregório, o Iluminador, 560

Outubro
1 S. Teresinha do Menino Jesus (*memória*), 562 – S. Remígio, 563
2 Santos Anjos da Guarda (*memória*), 564
3 B. André de Soveral e companheiros – S. Tomás de Hereford, 566
4 S. Francisco de Assis (*memória*), 468 – S. Petrônio, 569
5 S. Apolinário de Valence – S. Raimundo de Cápua, 570
6 S. Maria Francisca das Cinco Chagas, 572
7 N. S. do Rosário (*memória*), 574 – S. Marcos, 575
8 S. Pelágia, a Penitente, 576
9 S. Dionísio e seus companheiros, 578
10 S. Daniel e companheiros – S. Daniel Comboni, 580
11 S. Alexandre Sáuli – S. Maria Soledade Torres Acosta, 582
12 N. S. Aparecida (*solenidade*),584 – S. Serafim de Montegranaro, 585
13 S. Geraldo de Aurillac, 586
14 S. Domingos Loricato – S. Fortunato, 588
15 S. Teresa de Ávila (*memória*) – S. Eutímio, o Jovem, 590
16 S. Edwiges – S. Geraldo Majela, 592
17 S. Inácio de Antioquia (*memória*) – S. Margarida Maria Alacoque, 594
18 N. S. Mãe Rainha ou Mãe Peregrina – S. Lucas (*festa*), 596
19 S. Pedro de Alcântara, 598
20 S. Irene ou Iria, 600
21 S. Úrsula e companheiras, 602
22 S. Abércio, 604
23 S. Severino Boécio, 606
24 S. Antônio Maria Claret, 608
25 B. Frei Galvão – S. Gaudêncio de Bréscia, 610
26 B. Luís Orione, 612
27 B. Madre Maria Encarnación Rosal – S. Frumêncio, 614
28 S. Judas Tadeu (*festa*), 616 – S. Cirila, 617
29 S. Narciso, 618
30 S. Marcelo, 620
31 S. Wolfgang, 622

Novembro

1 Todos os santos (*solenidade*) – S. Cesário de Terracina, 624
2 Dia dos Finados – S. Marciano, 626
3 S. Martinho de Lima, 628
4 S. Carlos Borromeu (*memória*) – S. Vital e S. Agrícola, 630
5 B. Francisca D'Amboise, 632
6 S. Iltut, 634
7 S. Ernesto, 636
8 S. Godofredo, 638
9 Dedicação da Basílica de Latrão (*festa*) – B. Isabel da Trindade, 640
10 S. Leão Magno (*memória*), 642 – S. André Avelino, 643
11 S. Martinho (*memória*) – S. Menas, 644
12 S. Josafá de Polotsk (*memória*) – S. Emílio, 646
13 S. Homembom, 648
14 S. José Pignatelli, 650
15 S. Leopoldo da Áustria, 652
16 S. Margarida da Escócia, 654
17 S. Isabel da Hungria (*memória*) – S. Hilda, 656
18 S. Odon, 658
19 S. Roque González e companheiros (*memória*) – S. Matilde de Hackeborn, 660
20 S. Edmundo, 662
21 N. S. da Apresentação (*memória*) – S. Gelásio, 664
22 S. Cecília (*memória*), 666 – S. Filémon e S. Ápia, 667
23 S. Columbano, 668
24 S. André Dung-Lac e seus companheiros (*memória*) – S. Eanfleda, 670
25 S. Catarina de Alexandria, 672
26 S. João Berchmans, 674
27 N. S. das Graças ou da Medalha milagrosa – S. Gregório de Sinai, 676
28 S. Tiago de Marca, 678
29 B. Dionísio da Natividade e Redento da Cruz, 680
30 S. André (*festa*), 682

Dezembro

1 S. Elói, 684
2 B. João Ruysbroeck, 686
3 S. Francisco Xavier (*memória*) – S. Cláudio, 688
4 S. Bárbara, 690 – S. João Damasceno ou Mansur, 691
5 S. Sabas, 692
6 S. Nicolau, 694
7 S. Ambrósio (*memória*), 696
8 Imaculada Conceição de Maria (*solenidade*) – S. Frida, Edite e Sabina, 698
9 S. Pedro Fourier, 700
10 S. Joana Francisca de Chantal – S. Eulália de Mérida, 702
11 S. Daniel Estilita, 704
12 N. S. de Guadalupe (*festa*), 706
13 S. Luzia (*memória*), 708
14 S. João da Cruz (*memória*) – S. Venâncio Fortunato, 710
15 S. Maria Vitória, 712
16 B. Clemente Marchisio – S. Everardo, 714
17 S. Olímpia, 716
18 N. S. do Ó ou do Bom Parto – S. Vinebaldo, 718
19 S. Urbano V, 720
20 S. Zeferino, 722
21 S. Pedro Canísio, 724
22 S. Francisca Cabrini – S. Queremom, 726
23 S. Vitória e S. Anatólia, 728
24 S. Charbel Makhlouf, 730
25 Natal (*solenidade*) – S. Anastácia, 732
26 S. Estêvão (*festa*) – S. Vicenta Maria Lopes, 734
27 S. João Evangelista (*festa*) – S. Fabíola, 736
28 Os Santos inocentes (*festa*), 738
29 S. Davi, 740
30 S. Fulgêncio, 742
31 S. Silvestre – S. Melânia, a Jovem e S. Piniano – S. Valério, 744

APRESENTAÇÃO

Caro leitor, certamente você já se sentiu desanimado, vacilante, até mesmo impotente, diante das provações pelas quais Deus, na sua misteriosa pedagogia, permite que passemos. Quem de nós, ao menos por um dia, já não se sentiu órfão da esperança e da alegria de viver, como se o próprio Senhor houvesse desviado de nós seu olhar de ternura e de misericórdia?

E com a taça a transbordar de dor e desalento, sentamo-nos à beira de nossa própria vida, cedendo ao desânimo, ao pessimismo, quando não ao desespero. E esquecemos que o amor de Deus é para sempre: **"Se tiveres de atravessar a água, estarei contigo. E os rios não te submergirão; se caminhares pelo fogo, não te queimarás, e a chama não te consumirá. Pois eu sou o Senhor, teu Deus, o Santo de Israel, teu salvador...** *Porque és precioso a meus olhos, porque eu te aprecio e te amo, permuto reino por ti... Fica tranquilo, pois eu estou contigo..."* (Is 43,2ss).

Foi nessa ternura e nessa bondade de Deus que os santos de todos os tempos hauriram o alimento de sua mística espiritual e, como árvore plantada à beira do riacho, produziram abundantes frutos de justiça e de verdade.

Por isso, caro leitor, rama-irmã de um mesmo tronco, nós que bebemos de um mesmo Espírito de vida e por esse mesmo Espírito clamamos em nosso íntimo Abá, Pai!, elevemos o olhar ao alto e procuremos ver para além das brumas que por vezes obscurecem o nosso caminho. **Não estamos sozinhos. Temos junto a Deus uma multidão de intercessores que dia e noite velam por nós e, da sua coluna luminosa, nos guiam em nossa travessia** (cf. Sb18,1ss). E este livro quer ser o reflexo desse olhar divino e o eco dessas vozes a nos encorajar a cada momento, a iluminar a nossa escuridão, a ungir os nossos louvores e agradecimentos ao Senhor, a fazer subir a ele nossos pedidos.

Este livro quer ser para você um companheiro de viagem, o portador de uma palavra poderosa de alento e de fé, sobretudo nos momentos de dificuldades que, porventura, você, familiares e amigos estejam atravessando. Quer ser também, a cada dia, uma palavra de louvor e agradecimento pelo dom da vida, que pode ser iluminada pela fé, fortalecida pela esperança, dignificada e santificada pelo amor vivido e manifestado nos pequenos gestos cotidianos de solidariedade e fraternidade.

Os santos de ontem e de hoje são nossos verdadeiros amigos e protetores espirituais junto a Deus. Foram pessoas de fé, de esperança, que pautaram sua vida pela palavra de Deus, pela oração constante e confiaram naquele que disse: "Pedi e vos será dado. Buscai e achareis". Caminharam na vida como se vissem o Invisível, e porque creram, seus olhos se iluminaram e puderam "ver" as maravilhas de Deus até mesmo em meio às obtusidades humanas.

São apenas *cinco minutos de reflexão*, em que você poderá escutar o eco das palavras do Mestre Jesus, o primeiro e único três vezes Santo, que diz: **"Não tenha medo! Sou eu.** Estou a seu lado, como amigo, pai, irmão, defensor, para protegê-lo e ampará-lo. Quem me segue não caminha nas trevas".

1º DE JANEIRO

Maria, Mãe de Deus

séc. V – "Maria" significa "a amada, a predileta de Deus"

É uma das mais antigas festas marianas da Igreja. Em 431, no III Concílio de Éfeso, Maria foi aclamada Mãe de Deus, pondo fim à heresia dos que afirmavam ser ela apenas a mãe de Jesus-homem, e não a mãe do Verbo encarnado, do *Cristo Jesus, verdadeiramente homem e verdadeiramente Deus*. Maria ocupa o seu lugar nas Escrituras ao lado de grandes mulheres do povo de Deus. É a nova *Eva* que diz "sim" a Deus (Gn 2,22;3,15-20; Lc 1,28-35); a nova *Sara* que acolhe na fé a promessa do Anjo (Gn 18,14; Lc 1,35ss); a nova *Rebeca* (Gn 24ss; Mt 1,16ss); a nova *Raquel* (Gn 35,16; Mt 2,17-18); a nova *Débora* (Jz 5,24; Lc 1,28ss; 11,27; Jo 2,1-5ss); a nova *Miriam*, irmã de Moisés (Ex 15,20ss; Mt 2,13-15); a nova *Judite* (Jd 13,13ss), a nova *Ester* (Est 2,16ss); a nova *Rute* (Rt 1,8ss; Lc 1,38s), etc. A própria história do cristianismo está repleta da presença materna e protetora dessa mulher que, com o seu "sim" a Deus, tornou-se a *Mãe do Salvador, a Mãe da Igreja e nossa Mãe*.

S. Odilão
961/962-1049 – abade de Cluny

Natural de Auvergne (c. 962), sucedeu a S. Máiolo em Cluny. Austero consigo mesmo, mas afável e bondoso, preferia errar pela ternura a errar por severidade. Consolidou a união dos mosteiros em torno da abadia-mãe de Cluny e apoiou o movi-

1º DE JANEIRO

mento *Trégua de Deus*, durante a qual ficavam suspensas toda e qualquer violência. Em 998, ele estabeleceu o dia 2 de novembro como o dia em que os monges se dedicariam à oração pelos mortos, originando assim o *Dia de Finados* ou *Dia das Almas*. Antes de falecer aos 86 anos, vestiu seu hábito de penitência e recebeu a eucaristia deitado sobre cinzas.

Testemunhas de nossos tempos

Maureen Courtney e Teresa Rosales – Religiosas da Congregação de S. Inês, assassinadas na Nicarágua, em 1990. **Francisco Jentel** – Sacerdote, defensor de índios e camponeses, em S. Félix do Araguaia, Brasil, em 1979.

ORAÇÃO
Da confiança em Deus

Maria, nossa Mãe, tomai-nos pela mão e nos conduzi a Deus. Ficai conosco em todos os momentos, pois o vosso amor materno é para sempre. Nas horas difíceis, sede nossa Protetora, nos sofrimentos, sede nosso Socorro. Pressionados e sem saída, abri-nos a porta das soluções. Dispersos e errantes, amparai-nos com vosso manto. **Nas noites escuras, sede nossa Estrela-guia. Nas adversidades, não permitais que vacilemos. Conturbações e desaventos jamais perturbem nossa firme confiança em Deus. Retirai de nosso rosto a sombra de tristeza. Nessa era de violência, dai--nos um tempo de graça em que a paz já não seja sonho, mas promessa realizada.** *Intercedei por nós, ó Virgem, junto ao Pai, que em Jesus se encarnou em vosso seio. Plenificai-nos com os dons do Espírito, fogo divino que vos iluminou. Amém.*

2 DE JANEIRO

S. Gregório Nazianzeno

séc. IV – bispo e doutor da Igreja – protetor dos poetas – "Gregório" quer dizer "cuidadoso", "atento e vigilante"

Nasceu perto de Nazianzo, em 330, no mesmo ano em que nascera S. Basílio. Teve por mãe S. Nona e por irmãos os santos Cesário e Gorgônia. Como Basílio, fez-se monge também ele, vivendo em austeridade, desprendimento e no fervor da oração. Dotado de excepcional conhecimento e eloquência, era chamado "O Teólogo". Em Atenas, com o dileto amigo Basílio, Gregório não só se tornou conhecido, mas gozava de grande reputação intelectual. Adiantou-se no conhecimento de retórica, poética, filosofia, dialética, medicina e, sobretudo, no entendimento da alma humana. Após 30 anos de estudos e trabalhos juntos, Gregório e Basílio separam-se, mas continuam comunicando-se por carta e visitando-se com frequência. Em 361, seu pai, convertido à fé cristã e aclamado bispo de Nazianzo, ordenou sacerdote o filho Gregório, que, mais tarde, foi bispo também. Em 379, assumiu a Igreja de Constantinopla, onde fez trabalho pastoral profícuo em prol da união e reconciliação e presidiu o Concílio de Constantinopla. Em avançada idade, aposentou-se do ministério episcopal, retirou-se à solidão, passando os últimos anos de vida rezando e compondo poesias.

2 DE JANEIRO

Testemunhas de nossos tempos

Daniel Arollano – Militante cristão argentino, professor, vítima de um acidente de ônibus. Nos anos de 1970, compromete-se na luta por justiça e é preso. Impedido de exercer o magistério, trabalha como pedreiro para sustentar a família de cinco filhos. A partir de 1980, presta serviço na "Escolinha" de um bairro pobre em Buenos Aires. **José Manuel de Souza, "Zé Piau"** – Lavrador, assassinado por grileiros no Pará, Brasil, em 1981.

ORAÇÃO
Do amor que engrandece

Deus, nosso Pai, em vós está toda a sabedoria, todo o entendimento e toda a inteligência. Ensinai-nos a amar o que é nobre, belo, justo aos vossos olhos, pois assim elevamos e transfiguramos nossa vida. **Saibamos dar o justo valor às grandes e às pequenas coisas, pois assim conheceremos a verdade.** *Ensinai-nos o valor do silêncio interior e da oração constante, confiante, pois assim abrir-se-ão as portas do entendimento e conheceremos vossas maravilhas e riquezas escondidas no coração humano. Com alegria, e sem nada esperar em troca, procuremos servir aos semelhantes, sem distinção de credo, raça e cor, classe social e nível cultural, pois, a todos enriquecendo com o dom de nós mesmos, seremos enriquecidos com o dom do vosso amor. Leve-nos vosso amor a superar divisões, tornando-nos uma única família em que todos se façam irmãos, rama do mesmo tronco, estrelas de um mesmo firmamento, pois assim seremos chamados filhos da luz e construtores da paz.*

3 DE JANEIRO

S. Genoveva

séc. VI – virgem – "Genoveva" quer dizer "filha do céu" – invocada nas calamidades

Natural de Nanterre, França, por volta do ano 422. Aos seis anos de idade, foi consagrada a Deus, pelas mãos de S. Germano de Auxerre. Aos 15 anos, vestiu o hábito das virgens consagradas, tornando definitiva sua opção de dedicar a vida totalmente ao Senhor, não enclausurada em um convento, mas na própria casa, que se tornou centro irradiador de caridade, penitência, oração e contemplação. Em 451, quando a cidade de Paris foi assediada pelos hunos de Átila, Genoveva conclamou os parisienses à confiança em Deus e a não deixar a cidade. Com sua oração consegue não apenas a libertação de Paris, mas também debelar a fome e a miséria que assolava a região. Ela mesma percorria de barco o Sena pedindo doações em alimentos para que fossem distribuídos aos necessitados. Morreu em 502.

S. Antero

séc. III – papa – "Antero" quer dizer "florido", "viçoso", "alegre"

De origem grega, S. Antero nasceu em Policastro, Calábria, Itália. Foi eleito papa no dia 2 de novembro de 235. Seu pontificado durou apenas 43 dias, pois foi martirizado em três de janeiro de 236, durante a perseguição de Maximino. Seu corpo foi sepultado em Roma nas catacumbas de S. Calisto.

Testemunhas de nossos tempos

Antulio Parrilla Bonilla – Bispo titular de Ucre. De família porto-riquenha de 15 irmãos, chega à faculdade após trabalhar duramente

3 DE JANEIRO

numa usina açucareira. Ingressa no exército americano e vai para o Panamá, ali permanecendo até 1946. Aos 27 anos, decide tornar-se sacerdote, ordenando-se em 1952. Ignorado pela hierarquia eclesiástica da época, continuou a pregar e a enfrentar os poderosos, conquistando o coração do povo porto-riquenho. Morreu em 1994, vítima de uma parada cardíaca. **Diego Quic** – Indígena, catequista e profeta, líder das organizações populares da Guatemala, desaparecido em 1981.

ORAÇÃO
Da Palavra que é luz

Deus, nosso Pai, vossa Palavra criou o céu e a terra. A uma palavra da vossa boca, existimos e nossa vida é mantida. Dai-nos, pois, um entendimento mais profundo e honesto de vossa Palavra, espada cortante que traspassa nosso orgulho e vaidade. **Palavra segura,** *direção para nossos passos.* **Palavra de luz,** *que alumia nossos momentos de trevas.* **Palavra de júbilo,** *que alimenta nossas esperanças de vida e faz alastrar nossos sonhos.* **Palavra da vida,** *que infunde em nós o gosto pelas coisas divinas.* **Palavra de consolo,** *que nos dá alento, quando errantes vacilamos em nossa travessia.* **Palavra poderosa,** *que exorciza nossos medos e inquietações, cura nossas enfermidades e nossos desatinos, liberta-nos da tristeza e apaga nossos remorsos.* **Palavra bendita,** *que afasta de nós todo temor e nos enche de coragem para prosseguir, mesmo quando os tempos nos são adversos. Que a vossa Palavra, Senhor, inspire a busca constante de tudo o que nos engrandece e dignifica.* **"E o Verbo se fez carne, e habitou entre nós; e nós vimos a sua glória..."** *(Jo 1,14).*

4 DE JANEIRO

S. Elisabete Seton

1774-1821 – fundadora – "Elisabete" significa "aquela que adora a Deus", que tem a Deus como a "plenitude da vida"

Elisabete Ann Bayley Seton tornou-se a primeira norte-americana a ser canonizada. Natural de Nova York, foi uma mulher encantadora, inteligente e culta, movida por profunda mística cristã. Reconhecida como personalidade religiosa marcante da época, era casada com um professor de anatomia, com quem teve cinco filhos. Após a morte do marido, em 1803, na Itália, sentiu-se tocada pela ternura e carinho de amigos católicos de Roma, decidindo tornar-se católica também. Em 1808, fundou em Baltimore a escola que originou uma pequena comunidade religiosa, dedicada ao amparo de crianças desamparadas. Nascia então a Congregação das Irmãs Americanas da Caridade. Lutando contra toda sorte de dificuldades de ordem financeira, preconceitos, isolamento social e a morte de duas filhas, conduziu com sabedoria sua comunidade, que logo se espalhou por todo o país. Foi canonizada em 1975.

Testemunhas de nossos tempos

José Patrício León – Dirigente da Juventude Estudantil Católica (JEC) e militante cristão, desaparecido no Chile, em 1975.

4 DE JANEIRO

ORAÇÃO
Do serviço ao próximo

Deus, nosso Pai, em Cristo Jesus nos ensinastes que, no vosso Reino, maior é aquele que serve. Dai-nos a graça de nos empenhar em servir o próximo de todo o coração, lembrados de que servir, e não ser servido, é a essência da alma cristã. Amando nossos semelhantes, conhecemos a luz que de vós procede. Acolhendo a todos com ternura e misericórdia, resgatamos o sentido da nossa própria humanidade. Partilhando das dores e sofrimentos dos necessitados, havemos de descobrir vosso rosto, ainda hoje crucificado na fome, na injustiça, na violência. **Perdoando as ofensas, havemos de experimentar o poder de Deus em nossas vidas. Superando nossos egoísmos e vos amando no outro, havemos de ter forças para superar as adversidades do dia a dia. Proclamando-vos, Senhor, a vossa paz há de reinar em nossos corações, restabelecendo a alegria e reunindo o que em nós está disperso. "Eu sou a porta. Se alguém entrar por mim, será salvo; entrará e sairá e encontrará pastagem"** (Jo 10,9).

5 DE JANEIRO

S. Simeão Estilita

+ 459 – asceta – "Simeão" quer dizer "aquele que foi ouvido"

Simeão Estilita viveu na Síria. É chamado "Estilita" por ter vivido longos anos em cima de colunas (*stilus* = "coluna"). Desejava com isso se afastar da multidão, que o procurava para se livrar de seus males e ser socorrida nas necessidades. Ainda pastor, ouviu numa igreja a passagem evangélica das *Bem-aventuranças*; deixou tudo e fez-se monge. Sua vida foi marcada por atitudes radicais a nós incompreensíveis. Contam seus biógrafos que até mesmo os monges mais afeitos à penitência desconcertavam-se diante das "loucuras" de fé de Simeão. Não bastassem os frequentes jejuns de 40 dias, em penumbras de cavernas, passou a viver em topos de colunas que ele mandava erguer cada vez mais altas. Ali passou cerca de 37 anos, rezando em pé, jejuando e fazendo penitência. Do alto abençoava, curava e a todos advertia, ricos e pobres, indistintamente. Aos que se dirigiam a ele pedindo conselhos e orações, dizia: *"Não cedais às ameaças dos governadores e reis; não ambicioneis o favor dos ricos"*.

Testemunhas de nossos tempos

Guarocuya – O primeiro cacique cristão a levantar-se em defesa de seus irmãos explorados na República Dominicana, no ano de 1534.

5 DE JANEIRO

ORAÇÃO
Das bem-aventuranças

"Bem-aventurados vós, os pobres, porque vosso é o reino de Deus. Senhor, livrai-nos do orgulho, da arrogância, da tristeza de não saber servir, doar e acreditar no bem e na verdade. Livrai-nos da autocomplacência que nos faz comprazer-nos com nossa própria imagem e semelhança.

Bem-aventurados vós, que agora tendes fome, porque sereis saciados. Senhor, livrai-nos da saciedade, do comodismo dos produtos prontos e acabados, de tudo o que nos torna tardos, passivos, medíocres, vazios, amargos, empobrecidos de sonhos e de novos ideais.

Bem-aventurados vós, que agora chorais, porque haveis de rir..."

Senhor, livrai-nos da autossuficiência, do orgulho, pois diante de vós tudo é palha, é pó e fumaça, é vaidade, e só o vosso olhar derruba os poderosos de seus tronos de maldades e faz calar a pretensa onipotência e prepotência da humana iniquidade. Permanecer em vós é construir nossa casa sobre a rocha da justiça e da retidão.

6 DE JANEIRO

Epifania (Reis Magos)
"Epifania" significa "manifestação".

Já no século IV, a Epifania, a festa da manifestação de Jesus como Messias de Israel, Filho de Deus e Salvador, era celebrada com grande fervor no Oriente. O ponto central da celebração é o batismo de Jesus (Mt 3,17) e os seus milagres nas bodas de Caná, circunstâncias em que sua filiação divina é manifesta. No Ocidente, a Epifania liga-se à festa dos Santos Reis, ou Reis Magos (Gaspar, Melquior, Baltazar), que, guiados por uma estrela, vão a Belém para adorar o Rei dos reis e oferecer-lhe ouro, incenso e mirra (Mt 2,2). Hoje somos convidados a descobrir as inumeráveis epifanias de Deus em nossa vida e na história.

S. João de Ribera
1532-1611 – bispo – "João" significa "Deus é misericordioso"

Natural de Sevilha, Espanha, Ribera foi contemporâneo de S. Pedro de Alcântara, João de Ávila e de S. Pio V, que o chamava "Luz de toda a Espanha". Legislador e reformador dos costumes, deixou vasta obra escrita (comentários bíblicos, litúrgicos, sermões, cartas pastorais, etc.). Preocupado com a formação do clero, fundou o Seminário Corpus Christi em Valença.

Testemunhas de nossos tempos
Victoria de la Roca – Religiosa guatemalteca, mártir dos pobres de Esquipulas, desaparecida em 1982. **Julio Gonzalez** – Bispo

6 DE JANEIRO

peruano, morto em acidente suspeito, em 1986. **Augusto Maria** – Estudante argentino, desaparecido em 1976. Seu pai, Augusto Conte, dirigente e ideólogo da Democracia Cristã, comprometido com a luta pelos Direitos Humanos, fundou um centro de estudos voltado às leis e às questões sociais (CELS).

ORAÇÃO
Da fé que dá alento

Deus, nosso Pai, vós vos revelastes a Moisés como "Eu sou aquele que sou" (Ex 3,14), mistério de imensidão que ninguém pode alcançar, mas, por vossa bondade, por vós fomos alcançados. Em Jesus, manifestastes a nós como ternura misericordiosa (cf. Mt 3,16ss). Dai-nos sabedoria para discernir as contradições nossas de cada dia. **Discórdias, violências, injustiças e desigualdades não enfraqueçam nossa esperança, mas sirvam de estímulo à nossa luta.** *A todos, sem distinção de raça e religião, cumulai-nos com sonhos de dias fraternos e solidários. Aumentai--nos a fé, para assumirmos nossa caminhada com coragem e perseverança, sempre prontos a esquecer o mal e fazer o bem.* **Dai-nos a humildade e simplicidade de coração, para reconhecer e reparar nossos erros e deles tirar lições.** *Carregastes sobre vossos ombros nossas faltas, por isso dai-nos forças para carregarmos o quanto pudermos os nossos e os fardos uns dos outros. Mas dai-nos a alegria interior, para guardar o bom humor num rosto de paz até o fim.*

7 DE JANEIRO

S. Raimundo de Peñaforte

c. 1175-1275 – religioso e canonista – "Raimundo" quer dizer "protetor do conselho", "bom conselheiro"

Natural de Barcelona, ali ensinou filosofia e artes liberais, mas o que o distinguiu foi seu profundo conhecimento em Direito civil e canônico. Coube a ele o mérito das primeiras codificações de *Direito canônico,* ou seja, das leis que regem a vida da Igreja. Após longo e árduo trabalho, pôde reunir nos cinco volumes das *Decretais* os decretos papais e conciliares. Destacou-se também como insigne confessor, perante quem o papa Gregório IX e os reis ajoelhavam-se confessando os pecados e pedindo conselhos. É dele o tratado *Suma de penitência* ou *Suma dos casos*, um guia muito utilizado pelos confessores na Baixa Idade Média. Daí ser tido como o patrono dos confessores. O que mais o dignificou, entretanto, foi o grande amor pelos pobres e o seu interesse pelos judeus e muçulmanos, que o levou a criar uma escola de línguas orientais para os missionários. Em 1238, foi Superior da Ordem Geral dos Dominicanos. Morreu aos 95 anos de idade.

Testemunhas de nossos tempos

Felipe e Mary Barreda – Casal de leigos evangelizadores, membros do Conselho Pastoral de Esteli, cursilhistas e revolucionários, sequestrados, torturados e assassinados em Nicarágua, em

7 DE JANEIRO

1983. **Sebastião Mearin** – Líder rural assassinado por grileiros, no Pará, Brasil, em 1981.

ORAÇÃO
Do reino da paz

Deus, nosso Pai, o vosso Reino é de paz e de justiça, de perdão e de reconciliação. Dai-nos a simplicidade de um coração sem entraves, a paz de um espírito desarmado e o destemor de uma alma cheia de fé, pois somente assim chegaremos às vossas bem-aventuranças. Por isso, nós vos pedimos: curai nossas cegueiras físicas e morais, para que vos reconheçamos como o Deus vivo e verdadeiro. **Curai nossa arrogância, pois, embora Senhor do mundo e do universo, inclinais sobre nós e nos tratais com misericórdia e compaixão.** *Curai-nos do comodismo, do medo do comprometimento com a justiça, pois, embora excelso e três vezes santíssimo, emergis na história humana como o Consolador dos aflitos, o Defensor dos excluídos, o Libertador dos fracos e empobrecidos. Sois vós que continuamente moldais a argila de nossas existências. Harmonizai todo o nosso ser e criai em nós uma vida nova, em que as divisões sejam superadas; em que o ódio, a violência, o medo e todo intento do mal sejam aplacados; em que a verdade e a justiça floresçam; a paz e a concórdia nos reúnam e nos fortaleçam. Fazei-nos mensageiros da fraternidade e da reconciliação, para que demos as mãos em sinal de solidariedade e de repúdio a tudo o que nos divide.*

8 DE JANEIRO

B. Alix Le Clercq

1576-1622 – religiosa e fundadora – "Alix" em francês quer dizer "Alice", forma abreviada de "Elisabete"

Alix Le Clercq foi co-fundadora das Cônegas Agostinianas da Congregação de N. Senhora. Nasceu em Remiremont, França, em 1576. Orientada por S. Pedro Fourier, reuniu, por volta de 1597, um pequeno grupo de jovens dispostas a cuidar de crianças  abandonadas e a ensiná-las a ler, escrever, costurar e, especialmente, a amar e servir a Deus. Esta ideia foi amadurecendo até que Alix Le Clercq e suas três companheiras, Ganthe André, Isabel e Joana de Louvroir, convenceram-se realmente de que aquela era a vontade de Deus sobre elas. Entretanto, somente em 1628, a Santa Sé confirmaria definitivamente as Cônegas Agostinianas da Congregação de N. Senhora. Sensível aos sofrimentos alheios, cultivava o silêncio interior. Sofreu provações e trevas espirituais, mas jamais perdeu a confiança em Deus. Sempre dizia que *mais valia um ato de humildade do que uma centena de êxtases*. Morreu aos 46 anos de idade.

Testemunhas de nossos tempos

João – Um dos líderes da Revolução do Queimado, Espírito Santo, foi enforcado, em 1850 (Brasil). **Domingo Cahuec Sic** – Indígena achi, catequista, morto em 1982, na Guatemala.

8 DE JANEIRO

ORAÇÃO
Do Deus libertador

Deus, nosso Pai, pelo vosso Espírito, no princípio ordenastes todas as coisas e impusestes limite às ondas do mar, traçastes uma rota aos ventos e tempestades e um trilho para cada estrela no universo. Não nos deixeis sucumbir aos descaminhos da vida. Afastai de nós a ilusão de ajuntar coisas sobre coisas, de querer sempre mais, esquecidos do verdadeiro bem de si mesmo e da felicidade do outro. Dai-nos discernimento para que não pereçamos no vazio dos falsos deuses, criados à imagem e semelhança de nossos egoísmos e maquinações. Libertai-nos de toda maldade oculta ou manifesta e fazei-nos sensíveis a todo sofrimento humano. Hoje nós vos pedimos: nos momentos de dificuldades, vinde depressa e sustentai-nos com vossa mão poderosa; amparai-nos com o vosso olhar benevolente. **Fragilizados e despossuídos de fé, amai-nos com vosso amor eterno. Amedrontados e vacilantes, estreitai-nos em vossos braços. Sufocados pelas adversidades, dai-nos a vossa Respiração, *o Espírito que nos alenta.*** *Somente vós sois o doador que nos plenifica com todos os dons e restabeleceis em nós a paz interior.*

9 DE JANEIRO

S. Pedro Sebaste

séc. III – bispo – "Pedro" quer dizer "pedra, rochedo inabalável"

Pedro Sebaste era neto de S. Macrina, a Velha, e filho de S. Basílio, o Velho, e de S. Amélia. Seus irmãos, Basílio Magno, Gregório de Nissa e Macrina, também foram elevados à glória dos altares. Trata-se, pois, de uma família de santos. Com a morte do pai, Pedro ficou sob os cuidados da irmã S. Macrina, que lhe dedicou especial cuidado, educando-o segundo o mandamento do amor ao próximo e da fidelidade a Deus. Foi-lhe, portanto, mãe, mestra, conselheira e anjo da guarda. Seu irmão Basílio, bispo de Cesareia, fê-lo sacerdote e depois bispo de Eustátio. Viveu em uma época (séc. III) marcada pelo confronto da fé cristã com a heresia de Ario, o arianismo, que punha em dúvida a divindade de Cristo. Contra tais desvios doutrinais se pronunciou o Concílio de Constantinopla. O arianismo foi condenado e os dogmas e princípios cristãos, reafirmados. O *credo niceno-constantinopolitano* é, por assim dizer, o resumo das principais verdades reafirmadas pelos bispos em Constantinopla. S. Pedro participou ativamente desse Concílio, revelando-se como ardoroso defensor da fé recebida dos apóstolos.

9 DE JANEIRO

ORAÇÃO
Do Deus criador

Deus, nosso Pai, o vosso poder criou o céu e a terra. Criou o que pode ser medido e o que não pode ser tocado nem alcançado pela mente humana. Sois o Outro que nos vê assim como somos e a quem podemos invocar: Deus de Deus, Luz da luz, clareai nosso interior. Deus verdadeiro de Deus verdadeiro, nossos erros dissipai. Deus forte e onipotente, Deus de todas as generosidades, revelai vosso poder de amor em nossos corações. Deus, Pai amoroso, vossa ternura nos ultrapassa. **Deus esperança nossa de cada dia, em vós a nossa vida seja recriada, nossos sonhos de paz, encaminhados; o orgulho e o egoísmo, o mal e o ódio, a inveja e a arrogância não tenham força sobre nós. Nada nos ponha em confusão, em desespero de causa. A tristeza e a aflição não prevaleçam, mas sejam vencidas pelo poder do vosso amor.** *Sois o Deus de toda transformação, convertei-nos, reabilitai-nos, fortalecei-nos. Deus de todas as bem-aventuranças, derramai em nossos corações atribulados a vossa paz e alegria.*

10 DE JANEIRO

S. Agatão

c. 679-681 – papa – "Agatão" lembra "bondade", "honestidade"

Natural da Sicília, foi eleito papa em 679, pontificando durante dois anos, seis meses e catorze dias. Antes de tornar-se monge, por 20 anos viveu casado e trabalhando para ganhar a vida. Era uma pessoa dócil, meiga, cheia de bondade e respeito para com os outros. Foi tesoureiro da Igreja em Roma e sucessor do papa Dono. Presidiu, na pessoa de seus legados, o VI Concílio Ecumênico de Constantinopla, em que foi condenado o monotelismo, que afirmava haver em Jesus uma só vontade. Seguindo a tradição apostólica, Agatão expôs, em carta, os fundamentos da fé, afirmando:

"... foi o Senhor e o Salvador, cuja fé é um dom, que prometeu que a fé de Pedro não desanimaria, e lhe recomendou confirmar, nesta mesma fé, os irmãos. É o que todos os pontífices apostólicos, predecessores de minha fraca pessoa, sempre fizeram corajosamente. Por insignificante que eu seja, quero imitá-los para cumprir a minha missão..."

Morreu em 10 de janeiro de 682, sucedendo-lhe Leão II.

Testemunhas de nossos tempos

Pedro Joaquim Chamorro – Jornalista, defensor da liberdade, ferrenho crítico do governo, assassinado durante a ditadura somozista, em 1978, na Nicarágua. **Dora Azmitia** – Militante cristã, 23 anos, professora, mártir da Juventude Católica na Guatemala,

10 DE JANEIRO

em 1982. **Ernesto Fernandes Espino** – Pastor da Igreja luterana em San Miguel, defensor dos refugiados do povo salvadorenho, assassinado em 1985.

ORAÇÃO
Da unidade do amor

Deus, nosso Pai, em Jesus e no Espírito Santo, sois o mistério da perfeita comunhão e participação. Olhando para esse vosso mistério de amor, percebemos o quanto ainda andamos distantes da vossa ternura e misericórdia. Espalhamos, em vez de ajuntar. Separamos, em vez de unir. Empurramos, em vez de dar a mão. Espalhamos tropeços, obstáculos, em vez de desimpedir o caminho. Abrimos feridas, em vez de proteger e semear a cura. E maldizemos porque acabamos ferindo os pés em cacos de vidros e espinhos que nós mesmos espalhamos. Abri, pois, a nossa mente e o nosso coração. Reuni e conservai na unidade do vosso amor os que procuram viver a compaixão, buscando em suas vidas a paz, a justiça e a verdade. **Senhor, sem a vossa ajuda nada persiste, nada se regenera, nada prospera. Por isso reuni o que em nós está disperso; conservai o que está unido; regenerai o que se dilacera; fortalecei o que vacila; preenchei o que está vazio; aclarai o que está confuso; sarai o que está doente;** *revigorai o que está debilitado; nossa ignorância seja vencida; nossa fé e esperança, reconfirmadas; nossa humana sensibilidade, resgatada. Velai sobre nós, vossos filhos, unindo-nos pela fé e pelo amor que em Jesus e no seu Espírito a todos nos tornam irmãos.*

11 DE JANEIRO

S. Teodósio

séc. IV – abade – "Teodósio" significa "dom de Deus" ou "presente de Deus"

Natural da Capadócia, o abade Teodósio foi realmente um dom de Deus para sua gente e a Igreja. Ainda jovem servia nos cultos como leitor, quando um dia foi tocado pelo evangelho. Partiu para a Palestina, onde fundou um enorme e autossuficiente mosteiro, em que tudo era produzido intramuros, sem a nada precisar recorrer do exterior. Tal mosteiro mais parecia uma cidade, pois ali se exerciam todos os ofícios da época, praticava-se a hospitalidade e prestava-se ajuda aos necessitados, enfermos, e doentes eram curados. Havia quatro hospitais, dos quais um era destinado a monges com doenças comuns e outro a monges com doenças graves e em idade avançada. Os dois outros eram reservados aos que não eram monges. Havia também quatro igrejas: uma para os gregos; outra para os bessas, povo da Trácia; uma terceira para os armênios; e a quarta para monges decrépitos. Contudo, após a leitura do evangelho, todos se reuniam na igreja principal – a dos gregos – para comungarem juntos. Também S. Teodósio teve de lutar para conservar a integridade da fé, tendo sido por isso algumas vezes exilado. Morreu em 529, com 105 anos de idade.

11 DE JANEIRO

ORAÇÃO
Do acolhimento

Deus, nosso Pai, fazeis o sol brilhar sobre justos e injustos. Não impedis que a chuva regue as searas dos que vos desconhecem. Dai-nos a graça de acolher, hoje, com generosidade, simpatia e ternura, nossos semelhantes, respeitando suas diferenças, sabidos de que, embora plurais, somos fagulhas de uma mesma chama. **Acolhamos de coração aberto e nos aproximemos de nosso próximo, pois são como anjos que espelham o que somos e o que podemos ser.** *Abri nossos corações para repensarmos as relações familiares e sociais, para modificar e corrigir as estruturas pervertidas, injustas, indiferentes ao clamor dos que passam fome de pão, dignidade, cultura, oportunidades, justiça e participação. Saibamos acolher, com simpatia e respeito, os idosos, os "encostados" da vida, os deficientes, os "inúteis" e "inválidos", os que vivem na solidão, os que foram enganados, ludibriados, presos e injustiçados. Não repudiemos a carne de nossa carne, os sofredores de ruas e dos campos, os injustamente condenados, as crianças exploradas, prostituídas e viciadas, os que não têm a quem recorrer, nem onde ficar nem para onde ir... Não desviemos, indiferentes, o nosso olhar do vosso rosto manifesto nas humanas "sobras" e "lixos" – dos quais fugimos apressados, fechando as portas, ou acelerando os autos... Fazei que por egoísmo, orgulho, indiferença, ignorância não aumentemos ainda mais a iniquidade no mundo e agravemos o humano sofrimento.*

12 DE JANEIRO

S. Arcádio

séc. III – mártir – "Arcádio" quer dizer "da terra dos homens-ursos"

Arcádio viveu ao tempo do imperador romano Valeriano, que moveu intensa campanha de perseguição aos líderes religiosos, confiscando bens, proibindo reuniões, celebrações cultuais e visitas a cemitérios. Arcádio passou então a viver no anonimato, e soube que um amigo e  um parente seu haviam sido presos e corriam perigo de vida por sua causa. Cheio de divina coragem, retornou à cidade e apresentou-se ao juiz. As *Atas* de seu martírio relatam com detalhes o requinte de perversidade com que foi torturado e morto por esquartejamento. Uma a uma, cada parte de seu corpo foi arrancada, enquanto ele as oferecia a Deus, deixando atônitos os perseguidores. Morreu confessando que "morrer por Deus é viver".

S. Antônio Maria Pucci
1819-1892 – servita – "Antônio" significa "aquele que está à frente", "o que está na vanguarda"

Religioso da Congregação dos Servos de Maria, nascido em Poggiole de Vernio (Itália), canonizado por João XXIII em 1962. Em Viareggio, era conhecido como o *Apóstolo da caridade*. Espírito atento às necessidades do tempo, inovou a evangelização, procurando falar a linguagem de cada grupo social. Fundou centros de formação para a juventude e um instituto de mães cristãs voltado à evangelização de mulheres afastadas da

12 DE JANEIRO

vida paroquial. Comprometidos com os pobres, introduziu em Viareggio a Conferência de S. Vicente e construiu um centro mariano para acolher crianças pobres e doentes. Já em vida era procurado pelo povo em virtude de seu poder de cura.

ORAÇÃO
Do bom ouvinte

Deus, nosso Pai, ultrapassais o entendimento humano, e vos conhecer é dom, graça imensa do vosso amor. Vós nos criastes como seres únicos, irrepetíveis. **A cada um de nós destes um nome, uma identidade, um jeito de ser. Ensinai-nos a respeitar e acolher o que é diferente, aceitar as diferenças individuais, culturais, étnicas e religiosas.** *Ensinai-nos a não absolutizar nossas ideias, tampouco sobrepor nossos desejos e caprichos ao bem comum, ao bem maior de todos. Sejamos abertos e acolhedores, afáveis, solícitos, para que, acolhendo o outro, acolhamos a nós mesmos e, por vós, sejamos acolhidos. Aprendamos a aprender ouvir, ouvir e ouvir... Aprendamos a escutar corretamente, com paciência e vivo interesse, o que o outro tem a nos dizer. E, ouvindo com pronta atenção, possamos compreender; e compreendendo, aconteça o milagre do encontro e da reconciliação; milagre da fé que nos faz sair de nós mesmos para escutar a voz do Espírito a clamar em nosso íntimo: "Pai!"* (Rm 8,15-16).

13 DE JANEIRO

S. Aelredo

1109-1166 – abade – "Aelredo" sugere a ideia de "conselheiro"

O abade cisterciense S. Aelredo ou Etelredo nasceu na Inglaterra e ficou famoso pela integridade de vida, pela dedicação aos pobres e por suas pregações e escritos até hoje conservados. De família nobre, alcançou grande reputação e estima junto a Davi, rei da Escócia, filho de S. Margarida. Sabia ouvir com paciência e caridade não apenas os reclamos de quem se sentia desorientado e injustiçado, mas também as críticas contra sua pessoa.

Atraído à vida monástica, aos 24 anos deixou tudo: amizades, posição social, honrarias, riquezas e privilégios e ingressou, em 1134, na Ordem Cisterciense. Em 1142, foi eleito abade do mosteiro de Revesby e logo assumiu também a direção da abadia de Rieval, em que vivia cerca de 300 monges. Sabia por experiência o significado e o valor da amizade sincera, chegando a afirmar que a via necessária para chegar a Deus é a do amor concreto e gratuito entre as pessoas. E que não era pequena consolação ter alguém a quem amar, unindo-se em íntima afeição e, assim, abraçar o amor total; alguém em que o nosso espírito possa descansar; alguém a quem abrir o coração para compartilhar alegrias e tristezas... A seu respeito, disse o abade Gilberto de Oilândia:

"... Quem terá sido mais circunspecto no falar?... Era frágil no corpo, mas forte, vigoroso na alma... Ja-

13 DE JANEIRO

mais se encolerizava; suas palavras e ações traziam o cunho da unção e da paz da alma".

Deixou numerosos escritos, como *Descrição da guerra do estandarte; Genealogia dos reis da Inglaterra; A vida de S. Eduardo; Vida de S. Margarida, rainha da Escócia; Sermões do tempo e dos santos; Espelho da caridade; Amizade espiritual.* Era tão comedido que "mais parecia um ser espiritual do que um ser humano". Nos últimos anos de vida, suportou com heroica paciência o sofrimento causado por uma sucessão de enfermidades.

ORAÇÃO
Do amor a Deus

"Possa a vossa voz, ó amado Jesus, fazer-se ouvir por mim, para que meu coração aprenda a vos amar, para que o meu espírito vos ame, para que todas as forças e as entranhas de minha alma e o íntimo do meu coração fiquem inteiramente penetrados do fogo do vosso amor; para que todos os meus afetos vos possam abraçar, vós que sois meu único bem, minha alegria e minha delícia. **Que é o amor, meu Deus? É este inefável prazer da alma, tanto mais doce quanto mais puro, tanto mais sensível quanto mais ardente. Quem vos ama vos possui e vos possui à medida que vos ama, porque sois amor.** *Eis a torrente de arrebatamento com que embriagais os vossos eleitos, transformando-nos em vós, pelo vosso amor"* (Santo Aelredo).

14 DE JANEIRO

S. Odo de Novara

séc. XII – monge – "Odo" sugere riqueza, fartura de bens

Odo nasceu em 1140 e foi prior dos cartuxos de Geyrach, na Eslavônia, e, mais tarde, capelão e diretor espiritual de um mosteiro de religiosas, nas proximidades de Tagliacozzo. Construiu uma pequena cela perto do mosteiro e passou a levar vida entregue à oração, ao trabalho, à penitência e à pobreza, conforme o costume cartuxo. Dali saía apenas para ir à igreja dedicada a S. Cosme e S. Damião. A quem o procurava e pedia qualquer livramento, dizia: *"Que poderei eu fazer? Sou um pobre pecador, cheio de fraquezas. Deixa-me em paz. Vai, e que o Cristo, Filho do Deus vivo, te cure do mal que te aflige!"* E a pessoa ficava livre do mal que a atormentava. No leito de morte exclamou: *"Recebei-me, Senhor, meu Senhor, que vou para vós. Eu vejo o Senhor, meu Senhor e meu Rei. Estou na presença de meu Deus"*.

Testemunhas de nossos tempos

Miguel Angel Pavón – Presidente da Comissão dos Direitos Humanos – e **Moisés Landaverde**, assassinados em Honduras, em 1988.

14 DE JANEIRO

ORAÇÃO
Do serviço aos doentes

*Deus, nosso Pai, **sois o escudo que nos protege, o fundamento que nos sustenta, a luz que nos ilumina.** Consolai os aflitos, confortai os atribulados e esperançai os desesperados. Aliviai o sofrimento físico e moral, a dor das perdas humanas e materiais. Preenchei nossos vazios existenciais e nossa sede de transcendência. Perdoai-nos as nossas ofensas. Nossos males, convertei em bem. Nossos desejos de bem, em gestos concretos de bondade. Velai por quem está enfermo de corpo ou doente do espírito. A todos sarai e revigorai, enriquecei com os vossos dons. Velai pelos doentes anônimos, abandonados à míngua, sem recursos, à margem da solidariedade. Velai pelos doentes da falta de justiça, de amor, de compreensão. Velai pelos que estão enfermos por falta de perdão e de novas oportunidades na vida. Velai por todos, especialmente por nossos amigos, parentes e familiares. Amparai-nos em nossa humana fragilidade e necessidades espirituais. **Movidos pelo vosso amor, cumulemos de ternura e respeito os que sofrem e se encontram enfermos por falta de carinho e de compreensão.***

15 DE JANEIRO

S. Paulo de Tebaida
c. 228-341 – eremita – "Paulo" significa "pequeno"

Paulo de Tebaida é considerado o eremita precursor do estilo de vida solitário, retirado do mundo, habitando cavernas e lugares ermos, longe de qualquer burburinho humano, na mais completa solidão. Era homem muito rico e de educação esmerada que, na perseguição do imperador Décio, se refugiou na casa da irmã. Temendo, então, que o cunhado o denunciasse para ficar com a herança, fugiu para as montanhas desertas e afeiçoou-se à vida de solidão. Descobriu uma caverna, uma fonte e uma velha palmeira, e ali passou o resto da vida. Conta a tradição que tal era seu isolamento que, ao ser visitado por S. Antão, o pai dos monges, quis saber: *"Dizei-me, como vai o gênero humano? Ainda se fazem novas casas nas velhas cidades? Sob que império está o mundo?"*. Aos 113 anos, sentindo que Deus o chamava, pediu ao amigo Antão que fosse buscar o manto de S. Atanásio, para envolver-lhe o corpo, querendo dizer com isso que morria em comunhão com a Igreja.

S. Amaro
séc. VI – monge beneditino – "Amaro" ou "Mauro" quer dizer "pardo como um mouro"; é invocado nos casos de rouquidão, gripe, reumatismo, dor de cabeça e paralisia, patrono dos carregadores e carroceiros

Amaro foi um monge beneditino virtuoso, que encantava a todos pela sua simplicidade de coração, pela sua obediência a

15 DE JANEIRO

Deus. Foi enviado por S. Bento para fundar o mosteiro de Glanfeuil (St. Maur-sur-Loire). Tal era a sua obediência que, um dia, ao perceber que um jovem se afogava, S. Bento ordenou-lhe que fosse salvá-lo. Para o espanto de todos, Amaro caminhou sobre as águas e resgatou o jovem são e salvo.

Testemunhas de nossos tempos

Estela Pajuelo Grimani – Lavradora, mãe de 11 filhos, mártir da Solidariedade, assassinada no Peru, em 1981.

ORAÇÃO
Da busca de Deus

Deus, nosso Pai, em vosso Filho Jesus temos a garantia de que o vosso amor por nós é eterno. Vós nos atraís à comunhão convosco e em nosso íntimo o vosso Espírito clama "Pai!" (Rm 8,15). Jamais cessemos de vos buscar, conforme o Espírito nos inspirar. Em meio ao ruído de tantas inverdades, em meio ao fascínio de tantas futilidades, reservemos a nós um tempo de silêncio e, na solidão de nosso íntimo, continuemos a vos buscar para um dia vos encontrar face a face. Vós sois a razão primeira e última de nosso viver. **Fazei que pelo vosso Espírito, que a tudo ilumina, tenhamos o entendimento de vossas maravilhas: os sonhos de esperanças vençam as desilusões, o perdão vença o ódio, a morte seja vencida pela vida.** *Nossa fragilidade seja suplantada pela vossa força e poder. Abri nossos corações à vossa paz e justiça e fazei brotar no chão da história humana as sementes das vossas bem-aventuranças.*

16 DE JANEIRO

S. Marcelo I

+309 – *papa* – *protetor dos palafreneiros ou cavalariços.*
"Marcelo" quer dizer "pequeno martelo"

Marcelo foi o sucessor de Marcelino nos primeiros anos do século IV. De origem romana, sua família exerceu grande influência na cidade de Roma. O imperador romano Diocleciano, responsável pela sangrenta perseguição aos cristãos em 303, abdicou em 305, prenunciando um tempo de relativa paz, favorável ao cristianismo. De fato, em 313, promulgou-se o Edito de Milão, em que se reconhecia solenemente *"a liberdade de consciência e a igualdade perante a lei de todos os cultos no mundo romano"*. Coube ao pontífice Marcelo reorganizar a vida da Igreja e acompanhar a restituição dos bens eclesiásticos (cemitérios, templos, etc.) que haviam sido confiscados pelo Estado. Esse período de transição de uma fé vivida na clandestinidade para uma fé reconhecida pelo Estado e celebrada publicamente foi marcado por intrigas e desavenças. S. Marcelo foi exilado pelo imperador Maximiano e, no exílio, condenado a viver numa estrebaria e a cuidar de cavalos. Por esse motivo é tido como o protetor dos palafreneiros ou cavalariços.

16 DE JANEIRO

ORAÇÃO
Da libertação do mal

Deus, nosso Pai, conforme prometestes aos nossos pais na fé, o vosso amor perdura para sempre, renovando e recriando todas as coisas... (cf. Sl 116,1-2).

A peste, a fome, a guerra, as catástrofes, as tragédias pessoais e coletivas, a prepotência e a vaidade humana... nada disso escapa ao vosso olhar onisciente e onipresente. Não duram mais que um instante diante de vós, que viveis para sempre e fazeis justiça aos pequeninos.

Nossa é a certeza de que aqueles que em vós confiam, e esperam de vós a libertação, jamais serão desamparados. Vós sois um Deus de amor e justiça, cheio de compaixão e de misericórdia. Em vós se encontra o segredo de nossa força de superação, de nossa confiança na vida, de nossa fortaleza nos momentos de provação.

Não nos deixeis cair na tentação de não mais confiar em vós e de procurar, apenas com as nossas forças, a própria salvação, pois a salvação é obra do vosso Espírito em nós. **Que neste dia nenhuma adversidade nos abata e desavento algum nos aflija e nos atormente. Que o mal não tenha a última palavra sobre nós, nem o desespero seja o nosso veredito final. Livrai-nos do mal.**

17 DE JANEIRO

S. Antão Abade

251-355 – monge – protetor dos açougueiros, agricultores, merceeiros, comerciantes de tecidos, e invocado contra as doenças contagiosas, "Antão" é o mesmo que "Antônio" e significa "aquele que está à frente", "na vanguarda"

Natural de Keman, Egito, Antão é chamado "o pai dos monges", o pioneiro da vida monástica no Oriente. Após conviver um período com um grupo de ascetas, partiu para o deserto a fim de entregar-se à mais profunda contemplação. Ajuntaram-se a ele muitos discípulos que, sob sua orientação, viviam em pequenas comunidades. Sua vida foi marcada pela luta contra os espíritos malignos, pelos milagres de cura e pela profecia. Era capaz de ler o futuro e ver a distância. Destacou-se também pelas sábias instruções que dirigia aos monges. Para ele, a *"perfeição não consiste em mortificações, mas no amor de Deus"* e o *bom senso* é mais importante que a sabedoria dos livros. Dizia também que o diabo *"teme o jejum, a oração, a humildade e as boas obras"*. Aconselhava aos monges, de tempo em tempo, darem-se ao trabalho manual. Ele próprio costumava tecer esteiras e cultivar um pequeno jardim.

Testemunhas de nossos tempos

Ana Maria Castillo – Militante cristã da Ação Católica Universitária Salvadorenha e membro da direção das Forças Populares

17 DE JANEIRO

de Libertação em El Salvador. Lutou pela justiça, até acabar assassinada em 1981. **Silvia Maribel Arriola** – Enfermeira salvadorenha, primeira religiosa mártir em uma frente de combate, em 1981. **Jaime Restrepo** – Sacerdote, mártir da causa dos pobres na Colômbia, em 1988. Abandona o magistério na Universidade Pontifícia e passa a viver na clandestinidade como camponês, até ser abatido à porta da Igreja de San José de Nus com três tiros à queima-roupa.

ORAÇÃO
Da exigência da fé

Deus, nosso Pai, a nossa vida está segura em vossas mãos. Ensinai-nos a buscar o que é verdadeiramente importante para o crescimento humano-espiritual nosso e das pessoas que conosco vivem, sabidos de que todos somos ramos nascidos do mesmo tronco. ***Todos respiramos do mesmo sopro de vida, todos haurimos o mesmo alimento, todos precisamos de um copo de água das fontes eternas. Jamais nos falte o bom senso, princípio de toda sabedoria. A humildade, que é a verdade, seja a nossa preocupação.*** *Ensinai--nos que seguir a Jesus é servir com generosidade e desinteresse o outro, buscando a simplicidade de vida e a retidão de espírito. É ajudando a construir a felicidade do outro que descobrimos como somos benditos e por vós agraciados. Possamos compreender que a verdadeira fé nos conduz à reconciliação com nós mesmos, com as pessoas, com a natureza e com o Criador de todo o universo. Amém.*

18 DE JANEIRO

Nossa Senhora dos Impossíveis

É chamada *N. S. dos Impossíveis* por ter merecido de Deus três coisas humanamente impossíveis: foi *concebida sem pecado original, tornou-se mãe sem deixar de ser virgem e, embora criatura, foi a Mãe de Deus, a mãe do Criador...* Trazido de Portugal, o culto a N. S. dos Impossíveis difundiu-se pelo Rio Grande do Norte, sobretudo na cidade de Patu. É invocada com a seguinte oração:

... Ó Virgem bendita e bondosa, Mãe de Deus, humildemente vos pedimos: socorrei os que passam fome e vivem na miséria, curai os doentes de corpo e de espírito, fortalecei os fracos, consolai os aflitos, pedi pelas vocações sacerdotais e religiosas e transformai as famílias em santuários vivos de fé e caridade, no seio da Igreja. Pedi pelo Papa, pelos bispos e por todas as autoridades civis, militares e eclesiásticas, para que governem com justiça e amor. E agora, ó Senhora dos Impossíveis, olhai para nós que fazemos esta prece e alcançai-nos de Jesus, vosso divino Filho, as graças que agora suplicamos (pedir aqui a graça desejada).

S. Prisca

† 268 – mártir – "Prisca" quer dizer "venerável", "Antiga"

Prisca foi uma nobre jovem, martirizada em 268, sob o poder do imperador romano Cláudio II. Venerada pela Igreja primitiva, a ela foi dedicada uma igreja no Monte Aventino, existente ainda hoje, em Roma. Segundo piedosa tradição,

18 DE JANEIRO

essa igreja teria surgido das ruínas de uma casa romana do século II, na qual S. Pedro teria se hospedado e feito o batismo de Prisca.

Testemunhas de nossos tempos

Germán Cortés – Leigo chileno, integrante da Comissão Política do Movimento da Esquerda Revolucionária (MIR), Chile, morto em 1978. **José Eduardo** – Líder sindical rural assassinado no Acre (Brasil), em 1981. **Sergio Bertén e Companheiros** – Religioso belga da Congregação do Imaculado Coração de Maria, sequestrado e dado como desaparecido na Guatemala, em 1982.

ORAÇÃO
Do testemunho de vida

Ó Senhor, foi à beira do poço de Jacó que a Samaritana vos encontrou (cf. Jo 4,1ss). **Concedei-nos a graça de testemunhar na rotina diária, nos pequenos gestos de amor, afeto, gratidão e alegria, a certeza de que somos amados por vós.** *Tudo é de vós conhecido: a folha seca e o fio de cabelo caídos ao chão, a lágrima mais escondida, a dor mais aguda, a angústia mais atroz, os planos mais ocultos, o anseio mais íntimo e o sonho mais extenso, a felicidade plena e sem-igual. Tudo é transitório, e o momento de vida mais forte lembra o fruto que se parte ou a semente que germina; lembra a água que brota e o vento que passa; mas vós sois o Rochedo inabalável, aquele que esteve morto e ressuscitou, o Emanuel, o Deus-conosco para sempre:* **"Estou convosco para sempre, todos os dias, até a consumação dos séculos!"** (Is 7,10ss; Mt 28,20).

19 DE JANEIRO

S. Margarida Bourgeoys

séc. XVII – religiosa e fundadora – "Margarida", além de "pérola", lembra a flor do mesmo nome

Margarida Bourgeoys foi a fundadora da Congregação de N. Senhora de Montreal. Aos 20 anos, quis ingressar na vida religiosa, mas foi recusada pelas carmelitas e clarissas pobres. Em 1653, partiu com o governador para o Canadá, onde se tornaria mestra-escola da comunidade francesa de Ville-Marie, próxima de Quebec. Em 1658, abriu a primeira escola de Montreal, abrigando 12 crianças. Animada por profundo amor aos pequeninos, enfrentou toda sorte de dificuldades para ver realizada sua obra missionária. Não desejava apenas amar as crianças, mas também se fazer amada por elas. Bondosa, alegre, simples, despojada, era estimada por todos. Morreu no dia 12 de janeiro de 1700.

S. Volstano
1008-1095 – bispo

S. Volstano nasceu em Warwick, Inglaterra. Após a morte dos pais, foi ordenado sacerdote por Britégio, bispo de Worcester. Pouco tempo depois, fez-se monge e, mais tarde, em 1062, bispo de Worcester. Não cuidava apenas do povo necessitado, mas também dos monges. Celebrava, batizava e rezava junto com o povo. Repreendido por tal postura, confessou não existir coisa mais agradável a Deus que trazer para a verdade os que se extraviavam por culpa, muitas vezes, dos próprios pastores. Foi amado e querido por todo o povo, indistintamente, pobres e ricos, cultos e incultos. Morreu com 87 anos de idade em 1095.

19 DE JANEIRO

Testemunhas de nossos tempos

Otávio Ortiz e companheiros – Sacerdote, 35 anos, comprometido com os oprimidos, e quatro estudantes e catequistas, assassinados em El Salvador, em 1973.

ORAÇÃO
Do amor eterno

Deus, nosso Pai, o vosso amor é para sempre e nele somos reconfortados em nossas necessidades. Porque nos amais desde sempre, vivemos; porque nos destes a vida e a preservais, nós vos louvamos; porque vossa misericórdia é eterna, soerguemo-nos; porque estais conosco, prosseguimos; porque nos conduzis, não tememos as adversidades; porque ressuscitastes glorioso, ressurgimos; porque estais conosco, superamos todo o medo, desconfiança e temor. **Em repouso ou despertos, na tristeza e na alegria, no trabalho e na oração, em todos os momentos, vós nos dais alento chamando-nos pelo nome. Errantes, apressais em nos buscar. Feridos pela dor, sarais nossas chagas. Mesmo na escuridão, vós nos indicais o caminho.** *Por tudo isso nosso coração exulta de alegria. Em vós, rochedo, escudo, muralha indestrutível, nosso espírito se abriga. Da vossa luz, nossos olhos se enchem de canções e nossos ouvidos de claridade sem limites. Amém.*

20 DE JANEIRO

S. Sebastião

séc. III – mártir – "Sebastião" significa "augusto, magnífico, venerável". É o patrono dos arqueiros, atletas, soldados, guarda-civil

Natural de Milão ou de Narbone, Sebastião já havia se convertido à fé cristã quando foi nomeado capitão da Guarda Pretoriana pelo imperador Diocleciano, mas o fato só foi conhecido durante a perseguição aos cristãos. Preso e condenado à morte, os arqueiros o amarraram a um tronco e o crivaram de flechas. Os cristãos recolheram o corpo ainda com vida e cuidaram dele. Recuperado dos ferimentos, começou a denunciar abertamente os crimes cometidos contra os cristãos. Indignado, Maximiano condenou-o à morte (c. 304). É invocado com a seguinte oração:

Onipotente e eterno Deus, que pelos merecimentos de S. Sebastião, vosso glorioso mártir, livrastes os vossos fiéis de doenças contagiosas, atendei as nossas humildes súplicas para que, recorrendo agora a vós, na nossa necessidade a fim de alcançar semelhante favor, mereçamos, por sua valiosa intercessão, ser livres do flagelo da peste e de toda moléstia do corpo e da alma. Por Jesus Cristo, Senhor nosso. Amém.

S. Fabiano

séc. III – papa e mártir – Patrono dos engenheiros hidráulicos – "Fabiano" quer dizer "cultivador de favas"

Fabiano pontificou de 236 a 250 e sofreu o martírio na perseguição do imperador romano Décio, por volta de 250. Aclamado papa pelo povo, tornou-se o primeiro leigo a ocupar a cátedra de Pedro. Procurou reorganizar a Igreja, dividindo Roma em sete diaconias, para que fosse mais bem administrada e a prática da caridade intensificada.

Testemunhas de nossos tempos

Almicar Cabral – Poeta e líder da revolução de Cabo Verde e Guiné Bissau, assassinado pelo regime militar português em 1973. **Carlos Morales** – Sacerdote dominicano, comprometido com o povo, assassinado em 1982, na Guatemala.

ORAÇÃO
Da fé alegre

Deus, nosso Pai, cada dia recriais nossa vida e nos fazeis voltar à luz. Despertamos e, mais um dia, nos é dado viver o milagre de estar vivo e sentir parte do universo. A nós confiastes a missão de construir a nossa história e de ser a consciência de um mundo desejoso de paz, mas ferido por maldades e desaventos. O dia de hoje seja uma oportunidade de crescimento espiritual e de descoberta de nossas riquezas interiores. Semeemos, pois, a bondade, a compreensão, e acolhamos para sermos acolhidos. ***Caminhemos, neste dia, como se víssemos o Invisível, pois assim teremos forças para sonhar e realizar um mundo justo, em que as leis estejam a serviço de todos.*** *Façamos o que nos for possível, sabidos de que para vós nada é impossível, e do deserto de nossas desconfianças fareis brotar rios de água viva* (cf. Ez 47,1ss).

21 DE JANEIRO

S. Inês

séc. III – virgem e mártir – "Inês" quer dizer "casta", "pura"

Trata-se de uma das santas mais cultuadas a partir da primeira metade do século IV e que permanece até hoje viva na memória popular. Foi venerada por importantes Padres da Igreja, como Ambrósio, Agostinho, Dâmaso, Jerônimo, Máximo de Turim, Gregório Magno e Beda, que a tinham como modelo exemplar da virgem casta e pura, de fé inabalável e ânimo forte, que se entrega totalmente a Deus, em contraste com a fragilidade de seu corpo de menina adolescente. Os testemunhos são unânimes em afirmar que Inês sofreu o martírio aos 12 ou 13 anos de idade, durante provavelmente a perseguição de Décio (250-251). Suas relíquias, tidas como genuínas por alguns renomados arqueólogos, são conservadas em Roma.

S. Epifânio

† 497 – bispo – "Epifânio" significa "manifestação" e lembra a epifania do Senhor

Natural de Pávia, Epifânio foi educado pelo bispo S. Crispim. Mais tarde, com a morte de S. Crispim, foi aclamado bispo de Pávia, prometendo caminhar com humildade ao lado do povo:

"É o procedimento, não são os anos que fazem a adolescência ou a velhice. Examinai o íntimo de minha vida e, se nele reconhecerdes algo de indigno, reprimi-o. Ninguém tema admoestar o Príncipe da Igreja...". Trabalhou incansavelmente pela paz e pela justiça, lutando para que os escravos fossem libertados.

21 DE JANEIRO

Testemunhas de nossos tempos

Gerardo Valencia Cano – Bispo de Buenaventura, Colômbia, profeta da libertação dos pobres, dos negros, morto em 1972. **Maria Ercília** e **Ana Coralia Martínez**, membros da Cruz Vermelha e catequistas, assassinadas em El Salvador, em 1980.

ORAÇÃO
Dos construtores da paz

Deus, nosso Pai, vós sois a luz que ilumina toda mente. ***Aclarai nossa inteligência para que cheguemos ao entendimento do que verdadeiramente engrandece o ser humano.*** *De que vale ganhar o mundo inteiro, se nos falta a paz e a unidade interior? De que vale chegar à frente e proclamar-se vitorioso se nos sobra prepotência e nos falta a humildade? De que vale o muito que acumulamos, se para si nada deste mundo se leva? De que valem tiranias e arrogâncias, se no íntimo andamos precisados de amizade e de perdão? Senhor, sabeis quão necessitados somos da paz de espírito, da harmonia interior, do acolhimento e da compreensão nos momentos de provação. Por isso vos pedimos:* ***pacificai nossos corações, harmonizai nosso espírito, multiplicai nossa ternura, plenificai nossa bondade, desarmai nosso orgulho, iluminai nossas trevas, desatai nossa ignorância e dissipai nossos medos. Amém.***

22 DE JANEIRO

S. Vicente de Saragoça

606-667 – diácono e mártir – Patrono dos navegantes e viticultores – "Vicente" quer dizer "vencedor", "vitorioso"

Diácono da Igreja de Saragoça, Vicente sofreu o martírio na perseguição de Diocleciano. Atribui-se a ele esta confissão de fé: *"Os que veem não verão; os que ouvem não ouvirão, pois confesso que é um só e o mesmo Deus, com o Pai e o Espírito Santo...."*. S. Agostinho conta que teve o corpo destruído pelos torturadores e mesmo assim, transbordante de paz, continuava a falar com tranquilidade, como se *alguém* falasse por ele.

As torturas nada puderam contra ele. Por fim, para tentá-lo na sua constância, puseram-no em um leito macio e confortável, mas ali mesmo ele expirou.

B. Laura Vicuña

1891-1904 – leiga – "Laura" vem de "Lauro" e se refere ao louro, de cujas folhas eram tecidas as coroas dos heróis vencedores (reis, imperadores, atletas)

Natural de Santiago do Chile, em 1893, Laura ficou órfã de pai e a família emigrou para Junín de Los Andes, na Argentina, onde estudou no colégio das Filhas de Maria Auxiliadora. Em 1901, ingressou naquela congregação, mas não pôde emitir publicamente os votos religiosos seja pela pouca idade pela situação marital da mãe, que se ligara irregularmente a um rico senhor. Para converter a mãe, em abril de 1903 Laura ofereceu a Deus a própria vida. Caindo doente, veio a falecer em janeiro de 1904, poucos dias depois da conversão da mãe. Foi beatificada por João Paulo II em 1988.

22 DE JANEIRO

Testemunhas de nossos tempos

"Tata" Vasco de Quiroga – Bispo de Michoacán, precursor das reduções indígenas, incentivador das cooperativas, morto no México, em 1565. **Massacre** de lavradores em Pueblo Nuevo, Colômbia.

ORAÇÃO
Do Deus da vida

Deus, nosso Pai, sois o Deus vivo e verdadeiro. Por que nos afligir com pensamentos negativos e inquietações pelo nosso futuro, se o vosso amor e misericórdia duram para sempre, se por nós velais noite e dia? Por que nos deixar abalar e prender pelo medo do que nos poderá acontecer amanhã ou depois de amanhã? Por que nos encher de medo pela doença, pela angústia da morte, se a vossa presença de Pai amoroso e providente nos acompanha a cada momento, se nem um fio de cabelo cai ao chão sem o vosso consentimento? Por que cruzar os braços, entregar-se ao desânimo, se vos apressais em estender vossa mão poderosa para nos amparar quando tropeçamos? Sois vós que dizeis: **"Como poderia eu abandonar-te ou trair-te?... Meu coração se revolve dentro de mim, eu me comovo de dó e compaixão"** *(cf. Os 11,8ss). Fortalecei, pois, a nossa fé e dai-nos força para superar as adversidades da nossa vida. Jamais percamos a confiança em vós, porque no tempo oportuno nos socorreis e tomais nossa defesa. Sois a Vida, fazei--nos viver com intensidade este dia de hoje buscando a comunhão e a participação com todos os que desejam de coração um reino de justiça e de fraternidade.*

23 DE JANEIRO

S. Ildefonso de Toledo

606-667 – bispo – "Ildefonso" significa "aquele que está sempre alerta"

Ildefonso nasceu em Toledo, na Espanha, no dia 8 de dezembro de 606. Com a morte dos pais, herdou grande fortuna, que foi empregada na fundação de um mosteiro para religiosas. Em 657, foi escolhido pelos fiéis e pelo clero como sucessor de S. Eugênio, bispo de Toledo. Às atividades pastorais, acrescentou as de escritor, elaborando várias obras de cunho doutrinal. A mais célebre de todas foi o tratado sobre a *Virgindade perpétua de Maria,* um tema bastante comum na teologia e espiritualidade medievais e objeto de acirradas polêmicas. Outra obra que chegou até nós é *Do deserto espiritual,* que trata do batismo. A maioria dos escritos, porém, perdeu-se no tempo. Foi também abade do mosteiro de Agália e participou do Concílio de Toledo (653-655). Morreu em 23 de janeiro de 667. Diz a tradição que tal era seu amor pela Mãe de Deus que ela, numa visão, o premiou com uma casula tecida pelos anjos do céu. Considerava-se o servo fiel, solícito e atento, de Nossa Senhora e deixou-nos esta oração:

Concedei-me, Senhora, a graça de servir a vós e a vosso Filho, de ser servo de Nosso Senhor e vosso: de Nosso Senhor, porque é o meu criador; vosso, porque sois a Mãe do meu Criador. Sou, portanto,

23 DE JANEIRO

vosso servo, porque vosso Filho é meu Senhor. Vós sois minha Senhora.

Testemunhas de nossos tempos

Segundo Francisco Guamán – Líder indígena quíchua, pai de dois filhos. Participou da organização dos índios em Pré-Associações para fazer frente à prepotência dos fazendeiros que os roubavam, exploravam, escravizavam e os humilhavam. Após ser humilhado ("*Índios ladrões, filhos da puta, vamos ver se vocês podem roubar a fazenda do patrão*"), é abatido com golpes na cabeça dados com a chave de roda do carro em que seus assassinos se encontravam.

*Da Virgem Maria
irrompa nova alegria,
ressoem cantos de amor:
da velha Ana no seio palpita
a Mãe do Senhor.*
***Maria, glória do mundo,
de graça é plena e de luz:
por culpa alguma atingida
serás a Mãe de Jesus.***
*Nascemos todos manchados
pela culpa original:
somente tu e teu Filho
sois livres de todo mal...*

24 DE JANEIRO

S. Francisco de Sales
*1567-1622 – místico – "Francisco" quer dizer "franco, livre" –
É o patrono dos escritores e jornalistas*

Natural da França, Francisco de Sales sonhava com o sacerdócio, mas esperou pacientemente por 30 anos para ter a certeza de que essa era a vontade de Deus. Um dia, foi surpreendido pela própria espada, que, por três vezes, se desprende da bainha e se dispõe no chão em forma de cruz. Viu nesse evento um desígnio divino. Recém-ordenado, partiu para a Suíça com a ideia de lá converter os calvinistas. Por três anos andou errante, passou fome, sede, frio, humilhações e risco de vida; e tudo isso para não converter uma alma sequer. Mesmo assim não desanimou e, com paciência, escrevia e enfiava debaixo das portas trechos de sermões. Já bispo, conheceu, em 1604, em Dijon, França, Joana de Chantal. Com ela aprendeu o caminho da comunhão com Deus e resgatou o valor da mística para o povo cristão. Doravante, ser santo não será mais privilégio de religiosos, mas a vocação de todo cristão. Nesse sentido, dirige aos fiéis dois de seus mais famosos escritos: *Tratado do amor de Deus* e *Introdução à vida devota*.

S. Paula Gambara
c. 1473-1525 – leiga – "Paula" quer dizer "pequena"

Natural de Bréscia, Paula foi ofendida e humilhada pelo marido, que a trocou por "outra" que com ela convivia sob o mesmo teto. E, quando a "outra" caiu enferma, cuidou dela até a

24 DE JANEIRO

morte. Por fim, com sua perseverança e oração conseguiu mudar o coração do marido, que passou a admirá-la e respeitá-la. De comum acordo, ingressou na Ordem Terceira de S. Francisco de Assis. Mais tarde, com a morte do marido, distribuiu os bens aos pobres e entregou-se ao serviço de Deus.

ORAÇÃO
Da comunhão com Deus

Deus, nosso Pai, quisestes que a nossa vida fosse plena de sentido e de força, por isso nos fizestes para a comunhão profunda convosco e com nossos irmãos. Por meio de atos concretos de serviço ao próximo, nossa comunhão convosco se intensifique e nossa alegria interior se plenifique. **Nada sobreponha à amizade, à concórdia, à lealdade e ao bem de todos.** *Pela caridosa compreensão, superemos erros, preconceitos de raças, de culturas, de credos políticos e religiosos. A retidão nos faça unos na multiplicidade, autênticos nas diferenças e livres de coração para o acolhimento de nossos semelhantes. Não caçoemos das falhas nem dos fardos alheios. Tenhamos consciência das enfermidades do egoísmo e orgulho e do peso da fragilidade que verga a condição humana. Busquemos o perdão das ofensas, a conversão do erro, sinal sensível da vossa presença libertadora e recriadora.* **Ajudai-nos a crer que no encontro fraterno nos encontramos convosco, Deus vivo e verdadeiro, Deus de amor eterno.**

25 DE JANEIRO

Conversão de S. Paulo

séc. I – apóstolo e mártir – protetor dos náufragos e invocado contra as tempestades nos mares

Paulo nasceu em Tarso, Cilícia (At 21,39). Cresceu em berço observante das tradições farisaicas (2Tm 1,3; Fl 3,5-6). Seus antepassados provavelmente eram da Galileia, da tribo de Benjamim (Fl 3,5ss). O próprio nome "Saulo", comum entre os descendentes de Benjamim, liga-se ao de "Saul", o primeiro rei dos judeus. Era comum entre os judeus que gozavam da cidadania romana ter dois nomes, um hebraico e outro latino ou grego. Daí o segundo nome "Paulo" (At 22,26-28), adotado por ele em sua pregação junto aos gentios. Como bom judeu, desde pequeno, Saulo teve de aprender um ofício, tornando-se "fazedor de tendas" (At 18,3). Perseguidor intransigente dos cristãos, um dia, a caminho de Damasco, foi barrado e derrubado ao chão pelo Senhor, que lhe dirige as célebres palavras: *"Saulo, Saulo, por que me persegues?"* Sua conversão não foi resultado de uma busca racional, mas fruto do poder de Deus em sua vida (Gl 1,12-15; 1Cor 15,10).

S. Popo
977-1048 – abade e reformador

O abade Popo ou também Popônio nasceu em Flandres, França. Estava para casar com uma nobre dama, quando uma

25 DE JANEIRO

visão transformou sua vida. Um dia, enquanto caminhava na noite, uma explosão de luz interceptou seu caminho. Para ele esta visão foi uma manifestação do Espírito Santo. Abandonou tudo e tornou-se monge na abadia de S. Teodorico, perto de Reims. Por sua influência, a mãe, viúva, fez-se monja e, mais tarde, foi elevada às glórias do altar. S. Popo exerceu grande influência junto ao imperador S. Henrique II, fazendo-o abolir um espetáculo que consistia em expor a ursos uma vítima untada com mel. Em 1029, embora recusasse o bispado de Estrasburgo, foi designado para direção de 14 mosteiros.

ORAÇÃO
Da busca de vida

Deus, nosso Pai, em Jesus, nosso Salvador e no Espírito Santo, nosso Consolador, sois o Mistério inefável de comunhão e participação. Dai-nos, pois, disposição e ousadia para que a nossa vida seja uma pedra viva na construção do Reino aqui e agora. Em nosso individualismo, abramos espaços à fraternidade. No ódio que nos domina e nos adoece, busquemos a reconciliação e a cura pelo vosso Espírito. Na indiferença e banalização da vida e do amor, resgatemos a grandeza do mistério de sermos criados à vossa imagem e semelhança. Na falta de sentido e de esperança, procuremos a energia salutar dos sonhos venturosos que nos fazem renascer. **No desespero que nos desatina e nos desnorteia, procuremos em vós o eixo que nos segura, a rocha firme que nos sustenta, o escudo que nos protege e nos salva** (cf. Sl 17,3). *Nos momentos adversos, acreditemos que em vós tudo é recriado, tudo é renovado, até a morte na vida é superada.*

26 DE JANEIRO

S. Timóteo e S. Tito

c. † 97 – bispo – "Timóteo" quer dizer "aquele que honra a Deus" – séc. I – bispo – "Tito" quer dizer "o protegido"

Natural de Listra, Ásia Menor, Timóteo foi convertido por S. Paulo, tornando-se o dileto colaborador e companheiro de viagem do Apóstolo Paulo (Fl 2,20-21), que lhe dirigiu duas de suas cartas (At 16,1-4). É considerado o primeiro bispo de Éfeso. Convertido por Paulo Apóstolo, **S. Tito** tornou-se, ao lado de Timóteo, um dos seus mais importantes colaboradores na evangelização (Tt 1,4). Foi incumbido por Paulo de organizar a igreja cretense, tornando-se também ele o primeiro "epíscopo" (bispo) de Gortina (Creta).

S. Alberico (S. Álvaro)
*† 1108 – abade e fundador –
"Alberico" significa "príncipe dos elfos"*

Conhecido também como S. Álvaro, Alberico tem seu nome ligado à origem da Ordem de Cister ou Cisterciense, cuja casa-mãe foi fundada por ele e os santos Estêvão Harding e Roberto de Molesme, na região de Citeaux, em 1098. Antes de iniciar a Ordem Cisterciense, foi prior de um mosteiro perto de Molesmes. Descontente com o estilo de vida dos monges, reuniu, então, em torno de si um grupo de monges observantes e partiu para as regiões desertas de Citeaux e lá se estabeleceu com seus companheiros. Nascia então a Ordem Cisterciense. Como abade do mosteiro de Citeaux, transformou a pequena comunidade de monges em importante centro de evangelização, que perdura até hoje.

26 DE JANEIRO

Testemunha de nossos tempos

José Gabriel – "Cura Brochero" – Pároco de San Alberto (1840-1914), Argentina, hoje Vila "Cura Brochero". Realizou importante obra social, construindo escolas, estradas, moinhos de farinha, etc. Morreu em absoluta pobreza, cego e leproso.

ORAÇÃO
Da iluminação divina

Deus, nosso Pai, Jesus, vosso Filho, curou o cego de nascença, manifestando a vossa glória e recriando o mundo para aquele que vivia nas trevas. Fazei-nos hoje caminhar na claridade da vossa luz. Clareai-nos por dentro e dai-nos a capacidade de discernir o que devemos fazer para vos agradar. Não haja em nós mentira, falsidade, ganância ou egoísmos. Libertai--nos da autossuficiência e de tudo o que nos avilta e nos faz prepotentes. Libertai-nos do orgulho, que nos empobrece e nos sepulta por dentro. Libertai-nos do ódio que nos canceriza e nos consome, que nos verga e nos torna errantes. Libertai-nos da ignorância, que nos cega e desumaniza. **Libertai-nos da falta de fé que nos faz viver amargurados, deprimidos, incapazes de perceber a beleza das coisas que nos cercam, da riqueza infinita de nossa interioridade e das potencialidades que reservastes a cada um.** *Libertai-nos do poder do Mal, que nos faz perder o eixo, o centro, a nossa bem-aventurança, que sois vós, ó Deus, nosso sumo Bem.*

27 DE JANEIRO

B. Henrique de Ossó

1840-1896 – fundador – "Henrique" significa "senhor da casa"

Natural de Vinebre, pequeno povoado espanhol, Henrique de Ossó viveu no século XVIII e foi beatificado em 1979 e canonizado por João Paulo II em 1993. Ainda garoto, sonhava ser professor, mas o pai o queria comerciante e a mãe, sacerdote. Após a morte da mãe, malgrado o desejo do pai, decidiu-se pelo sacerdócio. Em 1867, consegue realizar o sonho de sua vida como mestre no seminário, mas, por motivos políticos, é forçado a deixar por um ano a terra natal. De volta do exílio, desenvolveu intensa atividade na imprensa local, rebatendo energicamente as críticas que se faziam contra a Igreja. Considerado um dos mais importantes catequistas da época, deixou-nos vários escritos de catequese, entre os quais a *Prática do catequista*. Fundou também o semanário *O amigo do povo* e a *Revista Teresiana*, com o objetivo de difundir a espiritualidade de S. Teresa D'Ávila, de quem era profundo admirador. Em 1876, fundou a Companhia de S. Teresa, concebida como uma associação de professores católicos, que mais tarde haveria de se tornar a Irmandade Josefina, para homens. Morreu em Valência em 27 de janeiro de 1896.

27 DE JANEIRO

Testemunhas de nossos tempos

Miguel Angel Nicolau – Sacerdote salesiano da comunidade de S. Nicolau (Buenos Aires). Dedicado ao trabalho com os jovens, pescadores e marginalizados, foi vítima do regime militar instaurado em 1976. Foi preso numa madrugada de 1977 e levado a um campo de concentração clandestino, onde foi torturado e morto. **Pablo Torres** – Bispo do Panamá, exilado da América em 1554 por defender os índios.

ORAÇÃO
Do testemunho de vida

*Deus, nosso Pai, **o vosso Espírito clama em nosso íntimo o vosso nome bendito, cujo poder nos sara, salva e liberta**. Em Cristo Jesus vos tornastes o Mestre de nossas vidas, o caminho que nos leva à comunhão convosco. Concedei-nos amor e zelo cada vez maiores por tudo aquilo que Jesus, vosso Filho, nos ensinou, amando-nos e entregando a vida por nós. Colocai em nosso coração um desejo ardente de conhecer e apregoar as maravilhas que operais em nossas vidas. Confessemos a vossa ternura e misericórdia, dedicando-nos com alegria à tarefa da fraternidade, da justiça e da paz entre as pessoas com quem convivemos. À falta de esperança, concorra a certeza de que não tardará surgir um dia novo, em que nossos sonhos brotarão fecundos. À falta de fé, concorra o sopro do Espírito que tudo vivifica. À falta de generosidade, concorra o milagre da partição. **À falta de coragem para prosseguir, concorra o poder da Palavra que tudo desata, tudo cura, tudo liberta, tudo renova.***

28 DE JANEIRO

S. Tomás de Aquino
1224-1274 – presbítero e doutor da Igreja – patrono dos teólogos e dos filósofos – "Tomás" vem de "Tomé", que em aramaico significa "gêmeos"

Apoiado por S. Alberto Magno, Tomás de Aquino destacou-se com um dos maiores teólogos e pensadores da época. Deixou numerosos tratados, entre os quais a famosa *Summa theologicae*. A doutrina tomista prevaleceu por séculos e ainda hoje continua como referência a teólogos e pensadores. Três meses antes de morrer, em 1273, teve uma experiência mística que o levou ao êxtase. Depois disso, nada mais escreveu e confessou que tudo o que havia escrito não passava de palha diante do que lhe fora revelado.

S. Pedro Nolasco
c. 1189-1258 – fundador – "Pedro" quer dizer "rocha", "pedra"

Natural de Languedoc, França ou, segundo estudos recentes, de Barcelona, Espanha. Movido por profundo sentimento de compaixão, decidiu trabalhar em prol da libertação dos cristãos sob o jugo dos invasores mouros, na Península Ibérica. Contam que Pedro Nolasco, Raimundo de Peñafort e o rei Tiago I de Aragão tiveram simultaneamente uma visão em que a Virgem Maria confirmava ser vontade dela a libertação dos cativos cristãos. Nasceu então a *Ordem dos Mercedários*, cuja preocupação inicial era cuidar de doentes, visitar presos, angariar fundos para o resgate de escravos. O

28 DE JANEIRO

instituto consagrado à *S. Maria das Mercês para a redenção dos escravos (= Nossa Senhora das Graças)* foi instituído em 10 de agosto de 1218. Nesse dia, fizeram votos 13 membros, seis sacerdotes e sete cavaleiros. No primeiro século de vida, os Mercedários libertaram e reconduziram à pátria milhares de escravos. Morreu em Barcelona.

ORAÇÃO
Da ação de Deus no mundo

Deus, nosso Pai, não decepcionais os que creem. Muitas são as atribulações por que passamos ao longo da vida. Inumeráveis também os momentos de acertos e descobertas, de alegria e satisfação, de bênçãos e vitórias, que os concedeis. Mas em tudo está a vossa presença paterna e providente. Dai-nos, pois, a graça de vos ser fiel até o fim. E ser-vos fiel é ser da parte da paz, da justiça, do perdão, da comunhão e da vida. Tornai-nos, pois, sensíveis à vossa ação no mundo, repleto de contradições e fraquezas, mas também pródigo de testemunhos de bondade e de amor sincero. **Abri nossos olhos para enxergarmos hoje e sempre os sinais da vossa presença em nossa vida e na caminhada dos povos através dos tempos. Abrandai nossas resistências para que vosso plano de amor se realize e vossa glória resplandeça.** *Resplandeçam também em nós a generosidade em servir sem nada pedir, a alegria de amar e de fazer-se amado, a humildade em aceitar críticas por erros e falhas, o respeito em ouvir e o saber discernir, a simplicidade e a retidão que nos tornam dignos do Reino.*

29 DE JANEIRO

S. Julião Hospitaleiro e S. Basilissa

séc. IV – mártires – patrono dos que dão hospedagem ou alojamento – "Julião" lembra "luz", "o que é luzente" – Já "Basilissa" quer dizer "rainha".

O nome de S. Julião liga-se à lenda do santo que matou os próprios pais. Contam que, durante uma caçada, Julião matou um cervo com sua cria. Agonizante a seus pés, o animal teria profetizado: *"Um dia hás de matar os próprios pais!"*. Impressionado por tal visão e temendo acontecesse a profecia do cervo, comprou um cavalo e, vestido de peregrino, partiu para lugares distantes, até casar-se com uma rica viúva, chamada Basilissa. Aconteceu que os pais, que não cessavam de procurá-lo, chegaram ao castelo em que Julião e Basilissa moravam. Embora Julião estivesse ausente, Basilissa não só acolheu os forasteiros, como percebeu que se tratava dos pais do marido; por isso os hospedou no próprio quarto. Ao entrar no quarto, Julião, julgando-se traído pela mulher, arrancou da espada e golpeou os próprios pais. Para reparar tamanho crime, abandonou o castelo e juntamente com a mulher construiu um hospital para acolher os peregrinos doentes e necessitados. Julião cuidava do setor masculino e Basilissa, do setor feminino.

Testemunhas de nossos tempos

Massacre de camponeses em Alto Valle na Bolívia, em 1974.

29 DE JANEIRO

ORAÇÃO
Do amor conjugal

Deus, nosso Pai, quisestes que o homem e a mulher fossem no amor um mistério de comunhão. Velai hoje pelos casais. Amparai-os sobretudo nos momentos difíceis, nos momentos de crise, incompreensões, tristeza, dor ou separação. Aprendam de vós a fidelidade, a ternura e a concórdia. Saibam carregar o fardo um do outro, perdoando mutuamente as próprias culpas. No desentendimento, rompam a indiferença e dialoguem procurando antes de tudo ouvir com atenção e espírito desarmado. Nas falhas, compreendam, relevem, busquem a renovação. Nos erros, perdoem-se e se abracem numa nova criação. Nos trabalhos e fadigas, confiem nas fortalezas dos próprios corações. Nos sonhos de felicidade, comunguem das realidades das próprias mãos. Nos desafios, abram a mente e o coração, onde reside o poder da superação. Nas dificuldades, recordem-se do amor primeiro que os uniu e encontrem em sua história vivida o alento para retomar a caminhada. Nas provações, confiem em vós, Senhor da Vida. **Na penúria, outra vez confiem e, como Pedro, relancem as redes nos mares de suas vidas. Nas rotinas diárias, como Abraão, arrebanhem sonhos de esperanças novas. No desespero, despertem Aquele a quem águas e ventos obedecem. Em tudo, porém, recorram a vós, fonte de toda comunhão.**

30 DE JANEIRO

S. Jacinta Marescotti

1585-1640 – clarissa – "Jacinto" refere-se à flor que tem este nome

Nascida em 1585, seu nome de batismo era Clarissa, sendo Jacinta seu nome religioso. Embora os pais a colocassem no convento para que fosse educada, Jacinta levava uma vida negligente. Intimidada pelo pai, ingressou no mosteiro de S. Bernardino de Viterbo, da Ordem Terceira de S. Francisco. Ali chegando, mandou lhe construíssem um aposento particular, luxuosamente decorado e mobiliado. Negligente no cumprimento dos deveres, viveu 10 anos de vida irregular. Um dia, gravemente enferma, foi repreendida severamente pelo seu confessor espiritual. Mudou, então, radicalmente de vida, passando a viver de modo austero. Fundou um hospital para enfermos idosos e uma entidade para angariar fundos a necessitados. Certa vez afirmou que o tipo de gente que mais a agradava eram os desprezados, os destituídos de orgulho e de prepotência e os que tinham pouca consolação sensível. Para ela o verdadeiro sinal do Espírito de Deus era carregar sua cruz sem lamúrias, enfrentar o sofrimento e perseverar firmemente apesar do vazio de toda doçura e prazer da oração. Morreu em 1640, com 55 anos de idade, sendo canonizada em 1807.

Testemunha de nossos tempos

Gaspar Vivi – Camponês e catequista, 36 anos, comprometido com a justiça social, morto na Guatemala em 1980.

30 DE JANEIRO

---ORAÇÃO---
Do autoconhecimento pela fé

Deus, nosso Pai, com a vossa ajuda possamos chegar ao nosso autoconhecimento, para que nos autoconhecendo tomemos consciência dos limites e das riquezas escondidas em nós; conhecendo assim como somos, saibamos compreender e aceitar os outros sem nos arvorarmos em juízes implacáveis de suas vidas... **Como peregrinos, caminhemos pelas vias de nosso interior, para que encontrando com nós mesmos possamos encontrar nossos semelhantes; e encontrando nossos semelhantes cheguemos a vós.** *Dai-nos coragem e humildade para sermos nós mesmos e despojar nosso íntimo de egoísmos e fingimentos, das coisas que nos amarram a medíocres e pequenos interesses. Dai-nos coragem para superar o comodismo de tudo aquilo que nos impeça sair de nós e abrir-nos à vida. Em tudo busquemos a participação na construção de nossas vidas e de um mundo novo, sem violência, sem engodos. A fé ilumine nossa busca interior e nos desperte o desejo de vos buscar, para que, buscando-vos, vos encontremos; e encontrando-vos, tenhamos a luz da vida. Na aridez espiritual, nas provações e sofrimentos, possamos escutar no profundo de nós a voz que clama:* **"Perseverai, que a vossa libertação está próxima".**

31 DE JANEIRO

S. João Bosco

1815-1888 – fundador – patrono dos editores, dos jovens e aprendizes – "João" significa "Deus é misericordioso"

João Bosco foi o fundador dos padres e irmãs salesianos, dedicados à formação da juventude. Aos 9 anos, teve um sonho que foi a razão da sua total dedicação em favor dos jovens, sobretudo os mais excluídos da sociedade. Achava-se ele num campo com uma multidão de crianças desaforentas e inconvenientes, e procurava com fúria contê-las à força. Então um homem com o rosto iluminado e longo manto o deteve, dizendo que conquistasse as crianças não pela força mas pelo afeto e amizade. Aquele foi e continua o campo de trabalho de João Bosco e de seus filhos, a família salesiana. É invocado com esta oração:

Necessitado eu de particular auxílio, a vós recorro com grande confiança, ó S. João Bosco. Preciso de graças espirituais e também temporais e especialmente... (pedir a graça). Vós que fostes tão devoto de Jesus sacramentado e de Maria Auxiliadora e vos compadecestes tanto das desventuras humanas, obtende-me de Jesus e de sua celeste mãe a graça que vos peço e também uma grande obediência à vontade de Deus. Amém.

31 DE JANEIRO

S. Marcela

c. 325-410 – viúva – "Marcela" refere-se a "pequeno martelo"

De família romana nobre, Marcela foi uma viúva que transformou seu palácio em local de reunião para os cristãos. Amiga de S. Jerônimo, aprendeu dele o gosto pela leitura da Bíblia. Vivia pobremente e era procurada por mulheres desejosas de praticar a fé cristã. Ao invadir Roma, os bárbaros saquearam sua casa e prenderam a ela e sua jovem discípula, Princípia. Contam que, prostrando-se aos pés dos soldados, implorou não fizessem mal à menina. Comovido, o rei Alarico concedeu-lhes exílio na Igreja de S. Paulo.

Testemunhas de nossos tempos

Massacre na Embaixada Espanhola, em que 21 indígenas quíchuas, operários, camponeses e estudantes foram mortos, em 1980.

ORAÇÃO
Da confissão da fé

Deus, nosso Pai, em Jesus, o valor da vida foi resgatado. Todo clamor será ouvido, toda lágrima será enxuta, todo sangue inocente clamará aos céus vingança. **Preciosos somos a vossos olhos, por isso cuidais até dos cabelos que caem de nossa cabeça. Levais em consideração o copo de água, o pedaço de pão e o níquel doado a quem bate à porta de nossos corações** (cf. Lc 12,6ss). *Em Jesus, permaneceis e caminhais conosco, como pai a amparar os filhos. Cremos na força recriadora do vosso amor, capaz de transformar as relações humanas e converter em claridade as cegueiras espirituais e os egoísmos sociais. Cremos na fraternidade universal, no pão repartido e no vinho partilhado, quando vós sereis tudo em todos.*

1º DE FEVEREIRO

S. Veridiana

c. 1178-1242 – religiosa reclusa – "Veridiana" significa "verdejante"

Veridiana nasceu em Toscana, por volta de 1178, e foi contemporânea de Francisco de Assis. Conhecia o lado alegre e triste da vida, a riqueza e a miséria. De fato, os pais, que eram ricos e nobres, perderam seus bens, obrigando-a a ganhar a vida como governanta. Mais tarde, regressando de uma peregrinação a S. Tiago de Compostela, o povo construiu-lhe um pequeno eremitério em Castelfiorentino. Ali viveu por 34 anos encerrada numa pequena cela, comunicando-se com o mundo exterior por uma janelinha, uma vez que a cela não trazia porta. Amava profundamente os pobres, distribuindo a eles tudo o que recebia dos peregrinos que vinham visitá-la. Em 1221, o próprio Francisco de Assis foi visitá-la, admitindo-a em sua Ordem Terceira. Segundo a tradição, duas serpentes atormentaram-na dia e noite até o fim de sua vida. Morreu em 1242. Ainda hoje é cultuada na Toscana e, no lugar de sua cela, ergue-se uma imponente igreja, onde se conservam suas relíquias.

Testemunha de nossos tempos

Daniel Esquivel – Leigo paraguaio, engajado na Pastoral de Imigrantes Paraguaios, assassinado em 1976, na Argentina.

1º DE FEVEREIRO

ORAÇÃO
Do serviço alegre

Deus, nosso Pai, vosso é o Espírito de liberdade e de libertação. **Desatai hoje nossas mãos e clareai nossa mente.** *Sensibilizai nossos corações, para que ajudemos, com alegria e abnegação, a implantar no mundo uma ordem social justa, em que o ser humano seja respeitado e possa viver com dignidade. Integrai nosso ser, anulai nossas divisões, favorecei-nos com o autoconhecimento, dai-nos o espírito de ternura e de compaixão.* **Ensinai a cada um de nós o respeito de si, a alegria e o prazer de olhar-se sem mágoa, sem medo, sem vexame, aceitando-se como se é, perdoando-se, reconciliando-se e fazendo as pazes consigo mesmo.** *Assim, compreendendo a nós mesmos, possamos compreender os outros e aceitá-los como são. A vossa Palavra nos dê alento, ânimo alegre e generoso, para que unamos nossas forças àdaqueles que, na dor e no sofrimento, enfrentando incompreensões e acusações, constroem a justiça e a verdade na terra. Com a vossa ajuda podemos fazer infinitamente mais do que quanto pedimos e entendemos.*

2 DE FEVEREIRO

Apresentação do Senhor

Esta festa remonta ao século IV e lembra o dia em que Maria e José apresentaram Jesus a Simeão e à profetisa Ana no Templo, cumprindo assim tudo o que ordenava a lei de Moisés, por ocasião do nascimento de uma criança (Lc 2,22-40). Em um dos seus sermões, S. Sinfrônio refere-se a esta festa dizendo: "Realmente, a *luz veio ao mundo* (cf. Jo 1,9) e dispersou as sombras que o cobriam; *o sol que nasce do alto nos visitou* (cf. Lc 1,78) e iluminou os que jaziam nas trevas. É este o significado do mistério que hoje celebramos. Por isso caminhamos com lâmpadas nas mãos..." (*Liturgia das horas,* v. III, op. cit., p. 1.236).

N. Senhora dos Navegantes ou da Boa Viagem

Devoção difundida no Brasil pelos colonizadores portugueses. Antes de partir para os mundos desconhecidos, os navegadores portugueses pediam a proteção da Virgem da Boa Viagem. É invocada com a seguinte prece:

N. S. dos Navegantes, Santíssima Filha de Deus (...), que ventos, tempestades, borrascas, raios e ressacas não perturbem a minha embarcação, a minha condução, e que nenhuma criatura nem incidente imprevistos causem alteração e atraso à minha viagem ou me desviem da rota traçada. Senhora dos Navegantes, minha vida é a travessia

2 DE FEVEREIRO

de um mar furioso. As tentações, os fracassos e as desilusões são ondas impetuosas que ameaçam afundar minha frágil embarcação no abismo do desânimo e do desespero. N. S. dos Navegantes, nas horas de perigo penso em vós e o medo desaparece; o ânimo e a disposição de lutar e de vencer torna a me fortalecer. Com a vossa proteção e a bênção do vosso Filho, a embarcação da minha vida há de ancorar segura e tranquila no porto da eternidade.

Testemunha de nossos tempos

José Tedeschi – Padre operário, comprometido com os migrantes, assassinado em 1976, na Argentina.

ORAÇÃO
Da conversão do coração

Deus, nosso Pai, fazeis novas as antigas coisas. **Convertei-nos hoje e varrei de nosso íntimo as coisas envelhecidas, os recalques e as frustrações do passado. Clareai nosso íntimo para que possamos, com a vossa ajuda, resolver o que ficou mal resolvido.** *Fazei-nos olhar as coisas e as pessoas, com espanto e admiração, como fosse o olhar primeiro do princípio da criação. Libertai-nos do farisaísmo, da maquinação e do mal. Sejamos lúcidos ao pensar, corretos ao agir, agradecidos ao viver. Sejamos abertos no acolher e solícitos no escutar, tardos em condenar e educados e cordiais no falar, prontos em valorizar e generosos em ajudar, pródigos no respeito e libertos no amor. Não rotulemos as pessoas segundo nossos preconceitos, credos ou ideologias. A dignidade dos filhos de Deus consiste em não ser escravo de nada e de ninguém, e somente a vós render graças.*

3 DE FEVEREIRO

S. Brás

séc. III – bispo e mártir – invocado contra os males da garganta e difteria – "Brás" deriva de "Basílio" e significa "régio", real

Médico de Sebaste, Armênia, Brás abandonou tudo para dedicar-se inteiramente a Deus. Escolhido bispo de Sebaste, refugiou-se numa caverna e lá vivia cercado de gente que buscava nele alívio em suas aflições, especialmente os males da garganta. Bestas ferozes (leões, tigres, ursos...) vinham a ele, obedientes como dóceis animais domésticos. Preso, foi degolado na perseguição de Licínio. É invocado com a seguinte oração:

Ó S. Brás, que recebestes de Deus o poder de proteger as pessoas contra as doenças da garganta e outros males, afastai de mim a doença que me aflige, conservai minha garganta sã e perfeita. Eu vos prometo, S. Brás, que minha fala será sempre de verdade e não de mentira, de justiça e não de calúnia, de bondade e não de aspereza, de compreensão e não de intransigência, de perdão e não de condenação... de calma e não de irritação, de desapego e não de egoísmo..., de ânimo e não de derrotismo, de conformidade e não de lamúrias. De amor e não de ódio. De alegria e não de tristeza. De fé e não de descrença. De esperança e não de desespero. S. Brás, conservai minha garganta livre das doenças, a fim de que minhas palavras possam louvar a Deus, meu Criador, e agradecer a vós, meu protetor. Amém.

3 DE FEVEREIRO

S. Oscar

801-865 – bispo – "Oscar" significa "lança dos deuses"

Missionário beneditino natural da França, conhecido como o "Apóstolo do Norte", o evangelizador da Dinamarca, Suécia e Norte da Alemanha. Ali passou 40 anos evangelizando: destruídas as igrejas, ele as reconstruía; expulso, retornava; abatido, ele soerguia. Sua obra missionária, aparentemente inútil, haveria de um dia florescer e produzir fecundos frutos de fé nos corações.

ORAÇÃO
Da criatura nova

Deus, nosso Pai, pelo poder do vosso Espírito, transformai nossas vidas e inclinai-nos à retidão e ao desejo de vos servir. **Convertei-nos hoje à lei do amor e despojai-nos dos fardos inúteis.** *Como o semeador a lançar sementes ao chão, plantemos em nós sonhos de esperança e confiemos no poder da fé e dos joelhos que se dobram ao chão. Não nos conformemos com a injustiça nem tenhamos por normal a miséria humana. Jesus imperou sobre ventos, curou leprosos e cegos, tirou a Lázaro do sepulcro, foi traído, preso e pregado na cruz... Mesmo sendo Senhor, sentiu pavor e desespero, mas acreditou que o Pai estaria com ele até o fim.* **E porque acreditou, ressuscitou, e ao ressuscitar, glorioso, a pedra do túmulo foi removida, as amarras que o prendiam partiram-se,** *e os apóstolos alegraram-se, pois o Senhor estava vivo e, com o Ressuscitado, tudo recomeçou, iluminou-se e recobrou sentido.*

4 DE FEVEREIRO

S. José de Leonissa

1556-1612 – religioso capuchinho – o nome de batismo era "Eufrônio", que significa "benévolo" – "José" quer dizer "que Deus acrescente"

O frei capuchinho José de Leonissa nasceu em Leonessa, Abruzo, Itália. Em 1687, foi enviado como missionário à Constantinopla, na Turquia, onde se entregou inteiramente ao serviço dos doentes e escravizados. Seu trabalho missionário foi frutuoso, operando a conversão até mesmo do próprio governador. Entretanto, ao tentar a conversão do sultão, foi preso e condenado ao cruel suplício do *gancho,* que consistia em ser amarrado a um poste, com uma das mãos presa a uma corrente e cravado por um pé num gancho. Segundo a tradição, foi libertado por um Anjo, retornando, então, à Itália, onde continuou a pregar o evangelho, a ensinar catecismo aos camponeses e crianças pobres das aldeias. Visitava os encarcerados, assistia os condenados à morte, consolava as famílias em aflição, procurava erradicar as injustiças, as opressões... Passava noites em oração diante do Tabernáculo e, seguido pelo povo em procissão, carregava aos ombros pesadas cruzes que plantava nos montes. No fim da vida padeceu cruel doença que, aos poucos, o consumiu. Morreu no dia 4 de fevereiro de 1612, sendo beatificado em 1713 e canonizado em 1746.

4 DE FEVEREIRO

Testemunhas de nossos tempos

Massacres dos 68 camponeses, em 1981, em Chimaltenango, Guatemala; e de seis operários, em 1976, em Cromotex, Peru.

ORAÇÃO
Do poder do Espírito

Amanhã,

quando eu procurar nas luzes do horizonte alento para ainda crer e encontrar apenas brumas, permita-me, ó Senhor, meu Deus, que meu último grito ecoe para além das estrelas no infinito e se ajunte à canção eterna do Amor que não conhece ocaso nem limite.

Amanhã,

quando o dia agonizar e aos poucos se extinguir, terei certamente derramado a última lágrima, o último cravo me crucificará na cruz da vida em meio a esperanças e ilusões.

Amanhã,

*quando tudo chegar ao fim, quando as pessoas que amei, os meus amigos, o mundo, as coisas já não existirem em mim, não permita, Senhor, eu vos peço, estar só na minha noite: **quero surgir com o Amanhã que nasce numa eterna aurora, transfigurado de luzes, e com mil cores pintado, evocando o seu nome, Deus terno eterno.***

5 DE FEVEREIRO

S. Águeda
séc. III? – virgem e mártir – "Águeda" quer dizer "boa"

Martirizada em Catânia, Sicília, provavelmente durante a perseguição de Décio, S. Águeda é venerada desde os primeiros séculos do cristianismo e tem seu nome incluído no Cânon romano. S. Metódio (séc. IX) disse a seu respeito:

"Águeda, que pelos feitos notáveis traz consigo um nome glorioso, e no próprio nome demonstra as ilustres ações que realizou! Águeda, que nos atrai com o nome, para que todos venham ao seu encontro, e com o exemplo nos ensina a correr sem demora para o verdadeiro bem, que é Deus somente!" (*Liturgia das horas, v. III.* São Paulo, Ave-Maria, Paulinas, Paulus, Vozes, p. 1.250).

S. Avito de Vienne
c. 450-525 – bispo – "Avito" significa "venerando"

Natural de Vienne, França, Alcimo Ecdício Avito foi contemporâneo dos papas Símaco, Hormisda e de S. Remi. Por volta de 490, com a morte do pai, Avito foi sagrado bispo. Para pôr fim à questão da heresia do arianismo e semipelagianismo, ele reuniu os bispos borgonheses no sínodo de Epaona (517), marcando a passagem da Igreja borgonhesa do arianismo à fé católica. Defensor ferrenho da autoridade papal, afirmava que se o papa caísse, com ele cairia não só o bispo, mas toda a Igreja. Poeta, teólogo, exegeta fecundo, deixou uma obra vasta: numerosos escritos teológicos, sermões, cartas e poemas.

5 DE FEVEREIRO

Testemunha de nossos tempos

Francisco Domingos Ramos – Líder sindical, assassinado em 1988, em Pancas, Espírito Santo, Brasil.

ORAÇÃO
Da presença de Deus

Deus, nosso Pai, tudo o que criastes traz o selo do vosso amor e da vossa bondade. Cada criatura, obediente a seu curso e segundo o seu modo de ser, canta as vossas maravilhas. **Por mais que nos impressionem os avanços tecnológicos, nada supera o encanto do sol a aquecer a terra, da semente a germinar "naturalmente", da água a brotar das fontes, do trigo e da uva que se convertem em vinho e pão.** *Nossos olhos e ouvidos "artificializados" não percebem que o mundo é tantas vezes recriado em múltiplas e belas parições. Mesmo ao nos rendermos à arrogância, à vingança e ao ódio, vós nos falais da vossa* shalom, *da vossa paz plenificada, da beleza e da reconciliação. Vós nos chamais a cada um pelo nome e nos advertis com mansidão. Fazei pois que a fraternidade cresça entre as gentes, a paz dilate os corações, a união entre os homens se fortaleça e a solidariedade ultrapasse os partidos, os credos, as culturas e ponha fim à miséria. O compromisso com a justiça jamais deixe de ser a baliza para nosso agir. Possamos hoje escutar vossos apelos à prática do que é reto e agradável a vossos olhos, e assim experimentemos a vossa ação salvadora operando em nossos corações.*

6 DE FEVEREIRO

S. Paulo Miki e seus companheiros
1564-1597 – mártires

Chamados *Os mártires do Japão* foram martirizados em Nagasáki, considerada o centro da cristandade japonesa da época. Temendo que os missionários (jesuítas e franciscanos) fossem uma força preparatória para uma invasão estrangeira no sul do Japão, o imperador japonês promoveu sangrenta perseguição aos católicos. Paulo Miki e seus companheiros foram presos, torturados e levados à Nagasáki, onde foram crucificados. Um autor da época disse a seu respeito:

"Paulo Miki... começou por declarar aos presentes que era japonês e pertencia à Companhia de Jesus; que ia morrer por haver anunciado o Evangelho... E por fim disse estas palavras: 'Agora que cheguei a este momento de minha vida, nenhum de vós duvidará que eu queira esconder a verdade. Declaro-vos, portanto, que não há outro caminho para a salvação fora daquele seguido pelos cristãos. E como este caminho me ensina a perdoar os inimigos e os que me ofenderam, de todo o coração perdôo o Imperador e os responsáveis pela minha morte...'".

S. Amando de Maastricht
séc. VII – abade e bispo – patrono dos cervejeiros, cafeicultores, viticultores – "Amando" quer dizer "aquele que é digno de ser amado"

Natural de Guasconha, Bélgica, Amando é considerado o Apóstolo da Bélgica. Pregador itinerante, espalhou o evange-

6 DE FEVEREIRO

lho pela França e Bélgica, padecendo inúmeras perseguições. É considerado o pai do monaquismo na antiga Bélgica, tendo fundado dezenas e dezenas de mosteiros, entre os quais os de S. Pedro, em Ghent, Nivelles, Barisisau-Bois, Marchiennes, etc.

Testemunha de nossos tempos

Sergio Mendez Arceo – Doutor pela Universidade Gregoriana, sagrou-se bispo de Cuenavaca (México), em 1952. Foi o fundador do Comitê da Solidariedade, hoje espalhado pelo mundo inteiro.

ORAÇÃO
Do alento na caminhada

Deus, nosso Pai, continuamente realizais coisas maravilhosas em nossas vidas. Ensinai-nos a assumir nossos desacertos e fracassos, e a não culpar a outrem pela situação desfavorável em que nos encontremos, porém a cada dia nos entreguemos a um sonho de vida nova. Somos filhos vossos, por isso levantai nosso ânimo, devolvei-nos a autoestima e a autoconfiança. Despertai o anjo que nos conduz e fortalecei nosso entusiasmo. Amparados por vós, sejamos resolutos, autoconfiantes e sonhemos juntos uma vida de fartura para todos. Livrai-nos da presunção de já termos alcançado tudo na vida. **Afastai de nós o derrotismo e o fatalismo, e não nos deixeis cair na tentação de achar que nada podemos fazer para mudar o curso de nossa história pessoal e social. Cada dia é tempo de graça, tempo em que passais por nós e bateis à porta; é tempo de graça em que plantais em nós as sementes de nossa superação.**

7 DE FEVEREIRO

S. Ricardo

séc. VIII – peregrino – "Ricardo" significa "poderoso", "rico"

De acordo com o *Martirológio romano*, S. Ricardo foi pai de três santos: santos Vinebaldo, Vilibaldo e Valburga. Segundo o *Hodoeporicon,* um documento em que se encontram os relatos da monja Heidenheim, parenta de S. Vilibaldo, S. Ricardo empreendeu, juntamente com os dois filhos, Vinebaldo e Vilibaldo, uma peregrinação à Roma. Partiram da Inglaterra para visitar e venerar as relíquias dos apóstolos Pedro e Paulo. Pretendiam visitar também a Terra Santa, mas somente Vilibaldo pôde concluir a viagem. Isso porque S. Ricardo foi acometido por terrível doença e antes mesmo de chegar à Roma morreu inesperadamente na cidade de Luca, sendo sepultado na igreja de S. Fridiano, em 722.

Testemunhas de nossos tempos

Massacre de Sepé Tiaraju – Em 1756, cerca de 1.500 índios da República Cristã Guarani foram massacrados em Caiboaté, S. Gabriel, Brasil, pelo exército de Espanha e Portugal. **Raynal Sáenz** – Sacerdote, assassinado em 1990, no Peru.

7 DE FEVEREIRO

ORAÇÃO
Da sabedoria do coração

Deus, nosso Pai, de vós procede toda sabedoria e toda força. De vós procedem nossos momentos de lucidez interior e nossa inclinação à bondade e à doação. Traspassais com a vossa luz as profundezas de nossos segredos mais íntimos. Na hora em que vacilamos, surgis como o rochedo e o amparo de nossa salvação. Conheceis o ontem, o hoje e o amanhã de nossa vida, mas vos fazeis peregrino buscando morada em nossos frágeis corações. E do nosso íntimo nos alentais: **Eu sou o escudo que te protege. Sou eu que te seguro quando tropeças. Sou eu que te dou sabedoria de coração, abertura da mente, bom senso, para discernires o que vem da vida e o que para a vida conduz. De mim procede a força e confiança para que enfrentes as dificuldades com serenidade e determinação. Não tenhas medo, não esmoreças, porque eu te darei a sabedoria que vem do alto para que as contrariedades, a dor e o sofrimento não te afastem de mim, mas na provação superes as próprias limitações.** *Senhor, dai-nos humildade para que o orgulho próprio e a arrogância não nos façam apodrecer por dentro. Dai-nos também a luz interior para que cheguemos ao conhecimento do que verdadeiramente somos, podemos e devemos ser. Em todos os momentos, sejais por nós.*

8 DE FEVEREIRO

B. Josefina Bakita

1869-1947 – religiosa canossiana – "Bakita" em árabe quer dizer "afortunada"

Josefina Bakita foi uma escrava sudanesa que, após uma longa vida de sofrimento, encontrou na Itália a liberdade e a fé e se tornou religiosa canossiana. Vendida por cinco vezes nos leilões sudaneses, passou por um verdadeiro calvário, arrastando as correntes e os estigmas da escravidão, que deixou em seu corpo marcas que nem o tempo apagaria. Por fim acabou nas mãos de um italiano de Khartum, Calista Legnani, que mais tarde a "presenteou" a uma família amiga, que a levou para a Itália. Na Itália, Bakita consegue obter a liberdade e conhecer as irmãs canossianas da Congregação da Caridade de Veneza, onde ingressou pronunciando enfim os seus votos religiosos. Foi beatificada por João Paulo II em 17 de maio de 1992.

S. Jaquelina
séc. XIII – viúva – "Jaquelina" vem de "Jacó", que significa "que Deus proteja"

Jaquelina viveu no tempo de Francisco de Assis e pertencia à nobreza romana. Amiga do Pobrezinho de Assis, ingressou, por volta de 1212, na Ordem Terceira. Viúva, tinha dois filhos, colocava sua casa à disposição de Francisco que frequentemente ali se hospedava. Antes de morrer, Francisco de Assis mandou a ela este recado:

8 DE FEVEREIRO

"Venha depressa, se quiser me ver ainda em vida. Traga as coisas necessárias para o meu sepultamento e um pouco daqueles doces gostosos que você me dava para comer, quando estive doente em Roma."

Seus restos mortais descansam na Basílica da Úmbria, ao lado de Francisco de Assis.

ORAÇÃO
Da paz e alegria

*Deus, nosso Pai, que nesse dia a vossa luz nos ilumine para que possamos perceber que é de vós que procedem a nossa paz e a prosperidade dos povos. De vosso Espírito Santo procedem toda harmonia interior, a simplicidade de coração, a abertura de mente, a busca de transcendência. De vosso Filho Jesus, procedem toda libertação e a busca de justiça e de participação. Da vossa ternura e misericórdia de Pai, procedem os nossos dias e o nosso comprometimento com a vida. Neste mundo cansado de ódio, trabalhemos pela concórdia. Neste tempo carregado de tristeza e desavenças, plantemos a alegria e a reconciliação. **Não agravemos ainda mais, por nosso egoísmo e obtusidade, por nossa falta de sensibilidade e abertura de coração, o sofrimento humano já por demais pesado e cruel.** Saibamos admirar a beleza e a força extraordinária da vida que nos refaz a cada instante. Admiremos a semente que nasce, a generosidade do sol que a tudo aquece, a água que a todos serve e para si nada recolhe. Olhemos para a natureza que nos solicita à vida, e, por meio de gestos de amizade e misericórdia e na entrega ao amor do próprio coração, cheguemos à nossa ressurreição.*

9 DE FEVEREIRO

S. Apolônia de Alexandria

séc. III – mártir – patrona dos dentistas e invocada contra a dor de dentes e contra as doenças da boca – "Apolônia" quer dizer consagrada a Apolo, deus grego dos oráculos, mensageiro dos acontecimentos

Apolônia morreu em Alexandria por volta de 249. S. Dionísio, bispo de Alexandria, conta que a multidão ficou enfurecida e começou a saquear as casas dos cristãos, levando à morte muitos deles. Pegaram, então, Apolônia, que era uma virgem diaconisa já em idade avançada, cortaram-lhe os seios e arrancaram-lhe os dentes. Depois fizeram uma fogueira e ameaçaram jogá-la nas chamas se não renegasse sua fé. Apolônia caminhou serena e altiva para as chamas e testemunhou sua fé, deixando-se consumir pelo fogo. Seu culto se difundiu primeiro no Oriente e depois no Ocidente, onde foi considerada filha de um senador romano, morto na perseguição de Juliano, o Apóstata.

Testemunhas de nossos tempos

Felipe Balam Tomas – Religioso comprometido com os pobres, pertencente aos Missionários da Caridade, desaparecido em 1985, na Guatemala, durante o regime militar. **Alberto Koenigsknetht** – Missionário norte-americano, bispo de Juli, comprometido com a causa dos camponeses indígenas do Peru, morto em 1986 num acidente suspeito, em Caritamaya, que, na língua indígena, significa "lugar de descanso para o espírito".

9 DE FEVEREIRO

ORAÇÃO
Da fragilidade humana

Deus, nosso Pai, frágil é a casa de nossa morada terrestre, mas infinitamente forte e poderosa é a vossa mão que nos sustenta e ampara com o vosso sopro de vida. Breve, passageiro e tantas vezes dificultoso é o tempo de nossa existência, mas imensurável o amor com que nos amais desde sempre, desde antes de sermos concebidos no seio materno: **"Nada de minha substância vos é oculto, quando fui formado ocultamente, quando fui tecido nas entranhas subterrâneas"** *(Sl 138,15). Dai-nos consciência de que neste mundo somos limitados, falíveis, transitórios, assim possamos compreender e relevar as fraquezas dos nossos semelhantes. Em tempo oportuno, fazei cumprir em nós vossas promessas de paz, de justiça e de fraternidade. Plenificai os dias que nos concedeis viver.* **Frutificai os gestos de nossas mãos. Não nos deixeis trabalhar em vão. Pela vossa Palavra que sonda e revolve os corações, clareai nossas mentes e tornai retos os pensamentos, abrandai nossos ímpetos de ira, silenciai nossos maus humores, curai nossos pessimismos, abri nossos risos e por meio do vosso amor aquecei o nosso interior.**

10 DE FEVEREIRO

S. Escolástica

480-547 – virgem, monja e fundadora – é invocada contra raios e para obter chuva – "Escolástica" significa "professora, sábia"

Irmã de S. Bento, S. Escolástica nasceu em Núrsia, na Úmbria, Itália, por volta de 480. Foi a fundadora e primeira superiora da Ordem das Beneditinas. Ligados por profunda amizade, uma vez por ano, os irmãos costumavam fazer juntos uma caminhada a um pequeno oratório, próximo à abadia de Montecassino. Um dia, já pressentindo que Deus a chamava, Escolástica pediu que Bento ficasse com ela e passassem a noite conversando sobre as alegrias celestes. Diante da recusa do irmão, Escolástica suplicou a Deus, que fez abater forte tempestade que varou a noite, obrigando o homem de Deus a ficar com ela, "infligindo" assim a regra do mosteiro. Três dias depois, estando em sua cela, S. Bento viu a alma de sua irmã, em forma de pomba, subir aos céus.

B. Hugo de Fosses

séc. XIII – monge e cofundador dos Premonstratenses – "Hugo" quer dizer "pensamento, espírito, razão"

Hugo de Fosses foi cofundador da Ordem Premonstratense. Órfão muito cedo, foi confiado aos cuidados de uma comunidade beneditina e, depois, ao bispo de Cambrai, dom Bucardo, amigo de S. Noberto. Ficou tão impressionado quando viu o nobre e rico Noberto descalço, vestido pobremente, pregando o evangelho, que pediu para ajuntar-se a ele. Mais tarde, S. Noberto confiou

10 DE FEVEREIRO

a ele a redação das regras religiosas do mosteiro de Prémontré. Ao morrer, em 1164, o abade Hugo deixou um lastro de mais de 100 mosteiros por ele fundados.

ORAÇÃO
Da felicidade

Deus, nosso Pai, em Jesus nos mostrastes o caminho da vida. Poucas coisas bastam para que sejamos felizes. Buscar nossa bem-aventurança de vida, pois não só de pão vive o homem, mas de toda certeza que embala seu coração. Vive-se também do que o espírito concebe e faz nascer em árduas e dadivosas parições de nós. E que certeza mais ditosa, que bem-aventurança mais feliz, do que a de saber que haveis de permanecer conosco todos os dias até o último instante de nossa vida. **Quer faça noite, quer faça dia, em repouso ou no afã de nossas lidas, murmurais o nosso nome e nos chamais à vida em plenitude. Em vós somos, em vós nos movemos, em vós encontramos nosso eixo, nosso centro, nossa bem-aventurança, nossa certeza final.** *Amar como Jesus nos ensinou, pois no amor se resume toda a Lei e os Profetas: praticar a ternura e a misericórdia, buscar em tudo a partilha, a comunhão e a reconciliação. Amar e ser amado é o vosso desejo para encontrarmos o equilíbrio e a paz. Vós, que sois a plenitude do amor, dai-nos a força para nos tornarmos amáveis, acolhedores, solícitos em servir, generosos em dedicação.*

11 DE FEVEREIRO

Nossa Senhora de Lourdes

No dia 11 de fevereiro de 1858, N. Senhora apareceu à Bernadete Soubirous na gruta de Massabielle, Lourdes, França. Foram 18 as aparições, e a última ocorreu no dia 16 de julho, festa de N. Senhora do Carmo. Foi quando a Virgem se revelou como a Imaculada Conceição. No lugar das aparições ergueu-se uma capela que mais tarde se tornaria o grande santuário de Lourdes, ao qual acorrem milhares de devotos que vão pedir à Virgem saúde e paz interior. É invocada com a seguinte oração:

Ó Virgem puríssima, Nossa Senhora de Lourdes, vos dignastes aparecer a Bernadete, no lugar solitário de uma gruta, para nos lembrar que é no sossego e recolhimento que Deus nos fala e nós falamos com ele. Ajudai-nos a encontrar o sossego e a paz da alma que nos ajudem a nos conservar sempre unidos a Deus. Nossa Senhora da gruta, dai-me a graça que vos peço e de quanto preciso (pedir a graça). *Nossa Senhora de Lourdes, rogai por nós. Amém.*

S. Adolfo
séc. XIII – monge – "Adolfo" significa "nobre lobo"

Adolfo foi cônego da igreja de S. Pedro de Colônia e conde de Teklenburg. Sua conversão liga-se aos monges cistercienses da Abadia de Cap, na Alemanha. Tocado no íntimo do coração e

11 DE FEVEREIRO

impressionado pelo grande fervor e penitência dos monges, abandonou tudo e se fez também monge cisterciense. Anos mais tarde, tornou-se bispo de Osnabruck, na Vestefália, sem contudo deixar de ser monge. Incentivou sobremaneira a liturgia, cuidou dos necessitados, especialmente dos leprosos, visitando-os frequentemente. Ouvia as suas queixas, instruía-os no evangelho. Governou a Igreja de Osnabruck durante 21 anos e morreu em 1224.

ORAÇÃO
Do desapego

Deus, nosso Pai, vós nos chamais à comunhão e à participação. Quando a regra é recolher para si, ensinai-nos o desapego e a repartição. Inclinados a ser servido mais do que servir, fazei-nos descobrir a alegria do serviço desinteressado. Voltados aos interesses particulares, ensinai-nos o prazer de construir e a alegria de fazer o bem sem olhar a quem. Não terminemos nossos dias na arrogância, na pretensa segurança de quem formata deuses segundo seus interesses e paradigmas. Possamos compreender que um pequeno gesto de humana solidariedade vale bem uma vida, mas toda uma vida não vale a infelicidade de nossa solitária e altiva prepotência. **Fiquemos atentos às lições de desapego que a vida nos ensina: as sementes morrem, as plantas nascem, as flores caem e os frutos se repartem em pastos para toda a criação. Participação e comunhão é tudo o que neste mundo podemos buscar e contribuir para acontecer.**

12 DE FEVEREIRO

S. Antônio Cauleas

séc. IX – monge – "Antônio" significa "aquele que está à frente", "o que está na vanguarda"

Os pais de Antônio de Cauleas eram da Frígia. Ameaçados pelos iconoclastas, destruidores de imagens e perseguidores dos cristãos, fugiram para os arredores de Constantinopla, a fim de servir a Deus numa vida mais tranquila. Ali nasceu Antônio Cauleas, que logo ficou órfão de mãe. Aos 12 anos, o pai o confiou a um abade que o iniciou na vida contemplativa e o instruiu nas Sagradas Escrituras. Fez-se monge e logo depois, abade. Sua reputação chegou à Constantinopla e, em 888, foi aclamado sucessor de Estêvão, patriarca de Constantinopla. Levou vida austera, vigiando sobre si mesmo e praticando intensamente a caridade. Procurou estabelecer a paz no mundo cristão, abalado por heresias e intrigas políticas.

Testemunhas de nossos tempos

Em 1545 os Conquistadores espanhóis chegam às minas de Patosí, onde morrerão cerca de oito milhões de índios.

12 DE FEVEREIRO

ORAÇÃO
Da proteção amorosa de Deus

Deus, nosso Pai, a exemplo, de S. Antônio, concedei-nos a discrição de uma mente pura, autêntica, sem mentiras, falsidades, ódio ou cobiça. Concedei-nos a fortaleza de um espírito resoluto, espírito que não vacila, nem se ilude e do mal prevaleça. Que vos procuremos continuamente e abramos nossos corações aos apelos de conversão. Possamos fazer de nossos fracassos trampolins para alcançar a vitória final. **Se a vida nos verga, confiemos no Senhor e resistamos até que o tempo da prova passe. Se o mal nos confunde, depositemos nossa confiança em Deus que nos enviará seu anjo de luz para nos conduzir pelos caminhos seguros. Se demora a ajuda e nossas preces parecem em vão, confiemos mais uma vez, pois Deus "não tem relógio" e seu tempo é um eterno hoje. Foi lutando a noite inteira que Jacó reconheceu a Deus ao alvorecer** (Gn 32,23ss). *Sejamos perseverantes até que floresçam mais fortes os ramos da poda. Conduzi-nos rumo ao vosso reino de amor e experimentemos já aqui nesta terra a vossa proteção amorosa.*

13 DE FEVEREIRO

S. Jordão

séc. XIV – religioso – "Jordão" significa "aquele que desce" e refere-se ao famoso rio em que Jesus foi batizado

Jordão nasceu na Saxônia e estudou na Universidade de Paris, onde se encontrou com S. Domingos. Ingressou na Ordem dos Irmãos Pregadores, da qual mais tarde se tornou o segundo superior geral, sucedendo a S. Domingos. Sua atuação foi intensa: aperfeiçoou as *Regras* da Ordem e, por 15 anos, esteve à frente daquela família religiosa, governando-a com prudência e sabedoria. Fundou várias casas religiosas e estendeu a atividade dos dominicanos por toda a parte. Era uma pessoa carismática, que exercia forte poder de atração, arrastando à Ordem muitos jovens estudantes, entre os quais, Alberto Magno. Dotado de bom humor e sensibilidade, do dom de consolar, de acolher com bondade e compreensão os aflitos, fazendo-os recobrar o ânimo e a paz de espírito. Um dia, diante de uma crise de riso de um grupo de noviços, disse: *"Continuem a rir! Podem rir à vontade, pois vocês escaparam do diabo que os mantinham escravos. Riam à vontade, queridos filhos".* Morreu em um naufrágio, a caminho da Palestina, em 13 de fevereiro de 1237. Seu corpo foi recolhido da praia pelos dominicanos de Ptolemaida, que o sepultaram em sua igreja.

13 DE FEVEREIRO

Testemunha de nossos tempos

Santiago Miller – Religioso norte-americano, 36 anos, comprometido com os índios, assassinado em 1982, na Guatemala.

ORAÇÃO
Do Espírito

Deus, nosso Pai, quereis a nossa vida e não a nossa morte. A exemplo do bem-aventurado Jordão, dai--nos sensibilidade para compreender as humanas fraquezas nossas e de nossos semelhantes. Não nos falte o bom humor, o bom-senso, a espontaneidade, que nos fazem ver as coisas como são e não como parecem ser. Concedei-nos o dom de consolar, de acolher com bondade e compreensão os que andam aflitos e desanimados, mas também a ousadia da fé que denuncia e se indigna contra as injustiças. **Fazei--nos recobrar o ânimo e a paz de espírito, firmai nossos pés vacilantes e levantai nossos corações abatidos. Enviai sobre nós o vosso Espírito, para que guie pelo caminho da verdade nossos atos e sentimentos.** *Somos o campo e vós, o Agricultor de nossos sonhos e esperanças. Fazei florescer em nós as bem-aventuranças do Reino e cumulai-nos com os frutos do vosso amor:* ***"Eu sou a videira verdadeira, e meu Pai é o agricultor"*** *(Jo 15,1). Como planta à beira d'água, junto a vós possamos produzir abundantes frutos de ternura e de misericórdia.*

14 DE FEVEREIRO

S. Cirilo e S. Metódio

séc. IX – evangelizadores dos eslavos – patrono dos professores do grau elementar – "Cirilo" significa "Senhor"

O monge S. Cirilo e o bispo S. Metódio eram irmãos, nascidos em Salônica, Macedônia, e educados em Constantinopla. Cirilo, cujo nome era Constantino, destacou-se como importante mestre na universidade imperial de Constantinopla. Metódio, por sua vez, projetou-se como governador de uma província. Ambos abraçaram a vida religiosa e logo partiram para a Morávia, Hungria, para pregar o evangelho. Ali desenvolveram um alfabeto para escrever o eslavônio, o qual ficou conhecido como "cirílico". Traduziram para o eslavo a Bíblia, os livros litúrgicos e catequéticos, lançando assim as bases de toda a literatura eslava. São considerados, pois, não somente os apóstolos, mas também os pais da cultura eslava. Em Roma, Cirilo e Metódio viram confirmado seu trabalho apostólico pela Igreja romana, manifestando desse modo sua unidade e catolicidade. Cirilo faleceu em 869 e foi sepultado na Igreja de S. Clemente, em Roma. S. Metódio, sagrado bispo, foi para a Hungria, onde trabalhou incansavelmente na pregação do evangelho. Morreu no dia 6 de abril de 885 em Velehvad, na Checoslováquia. Estes dois santos são venerados pelos povos checo, croatas, sérvios, búlgaros e foram declarados, por João Paulo II, padroeiros da Europa.

14 DE FEVEREIRO

Testemunhas de nossos tempos

José de Acosta – Jesuíta espanhol, defensor da cultura indígena, que morreu em 1600, no Peru. – **Rick Julio Medrano e companheiro** – Religioso franciscano de 27 anos e um jovem anônimo, assassinados em Ipala, Guatemala. **Camilo Torres** – Sacerdote, mártir das lutas de libertação do povo, em 1966, na Colômbia.

ORAÇÃO
Do louvor a Deus

Deus, nosso Pai, como Bom Pastor nos carregais aos ombros com ternura. Esta certeza nos alente e encha de coragem e confiança na vida: **temos um Pai que cuida de nós, velando dia e noite para que nada nos falte. Afastai de nós toda a tristeza e inquietação, pois tudo está em vossas mãos e nada escapa ao vosso olhar.** *Possamos hoje, pois, manter firme a nossa fé e caminhar serenos, confiantes na vossa proteção. Contra o poder do mal e da iniquidade, defendei-nos. Do espírito vingativo, dissimulado, prevalecei-nos. Pois tudo é vosso e de vós procede todo poder, todas as energias ocultas ou manifestas. Diante da vossa luz, toda treva é dissipada, todo sortilégio é desfeito, todo o mal se esvanece, toda tristeza é afugentada. Como S. Cirilo, possamos vos louvar:* **"Ó Senhor, meu Deus, criastes as potências angélicas e os poderes espirituais. Estendeste os céus e firmaste a terra, dando existência do nada a tudo o que existe. Sempre ouves as preces daqueles que fazem a tua vontade, que obedecem e guardam os teus mandamentos..."**

15 DE FEVEREIRO

B. Cláudio de la Colombière

1641-1682 – jesuíta – "Cláudio" significa "coxo", o "claudicante"

Cláudio de la Colombière nasceu em 1641 em Viena, França, e morreu em Paray-le-Monial, em 1682. Foi beatificado por Pio XI em 1899 e canonizado por João Paulo II em 1992. Homem de grande visão e dotado de espírito arguto, julgava as coisas com equidade e justiça. Correto nas ações, conquistava as pessoas pela doçura e respeito. Como pregador, foi contagiante. Entretanto, o traço mais marcante de sua personalidade foi ser ele um homem de oração profunda. Sua comunhão com Deus transparecia-lhe no rosto e nas palavras. Foi diretor espiritual de S. Margarida Maria Alacoque, que lhe confiou suas visões e revelações, bem como suas dificuldades espirituais. Por causa de intrigas palacianas foi levado à prisão, mas, com a intervenção de Luís XIV, foi libertado e regressou a Paris e depois a Lion. Juntamente com S. Margarida Maria, foi um grande incentivador da devoção ao Sagrado Coração de Jesus.

Testemunha de nossos tempos

Maria Elena Moyano – Mãe de duas crianças, militante cristã, 34 anos, em 1992, assassinada pelo Sendero Luminoso, no Peru. Conhece na carne a miséria, a fome, a injustiça e decide-se pela

15 DE FEVEREIRO

luta em favor da vida. "Graças, ó Pai, porque nos ensinastes por meio dela qual é o caminho para vencermos a fome e as balas assassinas, a solidariedade, a entrega, a esperança e a alegria" (Gustavo Gutiérrez).

ORAÇÃO
Do Deus que é Pai

Deus, nosso Pai, dai-nos simplicidade de coração e um espírito justo e sereno. Esforcemo-nos para ser ternos e misericordiosos, complacentes e tardos nos julgamentos, porque a pressa em condenar, a precipitação em apontar erros (do outro) mais pode ferir do que sarar feridas. Sabidos de que somos feitos da mesma argila e respiramos do mesmo sopro de vida, na vossa luz busquemos o entendimento da humana fragilidade: se caímos em faltas, dos próprios erros podemos extrair a medicina propícia para nossa cegueira e reabilitação. Na transitoriedade de nossos dias, encontremos em vós nosso tempo de graça, nosso kairós *de salvação. Pela força do vosso Espírito, não cessemos de vos chamar* Pai *e proclamemos o vosso nome bendito para sempre.* **Grande é o vosso amor por nós, pois, quando choramos, enxugais nossas lágrimas, quando vacilamos, nos segurais pelas mãos, quando nos apavoramos, a nós restituis a serenidade, quando aprisionados por nossos males, desatais os desaventos e exorcizais os malefícios, tomais nossa defesa e sem cadeias nos conduzis pelas mãos.**

16 DE FEVEREIRO

S. Onésimo

séc. I – bispo – "Onésimo" significa "aproveitável", "útil"

Onésimo viveu na Turquia e era escravo de Filêmon, um morador da cidade de Colossos, que havia sido convertido por Paulo Apóstolo. Fugia de Filêmon por causa de um furto que cometera. Encontrando-se com Paulo na prisão, em Roma, converteu-se ao Evangelho e se fez batizar pelo Apóstolo. Paulo não somente intercedeu por ele junto a Filêmon, como também se propôs a ressarcir o prejuízo. Este fato está relatado na Carta a Filêmon, capítulos de 15 a 20. Foi também o portador da Carta de Paulo endereçada aos cristãos da cidade de Colossos (4,7-9). Segundo S. Jerônimo, além de anunciador do Evangelho, Onésimo foi também bispo. Morreu martirizado em Roma, como acontecera com o próprio Paulo.

Testemunhas de nossos tempos

Albino Amarilla – Líder camponês e catequista, assassinado em 1981, no Paraguai. **Ali Primera** – Poeta e cantor do povo, pai de sete filhos, 44 anos, comprometido com os pobres, morto em um acidente suspeito, em 1985, na Venezuela. Proclamando-se cristão da Igreja de Monsenhor Romero, ele costumava cantar: *"Não, não basta rezar/ para conseguir a paz!..."* **Mauricio Demierre e companheiras** – Leigo, cristão comprometido, pertencente à organização "Irmãos sem Fronteiras", juntamente com a esposa, Chantal, deixa a Suíça e vai para a Nicarágua trabalhar com os camponeses. Foi morto, em 1986, em emboscada,

16 DE FEVEREIRO

enquanto conduzia em uma caminhonete várias mulheres, das quais cinco morreram no atentado.

ORAÇÃO
Do Deus amor

Deus, nosso Pai, o vosso Reino já está no meio de nós. Agis com força e poder na vida dos santos e na vida de tantas criaturas que, ao longo dos séculos, deram e continuam dando testemunho do vosso amor e da vossa misericórdia. **Para confundir os poderosos, elegestes os pobres e os excluídos, os que padecem fome e sede, os que são perseguidos e, por causa da justiça, sofrem ameaças de morte ou perdem suas vidas para que a paz, a liberdade e a esperança floresçam nos corações.** *Sejamos fiéis às promessas do Reino que é a partilha e a comunhão, vida para todos, mesa farta, fartura de bens. Livrai-nos, Senhor, da força que oprime, do dinheiro que corrompe, da ganância que tiraniza e faz sofrer, da avareza que compram a dignidade, dos poderosos que têm a seu favor o poder da lei, do dinheiro, da força, da intimidação. Que a nossa esperança jamais desfaleça, e um dia possa todo homem bendizer vosso nome, Deus Amor.*

17 DE FEVEREIRO

S. Fundadores dos Servos de Maria

séc. XIII – fundadores dos servitas

Os servitas têm como fundadores sete jovens florentinos: Monaldi, Manetto, Buonagiunta, Amidei, Ugoccioni, Sostegni e Aleixo Falconiere. Dispostos a fazer alguma coisa em favor da paz, deixaram tudo e entraram para a Confraria da Santíssima Virgem. Para se dedicarem mais a uma vida de oração, de solidão e de penitência, retiraram-se para as regiões desérticas do Monte Senário, onde passaram a viver em extrema penúria. Por volta de 1240, orientados pelo bispo de Florença, dom Castiglione, repensaram o modo de vida que levavam e fundaram a Ordem dos Servos de Maria ou Servitas. Cumpriam assim o pedido da Virgem, que, numa visão, pedia que fossem seus servos. Desde cedo foram chamados pela população de Florença de *"Servos de Maria"*, nome que perdura até hoje. Percorriam povoados e cidades, protestando contra as guerras, promovendo a devoção à bem-aventurada Virgem Maria. Sua ação apostólica não se limitou apenas à Itália, alcançando também a França, a Alemanha e a Polônia. Atualmente se encontram espalhados por vários países do mundo, inclusive o Brasil. Em 1304, 60 anos depois, recebiam a aprovação da Santa Sé, evento testemunhado apenas por S. Aleixo, pois os outros já haviam falecido. Foram canonizados por Leão XIII, em 1887.

17 DE FEVEREIRO

Nossa Senhora do Desterro

Esta devoção refere-se à fuga da Sagrada Família para o Egito para salvar a vida de Jesus da chacina dos inocentes, promovida pelo rei Herodes (Mt 2,13-22). Trazida para o Brasil pelos portugueses, a devoção a Nossa Senhora do Desterro logo se espalhou pela Bahia, Rio de Janeiro, São Paulo, Santa Catarina e outros estados. É a padroeira dos emigrantes e imigrantes, de todos aqueles que, a exemplo de Maria e José e o Menino Jesus, são forçados a deixar a sua terra natal e se aventurar por terras estrangeiras.

ORAÇÃO
Do socorro de Maria

"Maria, Mãe dos mortais, as nossas preces acolhes; escuta, pois, nossos ais, e sempre nos olhes.
Vem socorrer, se do crime o laço vil nos envolve.
Com tua mão que redime a nossa culpa dissolve.
Vem socorrer, se do mundo o brilho vão nos seduz a abandonar num segundo a estrada que ao céu conduz.
Vem socorrer, quando a lama e o corpo a doença prostrar.
Vejamos com doce calma a eternidade chegar.
Tenham teus filhos, na morte, tua assistência materna.
E seja assim nossa sorte o prêmio da vida eterna"
(Liturgia das horas).

18 DE FEVEREIRO

S. João de Fiésole (Fra Angélico)

1387-1455 – patrono dos artista e pintores – "João" significa "Deus é misericordioso"

Conhecido por Fra Angélico, nasceu em Vichio, perto de Florença, por volta de 1387. Guido de Pietro, esse era o seu nome de batismo, ingressou no convento da Ordem Dominicana em Fiésole e tornou-se sacerdote com o nome de Fra Giovanni. Foi contemporâneo do escritor e teólogo dominicano S. Antônio, arcebispo de Florença e mais tarde prior do convento de Fiésole (1449-1452). Fra Angélico destacou-se como gênio da pintura inovadora. Exprimia em suas obras a sua vida entregue à oração e à busca da perfeição cristã. A pedido de Eugênio IV, executou obras em diversas capelas em S. Pedro, no Palácio do Vaticano, em Orvieto e nas paredes do Convento de S. Marcos, em Florença. Faleceu no Convento de S. Maria "sopra Minerva", em 1455. Foi beatificado em 1983 por João Paulo II, por ocasião do Ano Santo para os artistas.

Testemunha de nossos tempos

Felix Varela – Sacerdote cubano, professor universitário, mentor intelectual de várias gerações cubanas. Viveu no tempo em que Cuba era colônia espanhola (século XIX). Comprometido com o povo, participou da política como parlamentar, pela abolição da escravidão e pela independência das colônias quer política quer economicamente. Perseguido, refugiou-se nos

18 DE FEVEREIRO

Estados Unidos, onde veio a falecer, aos 65 anos, em 1853. Dele foi dito: *"Se aos cubanos ele nos ensinou a pensar, aos cristãos nos ensinou a crer sem alienação e a viver o compromisso com a realidade"* (Mons. Pirônio, quando da introdução da causa de sua beatificação).

ORAÇÃO
Da beleza da criação

Deus, nosso Pai, as vossas obras são maravilhosas. Cada dia sustentais a vida da erva, providenciais a seiva das plantas, o pasto dos animais, iluminais a Terra com vosso poder cósmico, clareais o espírito humano, preservais a vida em todo vivente. **De vós provém o sopro de nossa vida. De vós, toda a inspiração, de vós toda a poesia. Por isso a vós elevemos um canto de louvor pela beleza que é a vossa criação, fonte de inspiração e de encantamento que fecunda o humano talento.** *Sobretudo, elevemos nosso canto de ação de graças, pela maravilha que cada um de nós somos: parceiros e cúmplices na vossa obra criadora. Iluminados pela Luz que a tudo ultrapassa, somos a consciência do universo, a inteligência de todos os eventos, o mistério divino-humano que no Amor e na Ternura busca sua mais completa e perfeita realização. Somos criaturas capazes de amar e de ser amadas: semeamos, colhemos, moemos o trigo e, em eternas oferendas, repartimos o pão de todos os sabores e realizamos assim o ato da mais perfeita comunhão.*

19 DE FEVEREIRO

S. Conrado de Piacenza

c. 1290-1351 – leigo – "Conrado" significa "sábio"; é invocado contra os males de hérnia

Conrado nasceu em Piacenza, Itália. Amante da caça, para afugentar alguns animais do esconderijo, um dia botou fogo na floresta. O fogo se alastrou pela mata inteira, causando enormes prejuízos aos moradores da região. A suspeita recaiu sobre um pobre homem, que acabou sendo condenado à morte. Conrado, arrependido, correu e confessou sua culpa, prontificando-se a vender todos os seus bens para cobrir todos os prejuízos. Sem nada e tendo de mendigar para sobreviver, passou a levar vida de penitente errante. Segundo alguns relatos, teria feito parte da Ordem Terceira de S. Francisco e, em 1315, teria deixado a mulher para ir à Sicília, onde teria se dedicado ao serviço aos doentes em um hospital. Eufrosina, sua mulher, por sua vez, teria se isolado em um convento de S. Clara, em Piacenza. Da Sicília, S. Conrado retirou-se para o deserto, onde viveu por 40 anos em uma gruta, entregue à penitência e à oração. Acorriam a ele pobres, gente sofrida que por ele era socorrida, alentada e curada. Ao curar publicamente um menino que sofria de hérnia, sua fama de milagreiro espalhou-se por toda a região. Veio a falecer em 1351 e foi sepultado na Igreja de S. Nicolau, em Noto.

19 DE FEVEREIRO

Testemunha de nossos tempos

Bernardino de Sahagún – Missionário espanhol, protetor da cultura dos povos, passou a vida inteira entre os índios do México e muito escreveu e lutou pela sua dignidade.

ORAÇÃO
Do Deus que passa

Deus, nosso Pai, continuamente passais pela nossa vida. Nas adversidades, confirmais vossa presença. Nos perigos, nos alertais. Em nossa fraqueza, fortalecei-nos. Em nossa falta de fé, alentai-nos. Nossas faltas e ofensas, perdoai-nos. Vacilantes, firmai nossos passos. Intimidados, abatidos, fragilizados, sarai nossos medos e erguei nossa fronte. Despossuídos de amor, derramai sobre nós a vossa ternura. Fechados em nossos interesses e preconceitos, libertai-nos do egoísmo. Senhor, conservai vivo em nós o desejo de libertação e o anseio da ressurreição. No fogo do tempo, queimai nossas vaidades, relevai nossas faltas, revelai nossas verdades, unificai nosso ser. Senhor, purificai hoje nossas emoções, abrandai nossas ansiedades e aflições. **Sois o Deus da alegria, não o deus da tristeza; o Deus da saúde, não o deus da doença; o Deus das energias positivas, não o deus das cargas negativas; o Deus da vida, não o deus da morte.** *Por isso, vos pedimos, dai-nos hoje a alegria do coração e ajudai-nos a afastar de nossa mente todo medo, toda inquietação, todo pensamento negativo e destrutivo.*

20 DE FEVEREIRO

S. Euquério
c. 690-738 – bispo e confessor

O bispo e confessor S. Euquério viveu em Orleans, por volta de 690. Teólogo, versado em Direito Canônico e Patrística, fez-se monge do mosteiro de Jumièges, às margens do rio Sena. Eleito bispo de Orleans, procurou restaurar a disciplina eclesiástica. Por intrigas palacianas e temendo a grande influência de S. Euquério, que o acusava de apropriar-se das rendas da Igreja para fins bélicos, Carlos Martelo exilou-o em Colônia. No exílio, ganhou o respeito e a estima de todos. Incomodado com a popularidade do Santo, Carlos Martelo quis confiná-lo numa prisão em Liège, o que acabou acontecendo, porque o duque Haspengau o tornou seu esmoler. Morreu no exílio, por volta do ano 738.

B. Tomás Pormort
c. 1559-1592 – sacerdote – "Tomás" vem de "Tomé", que em aramaico significa "gêmeos"

Natural de Lincolnshire ou Hull, Inglaterra, foi para Roma em 1581, e lá estudou teologia. Em 1587, ordenou-se sacerdote, exercendo o cargo de prefeito dos estudos no Colégio Elvético. Não se sabe por que, em 1590 deixou a Itália, alcançou Bruxelas, mudou o nome para Whitgifte, vestiu-se de peregrino e zarpou para Londres, onde se encontrou com S. Roberto Southwell, que lhe deu roupas e dinheiro. Vivia com John Barwys, um comerciante por ele convertido, quando foi preso pelo "caçador de católicos", Topcliffe. Lançado na Torre de Londres, foi torturado e executado em 1592, sob a acusação de ser padre e missionário, mas o principal motivo seria o de ter ele denunciado o caso amoroso de Topcliffe com rainha Elisabete. Foi beatificado em 1987, por João Paulo II.

Testemunha de nossos tempos

Domingo Laín – Sacerdote-operário espanhol, assassinado em 1974, na Colômbia.

ORAÇÃO
Da reconciliação

Deus, nosso Pai, sois a fonte de todo bem. Sois a Água Viva, que mata a sede de absoluto do coração humano, abrandai a sede dos que vos procuram com sinceridade (Jo 4,13s). *Sois a própria Ternura e a misericórdia. Que vossa mensagem de amor penetre nossas mentes e afaste o que for discórdia e violência, vingança e orgulho. Sois a própria Verdade. Busquemos em vós o discernimento, a clareza nos julgamentos, para que, procedendo com retidão, obtenhamos de vós, neste dia e sempre, o afastamento de toda desgraça e o livramento de todos os males físicos e morais que nos possam atingir.* **Pelo vosso poder, ó Jesus, o que for doentio se regenere; o que for dividido se recomponha; o que estiver perdido seja encontrado; o que for temor e medo se esvaneça; o que for frágil se fortaleça; o que não tiver jeito se esclareça, o que estiver desenganado prontamente se restabeleça.** *Mas em tudo desejemos ardentemente a reconciliação e a paz interior.*

21 DE FEVEREIRO

S. Pedro Damião

1007-1072 – eremita, bispo e doutor da Igreja – invocado contra os males da cabeça – "Pedro" quer dizer "rocha"

Verdadeira rocha foi este bispo e doutor da Igreja, S. Pedro Damião, nascido em Romena, no ano 1007. Órfão de pai, passou dificuldades, fome e humilhações. Acolhido por um de seus irmãos, conseguiu estudar, mostrando-se inteligente e perspicaz. Entretanto, ao completar os estudos, abandonou tudo e se tornou monge em Fonte Avellana. Ali distinguiu-se como profundo conhecedor da Bíblia e como insigne pregador. Eleito abade de Fonte Avellana, fundou várias comunidades, dirigindo-as com disciplina e promovendo a observância à Regra. Deixou várias obras escritas, entre as quais *A vida do bem-aventurado Romualdo*. Foi grande colaborador de Gregório VI na restauração dos costumes e disciplinas eclesiásticas. Faleceu no dia 22 de fevereiro de 1072.

Testemunhas de nossos tempos

Chacina de Xeatzan – Em Xeatzan, em 1985, oito camponeses indígenas foram literalmente crucificados pela polícia de elite da Guatemala. Atravessaram seus corpos com ferros e estacas e os cravaram nas paredes da escola da aldeia. Ali agonizaram e morreram lentamente. O sangue dos indígenas banharam as paredes da própria escola que construíram para seus filhos.

21 DE FEVEREIRO

ORAÇÃO
Do sofrimento

"Meu irmão querido,
quando sentires o chicote do sofrimento,
quando sentires a vara da disciplina do céu,
não deixes que o desespero abata teu espírito.
Não te ponhas a queixar-te,
tampouco permitas que a tristeza cubra o teu rosto
com a sua sombra.
Que teu coração não se desespere
e a impaciência não te desvie do reto caminho.
Que teu semblante permaneça calmo e confiante;
teu espírito, alegre.
Que tuas palavras guardem esperança
e agradecimentos a Deus, teu Rochedo inabalável.
Pois Deus age de modo admirável.
Ele castiga para salvar; humilha para exaltar;
corta para sanar!" (S. Damião)

22 DE FEVEREIRO

Cátedra de S. Pedro, Apóstolo

*séc. I – apóstolo, primeiro papa – patrono dos porteiros –
"Pedro" quer dizer "pedra", "rocha"*

"*Cátedra*" significa "*cadeira*", assento de honra, usado por quem tem autoridade. Cátedra é, portanto, o símbolo da autoridade e do magistério do bispo. Daí a origem do nome "catedral", igreja-mãe, sede permanente do pastor. Ao celebrar a Cátedra de S. Pedro, a Igreja reconhece em Pedro seu guia e líder supremo, o símbolo da unidade entre os cristãos. Na Basílica de S. Pedro, em Roma, existe uma cadeira de bronze escuro, ornada de ouro. É a "*cátedra de Pedro*". Foi esculpida por Lourenço Bernini, a pedido de Alexandre VII, em 1663. Encerra em si a antiga cátedra, de madeira e incrustada de marfim que, segundo a tradição, teria sido usada por Pedro, o primeiro papa. São Pedro é invocado com a seguinte oração:

Gloriosíssimo S. Pedro, creio que vós sois uma importante coluna da Igreja, o pastor universal de todos os fiéis, o depositário das chaves do céu, o verdadeiro vigário de Jesus Cristo. Uma graça vos peço com toda a minha alma: guardai-me sempre unido a vós e fazei que antes me seja arrancado do peito o coração do que o amor e o respeito a vossos sucessores: todos os chamados ao Apostolado Ministerial. Que eu viva e morra como filho vosso e filho da santa Igreja católica e apostólica. Amém.

22 DE FEVEREIRO

Testemunha de nossos tempos

Lavradores mártires de Iquicha, em 1990, no Peru.

ORAÇÃO
Do pastor da Igreja

"Pescador de homens te faço!"
Ouviste, ó Pedro, de Deus:
Redes e remos deixando,
ganhaste as chaves dos céus.
Negando Cristo três vezes,
três vezes clamas amor;
então, de todo o rebanho,
tornas-te mestre e pastor.
Ó Pedro, és pedra da Igreja,
que sobre ti se constrói,
que vence as forças do inferno,
e quais grãos de Cristo nos mói.
Quando no mar afundavas,
o Salvador deu-te as mãos:
com as palavras da vida
confirma agora os irmãos.
Pés para o alto apontando,
foste pregado na cruz:
cajado que une o rebanho,
barca que a todos conduz.
Ao Cristo rei demos glória,
rendamos nosso louvor;
voltando à terra, ele encontre
um só rebanho e pastor" (Liturgia das horas)

23 DE FEVEREIRO

S. Policarpo
séc. I-II – bispo e mártir

Policarpo foi bispo de Esmirna e conheceu os apóstolos, especialmente o discípulo João. Esteve em Roma para tratar da questão relativa à Páscoa. Sofreu o martírio por volta de 155, queimado vivo no estádio da cidade.

"Então nós, a quem foi dado contemplar, vimos um milagre – pois para anunciá-lo aos outros é que fomos poupados: – o fogo tomou a forma de uma abóbada, como a vela de um barco batida pelo vento, e envolveu o corpo do mártir por todos os lados; ele estava no meio, não como carne queimada, mas como um pão que é cozido ou o ouro e a prata incandescente na fornalha. E sentimos um odor de tanta suavidade que parecia se estar queimando incenso ou outro perfume precioso" (*Liturgia das horas,* v. II, op. cit., p. 1.461s).

B. Rafaela Ibarra
1843-1900 – leiga e fundadora – "Rafaela" quer dizer "Deus curou"

Natural de Bilbao, Espanha, Rafaela Ibarra era filha de ricos industriais espanhóis. Admiradora de S. Teresa de Jesus, dedicou sua vida ao serviço dos necessitados. Fundou, com esta finalidade, o Instituto dos Santos Anjos da Guarda, para amparo de meninas carentes, de mães solteiras, de mulheres desamparadas... Embora fundadora, Rafaela jamais conseguiu professar na sua congregação, pois em 1898 faleceram seu marido e uma

23 DE FEVEREIRO

nora, ficando seus netos a seus cuidados. Faleceu no dia 23 de fevereiro de 1900. Foi beatificada por João Paulo II, em 1984.

ORAÇÃO
Do amor operante

*Deus, nosso Pai, pela boca do vosso profeta disseste: **"Uma coisa horrível e abominável aconteceu na terra: os profetas profetizam mentiras, os sacerdotes procuram proveitos. E meu povo gosta disto"** (Jr 5,30-31). Quisestes que fôssemos como o sal que dá sabor, como o fermento que faz crescer a massa e como a luz que ilumina. Dai-nos, pois, sensibilidade humana e uma visão cristã da realidade, para que possamos responder com ações positivas e generosas às necessidades humanas e espirituais de nosso tempo desejoso de paz e justiça. Que o nosso amor vença os condicionamentos sociais, supere preconceitos de raça, cultura e credos e seja convincente como a luz que dissipa as trevas ou como a água das fontes que se unem para formar rios e oceanos. Tenhamos o coração aberto para repartir do pouco que se tem, generosidade para dar e humildade para também receber. Não deixemos para amanhã os gestos de bondade, de solicitude, de generosidade, do bem que podemos e devemos hoje fazer. Pois vosso Filho Jesus não protelou a cura do cego, nem despediu a multidão faminta de mãos vazias, nem deixou para depois sua prova de amor total. Crucificado, morto e sepultado, para ficar conosco ressuscitou ao terceiro dia.*

24 DE FEVEREIRO

B. Maria Josefa Naval Girbés
1820-1893 – evangelizadora leiga

Espanhola, filha de agricultores de profunda fé cristã, desde menina Maria Josefa pensava em ir para o convento, mas depois mudou de ideia, decidindo servir a Deus permanecendo no mundo. Aos 18 anos, emitiu o voto privado de castidade, entregando-se a uma vida de caridade, de recolhimento e de intenso trabalho apostólico na sua comunidade paroquial junto aos jovens. Destacou uma de suas dependências para centro de catequese, de evangelização, de formação moral e espiritual da juventude. Empenhou-se na animação litúrgica, no serviço aos pobres, fazendo campanhas em favor dos necessitados, prenunciando já na sua época aquilo que o Concílio Vaticano II afirmaria sobre a participação do leigo na evangelização. Ela afirmava: "Temos de amar a paróquia como amamos nossa mãe. É a nossa casa". Foi beatificada em 1988 por João Paulo II.

S. Edilberto
séc. VII – rei – "Edilberto" é o mesmo que "Adalberto" e significa "brilho da nobreza"

Edilberto ou Adalberto foi o primeiro rei inglês convertido ao cristianismo. Sua conversão foi obra da própria mulher e do grande missionário S. Agostinho de Canterbury. S. Edilberto

24 DE FEVEREIRO

casara-se com Berta, filha do rei de Paris. Por volta do ano 596, o papa S. Gregório Magno enviou à Inglaterra S. Agostinho com 40 monges. Edilberto permitiu que Agostinho e seus companheiros pregassem o evangelho na Grã-Bretanha. Numerosos ingleses abraçaram a fé e com eles o rei Edilberto, que se fez batizar. Era por volta do ano 601. S. Edilberto e sua mulher viveram segundo a justiça e reinaram por 56 anos. Igrejas foram construídas, e o cristianismo foi consolidado durante seu reinado. Morreu em 24 de fevereiro de 616.

ORAÇÃO
Da Palavra que ilumina

Deus, nosso Pai, vossa Palavra é como a chuva que rega a terra e para o céu não volta sem ter feito germinar as sementes: **"A chuva e a neve caem do céu e não voltam até que tenham regado a terra, fazendo as plantas brotarem, crescerem e produzirem sementes para serem plantadas e darem alimento para as pessoas. Assim também a ordem que eu dou não volta sem ter feito o que eu quero; ela cumpre tudo o que eu mando"** *(cf. Is 54,10ss). Que vossa Palavra alcance hoje o nosso coração e ilumine nossas mentes, conforte o nosso espírito aflito e atribulado, conduza-nos à comunhão convosco e com nossos irmãos. Formemos uma única família em que o vosso amor reine para sempre, fazendo-nos superar cada dificuldade, cada contrariedade, cada desavença, qualquer mal, que surja à nossa frente.*

25 DE FEVEREIRO

S. Valburga

c. 710-779 – abadessa – protetora das colheitas e da fecundidade – "Valburga" significa "protetora dos heróis tombados"

Natural de Wessex, Inglaterra, Valburga viveu em uma época em que a mulher era marginalizada das decisões políticas e religiosas. Apesar disso, ela exerceu um papel memorável na vida da Igreja de seu tempo. Inteligente e culta, era filha do rei Ricardo e irmã dos famosos santos Vinibaldo e Vilibaldo e, a exemplo desses, juntou-se à missão evangelizadora de S. Bonifácio de Crediton, na Alemanha. Educada no mosteiro de Wimborne (Wessex), ali se fez monja e, mais tarde, escolhida para abadessa do mosteiro feminino em Heidenheim, fundado por S. Vinibaldo. Sua obra missionária estendeu-se por toda a Europa. Devotou a vida inteira ao serviço de Deus, pregando, escrevendo e dirigindo as monjas com sabedoria e sensibilidade. Em 776, ela própria assistiu à trasladação do corpo de seu irmão Vinibaldo, presidida por seu outro irmão Vilibaldo, bispo de Eichstadt. Protetora das colheitas e da fecundidade, é representada com espigas nas mãos ou vestida com o hábito monástico ornado dos atributos de sua origem real. Morreu em Heidenheim, em 779.

Testemunhas de nossos tempos

Guillermo Cespedes – Militante cristão, assassinado em 1985, durante o regime militar na Colômbia. Afirmava: *"Sou cristão*

25 DE FEVEREIRO

da esperança, esperança que nos dá segurança de que havemos de construir um mundo de justiça, de fraternidade, de igualdade...". **Tucapel Gimenez** – Dirigente sindical, 60 anos, defensor dos direitos dos trabalhadores, assassinado em 1982, no Chile.

ORAÇÃO
Do testemunho alegre

Deus, nosso Pai, disseste a Moisés: **"Por que clamas por mim? Dize aos filhos de Israel que marchem"** *(Ex 14,15s). E por meio de Moisés guiastes vosso povo pelo deserto e dividistes o mar para que vosso povo pudesse atravessá-lo a pé enxuto. E as águas eram como um muro à direita e à esquerda.* **Senhor, nós vos pedimos, enviai vosso Anjo de luz a nos guiar. Atravessemos as dificuldades do dia a dia a pé enxuto. Dividi os mares dos problemas que nos afligem, e abri um caminho seguro para que atravessemos sem medo e sem temor as etapas difíceis de nossa vida** *(cf. Ex 23,20ss). Que vosso anjo sustente com suas mãos as colunas do mal que ameaçam a nossa paz interior e a harmonia de nossas famílias. Levemos a todos o testemunho alegre e esperançoso de que sois o nosso Guia e nosso Libertador. Sois o Deus vivo e verdadeiro que caminha conosco, dirigindo nossos passos pelo caminho da misericórdia. Nos momentos de fraqueza e hesitações, escondei-nos sob as vossas asas protetoras. Que o vosso anjo de luz nos mostre a direção certa, nos ampare nas decisões e nos faça abrir o coração ao amor e à solidariedade.*

26 DE FEVEREIRO

S. Nestor

séc. III – "Nestor" quer dizer "o que regressa", "o que volta outra vez"

Nestor sofreu o martírio durante a perseguição de Décio, por volta do ano 250. Como Jesus, foi condenado a morrer crucificado. Bispo de Magidos, na Panfília, antes que a perseguição se agravasse, ele aconselhou os cristãos a fugir da cidade. Preso, foi enviado ao governador de Perge, capital da Província, com um relatório dizendo que os cristãos se obstinavam em desprezar os editos imperiais. Apesar da insistência, Nestor não apenas se recusou prostrar-se diante dos ídolos, mas também os ridicularizou publicamente.

S. Alexandre de Alexandria
c. 250-328 – bispo – "Alexandre" significa "aquele que defende e socorre os homens"

Intrépido bispo, defensor da fé, no Concílio de Niceia (318), excomungou Ario e seus seguidores, os quais punham em dúvida a divindade de Jesus e confirmou a doutrina da Igreja que afirma ser Jesus verdadeiramente homem e verdadeiramente Deus. Escreveu várias cartas pastorais, das quais apenas três se conservaram até nossos dias.

Testemunha de nossos tempos

José Alberto Llaguno "Pepe" – Bispo de La Tarahumara, México, comprometido radicalmente com os pobres, morreu aos

26 DE FEVEREIRO

66 anos de câncer. Como presidente da Comissão Episcopal para os Indígenas, inúmeras vezes dirigiu-se ao Comitê de Defesa dos Direitos Humanos para denunciar com veemência as torturas e assassinatos praticados contra os camponeses e indígenas, por parte da polícia. Participou ativamente na III Assembleia do CELAM, ocasião em que coube a ele a tarefa da redação final do capítulo sobre a "opção preferencial pelos pobres".

ORAÇÃO
Da bondade e misericórdia

Deus, nosso Pai, Jesus, vosso Filho, ensinou-nos a vos chamar Pai. *Nós vos agradecemos porque não estamos sozinhos, nem somos órfãos, pois vossa misericórdia é a nossa morada. Nós vos agradecemos porque cuidais de nós e temos a certeza de que vossa ternura há de nos acompanhar por toda a vida:* **"Como a mãe consola o filho, eu também consolarei vocês..."** (Is 66,13). *Chamar-vos* "Pai" *é a garantia de que nada será contra nós, nada haverá de nos abalar, pois nos conheceis pelo nome. E antes que tivéssemos nascido já éramos objeto do vosso amor e vossos olhos viam o nosso embrião:* **"Sim! Pois tu me formaste os meus rins, tu me teceste no seio materno... Conhecias até o fundo do meu ser: meus ossos não te foram escondidos quando era feito, em segredo, tecido na terra mais profunda"** (Sl 138,13ss). *Nossa fé seja fortalecida, para que confessemos com palavras e ações a vossa bondade e misericórdia já aqui nesta terra.*

27 DE FEVEREIRO

S. Leandro de Sevilha

c. 540-600 – bispo – invocado contra as doenças reumáticas –
"Leandro" significa "homem do povo"

Nascido em Cartagena, Espanha, por volta do ano 450, Leandro era irmão dos santos Isidoro, Fulgêncio e Florentina. Monge versado nas Sagradas Escrituras e ciências eclesiásticas, foi sagrado bispo de Sevilha, exercendo papel importante na unificação política e religiosa da Península Ibérica, ameaçada pela heresia de Ario, que negava a divindade plena de Jesus. Leovigildo, rei ariano, desencadeou a guerra civil-religiosa, contra o próprio filho, Hermenegildo, rei católico de Sevilha, que foi traído e decapitado por ordem do próprio pai, em 586. O bispo Leandro foi exilado, mas com a conversão de Recarede, sucessor de Leovigildo e rei de Toledo, a unificação político-religiosa da Espanha foi restabelecida, graças ao seu trabalho incansável. Além de promover a cultura e fazer de Sevilha centro irradiador de cultura, deixou vários escritos sobre Sagrada Escritura e teológicos, sobretudo contra o arianismo (*Duo adversus haereticorum dogmata libri* e *Opusculum adversus instituta Arianorum*). No III Concílio de Toledo, pronunciou a *Homilia in laudem Ecclesiae,* um hino em favor da paz e da união. Dedicou também uma obra à sua irmã Florentina (*De institutione virginum*).

27 DE FEVEREIRO

Testemunha de nossos tempos

Atilio Caballero – Militante cristão, líder da comunidade indígena de Pozo Molina, Argentina, assassinado em 1987. For ocasião de seu funeral foi dito: *"Não abandonemos nossa terra, porque debaixo dela jazem os ossos de nossos antepassados..."*.

ORAÇÃO
Da unidade na diversidade

Deus, nosso Pai, vós sois uno, santo, o que não muda, mas é sempre novo, frágil mas é forte e onipotente. **Sois aquele que a nós se inclina, contudo jamais se distorce, jamais se verga, permanece sempre reto, sempre excelso.** *Busquemos neste dia a unidade na diversidade: unidade na diversidade no agir e no pensar. Somemos ao de todos nossos dons e capacidades, nossas ideias e propostas em prol de um bem maior. Na diversidade de nossos modos de vida, sejamos íntegros e retos em tudo o que fizermos. Na diversidade de nossos trabalhos, tenhamos a consciência da nossa responsabilidade e da nossa dignidade. Na diversidade de nossas histórias pessoais e sociais, ajudai-nos a construir a unidade nas famílias, na comunidade e na sociedade, respeitando os valores individuais de cada um. Fazei-nos entender que tudo o que divide e desune de vós não procede, mas do mal provém:* **"Oh, como é bom, como é agradável para os irmãos unidos viverem juntos... É como o orvalho de Hermon, que desce pela colina de Sião; pois ali derrama o Senhor a vida e uma bênção eterna"** (cf. Sl 132,1-3).

28 DE FEVEREIRO

S. Romano

séc. IV – monge – "Romano" quer dizer "homem famoso"

Romano e seu irmão, Lupiciano, fundaram dois mosteiros, um em Condat e outro em Beame. Viveram no século IV, período marcado por grande florescimento da vida monacal na Europa. Tinham temperamentos completamente opostos: Romano era tolerante e compreensivo, enquanto Lupiciano pautava-se pela intransigência, austeridade e introversão. Conta-se que Lupiciano fez jogar ao rio todas as provisões do mosteiro, pois a fartura de bens havia deixado os monges lassos e acomodados. Muitos quiseram abandonar o mosteiro e somente voltaram atrás na decisão graças às súplicas de Romano. Governaram conjuntamente os seus mosteiros, procurando antes de tudo a harmonia. Romano morreu no ano 463, com 73 anos de idade, 20 anos antes do irmão Lupiciano.

Testemunhas de nossos tempos

"Caracazo" – Levante e massacre da população pobre em Caracas – Uma multidão faminta dos bairros pobres de Caracas invadiu supermercados em busca de alimento. Religiosos, adolescentes, mães de família e operários são presos, torturados, fuzilados. Na noite fatídica de 28 de fevereiro de 1989, cerca de cinco mil pessoas foram encurraladas, a maioria executada sumariamente, outras tantas dadas como desaparecidas ou gravemente feridas. O que foi confirmado em 1990, no Cemitério

28 DE FEVEREIRO

do Sul, onde em uma única vala comum foram encontrados 68 cadáveres sepultados como indigentes, entre os quais os de **José del Carmen Pirela**, **Teobaldo Salas** e **Rubén Rojas,** símbolos representativos de todos os que foram assassinados. **Teresita Ramirez** – Religiosa da Companhia de Jesus, assassinada diante de seus alunos do Liceu, em 1989, em Cristales, Colômbia.

ORAÇÃO
Da fraternidade

Deus, nosso Pai, vós sois a videira e nós os ramos (Jo 15,1ss). Abri nossos corações e nossas mentes para compreendermos que somos irmãos e filhos do mesmo Pai que está nos céus. **Indignai-nos contra as injustiças e a falta de respeito pelo ser humano, especialmente as minorias sociais: índios, negros, crianças, idosos e todas as pessoas portadoras de deficiências.** *Fazei-nos construtores da fraternidade e da solidariedade. Que os laços fraternais se estendam de nossos lares aos ambientes de trabalho e de convivência social. Afastai de nós a discórdia, a cobiça, a inveja, o orgulho. O amor transfigure nossos atos e sentimentos, e sejamos ternos, compreensivos, mas firmes e corajosos; fortes e decididos, mas cheios de prudência e de discernimento; incansáveis na busca do que é justo, amantes da partilha e da comunhão; busquemos a fraternidade, mas sem esquecer que toda luta só tem valor quando é fruto da prece que ilumina e esclarece as trevas de nossa própria razão.*

29 DE FEVEREIRO

S. Gregório de Narek

c. 944-1010 – monge e reformador – "Gregório" significa "aquele que é cuidadoso, vigilante"

Gregório nasceu na Armênia, por volta de 944, e morreu em Narek, Turquia, mais ou menos em 1010. Ingressou no mosteiro de Narek e tornou-se monge. Foi mestre de noviços e ao mesmo tempo reformador e restaurador da disciplina monástica em vários conventos. É considerado um dos grandes vultos da literatura universal. Escreveu cerca de 20 mil versos, muitos dos quais constam no seu *Livro das orações,* o que não o isentou de perseguições e acusações por suas ideias. A esse respeito, conta-se que dois teólogos quiseram pô-lo à prova, oferecendo-lhe, certo dia, em uma sexta-feira santa, dois pombos assados. O Santo abrindo, então, a janela disse aos pombos: *"Vão brincar, meus amiguinhos, o que hoje se come é peixe, não pombos!"*.

29 DE FEVEREIRO

ORAÇÃO
Do amor filial

Deus, nosso Pai, Jesus nos ensinou que a ninguém devemos chamar pai *sobre a terra, porque um só é o nosso Pai, o Senhor Deus onipotente. Vós sois* **aquele que derruba as árvores altas e faz as árvores pequenas crescerem, aquele que seca as árvores verdes e faz que as árvores secas fiquem verdes de novo** *(cf. Ez 17, 24ss). Vós sois aquele que nos sonda e conhece o nosso coração. Conheceis nossas preocupações e nos advertis quando andamos por um caminho fatal:* **"Perscrutai-me, Senhor, para conhecer meu coração; provai-me e conhecei meus pensamentos. Vede se ando na senda do mal, e conduzi-me pelo caminho da eternidade"** *(cf. Sl 139,23s). Que vos busquemos com simplicidade de coração e amor filial, confiantes na vossa proteção, pois por intermédio dos vossos anjos nos conduz pela mão do nascer ao pôr do sol:* **"Que o santo anjo do Senhor vos acompanhe pelo caminho, e vos conduza sãos e salvos"** *(Tb 10,11ss). Vossa presença nos cubra, vossa misericórdia nos salve, vossa visita nos corrija, vosso Espírito nos converta. Nenhum mal nos aconteça, em vossos braços nos acolhei.*

1º DE MARÇO

S. Rosendo

907-977 – bispo – "Rosendo" quer dizer "o da expedição da glória"

Rosendo nasceu em Sá, Monte Córdoba, em 907. Seu pai foi o conde D. Guterre Mendez de Árias e sua mãe, S. Ilduara. Educado pelo tio, o bispo Savarico, a quem sucedeu, em 925, no bispado de Mondoñedo. Pela sua luta contra a escravidão foi considerado o *Pai dos libertos*. Consolidou a paz, reconstruiu os mosteiros destruídos pelos mouros, restaurou a disciplina monástica. Fundou o mosteiro Celanova, cuja construção durou oito anos e foi por ele custeada. Por volta de 944, renunciou ao bispado e retirou-se para Celanova, onde veio a falecer em 977. Culto e versado em Sagrada Escritura e voltado à contemplação, sua vida foi um exemplo de fé e de humildade.

S. Davi de Menévia

†601 – bispo – apóstolo dos País de Gales. "Davi" quer dizer "amado, querido de Deus"

Segundo seu biógrafo Rhigyvarch, Davi nasceu em Dyfed e era filho de uma monja violentada por Sant, rei de Ceredigion. Obedecendo a um anjo que lhe apareceu em visão, tomou consigo três discípulos e fundou uma comunidade em Hodnant, Menevia, e ali viviam pobremente, entregues ao jejum e à oração, procurando em tudo a simplicidade de vida. Lutou contra a heresia pelagiana, que negava a doutrina da Igreja sobre o pecado original. Foi proclamado arcebispo "de toda a nação britânica",

1º DE MARÇO

e o seu monastério, "a metrópole dos britanos". Aparece em trajes de bispo em cima de uma colina, lembrando o milagre da ressurreição de um jovem que ele cobrira com seu manto; no lugar teria se erguido miraculosamente uma colina.

ORAÇÃO
Do discernimento

*Deus, nosso Pai, vós sois o Senhor da história. Sois aquele que **fazeis os velhos sonharem, e os moços terem visões.** Ensinai-nos a discernir os acontecimentos com sabedoria e prudência, descobrindo vossa ação no coração do homem. Dai-nos inteligência e paciência para entender e compreender as coisas tristes, as doenças e a dor de uma separação. Exorcizai em nós toda palavra maldita, todo pensamento doentio e de desespero. Só vós podeis dizer-nos a última palavra, palavra que é sempre bendita. Nas adversidades, tenhamos serenidade, clareza, bom senso, e não agravemos os acontecimentos com lamúrias e pessimismos. Nos momentos adversos, confiemos ainda mais no poder medicinal e curativo do amor, e jamais nos falte o bom humor. Aprendamos da visita do vosso Anjo que passa insuflando em nós energias recriadoras, e com humildade abramos nossa mente à superação: **"Senhor, eu me abrigo em ti: que eu nunca fique envergonhado! Salva-me, por tua justiça! Liberta-me! Inclina depressa teu ouvido para mim! Sê para mim uma rocha hospitaleira, sempre acessível; tu decidiste salvar-me, pois meu rochedo e muralha és tu"* (Sl 71,1ss).

2 DE MARÇO

S. Simplício

séc. V – papa – "Simplício" quer dizer "simples", "singelo"

Natural de Tívoli, Itália, S. Simplício viveu em um tempo conturbado por guerras e heresias. Eleito sucessor do papa S. Hilário em 467, governou a Igreja por 17 anos. Suas maiores dificuldades advieram de Constantinopla. O imperador Basilisco, sob a influência da mulher, ordenou fossem depostos de seus cargos e banidos de Constantinopla todos os simpatizantes do concílio de Calcedônia. Acácio, bispo de Constantinopla, reuniu os monges e os fiéis, vestiu-se de preto e, em protesto contra Basilisco, cobriu o trono episcopal com um manto preto. Informado a respeito, S. Simplício escreveu ao imperador, exortando-o a restabelecer a paz e a aceitar os ensinamentos da Igreja. Em 477, deposto por Zenão, Basilisco, sua mulher e filhos, foram atirados a uma cisterna, onde morreram de fome, sede e frio.

ORAÇÃO
Da vida dilacerada

Deus, nosso Pai, enviaste o vosso Anjo a Josué e Josué prostrou-se com o rosto em terra e o adorou. E vosso Anjo o advertiu dizendo que tirasse as sandálias dos pés, porque o lugar em que pisava era

2 DE MARÇO

santo. Assim fez Josué e o vosso poder, então, fez cair as muralhas de Jericó (Js 5,13ss). **Possamos hoje também tirar as sandálias do nosso egoísmo e prepotências, e nos revestirmos de humildade, de tolerância, de paciência.** *Que o vosso poder faça cair também as muralhas das opressões e injustiças que nos humilham, derrube os muros das enfermidades que nos afligem, da falta de sorte que nos persegue, dos malefícios que nos assombram. Que a vossa força venha em socorro dos inocentes, dos que estão nas prisões, dos que jazem nos leitos dos hospitais, dos que se encontram em asilos, manicômios, ou que sem ninguém vagam por ruas e estradas desse mundo. Fazei cair as muralhas da vingança e do ódio, e que o homem conheça a paz definitiva.* **Fazei cair os paredões de extermínios, desarmai toda mina, emperrai os gatilhos, detende as balas assassinas, desinflamai as violências e frustrai os planos dos que maquinam maldades.** *Demoli as correntes que nos prendem às drogas, à submissão e às forças da iniquidade. Que as crianças possam correr livremente sem medo de serem molestadas, possam ser acarinhadas pelo vizinho e peregrino; e os jovens descortinem horizontes de um futuro renovado e promissor. Quantas vezes em vosso nome, Deus da vida, atentamos com violência latentes ou declaradas, dilaceramos no outro a nossa própria vida.*

3 DE MARÇO

S. Nicolau Albergati
1375-1443 – bispo – "Nicolau" significa "vencedor do povo"

Nicolau Albergati nasceu em 1375 e, após estudar Ciências Humanas e Direito Civil, abandonou tudo e ingressou na Cartuxa de S. Bruno. Ordenado sacerdote, em 1417 foi nomeado bispo de Bolonha. Teve especial cuidado com os pobres:

"Cheio de compaixão pela miséria deles, não se contentava em aliviar os que iam reclamar-lhe socorros e que nunca ele despedia sem atendê-los; mandava mesmo procurar na cidade todos os indigentes, a fim de prover-lhes as necessidades."

S. Nicolau foi um mediador da paz entre os povos em conflito, procurando ao mesmo tempo manter a unidade da fé dos apóstolos, sendo por isso acusado de traidor da pátria. Participou dos concílios de Basileia e de Ferrara, como delegado de Eugênio IV. Manteve-se até o fim fiel às regras da Cartuxa, dormindo no chão e jamais comendo carne. Morreu em 1443, aos 68 anos de idade.

S. Cunegundes de Luxemburgo
975-1033 – imperatriz – "Cunegunda ou Cunegundes" quer dizer "guerreira de estirpe"

Imperatriz cristã, casada com o rei alemão Henrique II, o santo. Como não tivessem filhos, decidiram colocar suas riquezas em favor da Igreja e "fazer de Deus a sua herança". Fundou igrejas e mosteiros e, após a morte do marido, fez-se monja no

3 DE MARÇO

mosteiro de Kaufungen por ela fundado, hoje Oberkaufungen, e ali levou vida penitente e orante até a morte.

Testemunha de nossos tempos

Hipólito Cervantes Arceo – Sacerdote mexicano, solidário com os refugiados guatemaltecos, assassinado em 1982, no México.

ORAÇÃO
Do Deus compassivo

Deus, nosso Pai, sois o Deus que caminha na história humana e não cansais de dizer: **Alegre-se e solte gritos de alegria, pois revoguei a sentença que pronunciei contra você, e afastei o seu inimigo. Eu, o Deus dos Exércitos, estou aqui. Você não conhecerá mais desgraça. Não tenha medo, não desanime nem perca a coragem. Eu sou o Senhor e estou com você e o salvarei** *(cf. Sf 3,14ss). Animados por essas palavras, partamos hoje para a vida como quem vai ao encontro do primeiro amor, como quem se apressa para dar uma boa notícia. Em Jesus, vossa manifestação, assumistes nossas dores e sofrimentos, nossos erros e desacertos, e mostrastes o caminho da paz. Antes mesmo que no seio de nossas mães fôssemos concebidos,* **em Jesus nos concedestes a alegria de sermos filhos amados e queridos**. *Em virtude de tamanha graça, elevemos um cântico de louvor à vida, dom maior, mistério esplendoroso que a tudo excede, mas que em nós alcança sua plenitude quer no bem quer no mal.*

4 DE MARÇO

S. Casimiro da Polônia

1458-1484 – príncipe – "Casimiro" significa "pregador da paz"

Filho da rainha Isabel da Áustria e de Casimiro IV, da Polônia, S. Casimiro nasceu em Cracóvia no dia 5 de outubro de 1458. Pertencia à dinastia de Jagellone da Lituânia, convertido ao cristianismo em 1385 e teve 12 irmãos reis. Renunciou ao reino da Hungria, colocando os interesses da Igreja acima de seus direitos como legítimo sucessor húngaro. Recusou casar-se também com a filha de Frederico III, opondo-se à sede de domínio do pai, desejoso de ampliar o império. Foi educado por João Dlugosz, cônego em Cracóvia e historiador polonês renomado. Era um homem de profunda paz, serenidade, alegria e cordialidade. Os poloneses chamam-no de *Pacificador* porque tudo fez para manter a paz, evitando com determinação as guerras fratricidas. Devotava estima especial aos pobres, considerando-os membros de Cristo. Falava e escrevia o latim fluentemente. Tuberculoso, morreu aos 25 anos em Grodno, Lituânia, no dia 4 de março de 1484. Em 1521 foi canonizado por Leão X. É o padroeiro da Polônia e da Lituânia. Devotadíssimo de Maria, recitava continuamente a oração *Da Virgem Santa*.

4 DE MARÇO

Testemunhas de nossos tempos

Emiliano Pérez – Juiz de direito, 50 anos, comprometido com a luta de seu povo, assassinado em 1982, na Nicarágua. **Nahamán Camona** – Criança de rua, assassinada em 1990, na Guatemala.

ORAÇÃO
Da Virgem santa

Deus, nosso Pai, destes a nós uma mãe celestial. Todas as gerações hão de proclamá-la bendita, porque aos que a ela recorreram, ela sempre protegeu, aos que a ela confiaram, ela sempre amparou, ela sempre assistiu. A quem estava caído, desenganado, ela estendeu a mão e deu a certeza de superação e do pronto restabelecimento. A quem estava faminto, morrendo à míngua, ela providenciou e distribuiu o pão. A quem estava desorientado, sem rumo, ela acalmou e mostrou a direção. A quem estava enfermo, no desespero da dor, ela pegou no colo, consolou, distribuiu sua medicina, abençoou e fê-lo recobrar as energias e a vida. Por isso, com S. Casimiro, louvemos a Maria, nossa mãe e refúgio: **"... Virgem santa, ornamento e glória de todas as mulheres, sois reverenciada em toda a terra, e estais colocada tão elevadamente no céu... Dignai-vos ouvir as orações dos que se gloriam em cantar os vossos louvores; alcançai-nos o perdão de nossos pecados e fazei-nos dignos da felicidade eterna...".** *Em nome de Jesus, vosso Filho, obtende de Deus a graça.... (fazer o pedido). Ó Maria Concebida sem pecado original, rogai por nós que recorremos a vós...*

5 DE MARÇO

B. Jeremias
1556-1625 – religioso capuchinho – "Jeremias" quer dizer "exaltado pelo Senhor"

De família de agricultores, recebeu no batismo o nome de João. Aos 18 anos, sentiu forte desejo de se entregar a Deus, tornando-se monge. Animado por esse ideal, partiu rumo à Itália numa viagem que duraria cerca de quatro anos. Durante esse tempo, para sobreviver, exerceu todos os ofícios. Em Bari, conseguiu ingressar no convento dos capuchinhos de Sessa Aurunca, onde fez o noviciado e emitiu em 1579 os votos religiosos. Por 40 anos dedicou a vida aos doentes e desvalidos, a quem servia com solicitude e ternura quase materna. Numa visão, Maria lhe revelou que a sua glória era o Filho que tinha nos braços. Mas ele advertia que a prática da caridade era mais que os êxtases, que o impediam de servir o próximo. Foi beatificado em 1983 e é venerado tanto pelos católicos como pelos ortodoxos.

S. Gerasmo
séc. IV – abade e confessor

Gerasmo nasceu na Lícia no século IV. Abade e confessor, viveu como anacoreta no deserto nas proximidades do mar Morto. Reuniram-se a ele discípulos, que viviam em grutas e toscas cabanas. Jejuavam, recitavam salmos, rezavam. Aos domingos reuniam-se para a missa e refeições comunitárias. Conta-se que entre os monges vivia um leão e um jumento. Depois da morte de S. Gerasmo, o leão entristeceu e o jumento também. Deitados sobre o túmulo do santo, não mais comeram e beberam até terminarem seus dias.

ORAÇÃO
Do respeito à Criação

Deus, nosso Pai, aquele que fez serenar as ondas do mar, que transformou a água em vinho, que multiplicou peixes e pães, que de suas mãos fez brotar toda sorte de bem, um dia encantou-se, maravilhou-se com a beleza e a simplicidade dos lírios dos campos e os pássaros do céu (cf. Mt 6,28ss). Inspirai em nós respeito e admiração à natureza, pois tudo o que fizestes o fizestes com sabedoria e bondade. **Na imensidão do universo, nos iluminastes a mente com uma centelha de luz: temos o privilégio de saber que existimos**, *de nos encantar com as estrelas no firmamento, de nos comover perante uma lágrima de alegria ou de sofrimento, de sentir o prazer e a felicidade de usufruir a vida, de estar vivos, agarrados a sonhos de um mundo melhor. Embora criaturas, somos capazes de elevar nosso canto à vida, fragilmente forte, espantosamente bela, incompreensivelmente simples, sabiamente imprevisível, extraordinariamente natural. Iluminai pois nosso entendimento para que captemos em nós as forças de vida do universo e assim abrandemos o egoísmo, a ganância, que matam a natureza, que mata a nós mesmos. Seja respeitada a terra, casa de todos os viventes e lugar da vossa manifestação.*

6 DE MARÇO

S. Olegário
1060-1136 – bispo – "Olegário" quer dizer "lança dos bens"

Nascido em Barcelona, Olegário foi quem consolidou o catolicismo na Espanha. Aos 17 anos, abraçou a vida eclesiástica junto aos cônegos da Catedral de Santa Cruz. Algum tempo depois, foi chamado a presidir o cabido daquela igreja, mas logo se retirou para o mosteiro de S. Adriano, em Barcelona, onde passou a exercer o cargo de prior. Com a morte do bispo Raimundo, Olegário foi aclamado bispo, cargo a que recusou fugindo para a França, mas, ao ser descoberto, foi sagrado bispo e logo depois arcebispo. Participou ativamente do Concílio Lateranense I, convocado por Calisto II (1119-1124), ocasião em que foram tratados temas importantes para a época, como paz, reforma eclesiástica e instituição da Segunda Cruzada. Morreu em 1136, aos 76 anos de idade.

S. Coleta Boylet
1381-1447 – reformadora – "Coleta (Nicoleta)" vem de "Nicolau" e quer dizer "vencedor do povo"

Natural de Calceye, foi uma religiosa francesa, reformadora e fundadora de conventos em Auxonne, Poligny, Países Baixos, Espanha. Viveu numa época de profunda crise religiosa no Ocidente, em que as pessoas, descrentes das instituições eclesiásticas, buscavam respostas religiosas sem passar pela mediação da Igreja. Em 1399, com a perda dos pais, passa de um convento a outro procurando a forma de vida religiosa que melhor lhe adaptasse, acabando por ingressar no mosteiro das Clarissas.

6 DE MARÇO

Testemunha de nossos tempos

Pedro Medina – Missionário espanhol, passou a vida em meio aos pobres de Florenço Varela, Argentina. Veio a falecer de câncer em 1993, na Espanha.

ORAÇÃO
Da prudência no julgamento

*Deus, nosso Pai, vosso desejo é que sejamos filhos da luz. Jesus mesmo advertiu que fôssemos **simples como as pombas, e prudentes como as serpentes** (Mt 10,16s). **Que a exemplo dos velhacos filhos das trevas fôssemos argutos e perspicazes.** Em um mundo em que as pessoas facilmente se alteram e saem do eixo, reclamam, agridem e afrontam, que o Anjo da paz interior nos guie, clareie as mentes e mostre a fragilidade da argila de que fomos formados. Em um mundo apressado em condenar, dai-nos discernimento e sabedoria nos julgamentos. Em um mundo distante da verdade, da justiça, que julga segundo as conveniências e condena segundo interesses parciais, dai-nos a equidade e a verdade. No mundo acuado por iniquidades e maquinações, dai-nos a prudência que não vacila, não teme agir. No mundo em que a mentira tem força de verdade; o ódio, força de lei; o desrespeito à vida, força de regra, voltemos à luz da Palavra que tudo esclarece e vivifica. Aprofunde em nossos corações as palavras do Mestre: **"Com a mesma medida com que vocês medirem, também vocês serão medidos"** (Mc 4, 24).*

7 DE MARÇO

S. Perpétua e S. Felicidade

*séc. III – mártir – "Perpétua" quer dizer "eterna", "perene" –
É também o nome de uma flor ornamental*

Casada com um rico senhor, aos 22 anos Perpétua foi lançada ao cárcere em Cartago, com seu filho de colo. Enquanto aguardava o julgamento, ela própria fez algumas anotações, as quais compõem as *Atas da Paixão de Perpétua e Felicidade*. Na tradição católica, Perpétua é sempre lembrada ao lado dos mártires Revocato, Felicidade, Saturnino e Secúndulo, os quais foram batizados na prisão por Saturo. No momento da provação, mantiveram-se unidos, confortando-se e animando-se mutuamente na fé. Nas *Atas,* Perpétua descreve a prisão como um local escuro, de calor insuportável, onde as pessoas ficavam amontoadas... Sabendo que Perpétua havia sido condenada às feras, o pai foi visitá-la. Abatido e cheio de tristeza, no desespero começou a arrancar as barbas e se jogou ao chão. Perpétua e Felicidade foram martirizadas no aniversário do imperador Geta. Primeiro foram expostas às chifradas de uma vaca furiosa e depois aos golpes errantes de um gladiador de mãos trêmulas...

Testemunhas de nossos tempos

Joaquim Carregal e companheiros sacerdotes de Quilmes – Comprometidos com o Evangelho, empenharam suas vidas a favor da justiça e da verdade. Carregal foi exilado na Espanha,

7 DE MARÇO

onde morreu de enfarto aos 52 anos, em 1994. Foi reitor e professor do Centro de Filosofia e Teologia e Secretário da Junta Pastoral do Movimento Ecumênico pelos Direitos Humanos e Vigário geral da diocese de Quilmes. Dizia: *"A América Latina inteira, Senhor, é um deserto. Nele milhões de mulheres e homens temos fome e sede de justiça..."*.

ORAÇÃO
Do alento nas dificuldades

Deus, nosso Pai, vós nos enriquecestes com o dom da fé, com o poder da oração feita de coração sincero e humilde. Fé que nos dá a certeza de não cairmos em confusão e que nossa é a vitória sobre todo intento do mal. Oração que alenta nosso espírito e alimenta a esperança de que vós, ó Deus e Senhor, em vossa sabedoria e providência, estais atentos às nossas necessidades e nos concedeis o que pedimos: "Tudo o que pedirdes na oração, credes que o tendes recebido, e ser-vos-á dado. E quando vos puserdes de pé para orar, perdoai, se tiverdes algum ressentimento contra alguém..." (Mc 11,20ss). *Sejamos testemunhas vivas da vossa ternura e bondade. Que nossa comunhão convosco, a solidariedade humana e a amizade sirvam-nos de alento nos momentos difíceis de nossas vidas. Possamos nos sentir seguros e confiantes naquele que um dia disse:* **"Tenham fé em Deus. Eu garanto a vocês: se alguém disser a esta montanha: 'Levanta-te e jogue-se no mar, e não duvidar em seu coração, mas acreditar que isso vai acontecer, assim acontecerá'"** (Mc 11, 21ss).

8 DE MARÇO

S. João de Deus

1495-1550 – fundador – patrono dos hospitais e enfermos, enfermeiros, livreiros e santeiros, bombeiros e práticas de farmácia

Natural de Montemor-o--Novo, Portugal, João de Deus foi o fundador dos Irmãos Hospitaleiros. Antes de entregar-se totalmente ao serviço de Deus, ganhou a vida como pastor, soldado, mascate, livreiro e santeiro. Apesar de levar vida relapsa, sempre guardou na mente o ideal de ajudar os necessitados. Sua conversão deveu-se a S. João de Ávila, que pregava em Granada. Tão radical foi sua mudança de vida que muitos o tomaram como louco, a ponto de interná-lo em um hospício. Orientado por S. João Ávila e apoiado pelo arcebispo de Granada, aos poucos percebeu que a vontade de Deus era que ele dedicasse toda a vida aos desvalidos. Fundou então numerosos hospitais, onde era dispensado aos enfermos um tratamento mais humano.

S. Julião
† 690 – arcebispo – "Julião" deriva de "Júlio": "o luzente", "o brilhante"

Arcebispo de Toledo, S. Julião foi, na sua época, uma das figuras religiosas mais importantes da Espanha, que exerceu grande influência quer nos assuntos seculares quer religiosos. Entretanto, o que mais o elevava era o amor que devotava a todos. Teólogo e escritor, deixou várias obras, como, por exemplo, os três volumes dos *Prognósticos,* em que afirma que "*o amor e o desejo de*

8 DE MARÇO

união com Deus basta para extinguir em nós o medo da morte" (De Butler. *Vida dos santos*. Petrópolis, 1987, v. III, p. 102)

ORAÇÃO
Da verdade de vida

Deus, nosso Pai, vós nos lançais ao caminho da liberdade, dos desafios que nos tiram da mediocridade, fazem-nos crescer e nos tornar mais humanos. **Hoje, Senhor, queremos descruzar os braços e partir para a luta com determinação e inteira confiança de que estais conosco, caminhando à nossa frente, às nossas costas, ao nosso lado, e perante vós as muralhas cairão e nossos caminhos serão aplainados.** *Não vos pedimos a resolução mágica de nossos problemas, tampouco que converta em flores as pedras do caminho. Apenas vos pedimos: não desvieis de nós o vosso olhar e nos deis forças e coragem para prosseguirmos sem desfalecimento. Dai-nos a verdadeira humildade, que não é submissão nem desestima, mas indignação contra o mal e reconhecimento de nossa condição humana limitada, precisada de amor, de afeto, de alento, de autoestima e de reconciliação. Dai-nos humildade para reconhecer que não caminhamos nem crescemos sozinhos, fechados em nós mesmos. Dai-nos a compreensão da verdade sobre nós, criaturas frágeis mas pródigas de tantos gestos de bondade, de paz e de perdão. Vosso Filho Jesus nos mostrou com a vida que vosso desejo é que vivamos sem fingimentos e hipocrisias, buscando na verdade e na simplicidade a nossa comunhão convosco.*

9 DE MARÇO

S. Francisca Romana

1384-1440 – religiosa e fundadora das oblatas de S. Francisca Romana – protetora das viúvas – "Francisca" quer dizer, em sentido amplo, "pessoa livre, sincera, independente"

Os romanos a chamam carinhosamente "Francisquinha". Nascida em Roma, em 1384, era uma menina sagaz, devota, circunspecta e recatada, que desde cedo havia demonstrado o desejo de consagrar-se a Deus. Aos 13 anos foi dada a casamento com Lourenço de Ponziani, rico e nobre senhor de Trastevere. A ideia do casamento a deixou enferma, a ponto de correr risco de vida. Preocupados, os pais chamaram uma curandeira para tirar delas as forças maléficas, mas ela recusou recebê-la. Porém, uma visão de S. Aleixo devolveu-lhe a paz e a saúde física. Casada, Francisquinha soube fazer-se amada pelo marido e pelos três filhos, vivendo com simplicidade em meio aos bens materiais. Fez de sua casa um centro de ajuda aos doentes, e ela própria lhes preparava os remédios e os alimentos. Cuidava de tudo e de todos e, mesmo assim, reservava parte do seu tempo à oração. Foi, entretanto, duramente golpeada pela dor, primeiro com a morte de um dos filhos e, logo a seguir, de um segundo filho; depois, pela guerra que não poupou o marido. E por fim o único filho caiu prisioneiro e ela teve a casa saqueada. Apesar de todas essas adversidades, manteve a confiança inabalável em Deus. Acolhia a todos os que batiam à porta em busca

9 DE MARÇO

de auxílio. Em 1425, fundou a Congregação das Oblatas Olivetanas de S. Maria Nova. E, após a morte do marido, fez-se religiosa. Morreu no dia 9 de março de 1440 e foi canonizada em 1608.

ORAÇÃO
Das promessas cumpridas

Deus, nosso Pai, Jesus, vosso Filho, as antigas coisas passaram e uma nova realidade foi feita. Agora somos herdeiros das promessas de novos céus e de nova terra: **"Fortificai as mãos desfalecidas, robustecei os joelhos vacilantes. Dizei aos que têm o coração perturbado: Tomai ânimo, não temais! Eis o vosso Deus... A terra queimada se converterá em um lago, e a região da sede, em fontes"** *(Is 35,1ss). Dai-nos lucidez, para não labutarmos em vão. Dai-nos a fé na vida, para que a veneremos tanto na semente que a oculta quanto na pessoa de nossos irmãos que mais plenamente a manifesta. Manifestai-nos a vossa glória, e revele-se em nós o que é humano e ao mesmo tempo divino: a ternura e a compaixão, a entrega de si e o acolhimento do outro como mensageiro divino. Senhor, sois a altura e a profundidade de tudo o que existe, a imensidade do amor e a caridade inestimável. Em vós a existência de todo ser é mantida e preservada. Em vós tudo se plenifica e alcança a perfeita realização. Em vós, cessa todo valor e esvanece toda a vaidade e aflição de espírito, e a vida ganha sentido e força de ressurreição.*

10 DE MARÇO

B. Maria Eugênia Millaret

1817-1898 – Fundadora da Congregação Nossa Senhora da Assunção. "Maria" tem muitos significados, como "amada", "senhora", "predileta do Senhor", "excelsa", "suprema"

Madre Millaret nasceu em 1817, em Metz, França. Bem cedo conheceu o sofrimento: o pai caiu na falência, dois irmãos morreram prematuramente, a mãe morreu louca, vítima da cólera. Sem amparo dos pais e jogada ao léu, Maria Eugênia teve uma adolescência cheia de crise, solidão e angústia. Sua vocação nasceu em Notre-Dame, despertada pelas palavras de Lacordaire. Juntamente com o padre Combalot, fundou a congregação religiosa de *Nossa Senhora da Assunção,* em 1839. Em 1898, quando morreu, a congregação já havia se espalhado por 30 países, no mundo inteiro. As filhas da Assunção dedicam-se, mediante uma vida intensa de oração e adoração, à educação. Madre Millaret foi beatificada por Paulo VI no dia 9 de fevereiro de 1975.

10 DE MARÇO

ORAÇÃO
Do silêncio orante

Deus, nosso Pai, ouvis o clamor dos que vos invocam com fé e confiança. Jesus vosso Filho nos ensinou que vossa bondade não tem limite e a quem vos recorre não despedis de mãos vazias. Ensinai-nos a rezar, a ter fome e sede de silêncio e de oração. Neste mundo cheio de ruídos, apressado e que já não sabe esperar, aprendamos o valor da contemplação que nos leva à comunhão convosco, com a natureza e nossos semelhantes. Neste mundo em que tudo é comprado ou vendido, negociado, até mesmo a dignidade e a liberdade humanas, ensinai-nos a gratuidade *do que é dando que se recebe. Num mundo que ruidosamente abafa a voz de nossa consciência e nos torna surdos e indiferentes aos risos e aos clamores de vossos anjos passantes, dai-nos a graça do silêncio interior em que tudo é recriado e renovado, quando nossas falhas são esquecidas, nossas capacidades realizadas.* **Fazei, Senhor, que pelo poder da oração passemos por nós mesmos, aclaremos nossas sombras e alcancemos nossa completa libertação.** *Possamos sempre vos louvar:* **"Eis o Deus que me salva, tenho confiança e nada temo, porque minha força e meu canto é o Senhor, e ele foi o meu Salvador"** (Is 12,1ss).

11 DE MARÇO

S. Constantino
séc. VIII – rei – "Constantino" significa "constante", "perseverante"

Constantino viveu na segunda metade do século VIII, sofrendo o martírio na Escócia, em virtude de sua pregação. Antes da conversão, levava vida dissoluta, sacrílega, criminosa. Abandonou a legítima mulher para ficar totalmente liberado na sua vida aventureira. Converteu-se, entretanto, ainda jovem, mudando radicalmente o modo de viver. Renunciou à coroa e ingressou no mosteiro de Tathan. Após sete anos de vida austera, foi ordenado sacerdote. Retornou à Escócia como missionário, pregando o evangelho pelas praças públicas, exortando irlandeses e escoceses à conversão da fé cristã. Morreu trucidado por volta de 874.

S. Sofrônio
550-638 – patriarca

Nascido em Damasco em 550, Sofrônio foi um monge erudito, um pregador itinerante, autor de várias obras hagiográficas e litúrgicas. Peregrinou pela Terra Santa, Egito e Itália, sempre junto ao inseparável amigo João Mosco. Viveu por 10 anos como monge no Monte Sinai. Em 603, sob a ameaça da invasão persa, novamente partiu, junto ao fiel companheiro, rumo ao Egito, onde se encontrou com o patriarca de Alexandria, Eulógio. Após a conquista de Jerusalém em 614 pelos persas, os dois amigos partiram para Roma. Com a morte de João Mosco, Sofrônio retornou à Terra Santa, tornando-se o patriarca de

11 DE MARÇO

Jerusalém, onde teve parte importante no restabelecimento da paz religiosa abalada pela controvérsia monofisita, doutrina segundo a qual Jesus não era de fato homem, mas apenas Deus.

ORAÇÃO
Da experiência de Deus

Deus, nosso Pai, exultemos de alegria porque viestes morar com seu povo: **"Um menino nos nasceu, um filho nos foi dado, a soberania repousa sobre seus ombros, e ele se chama Conselheiro admirável, Deus forte, Pai eterno, Príncipe da paz"** *(cf. Is 9,1ss). Dai-nos a graça de vos sentir no mais profundo de nossos corações e de nossa consciência. Dai-nos lucidez e inteligência para descobrir a vossa presença transformadora na história humana. Sintamos a vossa presença em cada gesto que constrói, que liberta o coração, que desata as amarras de nossas mãos. Sintamos vossa presença em cada atitude que dignifica, que eleva, que nos enche de coragem, que nos reconcilia. Sintamos vossa presença na amizade que une e na reconciliação que sara as feridas do ódio e da vingança. Sintamos vossa presença na fraternidade que renova as esperanças, no amor que liberta e nos faz olhar as coisas de maneira diferente, nova, transformadora, como se o mundo estivesse em nossas mãos. Sintamos vossa presença naqueles que creem e, na certeza do cumprimento das vossas promessas, caminham como se tocassem a vossa glória e poder.*

12 DE MARÇO

S. Gregório de Nissa

séc. IV – bispo – "Gregório" quer dizer "vigilante"

Natural do Ponto, Capadócia, Gregório nasceu por volta de 335. Com seu irmão, S. Basílio, a quem devotava a maior veneração e tinha como pai e mestre, e Gregório de Nazianzeno, foram considerados os *"Luminares da Capadócia"*. De fato, se Basílio era o braço que atuava, Gregório de Nazianzeno a boca que falava, Gregório era a cabeça que pensava. Antes de se tornar bispo de Nissa, Gregório de Nissa foi casado, mas não demorou muito ficou viúvo, quando tudo abandonou para viver na solidão em companhia do irmão Basílio, às margens do rio Íris. Mestre de literatura, homem de vasta leitura, conhecia as obras de Filão, Orígenes, Plotino, Porfírio, Giamblico. Foi sagrado bispo de Nissa por S. Basílio, que havia assumido na Capadócia a luta contra o arianismo, doutrina que negava a natureza divina de Jesus. Entretanto, em 372, o ariano Demóstenes, governador da região, mandou prendê-lo sob a acusação de mal administrar os bens eclesiásticos a favor dos pobres. Ajudado por seu irmão, Basílio, Gregório fugiu de Nissa e se refugiou em uma das muitas propriedades da família, voltando a assumir o bispado somente mais tarde, em 378, com a morte do imperador ariano Valente. Em 381, participou do I Concílio de Constantinopla, convocado por Teodósio, ocasião em que se formulou a doutrina da Santíssima Trindade e se refutou o arianismo.

12 DE MARÇO

Testemunhas de nossos tempos

Rutílio Grande e companheiros – Sacerdote jesuíta, 49 anos, comprometido com os mais pobres, assassinado em 1977, em El Salvador.

ORAÇÃO
Da libertação do egoísmo

Deus, nosso Pai, vós nos criastes e para nós dispusestes as coisas com justiça e equidade. Vós nos criastes e nos acarinhais, afagando-nos em vossas mãos. Quando nos sentimos longe de vós, vosso olhar nos cobre com vossa presença amorosa e providente. **Em nossa fragilidade, surgis como o Rochedo que nos abriga. Com amor e ternura nos guardais como a pupila dos olhos e nos perigos nos escondeis como filhos à sombra de vossas asas** *(cf. Sl 17,8). Por isso, Senhor, quebrai em nós hoje as cadeias do egoísmo, do orgulho e da soberba, quebrai e rompei tudo o que nos afasta de vós e nos coloca acima de nossos semelhantes. Reconciliai--nos uns com os outros, e não haja entre nós, nem senhor nem escravo, nem violento nem violentado, nem corrupto nem corrompido, nem dominador nem dominado, nem juiz nem réu. Mas todos sejamos irmãos, adoradores do Pai em espírito e verdade. Assim se realizem as vossas promessas de paz e de prosperidade: "Como será bom e belo esse país! Haverá trigo e vinho com fartura, e os moços e as moças crescerão fortes e bonitos" (Zc 9,17).*

13 DE MARÇO

S. Eufrásia
séc. IV – "Eufrásia" significa "alegria"

Natural de Constantinopla, Eufrásia viveu no final do século IV. Após a morte do pai, Antígona, parente do imperador Teodósio, viajou com a mãe, que também se chamava Eufrásia, para o Egito, onde possuía muitos bens. Jovem ainda ingressou num convento, levando vida de penitência, oração e jejuns. Contam que fora prometida em casamento a um jovem influente de Constantinopla. Quando o imperador soube que ela havia se retirado para o convento, escreveu reclamando sua presença em Constantinopla, a fim de que o casamento fosse realizado. Eufrásia respondeu dizendo-lhe que a decisão era irreversível e deu aos familiares permissão para disporem convenientemente de seus bens, amparando os pobres e necessitados. Pediu-lhes que fizessem justiça a todos os que trabalharam para a família e que se libertassem os escravos, indenizando-os pelos serviços prestados. Morreu provavelmente em 410, aos 30 anos de idade, 23 dos quais havia passado no mosteiro.

Testemunhas de nossos tempos

José Antonio Echeverría – Líder estudantil cristão, assassinado na ditadura Batista, em 1958, em Cuba. **Maria Mejia** – Mãe camponesa, assassinada em 1990, na Guatemala. **Rémi Morel**

13 DE MARÇO

– Missionário montfortiano, após trabalhar longos anos na Colômbia e Argentina, foi exilado, morrendo de câncer, na França, em 1993. A respeito de sua doença, afirmou: "*Sem ela, faltaria ao meu apostolado missionário a dimensão da dor, da cruz, da impotência, para entregar-me totalmente à vontade de Deus*".

ORAÇÃO
Do perdão de Deus

Deus, nosso Pai, sabeis quanto somos inclinados ao mal e tardos para o bem. A todo momento, vós nos advertis e nos convidais à conversão, a deixar as coisas envelhecidas e a abrir o nosso coração ao bem e à adoração ao Deus vivo e verdadeiro. Lembrai-vos, ó Senhor, que um dia ouvistes as súplicas de Moisés a favor do vosso povo errante pelo deserto e esquecido do vosso amor e ternura. E vós, Deus compassivo, **lembrado da vossa misericórdia, mudaste de ideia e não fizeste cair sobre o vosso povo a desgraça que havíeis prometido** (Ex 32,11ss). *Por isso, nós vos suplicamos: tende misericórdia de nós e não leveis em conta as nossas faltas, as nossas transgressões, mas olhai para a nossa vontade sincera de acertar e descobrir a verdade e o que nos fará feliz. Não permitais que nos afastemos de vós e caiamos na escuridão dos que andam errantes, buscando segurança no vazio de seus ídolos. Junto a nós, o Espírito interceda a nosso favor, inspire nossas ações, frutifique nossos esforços, coroe de bênçãos nosso trabalho e de vós obtenhamos a energia poderosa que vem do vosso amor e reconciliação.*

14 DE MARÇO

B. Tiago Gusmão

1834-1888 – fundador dos missionários Servos dos Pobres e das Servas dos Pobres

Natural de Palermo, ficou órfão aos três anos e foi criado pela irmã mais velha, Vicentina. Formado médico em 1855, exerceu a profissão junto aos habitantes de S. José Jato, mas, orientado por seu conselheiro espiritual, Domenico Turano, decidiu-se pelo sacerdócio. Estudou no Oratório de S. Filipe Neri de Palermo. Os primeiros anos de sacerdócio foram marcados por forte crise espiritual que só em 1864 seria superada quando, num retiro no mosteiro de S. Martino delle Scale, teve uma inspiração de que a vontade de Deus que ele fosse "apóstolo da caridade". A exemplo da família Michele de Franchis, que a cada dia reservava nas refeições um prato de comida que era dado a um pobre, tomou a iniciativa de criar a *Associação do Prato do Pobre*. A população respondeu a seu apelo contra a fome com a criação de casas para idosos e órfãos e colônias agrícolas. Tais iniciativas culminariam na fundação das congregações dos Servos e das Servas dos Pobres, aprovadas pela Santa Sé em 1887. Na vida, sua preocupação maior foi a de discernir a vontade de Deus e encontrar nela a paz interior. Em uma de suas cartas, dizia: *"O desejo de minha alma é cumprir em tudo a divina vontade; e o temor de não fazê-lo até agora é para mim um verdadeiro martírio..."*. Em 1983, foi proclamado bem-aventurado por João Paulo II.

14 DE MARÇO

Testemunhas de nossos tempos

Marianela Garcia Villas – Fundadora da Comissão de Direitos Humanos, assassinada em 1983, em El Salvador. **Mártires anônimos do Chile** – No fim da ditadura de Pinochet, no Chile, o povo sai em busca de seus filhos desaparecidos, torturados e assassinados durante o regime e encontra parte deles sepultados em valas comuns.

ORAÇÃO
Da sede de Deus

Deus, nosso Pai, vós nos dais a graça de crer em Jesus, por isso temos a certeza de que, apesar das dificuldades, a vida nos será sempre favorável e nada nos abalará a força de nossa fé em vós, Senhor Ressuscitado (Mc 4,35ss). *Por tudo o que nos destes e nos haveis de dar, pelas alegrias e provações que nos enviais, nós vos bendizemos em cada momento. Por vosso Espírito, temos fome e sede de vós, e vos buscamos continuamente, Pão vivo descido do céu, Água viva a jorrar em nossos corações. Caminhemos para vós, neste dia, confiantes de que a nossa sede será estancada, nossa fome de absoluto, saciada. Caminhemos hoje para vós, pois haveis de derramar sobre nós o vosso Espírito.* **Nada nos atemorize, nada nos tire a paz e harmonia interiores, pois cremos que nossos desertos virarão campos férteis, e em vós jamais seremos confundidos, calados, vencidos; nem o mal e a iniquidade prevalecerão contra nós.**

15 DE MARÇO

S. Clemente Maria Hoffbauer

1751-1820 – religioso redentorista – "Clemente" significa "benigno"

Clemente Maria nasceu na Morávia, Checoslováquia, em 1751. Filho de simples lavradores e órfão de pai aos sete anos, começou a trabalhar para ajudar nas despesas de casa. Foi ajudante de pedreiro, copeiro no convento premonstratense de Bruck e, mais tarde, eremita. Desejoso de ser missionário, dirige-se a Viena, onde ingressou na congregação do Santíssimo Redentor. Em 1786, ordenado sacerdote, vai para a Polônia, estabelecendo uma missão redentorista em S. Brenon, que se tornaria mais tarde um dos mais importantes centros de evangelização de Varsóvia. Para lá acorria gente de toda parte para ouvir os melhores oradores e se instruírem na religião. Outros centros de evangelização foram criados nas regiões da Polônia e em Viena, na Áustria. Morreu em 1820, quando rezava o *Angelus,* sendo canonizado em 1909.

Testemunhas de nossos tempos

Ariel Granada – Missionário colombiano, ligado aos pobres, assassinado em 1991 pelas guerrilhas em Moçambique. **Nelio Rougier** – Sacerdote da Fraternidade dos Irmãozinhos do Evangelho, desaparecido, em 1975, em Tucumán, Argentina. **Manuel de Jesus Racinos** – Militante cristão da Aliança Evangélica Guatemalteca assassinado durante um culto em 1986,

15 DE MARÇO

na Guatemala. **Antonio Chaj Solis e companheiros** – Pastor evangélico sequestrado e dado como desaparecido junto com seis companheiros, em Chimaltenango, Guatemala, em 1986.

ORAÇÃO
Da renovação da mente

Deus, nosso Pai, ensinai-nos a viver na simplicidade e na verdade. Sejais vós o sentido da nossa vida, a direção de nossos passos. ***No cotidiano insignificante das coisas que não mais impressionam e pesam sobre nós, deixemos que de nós se aposse o sentimento esplendoroso de estarmos vivos, de poder respirar e pulsar com todo o universo.*** *Diante da indiferença do que não é notícia nem boa nem ruim, do que é sempre igual, corriqueiro, paremos um instante. Resgatemos assim em nós o poder do encantamento que nos faz maravilhar-nos diante das coisas, como se as víssemos acabando de nascer. Como crianças curiosas e desejosas de conhecer o mistério das coisas, corramos para abrir os presentes que a vida nos envia, pois perante o mistério da vida que em nós se oculta e se manifesta, perguntar é curar-se da cegueira de quem olha e nada vê; é curar-se da surdez de quem tudo escuta, mas nada ouve por não saber ouvir.* ***Sejais vós o Novo, o Maravilhoso, aquele que nos fascina e afugenta, aquele que nos prende e nos liberta, aquele que nos corta e poda os sonhos, para que não apodreçam nossas esperanças****. Renovai pelo amor tudo o que é envelhecido, o que é corroído e inconsistente. Renovai a nossa mente e coração.*

16 DE MARÇO

S. Abrão

séc. IV – "Abrão" quer dizer "pai excelso"

Abrão, o Solitário, viveu por volta do ano 300, em Edessa, na Mesopotâmia. S. Efrém, que escreveu sua vida, conta-nos que ele era de família rica e acabou se casando para não contrariar os pais, que promoveram uma grande festa nupcial. No sétimo dia de festejos, Abrão fugiu e se refugiou numa cabana. Para não ser importunado, mandou lacrar a porta, deixando apenas uma abertura para passar a comida. Dez anos depois, com a morte dos pais, herdou grande fortuna, que mandou distribuir aos pobres. O bispo de Edessa, entretanto, obrigou-o a sair da cabana e o enviou como missionário a Beth-Kiduna. Ali construiu uma igreja, sofreu perseguições e trouxe muitos à fé cristã. Conta-se também que Abrão tinha sobre seus cuidados uma sobrinha que com ele levava vida penitente. Seduzida por um falso monge, começou a levar vida dissoluta. Disfarçado de soldado, Abrão foi a seu encontro, comendo e bebendo com ela, revelando naquele encontro quem de fato ele era, conseguindo assim desviá-la do tortuoso caminho.

Testemunhas de nossos tempos

Benkos Biohó – Líder e herói negro na luta pela liberdade, morto em 1630, na Colômbia. **Antonio Olivo "Tonito"** e **Pantaleon Romero "Don Panta"** – "Tonito", integrante do Movimento

16 DE MARÇO

Rural da Ação Católica, mais tarde, Ligas Agrárias, sequestrado e morto em 1976, na Argentina. "Don Panta", fundador e presidente da "Cooperativa de Consumo de Tabacaleros", sequestrado e morto em 1976, na Argentina. Tombaram também nessa luta pela justiça: "Toti", Anita, Alicia Domon, Margot, Elvira, Fortunato Curimá, Rogelio Tomasella...

ORAÇÃO

Do Deus restaurador

Deus, nosso Pai, vosso amor opera maravilhas. Sois aquele que abre um caminho pelo mar, pelo mar de nossos desaventos e faltas de amor: **"Moisés estendeu a mão sobre o mar. O Senhor fê-lo recuar com um vento impetuoso vindo do oriente, que soprou toda a noite. E pôs o mar a seco"** *(Ex 14,21ss). Sois aquele que abre uma vereda nas águas impetuosas de nossas vaidades e aflições de espírito. Libertai-nos daquilo que nos amarra, atrasa, deprime, que nos faz parar de rir, de acreditar, por medo de prosseguir. Apagai nossos erros passados, mostrai-nos um caminho novo, iluminai nossos passos, clareai-nos por dentro, fazei brotar as sementes de paz e de fraternidade semeadas em meio a dores, lágrimas de sangue e esperanças. Nossas capacidades para o bem, avivai, multiplicai, plenificai; nossa sede de verdade e de justiça, aumentai, exasperai, excedei; de amor e de ternura, nossos corações elevai, inflamai, abrasai.*

17 DE MARÇO

S. Gertrudes de Nivela

c. 626-659 – abadessa – patrona dos peregrinos, invocada contra os ratos, tumores – "Gertrudes" significa "aquela que encanta com o poder da lança"

Natural de Landen, Bélgica, Gertrudes foi uma sábia, austera e bondosa abadessa, descendente de uma família de santos: o pai foi Pepino I, o Velho; a mãe, S. Ita ou Iduberga; S. Modelado, irmão; S. Bégua, irmã. Em 640, aos 14 anos, perdeu o pai e sua mãe aconselhou-a a "tomar o véu das virgens". A convite de S. Amando, S. Ita fundou um mosteiro feminino em Nivela, em Brabante, do qual Gertrudes mais tarde se tornaria abadessa. Tal mosteiro é um dos mais antigos construídos nos Países Baixos. Governou o mosteiro com sabedoria e inteligência, fazendo-se ajudar por sábios conselheiros e delegando aos monges a administração dos trabalhos externos. Gertrudes manteve estreitas relações com os monges irlandeses e fez vir de Roma os santos Foilão e Ultão, com o encargo de instruir a comunidade monástica no canto e na meditação. Aos 30 anos de idade, consumida pelas árduas penitências, confiou a abadia aos cuidados da sobrinha Vulfetrude, passando a dedicar-se apenas à leitura da Sagrada Escritura, à oração e à contemplação. Ao sentir que seus dias chegavam ao fim, mandou dizer a S. Ultão: *"Gertrudes se aproxima do fim e teme essa aproximação, apesar de estar perpassada de alegria"*.

17 DE MARÇO

Testemunhas de nossos tempos

Alexandre Vanucchi – Estudante militante cristão, assassinado em 1973, durante o regime militar no Brasil. **Jacobus Andreas Koster, "Koos"** – Jornalista comprometido com a justiça social, assassinado com seus companheiros, em 1982, em El Salvador. **Maria Mejía** – Líder indígena de Sacapulas, em El Quiché, conduz o movimento contra as suspeitas Patrulhas de Autodefesa Civil (PAC), assassinada na Guatemala, em 1990.

ORAÇÃO
Do Deus Salvador

*Deus, nosso Pai, um dia dissestes que **as montanhas podem desaparecer, os montes podem se desfazer, mas o vosso amor por nós não acabará nunca, e o vosso acordo de paz conosco nunca será quebrado** (cf. Is 54,10). Por isso, Senhor, quando perdidos e desorientados, chamai-nos pelo nome e apressai-vos em nos buscar. Sede a nossa segurança, a mão que nos ampara a cada momento. Sede o fogo que nos aquece e a claridade que nos ilumina. Ficai conosco para que o temor não nos atinja e o medo não nos bloqueie. Ficai conosco para que o desespero não nos esmoreça e a inquietação não abale nossas forças interiores. Ficai conosco para que o mal não nos desvie do bom caminho e a ira e o ódio não nos tirem do eixo. Ficai conosco para que a nossa consciência não nos condene, mas se liberte das amarras que a prendem. Vossa ternura e misericórdia nos reconduzam a vós, plenitude da vida e do amor.*

18 DE MARÇO

S. Gabriel Arcanjo

Patrono dos carteiros, dos embaixadores, telecomunicadores, filatelistas – "Gabriel" quer dizer "Ele (Deus) é forte"

Gabriel Arcanjo foi o anjo que anunciou à Virgem Maria, em Nazaré, dois acontecimentos importantes para a história da salvação: o nascimento de João Batista, o último e grande profeta do Antigo Testamento e precursor do Messias, e o nascimento de Jesus, o Salvador esperado, que dela haveria de nascer (Lc 1,26-38). Sua mensagem de esperança repercute até hoje pela prece universal da ave-maria: *"Ave, Maria, cheia de graça, o Senhor é convosco..."*.

S. Alexandre de Jerusalém

séc. III – mártir – "Alexandre" significa "aquele que defende e socorre os homens"

Alexandre, bispo da Capadócia, testemunhou a fé na perseguição de Décio, por volta de 250. Orígenes, colega seu na escola cristã de Alexandria, conta que nunca havia encontrado um bispo tão amável e bondoso como Alexandre. Durante a perseguição, foi jogado na prisão onde permaneceu vários anos. Libertado, fez uma peregrinação à Terra Santa, onde acabou bispo auxiliar de S. Narciso, bispo de Jerusalém. Ali ficou até o fim da vida, trabalhando pela unidade e a paz do mundo cristão. Fundou bibliotecas e resgatou muitas obras de valor. Em idade avançada, caiu prisioneiro pela segunda vez e foi levado à Cesareia, onde sofreu o martírio.

18 DE MARÇO

Testemunhas de nossos tempos

Presentación Ponce – Camponês, ministro da Palavra, assassinado em 1981, na Nicarágua. **Neptalí Liceta, Amparo Escobedo e companheiros** – Sacerdote indígena, coordenador do Serviço Paz e Justiça do Peru, morto em 1989, em um acidente. Com ele morreu também Amparo Escobedo, uma religiosa do Serviço Social, dedicada ao serviço dos indígenas Pirca, Peru.

ORAÇÃO
Da solidão humana

Deus, nosso Pai, não aparteis de nós vossa face amiga. Cobri-nos com o manto da vossa proteção. **Ficai conosco, acolhei-nos em vossos braços. Mesmo quando nos sentirmos sozinhos, abandonados, postos de lado, incompreendidos, não nos deixeis vacilar. Mas se vacilarmos, ficai conosco, tomai-nos pelas mãos e fazei-nos passar pelas contradições humanas, de fronte erguida e com fé renovada** (Jo 6,16). *Do egoísmo sejamos libertados. Do orgulho ferido, sejamos curados. Da cegueira do individualismo, sejamos subtraídos. Não abata sobre nós o desespero de quem se sente em confusão, sem saída para a dignidade, sem alternativa para a correção, sem apoio para mudar de vida, sem fé nem esperança para prosseguir em busca dos sonhos de felicidade. Em tudo busquemos nossa dignidade de filhos de Deus. Como criança no colo da mãe, abandonemo-nos àquele que é a ressurreição e a vida, e assim ressurgiremos de nossos medos.*

19 DE MARÇO

S. José, esposo de Maria

Patrono da Igreja universal, dos carpinteiros, operários, pais de família, sem-teto, dos moribundos e dos que buscam a justiça social – "José" quer dizer "que Deus acrescente"

José era descendente do rei Davi (Mt 1,1-16; Lc 3,23-38). Carpinteiro por profissão (Mt 13,55), foi uma pessoa simples e de poucas posses (Lc 2,24). Esposo de Maria, por ela sofreu vendo-a esperar um filho que não era deles (Mt 1,19-25). Homem de fé, espera confiante no Senhor. Em sonhos conhece de um anjo a verdade sobre a criança que Maria esperava: o Filho de Deus. Para salvar a vida do Menino foge com ele e sua mãe para o Egito (Mt 2,13-23); quando Jesus fica no templo, angustia-se à sua procura (Lc 2,48). É invocado com a seguinte oração:

Ó glorioso S. José... vinde em nosso auxílio nas dificuldades em que nos achamos. Tomai sob vossa proteção a causa importante que vos confiamos, para que tenha uma solução favorável. Ó Pai muito amado, em vós depositamos toda nossa confiança. Que ninguém possa jamais dizer que vos invocamos em vão. Já que tudo podeis junto a Jesus e Maria, mostrai-nos que vossa bondade é igual ao vosso poder. S. José, a quem Deus confiou o cuidado da mais santa família que jamais houve, sede, nós vo-lo pedimos, o pai e protetor da nossa família, e impetrai-nos a graça de vivermos e morrermos no amor de Jesus e Maria. Amém.

19 DE MARÇO

S. João Burali

"João" significa "o Senhor é misericordioso"

Natural de Parma, João Burali (1209-1289) foi professor de filosofia e tudo deixou para ingressar na Ordem dos Franciscanos. Designado Geral, em 1247, visitou todos os conventos da Ordem, viajando a pé e vestido pobremente. Onde quer que chegasse, punha-se logo a ajudar nos mais humildes serviços. Em 1257 renunciou ao cargo de Geral da ordem, em favor de S. Boaventura, refugiando-se no eremitério de Greccio.

Testemunha de nossos tempos

Luz Marina Valencia – Religiosa colombiana da Imaculada Conceição, dedicada aos pobres, assassinada em 1987, México.

ORAÇÃO
Da simplicidade de vida

Deus, nosso Pai, **um dia Moisés tirou as sandálias para pisar na terra sagrada da sarça ardente** *(Ex 3,1ss).* ***E descalço contemplou a Deus, em seu próprio coração.*** *Ensinai-nos a viver na simplicidade, na verdade, na retidão, sabidos de que poucas coisas nos bastam e, por mais que sejamos possuidores, nada é mais importante que o pouco de ar de nossa respiração. O supérfluo apenas nos embaraça, pesa-nos, verga-nos, prende-nos, sufoca-nos em cruéis abafamentos. Alegremo-nos com os que se alegram, e comunguemos da tristeza que aflora do humano coração. Partilhemos das angústias dos que se afligem e procuram paz e justiça. Dai-nos o pão nosso de cada dia, e o pão da vossa Palavra não nos falte como salutar alimento.*

20 DE MARÇO

S. Serapião de Têmuis

séc. IV – bispo – "Serapião" deriva-se da junção de "Osíris" e "Ápis", duas divindades egípcias

Serapião foi bispo de Têmuis, Egito, de 340-356. Frequentou, e depois dirigiu, a escola catequética de Alexandria. Era chamado o Escolástico, porque era dotado de grande conhecimento sagrado e profano. Esteve em companhia de S. Antão, abade, e dele herdou suas túnicas de pelos. Amigo de S. Atanásio, lutou contra os que negavam a divindade de Jesus (arianismo) e contra os que acreditavam que o mundo se regia pelos princípios eternos do Bem e do Mal (maniqueísmo). Deixou-nos escrita a *Carta aos monges,* que é uma exaltação da vida monástica e de suas vantagens para a Igreja e para a sociedade. Fez parte da fracassada missão de paz para interceder junto ao imperador Constâncio II a favor de S. Anastácio. Morreu em 362. Dizia Serapião, sintetizando a perfeição cristã:

A inteligência é purificada pelo conhecimento espiritual (ou a santa meditação e oração); as paixões espirituais da alma são purificadas pela caridade; enfim, os apetites desordenados são purificados pela abstinência e penitência.

20 DE MARÇO

Testemunha de nossos tempos

Carlos Dorniak – Sacerdote salesiano argentino, assassinado, por causa de sua linha de educação libertadora, em 1975, na Argentina.

ORAÇÃO
Da ação de Deus em nossa vida

Deus, nosso Pai, mediante os desafios que a vida nos impõe, provais nossa fé e nossa fidelidade e corrigis nossos erros. Passais por nossas cegueiras, para que vejamos a luz da verdade. Passais por nossos ódios, para que descubramos o perdão. Passais por nossas paixões, para que sejamos tocados e inflamados por vosso infinito amor. Passais por nossas dores e sofrimentos, para que descubramos que sem vós nada somos. Passais pela nossa consciência, para que escutemos vossos apelos. Passais por nossas discórdias, para que busquemos a comunhão. Passais por nossas prepotências, para que tomemos consciência de que somos apenas um sopro, uma nuvem que passa e se esvai. Passais pela nossa humanidade, para que o humano em nós resplandeça em alvorecer de muitos divinos sóis. Passais por nossa vida, para que possamos experimentar vossa ternura e misericórdia; **"Pusestes em meu coração mais alegria do que quando o trigo e o vinho são abundantes. Apenas me deito, logo adormeço em paz, porque a segurança de meu repouso vem de vós, Senhor"** (cf. Sl 4,8-9).

21 DE MARÇO

S. Nicolau de Flue

1417-1487 – pai de família e místico – padroeiro da Suíça.
"Nicolau" significa "vencedor do povo"

Natural de Flueli, Sachseln, Nicolau, ou Irmão Klaus, foi um montanhês analfabeto, casado e pai de 10 filhos, que participou ativamente na implantação da jovem Confederação dos oito Cantões da Suíça central. Por isso os suíços o têm como herói nacional, pai da pátria, o fundador da Nação. Um dia, enquanto pedia a Deus a graça de uma oração fervorosa, teve uma visão: de uma nuvem uma voz ordenou que ele se abandonasse inteiramente à vontade de Deus. Abandonou tudo, a propriedade, a mulher, Doroteia, os filhos, os parentes, popularidade e fez-se peregrino, mas um camponês convenceu-o de que a vontade de Deus era que ele permanecesse no meio dos seus. Construiu uma cabana em Ranft e ali viveu por mais de 20 anos, entregue à contemplação. Acolhia a todos, pessoas simples e homens públicos, atraídos pela sua bondade e sabedoria. É considerado um dos grandes místicos da Igreja Universal. Um homem que em meio à obscuridade espiritual, às dúvidas e às contradições, tinha consciência de ser arrastado por Deus, que dirigia todas as suas ações. Na solidão, entregava-se a Deus mediante o jejum, a oração e a penitência, certo de que "Deus era a paz, uma paz que jamais poderia ser destruída", a qual era

21 DE MARÇO

a base para qualquer aliança sociopolítica e religiosa. Deus transformou sua vida em um referencial moral e espiritual para toda a sua gente. Tal era sua influência política que em 1478 evitou a guerra civil e tornou possível a unificação da Suíça. Por isso é chamado "Pai da Pátria". Morreu rodeado pela mulher e pelos filhos, no dia 21 de março de 1487.

Testemunha de nossos tempos

Rodolfo Aguilar – Sacerdote, 29 anos, morto em 1977, no México. Dedicou toda sua vida à luta contra as injustiças e na defesa dos direitos humanos.

ORAÇÃO
Do temor de Deus

Deus, nosso Pai, que possamos hoje cumprir a vossa divina vontade. **Dai-nos o fervor da oração e tornai-nos participativos na construção de um mundo em que vossa paz seja o maior dom.** *Com S. Nicolau, elevemos a voz em nossa oração:*

Ó meu Deus e meu Senhor, afastai de mim tudo o que me afasta de vós. Ó meu Senhor e meu Deus, livrai-me de mim mesmo e concedei-me que eu somente vos possua. Deus, nosso Pai, dai-nos sinceridade e lealdade naquilo que fazemos. Que a ninguém enganemos, tampouco negligenciemos nossos deveres e compromissos com a justiça sob o pretexto de trabalhar para a vida eterna. Sejamos guiados pelo temor de Deus e desempenhemos com retidão a missão a nós confiada (S. Nicolau).

22 DE MARÇO

S. Lea
séc. IV e V – "Lea" ou "Leia" significa "leoa"

O que sabemos de S. Lea chegou-nos pelos escritos de S. Jerônimo. Lea fazia parte do círculo das nobres mulheres romanas, que tinham como mestre de Sagrada Escritura a S. Jerônimo. Jovem ainda ficou viúva e não mais quis casar-se. Retirou-se para um mosteiro em Roma, do qual veio a ser superiora. Segundo Jerônimo, vivia com extrema simplicidade e desprendimento. Deixou de lado a vaidade, as pérolas e o rico mobiliário e trocou as vestimentas nobres por vestidos de saco.

S. Zacarias
741-752 – papa – "Zacarias" quer dizer "aquele de quem o Senhor se lembrou"

De origem grega, Zacarias nasceu na Calábria e chegou ao pontificado em 741. Exímio administrador, criou colônias agrícolas para incentivar a agricultura, restaurou a igreja de Santa Maria e transferiu a residência papal do Palatino para o palácio Luterano por ele reconstruído. Zelou com grande desvelo do clero e pobres de Roma e deu grande atenção à diplomacia, conseguindo desse modo exercer sua influência político-religiosa junto aos lombardos, francos e bizantinos. Além de conseguir a obediência dos bispos francos, pela influência junto ao imperador de Constantinopla, Constantino V, conseguiu afastar o perigo dos iconoclastas, que condenavam o costume cristãos de venerar imagens sagradas e propunham a sua destruição.

22 DE MARÇO

Testemunha de nossos tempos

Rafael Hernandez – Camponês, líder da comunidade de Guadalupe, Amatán, Chiapas e membro do Comitê de Defesa dos Camponeses, assassinado em 1988, em Amatán, México.

ORAÇÃO
Da fé que faz crer

Deus, nosso Pai, **temos certeza de que estais conosco agora, neste momento em que sentimos o palpitar da vida que nos pede respirar fundo e mais uma vez partir para a luta, com garra e determinação** *(Is 60,1-2). Temos certeza de que estareis conosco hoje, amanhã, depois de amanhã e para todo o sempre... Sois a promessa já e ainda não realizada, e na esperança sentimos em nós o vagido de sonhos que acabam de nascer e crescem verdes, risonhos acenando para um dia esplendoroso em que vós sereis tudo em todos. Cremos que não seremos confundidos em nossa esperança; cremos na vossa ternura e misericórdia; cremos que os simples de coração, os pobres em espírito, os sedentos de paz e de justiça, os despossuídos aos olhos dos prepotentes haverão de possuir o vosso reino de amor, pois diante de vós,* **Senhor, toda a arrogância humana um dia será desfeita e todo orgulho será abatido.** *Que hoje seja um tempo propício à solicitude em servir, em relevar as ofensas, em buscar a reconciliação, em fazer valer não a nossa, mas a justiça que vem do Amor, pois assim temos a certeza de que agis em nós.*

23 DE MARÇO

S. José Oriol
*séc. XVII – sacerdote – "José" significa
"que Deus acrescente"*

José Oriol nasceu em Barcelona, 1650. Ainda bebê, ficou órfão de pai e sua mãe casou-se com um sapateiro. Aos 13 anos, morreu-lhe o padrasto, a quem amava como pai e sua família caiu na mais extrema miséria, passando a morar de favor na casa de uma caridosa amiga. Em 1674, concluiu os estudos de Teologia, sendo ordenado sacerdote em 1675. Para sustentar a mãe, foi professor em casa de uma rica família em Barcelona. Fez voto de abstinência perpétua, passando a viver a pão e água. Quando a mãe faleceu, partiu de Barcelona e foi a pé a Roma visitar os túmulos dos Apóstolos Pedro e Paulo. Retornando a Barcelona, foi-lhe confiada a paróquia de Nossa Senhora do Pin. Ali viveu pobremente, distribuindo o que ganhava aos necessitados. Servia o povo com dedicação, dando exemplo de simplicidade de vida. Possuía o dom da cura e da profecia, prevendo o dia da própria morte. Ao morrer, pediu que lhe cantasse o *Stabat Mater:*

Estava a mãe dolorosa / junto à cruz lacrimosa, / vendo o filho que pendia. / A sua alma agoniada / se partia, atravessada / no gládio da profecia. / Oh, quão triste e quão aflita / estava a virgem bendita, / a Mãe do Filho / Unigênito. / Quanta angústia não sentia, / Mãe piedosa quando via / as penas do Filho seu...

23 DE MARÇO

Testemunhas de nossos tempos

Toribio de Mogrovejo – Missionário espanhol, defensor dos índios, dos pobres, dos negros no Peru, em 1606. **Maria del Carmen Maggi** – Professora universitária, testemunha de violações dos direitos humanos, sequestrada em 1976, na Argentina.

ORAÇÃO
De Maria junto à cruz

Deus, nosso Pai, diante da angústia e do sofrimento mais atroz, clamamos e imploramos vosso socorro e vossa proteção. Somos filhos da luz e não das trevas, somos vossos filhos e herdeiros da vossa glória de Ressuscitado. Edificai pontes sobre nossos abismos e trilhos de luzes em nossa escuridão. Aliviai o peso daquilo que nos oprime e nos enche de tristeza mortal. **Recolhei nossos pensamentos em vossas mãos e purificai-os, lavai-os e retirai deles toda a tristeza, toda carga de pessimismo, toda falta de confiança em vossa Providência, toda falta de fé que obscurece nossa visão interior** *(Is 44,21-22). A exemplo de Maria, que, na hora mais difícil, se manteve de pé e firme aos pés da cruz em que seu Filho agonizava, possamos com ela manter a nossa fronte erguida, porque logo os céus se rasgarão e a glória do Altíssimo haverá de se manifestar: "Era quase a hora sexta e em toda a terra houve trevas até a hora nona. Escureceu-se o sol e o véu do templo rasgou-se pelo meio. Jesus deu então um grande brado e disse: 'Pai, nas tuas mãos entrego o meu espírito'. E, dizendo isso, expirou" (Lc 23,44-46).*

24 DE MARÇO

S. Diogo José de Cádis

séc. XVIII – capuchinho e pregador itinerante – "Diogo" quer dizer "aquele que é instruído"

Natural da Espanha, Diogo é considerado um dos grandes missionários do povo espanhol da época. Capuchinho, por 30 anos percorreu toda a Espanha, passando por Portugal e Roma. Andava sempre a pé, coberto de um tecido de cilício. Sua pregação reunia grandes multidões, que a ele acorriam para ouvi-lo, desde príncipes a pessoas humildes. Deixou várias obras escritas focalizando temas homiléticos, ascéticos e espirituais. Foi, porém, incompreendido e perseguido pela Inquisição, e em consequência disso veio a morrer, em 1801.

Testemunha de nossos tempos

Oscar Arnuf Romero – Arcebispo de San Salvador, assassinado em 1990, em El Salvador, por denunciar os pecados pessoais e sociais de seu país. Tombou enquanto celebrava a eucaristia em um hospital de câncer em El Salvador. Tornou-se o símbolo da luta pela libertação de toda a América Latina.

24 DE MARÇO

ORAÇÃO
Da fé em Jesus

Deus, nosso Pai, cremos em Jesus, vosso Filho, que julgará os povos com equidade e justiça. Cremos no Espírito Santo, nosso Consolador, por ele temos a misericórdia, a compaixão e o perdão de nossos pecados. Cremos que vosso Filho, **Jesus, veio salvar e não condenar. Não veio quebrar a cana rachada nem apagar a mecha que ainda fumega, pois seu amor dura para sempre** *(cf. Mt 12,20s). Cremos em Jesus, vosso Filho, que fez e continua fazendo os cegos recobrarem a vista, os presos alcançarem a liberdade e os que estão amarrados obterem o livramento, pois seu amor dura para sempre. Cremos em Jesus, vosso Filho, que para vós continuamente nos atrai em seu Espírito e ao nos atrair eleva nossa humana natureza, pois seu amor dura para sempre.*

25 DE MARÇO

Anunciação do Senhor – Nossa Senhora da Encarnação

Para S. Atanásio (328), a festa da Anunciação era uma das maiores festas do Senhor e a primeira na ordem dos mistérios. Nessa solenidade, celebramos a encarnação do Verbo, isto é, a entrada do Filho de Deus neste mundo, assumindo nossa condição humana. Maria diz *sim* a Deus e torna-se a Mãe de Deus e corredentora do gênero humano (Lc 1,28ss). Bastante difundido em Portugal, o culto chegou ao Brasil nos tempos coloniais. É a padroeira dos carpinteiros e marceneiros.

S. Dimas
séc. I – confessor – "Dimas" quer dizer "pertencente à mãe terra" – É o protetor dos encarcerados e perseguidos

Lucas, Marcos e Mateus falam de dois malfeitores crucificados com Jesus, um à direita e outro à esquerda. A tradição bíblica refere-se a Dimas como o "Bom Ladrão", opondo-o a Gestas, o "Mau Ladrão". Na cruz, humildemente suplica a Jesus que se lembrasse dele quando estivesse no Reino. E Jesus prometeu que naquele mesmo dia estaria com ele no paraíso (Lucas 23,39-43). Uma lenda difundida no Oriente, na Idade Média, relaciona os dois ladrões à fuga da Sagrada Família para o Egito. Dimas subornou Gestas com 40 dracmas para que o ajudasse a levá-los a salvo ao Egito, ocasião em que o Menino Jesus predisse que seriam crucificados com ele em Jerusalém. É invocado com a seguinte oração:

25 DE MARÇO

S. Dimas, dai-me forças nesta difícil provação, protegei-me nesta situação angustiosa, fazei brilhar um raio de esperança nas trevas da minha aflição. Peço-vos esta graça (...), pelo sangue de Jesus, vosso companheiro de dor, que se dignou acompanhar-vos até o paraíso, onde agora viveis com ele e com o Pai e o Espírito Santo. Amém.

Testemunha de nossos tempos

Donato Mendoza e companheiros – Leigo, ministro da Palavra, assassinado com requintes de crueldade.

ORAÇÃO
Do sentido da vida

*Deus, nosso Pai, **vos busquemos incessantemente para descobrir o sentido profundo de nossa vida. Sentido que ultrapassa o que podemos ver, medir, sentir e pensar.** Sentido que excede à alta tecnologia com seus chipes e virtual intelecto, que vertiginosamente leem e cruzam dados, cruzam "data", mas nada dizem das lágrimas e dos clamores da alma humana desejosa de felicidade. **No fundo de nossos corações, somos as mesmas criaturas sedentas apenas de um pouco de afeto e reconhecimento.** Que, à força de vos buscar, morramos ao egoísmo que nos cega e nos prende às falsas seguranças. Suspenso numa cruz, Dimas (cf. Lc 23,33s) vos encontrou e, mesmo dilacerado, não caiu em desespero, mas vos confessou como o Inocente e Salvador. Reconheçamo-vos também nós e possamos um dia ser acolhidos no vosso Reino.*

26 DE MARÇO

S. Ludgero

c. 743-809 – bispo – *"Ludgero" quer dizer "lança de fama" ou "lança famosa"*

Contemporâneo de Carlos Magno, S. Ludgero nasceu perto de Utrecht, Holanda. Conta-se que, quando sua mãe nasceu, a avó mandou afogá-la em um balde de água, pois esperava um menino para herdeiro do filho. É considerado o grande missionário da Frísia, Saxônia e Vestefália. Em 802, foi nomeado bispo de Munster. Investiu na formação de um clero mais instruído e observante. Ele próprio dava aulas de exegese bíblica e organizava a assistência aos necessitados.

Testemunha de nossos tempos

Maria Gomez – Professora, catequista, mãe de três filhos, foi diretora da Escola Urbana Mixta 1 e Fundadora do Grupo Cultural Cleber, morta por envenenamento, em 1989. Movida por uma fé profunda e operante no Deus que exige justiça, verdade e partilha. Jamais se deixou abalar pelas ameaças anônimas, que anunciavam sua morte: *"O povo precisa, mas nós não precisamos de você"*.

26 DE MARÇO

ORAÇÃO
Da gratuidade

Deus, nosso Pai, **ensinai-nos a gratuidade, pois há mais alegria em dar do que receber e quem dá de si em favor do bem do outro não empobrece, mas recebe de vós, ó Pai, tesouros de bens multiplicados.** *Ensinai-nos a comunhão e a participação, pois assim verdadeiramente seremos mais humanos e o mundo sentirá o abraço daquele que, com amor, tudo enlaça, tudo conserva, tudo alenta. Ensinai-nos o perdão, pois assim seremos perdoados por vós e de nossos males seremos curados. Ensinai-nos a justiça e a verdade, pois assim seremos chamados filhos do Altíssimo, Deus justo e verdadeiro e, como luzes na escuridão, vossos anjos nos conduzirão a salvo pelos caminhos da vida.*

27 DE MARÇO

S. Ruperto

séc. XVII e XVIII – bispo – "Ruperto", que é a mesma coisa que "Roberto", significa "brilhante de glória"

Ruperto foi o fundador, o primeiro bispo e padroeiro de Salzburgo, "cidade do sal", onde ele teria dado início à mineração do sal, que reabilitou a cidade em ruínas, sendo por isso representado com um saleiro na mão. Antes de partir, em 700, como missionário, e se estabelecer em Salzburgo, foi bispo de Worms. Foi o evangelizador da Baviera e de toda a Áustria, fundando igrejas e mosteiros. É tido como o modelo dos monges irlandeses, o fundador do famoso mosteiro de S. Pedro, em Salzburgo, o primeiro a ser regido pela Regra de S. Bento. Morreu no dia 27 de março, na Páscoa de 718. Suas relíquias encontram-se na Catedral de Salzburgo, a qual remonta ao século XVII.

B. Francisco Faá de Bruno

1825-1888 – fundador – "Francisco" quer dizer "livre, franco"

Nascido em Alexandria, último de uma irmandade de 12 irmãos, frequentou a Academia Militar de Turim e, como capitão do exército piemontês, participou da guerra de 1848. Após especializar-se em Matemática e Astronomia, em Paris, deixou o exército para se dedicar ao trabalho com a população feminina pobre, especialmente aquela formada por domésticas vindas das regiões rurais. Nasceu assim o Conservatório de N. S. do Sufrágio ou de S. Zita, dedicado ao amparo, formação moral e espiritual de moças. Fundou também, nessa época, um pensionato para

27 DE MARÇO

sacerdotes idosos e uma casa de amparo aos idosos onde eram fornecidas refeições a preços módicos. Em 1876, aos 51 anos, decidiu tornar-se sacerdote. Sua obra de caridade prossegue e, em 1881, junto com Joana Gonella, fundou a Congregação das Irmãs Mínimas de N. S. do Sufrágio. Foi beatificado por João Paulo II em 1988.

ORAÇÃO
Das sementes do Reino

Deus, nosso Pai, à luz da fé e animado pelo desejo de melhorar o mundo em que vivemos, participemos da construção do vosso Reino, porque assim teremos a certeza de que a nossa vida nesta terra não foi em vão. Construir vosso Reino é fazer a nossa parte de bem, de justiça e de fraternidade para que o mundo seja melhor e mais conforme ao vosso plano de amor. Assim seremos mais felizes e nos sentiremos mais vivos, mais realizados e mais humanos. **Senhor, preparai o nosso chão, lavrai a nossa vida com o poderoso fogo de vosso Espírito Santo. Semeai a vossa seara de bem. Libertai, dentro de nós, as sementes do Reino,** *a pequena e a menor de todas as sementes, mas a árvore que cresce e a todas supera em grandeza e em abundância de frutos* (cf. Mt 13,31ss). *Assim, o vosso nome será engrandecido e vós sereis louvado como aquele que realiza grandes coisas em nossas vidas.*

28 DE MARÇO

S. Sisto III

† 440 – papa – "Sisto" significa "o polido, o cortês"

Sisto viveu em Roma, no final do século IV e morreu em 440. Desde sacerdote, empenhou-se na luta contra os desvios da fé, que punham em dúvida pontos dogmáticos da doutrina católica. Lutou, pois, ardorosamente contra o pelagianismo, que negava a existência do pecado original. Foi o primeiro a refutar os erros de Pelágio, cuja doutrina foi condenada no Concílio de Éfeso. Em 432, foi eleito sucessor do papa S. Celestino, continuando a luta contra os que não aceitavam os ensinamentos de Roma. Por muitas vezes tentou a reconciliação, sendo por isso mal interpretado e caluniado. Conseguiu restabelecer a disciplina eclesiástica, restaurou as basílicas de S. Maria Maior e de S. Pedro e deixou sua marca em quase todas as igrejas romanas. Seu pontificado durou 8 anos e seu sucessor foi S. Leão Magno.

28 DE MARÇO

ORAÇÃO
Da fidelidade a Jesus

Deus nosso Pai, dai-nos a graça da fidelidade a Jesus, pois sermos fiéis ao Mestre é sermos fiéis à própria vida. Que o evangelho seja a nossa estrela-guia e, à sua luz, amemos o próximo com o mesmo amor que devotamos a nós mesmos, pois assim descobriremos a nossa verdadeira face humano-divina. **Avivai nossas esperanças, pois foi sonhando um mundo novo e rompendo com os paradigmas injustos que o Mestre partiu o pão e celebrou a páscoa da ressurreição.** *Não fiquemos apenas nas boas intenções, mas sejamos movidos pela vontade real e decidida de ajudar concretamente os que de nós precisarem, pois fazeis conta até de um vintém dado com amor e generosidade. E um dia dissestes que não é dizendo* "Senhor, Senhor", *mas agindo e pondo em prática o vosso mandamento de amor, fazendo o bem sem olhar a quem, que conheceremos a alegria do vosso reino* (cf. Mt 7,21ss). *Como Lázaro, morto já havia três dias, à voz do Mestre obedeceu, soltou as amarras e saiu do túmulo* (cf. Jo 11,44), *não nos fechemos em nossas arrogâncias, e procuremos jamais ofender alguém com palavras, atos e omissões. Dai-nos a ousadia cristã que acredita, em meio à descrença, ser possível a construção da fraternidade, da paz e da justiça, começando pela conversão de nossa mente e de nosso coração.*

29 DE MARÇO

S. Jonas e S. Baraquísio

séc. IV – monges e mártires – "Jonas" quer dizer "pombo"

Jonas e Baraquísio, ou Benedito-Jesus, eram monges de Beth-Iasa. Sofreram o martírio por volta de 327, durante a perseguição de Sapor II, rei da Pérsia. Levados ao tribunal, recusaram-se a adorar o Sol, o Fogo, a Água, sendo por isso submetidos a cruéis torturas. Certo Isaías, cavaleiro do rei, presente ao julgamento, relatou a história desses santos que, destemidamente, questionavam os próprios inquisidores, perguntando a que rei deviam obedecer, se ao Soberano Criador de todas as coisas, que dá inteligência aos homens ou àquele, o imperador, ao qual a morte não tardaria reunir com seus antepassados. Aos juízes que o inquiriam, Jonas dizia que era *"mais sábio semear o trigo do que juntá-lo"*. *"Nossa vida é semente lançada na terra para renascer no mundo que há de vir"*. Jonas foi mutilado e esmagado até morrer e Baraquísio foi torturado com breu fervente despejado em sua garganta.

Testemunhas de nossos tempos

Eduardo, Rafael e Pablo Vergara Toledo – Trata-se de três irmãos militantes cristãos, assassinados durante a repressão no Chile. Seu pai foi presidente da Juventude Operária Católica e a mãe participante da comunidade Cristo Libertador e de organismos de direitos humanos. Sabiam que viver o evangelho

29 DE MARÇO

implicava mudanças profundas no homem e na sociedade. Depois do assassinato de Eduardo e Rafael em 1985, a perseguição continuou contra seus pais e os irmãos Pablo e Ana, que são presos e torturados, sendo obrigados a deixarem o Chile. Pablo, entretanto, retorna clandestinamente ao país e ingressa no Movimento da Esquerda Revolucionária e morre em Temuco, em uma explosão, em 1988.

ORAÇÃO
Da oferenda perfeita

*"Eu vos rendo graças, Deus de Abraão, nosso pai, por terdes prevenido por vossa misericórdia, por haverdes feito sair deste lugar e por nos terdes tornado dignos de saber por ele os mistérios de nossa fé. Agora eu vos peço, Senhor: concedei-nos o que o Espírito Santo anunciava pela boca de Davi, nosso pai: oferecer-vos um sacrifício perfeito". Que hoje esse pensamento ilumine os momentos de dificuldades ou de algum sofrimento que nos possam perturbar, sabidos de que **"O Espírito vem em auxílio à nossa fraqueza e intercede por nós... e que todas as coisas concorrem para o bem daqueles que amam a Deus... Quem nos separará do amor de Cristo? A tribulação? A angústia? A perseguição? A fome? A nudez? O perigo? A espada?"*** (cf. Rm 8,26ss)

30 DE MARÇO

S. João Clímaco

séc. VII – abade – invocado contra as desordens espirituais – "João" significa "Deus é benigno" e "Clímaco" quer dizer "escada"

O abade S. João Clímaco nasceu na Palestina e viveu na segunda metade do século VII. Sua obra *Escada para o paraíso* alcançou grande popularidade na Idade Média e valeu-lhe o cognome de "Clímaco" (escada). Sua vida foi escrita pelo monge Daniel, do mosteiro de Raithu. Aos 16 anos, ingressou no mosteiro do Sinai, tendo por mestre um santo ancião chamado Martírio. Após a morte do mestre, retirou-se para uma vida solitária, nas proximidades do mosteiro, participando da vida comunitária apenas aos domingos. Vivia do trabalho das próprias mãos, entregue à contemplação, ao estudo da palavra de Deus e dos Padres da Igreja. Tinha como regra de vida não contradizer nem contestar ninguém que o visitasse na solidão. Sua comunhão com Deus atingiu tal ponto que seus olhos semelhavam-se a "fontes a fluir sem parar", pois "conversava com Deus face a face". Tinha o dom de curar as desordens espirituais. A quem o procurava em dificuldades, ele pedia que recorresse à oração que sempre era atendida. Durante esse período, escreveu a *Escada para o paraíso*, em que propõe trinta degraus para alcançar a perfeição cristã. Morrendo o abade do monte Sinai, foi aclamado o novo abade. Tinha cerca de 75 anos de idade, dos quais 40 passara no deserto.

30 DE MARÇO

ORAÇÃO
Da vida sóbria

Deus, nosso Pai, dai-nos a doçura que triunfa da cólera, e assim sejamos mansos e humildes de coração e a nossa vida mil vezes seja bendita; **dai-nos o dom do esquecimento das injúrias, das ofensas e assim vejamos a face dos vossos anjos de luz; dai-nos a coragem de nos afastar da maledicência, da falta de respeito, da malícia e assim sejamos poupados da noite que jamais termina.** *Livrai-nos da indiferença que destrói o amor e prejudica os relacionamentos, e assim sejamos cordiais no falar, respeitosos no ouvir, lentos em condenar, pressurosos em dignificar. Dai-nos o amor ao silêncio, pois o muito falar leva à vanglória. Fujamos da mentira e das hipocrisias, rejeitemos a indolência e a preguiça, pois essas coisas estão na origem de todos os vícios. Sejamos moderados no comer e sóbrios no beber, pois comer demais é hipocrisia do ventre que diz "vamos saciar" com aquilo que não sacia.* **Dai-nos a integridade no agir, lucidez no pensar e gratuidade no sentir, pois a vida é o momento transitório e esplendoroso da graça que nos faz ser.**

31 DE MARÇO

S. Benjamim

séc. V – mártir – "Benjamim" quer dizer "filho da felicidade"

Benjamim foi martirizado na perseguição de Sapor II, rei da Pérsia. Tal perseguição iniciou-se com a condenação à morte do bispo Abdias, que, num excesso de zelo, incendiara o templo do Fogo. Preso, foi jogado em um cárcere para que mudasse de ideia. Queriam que prometesse manter-se em silêncio e não mais importunar os magos e sacerdotes persas com sua pregação. Recusou-se a fazer tal juramento, dizendo que, agindo assim, incorreria nos castigos que o Mestre reservava aos servos infiéis. Foi libertado, mas, como continuasse irredutível na fé e pregação, prenderam-no de novo e o torturaram, submetendo-o ao suplício da empalação (c. 422).

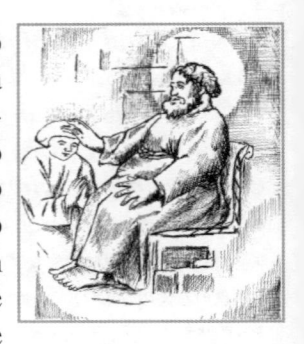

S. Balbina
séc. II – mártir

A jovem Balbina padecia de uma enfermidade da garganta (escrófulas). S. Quirino, seu pai, ouviu dizer que o papa S. Alexandre I operava curas milagrosas no cárcere em que estava preso. Levou até ele sua filha para que a curasse. S. Alexandre pediu que tirasse a argola de seu pescoço e a colocasse no de Balbina e lhe impôs as mãos. A menina ficou imediatamente curada. Diante do milagre, Quirino e toda sua família se converteram. Tomada de veneração, Balbina não cansava de beijar

31 DE MARÇO

as algemas de S. Alexandre. "Não as minhas, mas as de meu Senhor Pedro é que deve buscar e beijar", disse a ela.

ORAÇÃO
Da vida nova

Deus, nosso Pai, porque participamos do vosso amor neste dia, desejamos ardentemente a paz, a justiça e a solidariedade. Somos parte da vossa família, povo de Deus em marcha para o vosso Reino, por isso antevemos auroras radiantes e escutamos o grito da terra que explode em searas de esperanças de farturas imensas: "Todos vós, que estais sedentos, vinde à nascente das águas; vinde comer, vós que não tendes alimento. Vinde comprar trigo sem dinheiro, vinho e leite sem pagar!... Se me ouvis, comereis excelentes manjares... Prestai-me atenção, e vinde a mim... quero concluir convosco uma eterna aliança" (cf. Is 55,1ss). **Porque o vosso amor é eterno, concretizai em nós vossas promessas. Recriai em nós, pela força do Espírito, um novo relacionamento e uma forma de vida mais conforme com o vosso plano de amor.** *Dai-nos a pobreza evangélica e libertai-nos da avareza que obscurece a mente e endurece o coração. Enchei-nos de coragem para que possamos proclamar a verdade e lutar pelas coisas certas e honestas. Com humildade reconheçamos hoje a verdade sobre nós.* **Dai-nos a paz de espírito e a ternura do coração.**

1º DE ABRIL

Nossa Senhora da Penha

Lá pelo ano de 1434, N. Senhora apareceu em sonhos a um monge chamado Simão Vela. Cercada de luz, ela lhe acenava para que fosse até ela na montanha. Nessa procura, o monge vagou por cinco anos, até que finalmente encontrou na encosta da montanha Penha de França, no norte da Espanha, a imagem vista em sonho. Construiu ali uma ermida, onde mais tarde surgiu o santuário de N. Senhora da Penha. É invocada com a seguinte oração:

Virgem Santíssima, Nossa Senhora da Penha, sois a Consoladora dos aflitos. Infundi em nossos corações o conforto e o alívio. Sois a nossa esperança. Em vós depositamos nossa confiança e esperamos da vossa bondade o lenitivo para as dores que nos acabrunham. Assisti-nos nas agruras desta vida, para que façamos delas semente para um mundo mais fraterno e mais humano. Enxugai-nos o pranto, para que percebamos nesses desafios a sabedoria da vontade divina, e possamos merecer as vossas bênçãos e as de Jesus, vosso divino Filho. Amém.

S. Hugo de Grenoble
c. 1053-1132 – bispo – "Hugo" quer dizer "pensamento", "razão"

Natural de Castelo Novo, França, Hugo estudou em Valência e em Reims, tendo por mestre S. Bruno. Aos 27 anos, foi

1º DE ABRIL

nomeado bispo de Grenoble por Gregório VIII. Moveu intensa campanha de restauração da disciplina eclesiástica, combatendo a simonia, os escândalos e a corrupção de clero e leigos que usavam os bens da Igreja em proveito próprio. Acolheu em sua diocese a S. Bruno e companheiros e lhes ofereceu uma região desértica para que construíssem a Grande Cartuxa. Exerceu enorme influência política e religiosa na época, tornando-se árbitro e mediador da paz entre as famílias em conflitos. Em 1112, participou do Concílio de Viena, no qual Henrique V foi condenado pelos maus tratos infligidos ao papa Pascoal II. Condenou veementemente, na mesma ocasião, o antipapa Pedro de Lião, colocando-se ao lado do legítimo pontífice Inocêncio II. Por 52 anos, conduziu o povo de Deus de Grenoble.

ORAÇÃO
De Jesus orante

Deus, nosso Pai, vosso Filho Jesus rezou por nós, rogando-vos que todos fôssemos um, como vós sois um no vosso mistério de amor (cf. Jo 17,20-23). *Quantas vezes* **andamos vergados sob o peso das divisões que nos atrasam, padecemos a dor daquilo que nos fragmenta e nos separa, resistimos ao entendimento de que sozinhos nada somos e nada fazemos.** *Por isso, Senhor, nós vos pedimos: derrubai os muros que nos separam, fortalecei os laços que nos unem, reuni as gotas e nos fazei mar. Unidos na mesma fé e no mesmo sentimento de amor à vida, transpareça hoje em nós, que cremos em vós, o vosso rosto de ternura e compaixão. Assim o vosso nome seja conhecido como o Pai dadivoso que, em Jesus, nos ama desde a fundação do mundo.*

2 DE ABRIL

B. Elisabete Vendramini

1790-1861 – fundadora – "Elisabete" quer dizer "aquela que adora a Deus", que tem a Deus como a "plenitude da vida"

Elisabete Vendramini nasceu em Bassano de Grappa, Itália. De família rica e de bem com a vida, subitamente decidiu deixar de lado o futuro promissor e entrar para o convento. Ingressou na ordem terceira de S. Francisco, mas a vontade de Deus era que ela fundasse uma nova comunidade religiosa: as Terciárias Franciscanas Elisabetinas. Atenta em responder às necessidades de seu tempo, em ler "os sinais dos tempos", Elisabete Vendramini dedicou toda a sua vida ao serviço de assistência e de evangelização aos pobres (enfermos, idosos, órfãos, desamparados). Foi beatificada por João Paulo II em 1990.

S. Maria Egípcia
séc. IV – ermitoa – "Maria" quer dizer "senhora", "excelsa"

Maria Egípcia nasceu por volta de 343 e viveu no deserto da Jordânia, morrendo em 421, aproximadamente. Certo dia, encontrando-se com S. Zósimo, contou-lhe a vida. Havia nascido no Egito e, aos 12 anos, deixara a casa dos pais, indo para Alexandria, onde caíra na prostituição e, dali, para Jerusalém. No dia da festa da Exaltação da Santa Cruz, prostrada às portas do Santo Sepulcro, começou a rezar à Mãe de Deus, pedindo que lhe mostrasse o que devia fazer. Ouviu então uma voz dizendo que atravessasse o Jordão, que lá encontraria descanso. Atravessou o Jordão e viveu no deserto por 47 anos, sozinha, sem ver

2 DE ABRIL

criatura humana alguma, a não ser ele, Zósimo. No ano seguinte, S. Zósimo voltou, levando-lhe a eucaristia, mas ao retornar na quaresma encontrou-a morta, como se acabasse de expirar. Ali mesmo sepultou o seu corpo.

Testemunha de nossos tempos

João Pedro – Líder camponês, assassinado em 1962 por um cabo da polícia militar, em João Pessoa, Brasil.

ORAÇÃO
Da Mãe de Deus

Mãe de Deus, vossa é também a obra de nossa felicidade plena, pois entre tantos caminhos incertos indicais a nós o rumo das bem-aventuranças, que nos enriquecem. **Não deixeis inacabada o que em nós começastes, pois em vós a vida não é barrada, mas libertada de toda escravidão.** *Sois a mãe que nos cumulais de favores e de compaixão, pois sabeis que na argila humana estão as sementes da ressurreição. Fazei-nos compreender os desígnios de Deus sobre nós. Guiai-nos pelo caminho da paz. Fazei-nos instrumentos da concórdia. Nossa maior glória seja a da generosidade em servir. Nossa maior recompensa seja a da reconciliação nossa com Deus e com nossos irmãos.* **Sois Mãe, acolhei-nos em vossos braços e protegei-nos hoje contra todos os perigos.**

3 DE ABRIL

S. José o Hinógrafo

séc. IX – monge – "José" quer dizer "que Deus acrescente"

Ameaçados pelos sarracenos prestes a invadir a Sicília, sua família foi para Tessalônica. Decidido a dedicar a vida a Deus, ingressou no renomado mosteiro de Latoma, onde teve por mestre S. Gregório, o Decapolita. Tornou-se sacerdote em 840 e tomou parte ativa na discussão iconoclasta, defendendo o costume da veneração das imagens sagradas. Em Constantinopla, granjeou fama de homem culto, pio e virtuoso. Com seus monges fundou mosteiros, igrejas e uma escola de hinografia e música sacra. É considerado, depois de S. Romano, o Melode, um dos célebres poetas litúrgicos bizantinos.

S. Nicetas
séc. VIII – monge

Natural de Cesareia, Bitínia, Nicetas ficou órfão aos 8 dias, ficando aos cuidados da avó. Ingressou no mosteiro Medicion, fundado por S. Nicéforo, e foi ordenado sacerdote em 790 e logo se tornou conselheiro espiritual dos monges. Mais tarde escolhido como abade, foi perseguido, preso e lançado à prisão, de onde foi transferido para um castelo distante, onde sofreu toda sorte de privações. Dali foi removido a uma ilha distante. No Natal de 820, voltou do exílio e se estabeleceu nas proximidades de Constantinopla. Morreu aos 3 de abril de 824 e foi sepultado no mosteiro Medicion, junto a S. Nicéforo.

3 DE ABRIL

Testemunha de nossos tempos

Victor Bionchenko – Pastor protestante, empenhado na luta por justiça, assassinado em 1976, na Argentina.

ORAÇÃO
Do Deus misericordioso

Deus, nosso Pai, sois justo e misericordioso. Basta um olhar sobre a cidade, sobre os campos, sobre nossa famílias, sobre nós mesmos para constatarmos que nem sempre as coisas são como gostaríamos que fossem. Há coisas bonitas, heroísmos de vida, dedicação total, mas há também mesquinhezas, egoísmos velados, maldades inomináveis, agressões hediondas. Na verdade, Senhor, há momentos em que "andamos desgarrados como ovelhas, seguindo cada qual seu caminho" (cf. Is 53,6ss), mas Jesus, vosso Filho, tomou sobre si nossas enfermidades e carregou nossos sofrimentos (cf. Is 53,4), por isso vos louvamos: diante de vós, toda treva é dissipada; toda cegueira de mente e de coração é curada, todo orgulho e vanglória vira poeira no chão, todo ódio é vencido, todo o mal é exorcizado. Sois vós que rasgais o véu de tristeza e enxugais nossas lágrimas. Sois vós que arrancais nossas máscaras e revelais nossa verdadeira face. **Senhor, na queda, sempre nos ofereceis a mão. Fragilizados, vós nos tomais nos ombros e nos abrigais em segurança. Com poder e força dissipais nossos medos e temores vãos e restaurais nossas forças para seguirmos em frente.**

4 DE ABRIL

S. Benedito

c. 1524-1589 – franciscano – patrono dos cozinheiros, invocado contra o racismo e a superstição – "Benedito" quer dizer "abençoado, bendito, bem-falado"

Benedito, o Preto, o Santo Mouro, nasceu em S. Filadelfo, na Sicília. Filhos de pais escravos de origem etíope, deixou o pastoreio para se tornar eremita e depois irmão leigo franciscano. Passou a maior parte da vida no convento de S. Maria de Jesus, Palermo, onde servia como cozinheiro; e, apesar de não saber ler e escrever, foi superior do convento, vigário conventual e mestre de noviços. É invocado com a seguinte oração:

Ó S. Benedito, por vosso ardente amor a Maria Santíssima que colocou seu divino Filho em vossos braços, por aquela suave doçura com que Jesus encheu o vosso coração, eu vos suplico: socorrei-me em todas as minhas necessidades e alcançai-me, de modo especial, a graça que neste momento vos peço... Ó S. Benedito, intercedei por mim que a vós recorro confiante. Vós, que fostes tão pródigo no atendimento a vossos devotos, atendei à minha súplica e concedei-me o que vos peço. Amém.

S. Irene
séc. IV – virgem e mártir – "Irene" significa "paz"

Irene, irmã do papa Dâmaso, sofreu o martírio em Roma, na perseguição de Diocleciano (304). Foi sepultada no cemitério de S. Calisto. Dâmaso dedicou-lhe estas palavras:

4 DE ABRIL

Descansam neste túmulo os restos mortais daquela que se consagrou a Deus. É a irmã de Dâmaso. Se perguntares pelo seu nome, chamava-se Irene. Em vida, consagrou-se a Cristo, para que até seu exterior manifestasse o mérito da virgindade...

Testemunhas de nossos tempos

Martin Luther King – Líder negro norte-americano, assassinado em 1968, em Menphis, nos Estados Unidos. **Rosária Godoy** – Leiga comprometida com o evangelho, assassinada com familiares, em 1985, em El Salvador.

ORAÇÃO
Da ressurreição

Deus, nosso Pai, cremos na ressurreição da carne, pois tudo caminha para a definitiva comunhão convosco. É para a vida, não para a morte, que fomos criados, pois como sementes que se guardam na palha, nós nos guardamos para a ressurreição. Temos certeza de que vós nos ressuscitareis no último dia, pois na vida dos vossos santos tais promessas se confirmaram. O vosso reino já está acontecendo no meio de nós, porque cada vez mais aumenta no homem a sede, a fome de justiça e de verdade e a indignação contra toda forma de mentiras. **Temos certeza de que todos os nossos medos serão vencidos; toda dor e sofrimento serão mitigados, porque vosso Anjo, nosso Defensor, nos escudará contra todo o mal.** *Cremos que vós sois o Deus vivo e verdadeiro, porque os tronos caem, os impérios se sucedem, os prepotentes se calam, os espertos e velhacos tropeçarão e ficarão mudos, mas vós permaneceis conosco para sempre.*

5 DE ABRIL

S. Juliana de Cornillon

1192-1528 – mística – "Juliana" quer dizer "a iluminada", "luzente"

Juliana nasceu em Rettine (Liegi), Bélgica, em 1192, de uma família abastada. Órfã aos cincos anos, foi confiada à irmã Inês, que a levou ao convento de Monte Cornillon, onde havia uma comunidade dupla, de homens e de mulheres, que seguia uma regra monástica inspirada na de S. Agostinho. Culta, sabia ler corretamente o francês e o latim, teve como mestra espiritual a priora do convento, a monja Sapiência, de quem foi a sucessora. Tentou restaurar a disciplina e combater a simonia, mas só atraiu sobre si hostilidades, que a obrigaram a fugir para Huy. Desde jovem, tinha visões que diziam respeito à instituição de uma festa em honra ao Santíssimo Sacramento. As discussões sobre a instituição ou não da festa se arrastaram por longos anos (1230-1258), até que finalmente foi instituída festa da Igreja universal, por Urbano IV, com a bula *Transiturus de hoc mundo*. A partir de 1251, a festa do *Corpo de Deus* espalhou-se pela Alemanha, Dácia, Boêmia, Morávia e Polônia. Por volta de 1330, a festa de *Corpus Domini* já havia se espalhado por todo o mundo católico. Em consequência de intrigas, S. Juliana foi por seis vezes desterrada, vindo a morrer em Fosses no dia 5 de abril de 1528.

5 DE ABRIL

Testemunhas de nossos tempos

Juan Carlo D'Costa – Trabalhador paraguaio morto em 1976, no Paraguai. – **Maria Cristina Gómez** – Militante da Igreja Batista, mártir da luta das mulheres salvadorenhas.

ORAÇÃO
Da paixão de Jesus

Deus, nosso Pai, na eucaristia, vós nos alimentais com o pão descido do céu (Jo 6,35ss). ***Comungando do vosso corpo e do vosso sangue, nossas forças espirituais são renovadas, nossa fé robustecida, nossa sede de Absoluto estancada, nossos medos afugentados, nossa fraternidade consolidada, nossa ressurreição na ressurreição de Cristo é garantida.*** *Possamos hoje, louvar o vosso Filho e Senhor, dizendo:*

Alma de Cristo, santificai-me.
Corpo de Cristo, salvai-me.
Sangue de Cristo, inebriai-me.
Água do lado de Cristo, purificai-me.
Paixão de Cristo, confortai-me.
Ó bom Jesus, escutai-me.

Dentro de vossas chagas, escondei-me.
Não permitais que eu me separe de vós.
Do demônio, defendei-me.
Na hora da minha morte,
Chamai-me e mandai-me ir para vós.
Para que com os vossos santos,
Vos louve por todo o sempre. Amém.

6 DE ABRIL

S. Marcelino

séc. V – mártir – "Marcelino" quer dizer "pequeno martelo"

Marcelino foi um alto funcionário romano, casado, tinha filhos e era amigo de S. Agostinho. Seu martírio relaciona-se com o cisma causado pelo bispo Donato, que afirmava que a eficácia e a validade dos sacramentos dependiam da dignidade do ministro. Com isso, Donato considerava ilegítima e inválida a sagração episcopal de Ceciliano para bispo de Cartago, feita por bispos traidores, pois, durante a perseguição de Diocleciano, esses bispos haviam entregue os livros sagrados para serem queimados. Aliados a essa questão religiosa e a pretexto dela, havia também interesses políticos e sociais envolvidos. Marcelino foi enviado a Cartago para mediar a paz e evitar a guerra civil. Em uma assembleia, que reuniu cerca de 286 bispos católicos e 279 donatistas (seguidores de Donato), Marcelino sentenciou favoravelmente aos católicos. Descontentes, os donatistas tramaram sua morte, acusando-o de traição e de cumplicidade na insurreição de Heracliano contra o poder romano. Foi condenado à morte e executado em 413.

Testemunhas de nossos tempos

Mario Schaerer – Professor paraguaio, morto em 1976. **Hugo Echegaray** – Sacerdote, teólogo da libertação, dedicado inteiramente aos pobres, morto em 1979, no Peru.

6 DE ABRIL

ORAÇÃO
Da verdadeira fé

Deus, nosso Pai, que hoje possamos ser vigilantes quanto ao nosso modo de agir e de ser. Que a bondade e a ternura inspirem nossos atos. Não nos falte hoje a alegria e a generosidade no relacionamento com nosso próximo. Se porventura falharmos na busca do bem, perdoai as nossas mesquinhezas e abri-nos à correção. Perdoai-nos, sobretudo, quando pusermos nossos pequenos interesses acima do vosso imenso plano de amor. **Adverti-nos quando, esquecidos das nossas, reclamarmos contra as injustiças e as violências dos outros.** *Quantas vezes, em nome da religião, da paz, da liberdade, da justiça e da ordem, o Inocente é condenado e eliminado, e achamos perfeitamente normal que tais coisas aconteçam. Em espírito e em verdade, de coração sincero e mente aberta, vos amemos com retidão de consciência. Amemo-vos hoje na pessoa daqueles com quem convivemos, ó Deus vivo e verdadeiro, Pai e Senhor de todos, pois nisso consiste a verdadeira religião.*

7 DE ABRIL

S. João Batista de La Salle
1615-1719 – sacerdote e fundador

Natural de Reims, João Batista de La Salle fundou em 1684 a congregação dos Irmãos das Escolas Cristãs, dedicada à educação da juventude. Foi o pioneiro dos institutos seculares de leigos consagrados, o inovador da educação e dos métodos pedagógicos. Para constituir sua obra, não quis usar das posses de sua rica família, mostrando assim que era Deus o seu Provedor e sua herança.

S. Hermano José
séc. XII – religioso e místico – "Hermano" quer dizer "homem da guerra"

Natural de Colônia, Hermano José era de família pobre e viveu em 1152. Aos 14 anos, ingressou no convento premonstratense de Steinfeldt; dali foi para Frise, onde continuou a estudar e a exercer o ofício de sacristão. Ordenado sacerdote, foi-lhe confiada a direção de vários conventos de contemplativas norbertinas e cistercienses. Apesar de se queixar de contínuas dores de cabeça, veio a falecer somente aos 90 anos, no dia 7 de abril de 1241. Sua vida foi marcada por uma intensa devoção a Nossa Senhora. Deixou várias obras escritas sobre a

7 DE ABRIL

mística cristã, sendo a mais importante um comentário sobre o *Cântico dos cânticos*.

Testemunhas de nossos tempos

Carlos Bustos – Sacerdote capuchinho argentino, testemunha da fé entre os pobres de Buenos Aires, assassinado em 1977, na Argentina. **Holocausto** – Data em que são lembrados os seis milhões de judeus assassinados pelos nazistas durante a Segunda Guerra Mundial.

ORAÇÃO
Do amor radical

*"Durante as noites, no meu leito, busquei aquele que meu coração ama; procurei-o, sem encontrá-lo. Vou levantar-me e percorrer a cidade, as ruas e as praças, em busca daquele que meu coração ama... Grava--me, como um selo em teu coração, como um selo em teu braço; pois **o amor é forte, é como a morte! Cruel como o abismo é a paixão; suas chamas são chamas de fogo, uma faísca do Senhor. As águas da torrente jamais poderão apagar o amor, nem os rios afogá-lo.*** (cf. Ct 3,1ss; 8,6ss)

8 DE ABRIL

S. Dionísio

séc. II – Bispo – "Dionísio" significa "pertencente a Dionísio", divindade cultuada na Grécia Antiga

Dionísio foi bispo de Corinto, em 170. Escreveu várias cartas pastorais que nos dão notícias da Igreja daquela época. Essas cartas falam da solidariedade que os cristãos de Roma manifestavam para com os irmãos necessitados do Oriente, ajudando-os com toda sorte de socorros. Assim conseguiam aliviar a indigência de muita gente e, em especial, dos irmãos de fé condenados às minas, fornecendo-lhes o necessário. Em carta ao papa Sotero, S. Dionísio afirma:

Sois, ó romanos, a providência de todos os indigentes, por tradição que vem dos vossos primeiros pais, e que presentemente o vosso bem-aventurado bispo Sotero não só mantém mais viva, fornecendo amplamente recursos aos santos e socorrendo os que chegam aí de longe, com dinheiro e com santas exortações de sábio e carinhoso pai.

Tal era o respeito que devotava ao Bispo de Roma que ele fazia ler publicamente nas igrejas, aos domingos, as cartas pontifícias.

Testemunha de nossos tempos

Carlos Armando Bustos – Sacerdote capuchinho, por sete anos trabalhou como operário no meio da população pobre de Buenos Aires. Foi sequestrado, torturado e morto em 1977.

8 DE ABRIL

ORAÇÃO
Dos sinais do Reino

Deus, nosso Pai, pelo batismo fazemos parte desta família universal e secular, que forma o povo de Deus na terra. **Dois milênios nos fundam no chão de uma história de fé e de amor, e hoje nos nutrimos da mesma seiva de vida que nutriu as primeiras testemunhas de um Deus que se fez homem e habitou no meio de nós.** *Pelo testemunho dos que viram com os próprios olhos a pequena semente do Reino crescer, fazemos hoje nossa profissão de fé naquele que ressuscitou e permanece vivo agora e para sempre, alumiando nossos caminhos e reanimando nossa fé na vida. Como luz, vossa mensagem, Senhor, percorre o universo e perpassa nosso espírito, relatando a história de amor de um Deus, que de tudo se despojou e, como nós, fez-se humano, fez-se gente. Fraternidade, solidariedade humana, participação no bem; se aprendêssemos isso nossa vida certamente não ruiria açoitada pelo vento da descrença.*

9 DE ABRIL

S. Maria Cléofas
séc. I – "Maria" significa "amada", "excelsa"

Maria de Clopas ou Cléofas foi testemunha ocular da morte de Jesus na cruz: "Junto à cruz de Jesus estavam de pé sua mãe, a irmã de sua mãe, Maria, mulher de Cléofas, e Maria Madalena..." (Jo 19,25ss). Junto com suas companheiras também foi ao túmulo ungir o corpo de Jesus: "Passado o sábado, Maria Madalena, Maria, mãe de Tiago, e Salomé compraram aromas para ungir Jesus. E, no primeiro dia da semana, foram muito cedo ao sepulcro, mal o sol havia despontado" (Mc 16,1ss). Parente da Mãe de Jesus, pertencia ao grupo de mulheres que acompanhavam e serviam o Mestre. Há quem afirme que Alfeu Cléofas, seu marido, era irmão de José e pai de Judas Tadeu e de Simão, que mais tarde se tornariam bispos de Jerusalém. E teria sido também um dos discípulos de Emaús que reconheceram o Ressuscitado "na fração do pão". Dessa maneira S. Maria Cléofas foi mãe de três apóstolos e é uma daquelas que anunciaram a ressurreição de Jesus (Lc 24,1-11; Jo 19,25).

9 DE ABRIL

ORAÇÃO
De Jesus vivo na comunidade

Deus, nosso Pai, com coragem e grande aflição, Maria de Cléofas permaneceu de pé junto à cruz e, com Maria, viu seu Mestre e Senhor agonizante, pedindo um pouco de água antes de morrer (cf. Jo 19,25ss). *Mas três dias não durou sua tristeza, pois do sepulcro o Senhor havia saído vivo pelo poder de Deus. Abri, pois, os nossos corações para testemunharmos com nossa vida* **aquele que, com força e poder, afastou a pedra do sepulcro e se mostrou glorioso e radiante. Ele, o Senhor, há de afastar também todos os temores que nos consomem. Há de rolar a pedra dos males que nos oprimem. Há de afugentar tudo aquilo que nos inquieta no dia de hoje.** *Senhor, vossa morte na cruz abriu-nos o caminho da ressurreição. Com o pensamento centrado em vós, dai-nos a graça de aguardar, com confiança, até que passem os "três dias" de nossa provação, até que passem os "três dias" da fossa escura em que nos encontramos, até que vossos anjos venham e abram para nós as portas de todas as soluções. Dissipai, pois, as trevas que escondem nossas esperanças de uma vida melhor. Devolvei, nesse dia, a confiança em vós e tomai-nos como filhos necessitados da vossa ternura e misericórdia. Amém.*

10 DE ABRIL

S. Antônio Neyrot

séc. XVI – dominicano – "Antônio" quer dizer "aquele que está à frente, na vanguarda", "pioneiro"

Antônio Neyrot nasceu em Rívoli, Itália, por volta de 1420. Era dominicano e contemporâneo de Fra Angélico. Em 1450, foi para Sicília, dali para Nápoles, onde acabou sendo preso por piratas e levado para Tunes. Abraçou o islamismo e se casou. Por volta de 1450, retratou-se publicamente e retornou à fé católica. A multidão enfurecida massacrou-o e expuseram seu corpo à irrisão pública. Foi canonizado pelo papa Clemente XIII, em 1767.

Testemunhas de nossos tempos

Emiliano Zapata – Líder dos camponeses revolucionários, morto em uma emboscada em 1919, no México. **Oscar Fuentes** – Estudante morto em 1985, no Chile. **Daniel Hubert Guillard** – Sacerdote belga, comprometido com a causa dos pobres, assassinado em 1985, em Cali, na Colômbia. **Martiniano Martínez, Terencio Vásquez e Abdón Julián** – Militantes da Igreja Batista, comprometidos com a luta pela liberdade de consciência, assassinados em Oaxaca, em 1987, no México.

10 DE ABRIL

ORAÇÃO
Do mistério do amor

Deus, nosso Pai, insondáveis são os vossos caminhos, pois quando vos pensamos ausente, surgis resplandecente revelando-vos mais intensamente. Quando desanimados e abatidos, sem ninguém a quem recorrer, tomais nossas faltas e contradições para mostrar quão grande e maravilhoso é o vosso amor por nós. *Quando estamos em aflição, pondes em nós o vosso olhar e renovais a nossa vontade de viver, mostrando que a nossa bem-aventurança reside nas coisas mais simples: na delicadeza e simpatia, para não magoar ninguém; na sensibilidade, para sentir do outro a dor e o sofrimento; no respeito, para não maldizer quem está ausente ou semear maledicências; na tolerância, para não se arvorar em juiz e inquisidor; na retidão e transparência, para discernir o que é mentira e erro; na paz interior, para não revidar qualquer ofensa; na humildade, para reconhecer que, sem a vossa ajuda, Senhor, somos a rama que vacila e verga ao furor dos ventos. Renovai, hoje, o nosso modo de agir. Procurando vos agradar em tudo, demos a nós mesmos, neste momento, o direito de sermos felizes, com a certeza de que para a felicidade plena fomos criados.*

11 DE ABRIL

S. Gema Galgani
1878-1903 – "Gema" quer dizer "pedra preciosa", "joia"

Filha de farmacêutico, Gema Galgani nasceu em Camigliano, na Toscana, em 1878. Órfã de mãe aos oito anos, arcou com a responsabilidade da criação de seus sete irmãos. Anos mais tarde, morreu também o pai, ficando a família sem recursos. Não bastasse isso, foi acometida por grave doença, o que a obrigou a confiar os irmãos a parentes. Tentou, sem conseguir, por causa do estado de saúde precária, ingressar na vida religiosa. No dia 8 de março, na vigília da festa do Sagrado Coração, recebeu os estigmas, ou seja, as mãos, os pés e o coração chagaram-se. Em uma visão mística, Jesus lhe apareceu, e das chagas dele saíam chamas de fogo, que atingiram as mãos, os pés e o coração dela. Esse fato repetiu-se regularmente até o fim de sua vida. Morreu no dia 11 de abril de 1903.

S. Estanislau
1030-1097 – bispo e mártir – "Estanislau" significa "glória do exército"

Natural da Polônia, foi bispo de Cracóvia, em 1702. Pastor exemplar, socorria os pobres e cuidava com carinho de seu povo e do clero. Ao ser censurado duramente, o rei Boleslau mandou matá-lo.

11 DE ABRIL

Testemunha de nossos tempos

Antonio Hernández – Jornalista e militante popular, morto em 1986, em Bogotá, Colômbia.

ORAÇÃO
Do Coração de Jesus

*Deus, nosso Pai, vosso Filho **Jesus tanto nos amou, tanto desejou nosso bem que não fez conta de sua vida e a entregou por nós:** "Eu sou o bom pastor. O bom pastor expõe a sua vida pelas ovelhas"* (Jo 10,11ss). *Como não confiar e apaixonar-se por um Deus que, embora forte e onipotente, é capaz de morrer por amor? Suspenso na cruz, do seu lado aberto jorrou sangue e água. Como não se inclinar perante um Deus que, embora Senhor do universo, se deixou prender, deixou-se rasgar, para que a nossa vida da Vida jorrasse?* (Jo 19,34) *Pela sua morte e ressurreição, fomos libertados de nossas escravidões morais e espirituais, de nossos egoísmos e vãos temores. Por isso clamamos: Coração de Jesus, Filho do Pai eterno, tende piedade de nós. Coração de Jesus, paciente e misericordioso, tende piedade de nós. Perdoai os nossos pecados.* ***Coração de Jesus, curai o nosso interior de todos os males físicos e espirituais. Libertai-nos do medo da morte.*** *Coração de Jesus, salvai-nos. Amém.*

12 DE ABRIL

S. Júlio I

séc. IV – papa – "Júlio" quer dizer "luz"

Júlio I foi eleito papa no dia 6 de fevereiro de 337, assumindo a Cátedra Apostólica após quase cinco meses de vacância. Seu pontificado foi marcado pela luta em preservar a fé apostólica e, consequentemente, a unidade da Igreja, ameaçada pela heresia ariana. O arianismo já havia sido condenado no Concílio de Niceia (325), mas somente no Concílio de Constantinopla (381) foi totalmente refutado. Em 344, Júlio I convocou o Concílio de Sárdica, em Sófia, Bulgária, em que se reconfirmaram as decisões do Concílio de Niceia. Santo Atanásio, Marcelo de Ancira e Asclépias de Gaza foram inocentados e reconfirmados como legítimos pastores da Igreja.

Testemunha de nossos tempos

Juana Fernández Solar – Carmelita descalça, morre aos 20 anos, em Santiago do Chile, em 1920. É chamada a "S. Teresa de Jesus dos Andes".

12 DE ABRIL

ORAÇÃO
Da caridade em tudo

Deus, nosso Pai, prometestes que vós mesmos haveríeis de cuidar de nós, vós mesmos haveríeis de vigiar por nós, a vossa bela vinha, nos momentos adversos: "Eu, o Senhor, sou o vinhateiro; no momento oportuno eu a rego, a fim de que os seus sarmentos não murchem. Dia e noite eu a vigio..." (cf. Is 27,2ss). Por isso queremos, hoje, unir nossas forças e cooperar para que reine a paz em nossos corações. **Senhor, vós nos destes a capacidade de discernir o bem e o mal, o que é salutar e o que prejudica nossas vidas. Que o dia de hoje seja propício à nossa busca espiritual.** Trabalhemos incansavelmente pela nossa harmonia e paz interior, pela transparência em nossos atos, pelo respeito e valorização do outro, pela união que conduz à força, pelo livramento de nossas escravidões. **E que nas coisas necessárias reine a unidade, nas duvidosas a liberdade, em tudo, a caridade**.

13 DE ABRIL

S. Martinho I

séc. VII – papa e mártir – "Martinho" quer dizer "guerreiro", "belicoso"

Natural de Todi, Itália, S. Martinho I foi o sucessor do papa Teodoro, conduzindo a Igreja por seis anos (649-655), em um período agitado por questões político-religiosas. O imperador Constante II, num documento, havia tomado partido a favor de dois grupos heréticos; os monotelitas, que afirmavam existir uma só vontade em Cristo; e os monofisitas, que defendiam a existência de uma única natureza em Jesus. No Concílio de Latrão, não só a intromissão do imperador em assuntos eclesiásticos foi repudiada, como seu documento foi condenado. Desencadeou-se, então, uma onda de perseguições e de atentados contra Martinho, culminando com sua prisão e deportação para Constantinopla. Após um ano e cinco meses de viagem por mar, chegou a Constantinopla, debilitado pela fome e sede. Por um dia inteiro ficou estendido ao chão, sob a zombaria da multidão. Depois foi despido, acorrentado e lançado em uma prisão. Tal era seu sofrimento que um dia suplicou: *"Façam de mim o que quiserem; qualquer morte será para mim um benefício"*. Transferido para Crimeia, morreu de inanição no mais absoluto abandono, no dia 16 de setembro de 655.

13 DE ABRIL

ORAÇÃO
Da perseverança na fé

Deus, nosso Pai, nos momentos difíceis dai-nos a graça de confiar totalmente em vós, de atirarmo-nos em vossos braços protetores. **Senhor, estais conosco e nossa vida sustentais, por isso nada nos abaterá. Estaremos atribulados, mas não seremos esmagados, postos em extrema dificuldade, mas não vencidos. Perseguidos, mas não abandonados.** *Prostrados por terra, mas não aniquilados. Em dificuldades, mas não desesperançados. Em travessia, mas não errantes. Transitórios, mas não acabados. Que nesse dia perseveremos na fé até o fim, para que a vida, não a morte, prevaleça sobre nós. A exemplo de S. Martinho, que tudo suportou na certeza de que Deus estava com ele e não o abandonaria em sua extrema penúria, sejamos neste momento de depressão, de aflição, dor e esmagamento revigorados por vosso amor e nada nos faça vacilar nem abater nossa confiança em vós:* **"É na conversão e na calma que está a vossa salvação; é no repouso e na confiança que reside a vossa força"** (cf. Is 30,15ss).

14 DE ABRIL

S. Hermenegildo

568-586 – "Hermenegildo" quer dizer "pertencente à assembleia de Irmin", divindade cultuada pelos antigos germanos como "o grande, o forte, o poderoso"

Hermenegildo era filho de Leovigildo, primeiro rei visigodo da Espanha, de tendência ariana, que via nos católicos impecilho à unificação nacional. A situação agravou-se quando Hermenegildo converteu-se ao catolicismo e insurgiu contra o pai, em uma guerra que se arrastou por dois anos. Derrotado, Hermenegildo buscou refúgio em uma igreja, mas foi traído pelo pai que lhe enviou por intermédio do irmão uma mensagem, dizendo: *"Aproxima-te, irmão meu, prostra-te aos pés de nosso pai e ele te perdoará"*. Preso e acorrentado, foi despojado das vestes reais e deportado para Valência e daí para Tarragona, onde foi condenado, vindo a morrer na prisão.

Testemunhas de nossos tempos

Massacre – Mártires durante um dos maiores massacres que se tem notícia na história recente de El Salvador. Em 1981, em Morazán, foram assassinados cerca de 150 crianças, 600 idosos e 700 mulheres. **Adelaide Molinari** – Religiosa, comprometida com a luta dos marginalizados, morta em 1976, em Marabá, Brasil.

14 DE ABRIL

ORAÇÃO
Do consolo na atribulação

Deus, nosso Pai, S. Hermenegildo viveu na própria carne a tristeza de ser traído, humilhado e condenado à morte pelo próprio pai. Quem de nós algum dia não foi traído também, se não por um amigo ou alguém querido o foi pelo próprio coração? Vós, contudo, sois o **Amigo** *em quem não há fingimento e que dá a vida pelo amigo. Sois o Bom Pastor que expõe a sua vida pelas ovelhas* (cf. Jo 10,11ss). ***A pessoa sábia não desce pelo caminho da morte, mas sobe pela estrada da vida*** (cf. Pr 15,24). *Por isso, ó Deus de amor e Senhor da vida, fazei que experimentemos em nós a força recriadora do perdão, da ternura e da compaixão. Vosso desejo é que vivamos e cheguemos à felicidade plena. Conduzi--nos, pois, pelo vosso Espírito, a um amor sincero e verdadeiro, que faça transparentes nossas ações e sentimentos.*

15 DE ABRIL

S. Pedro Gonzale

séc. XII – "Pedro" significa "rocha" – É o protetor dos marinheiros

Chamado popularmente de S. Elmo, S. Pedro Gonzalez é o protetor dos marinheiros, pois, um dia, estando ele a pregar em campo aberto, armou um grande temporal, que logo se dispersou quando o santo ordenou às nuvens e aos ventos que não atrapalhassem o serviço de Deus. Nasceu em Astorga, Espanha, por volta de 1190. Jovem ainda, fez-se cônego e logo depois deão. No dia da posse do cabido, o cavalo que montava o derrubou ao chão, fazendo rir a multidão. Diante de tal vexame, abandonou tudo e se tornou dominicano, percorrendo toda a Galiza, o Minho, pregando o evangelho, ajudando os necessitados e promovendo obras sociais, em favor da população pobre.

Testemunhas de nossos tempos

Mártires camponeses – Indígenas de Joyabaj, assassinados em El Quiché, na Guatemala. **Aldemar Rodríguez** – Catequista, assassinado juntamente com seus companheiros militantes em 1992, em Cali, na Colômbia. **José Barbero** – Sacerdote, profeta e servidor dos irmãos mais pobres, morto em 1993, na Bolívia.

15 DE ABRIL

ORAÇÃO
Da glória de servir

Deus, nosso Pai, **gastar com generosidade é enriquecer a si mesmo, pois quem é generoso progride na vida; quem ajuda será ajudado** (cf. Pr 11, 24ss). *Ajudai-nos, pois, a compreender que a maior glória é poder servir nossos semelhantes. Assim conseguiremos o alto grau de iluminação interior de nada fazer por competição, vanglória e interesse próprio, mas por amor daquele que nos amou primeiro. Assim abriremos no deserto um caminho para o Senhor e traçaremos uma reta no sertão para o nosso Deus. Assim aterraremos todos os vales e aplainaremos toda montanha e colina* (cf. Is 40,3ss). **Com espírito generoso, na humildade e na verdade, procuremos construir a fraternidade, que é a garantia e o remédio contra a violência e a falta de respeito pela vida**. *Assim todos sejamos enriquecidos, todos estejamos unidos em uma só alma e em um só amor, sonhando um mundo com menos lágrimas de sofrimento e risos de alegria.*

16 DE ABRIL

S. Bernadete

1844-1879 – vidente e religiosa – "Bernardete" deriva de "Bernardo" e quer dizer "aquele que é forte como um urso"

Bernadete ou Maria Bernarda Soubirous nasceu em Lourdes e morreu em Nevers. De saúde frágil, era uma menina simples, alegre, dócil, amável e amada por todos. Tinha 14 anos, quando, em 1858, a Virgem Maria lhe apareceu pela primeira vez em uma gruta, em Lourdes. Por 18 vezes, Nossa Senhora a visitou sempre pedindo que rezasse e fizesse penitência em reparação a seu Imaculado Coração. Incompreendida e criticada até mesmo pelos setores religiosos, ela a tudo suportou com humildade e paciência. Ingressou no convento das Irmãs de Caridade de Nevers e ali viveu por 13 anos na simplicidade e obediente à vontade de Deus, que a provava com muita dor e enfermidades. Morreu aos 35 anos de idade e foi canonizada 54 anos depois.

ORAÇÃO
Da Sabedoria e simplicidade

Deus, nosso Pai, vossa é a Sabedoria que nos penetra todo o ser e pervade todas as coisas. Como permanecer perante o fogo avassalador do vosso Espírito, que nossas palhas consome? Santo e inteligente é o vosso Espírito. **Vós sois único, múltiplo, sutil, móvel,**

16 DE ABRIL

penetrante, imaculado, lúcido, invulnerável, amigo do bem, agudo, incoercível, benfazejo, amigo dos homens, firme, seguro, sereno, tudo podendo, tudo abrangendo, e penetrais todos os espíritos inteligentes, puros, os mais sutis (cf. Sb 7,22ss). *Mas vós vos revelais aos simples e humildes de coração. Olhais com bondade e ternura para os que depositam em vós a sua confiança e não se desesperam, porque no tempo oportuno virá de vós a ajuda e o auxílio necessários. Quisestes que S. Bernadete fosse um exemplo de ternura e de simplicidade de vida. Em meio às incompreensões, às críticas, às dúvidas, manteve inabalável a sua fé em vós, ó Deus vivo e verdadeiro. E confiou na palavra da Virgem Maria, que lhe havia prometido a felicidade completa, não na transitoriedade desta vida quando tudo caduca e declina, mas na eternidade do vosso olhar, que dura para sempre, quando não mais haverá nem dor nem tristeza. Vós dissestes: "Não temais. Eu estou convosco. Sou eu quem ilumina o fundo dos corações. Sou eu quem sara as tristezas, cura as mágoas e liberta dos medos quem já anda acabrunhado e sem direção"* (cf. Mt 14,26ss). *Dai-nos, pois, ó Senhor, a verdadeira sabedoria, aquela que de vós procede, para que não sejamos confundidos e trabalhemos em vão.*

17 DE ABRIL

S. Roberto de Turlande, Roberto de Molesme, Estêvão Harding e Miguel de Tounerre

Séc. XI – monges – "Roberto" quer dizer "brilhante de glória". "Estêvão" significa "coroa". "Miguel" quer dizer "quem é como Deus?"

O abade S. Roberto de Turlande nasceu em Alvérnia, por volta de 1001. Muito jovem, foi ordenado sacerdote e depois feito cônego e, por fim, em 1050, deixou tudo para fundar o mosteiro de *La Chaise-Dieu*, a "cadeira de Deus". Morreu em 1067 e foi canonizado por Alexandre II. O abade S. Estêvão Harding nasceu na Inglaterra e foi o terceiro abade de Citeaux. Reformou o mosteiro, restaurou a disciplina, baniu o luxo, resgatou a simplicidade e a austeridade de vida. Morreu em 1134, após fundar mais de 13 abadias. S. Roberto de Molesme nasceu em Champagne, em 1024. Aos 15 anos, ingressou no mosteiro de Montier-la-Celle. Como abade do mosteiro, S. Miguel de Tounerre procurou restabelecer a disciplina. Diante da resistência dos monges, refugiou-se na floresta de Collan, vivendo como ermitão e depois fundando o mosteiro de Chalon, do qual foi abade.

Testemunhas de nossos tempos

Massacre de Eldorado de Carajás – Em 1996, no Pará, Brasil, a polícia militar executa sumariamente Oziel Alves Pereira, conhecido como Zumbi, militante do Movimento Sem-Terra, e mais 22 pessoas, entre as quais uma criança de três anos. **Tous-**

17 DE ABRIL

saint L'Ouverture – Comprometido com a libertação do Haiti, em 1803, morre na prisão, desatendido pelos médicos. **Tibério Fernández** – Sacerdote, comprometido com a promoção humana, em 1990, é morto juntamente com alguns leigos engajados, em Trujillo, Colômbia.

ORAÇÃO
Da abertura do coração

Deus, nosso Pai, um dia dissestes a Moisés: **"Já faz muito tempo que vocês andam por aí sem rumo. Agora vão na direção do norte"** *(cf. Dt 2, 1) Abri hoje nossos corações à luz do vosso Espírito, para que encontremos o verdadeiro sentido de nossa existência e caminhemos na direção certa, que nos conduza à paz e à harmonia. Aclarai nossa visão interior para que percebamos vossa ação generosa no meio de nós e na história humana. Desarmai nossas próprias maquinações e as dos outros, interceptai toda ação maléfica que hoje nos possa atingir, barrai o orgulho e a inveja, afugentai a preguiça e nossos destemperos...* **Esvaziai-nos de nós mesmos para que vosso sopro restaurador renove a nossa mente e coração e transforme o mundo.** *Vossa Palavra nos ajude a discernir nossa missão de plantar e cultivar a esperança e a alegria cristã na sociedade hoje. E assim, mediante o nosso testemunho, vosso amor reine em todos os corações.*

18 DE ABRIL

S. Perfeito

Perfeito sofreu o martírio na perseguição moura, em Córdoba, por volta de 850, acusado de blasfêmia contra Maomé, o profeta de Alá. Durante o tempo em que passou encarcerado, ficava pregando o evangelho de Jesus e conclamando todos à pureza da fé apostólica. S. Eulógio o apresenta: "Reinando para sempre Nosso Senhor Jesus Cristo, no ano da sua encarnação, 850, da era (espanhola) 888; do consulado de Abderramom, 29; no tempo em que tinha a Espanha aumentado em riqueza e dignidade o povo árabe, ocupando por duro privilégio quase toda a Ibéria; quando Córdoba (chamada antigamente Patrícia e sendo hoje cidade régia) chegou ao ápice do seu esplendor..., gemendo a Igreja ortodoxa sob o seu duríssimo jugo, e achando-se em perigo de morte, nasceu em Córdoba o presbítero Perfeito, de santa memória, educado sob a direção de pedagogos da basílica de S. Aciselo, onde aprendeu as sagradas disciplinas, distinguindo-se pela erudição literária e conhecimentos da língua árabe..." (apud Leite, J., op. cit., vol. I, p. 332).

Testemunha de nossos tempos

Francisco Marroquín – Bispo protetor dos índios, fundador das primeiras escolas e hospitais, morto em 1537, na Guatemala.

18 DE ABRIL

ORAÇÃO
Da páscoa do dia a dia

Deus, nosso Pai, **hoje possamos encarar cada acontecimento com a lucidez dos que sabem que tudo concorre para o bem daqueles que vos amam; até mesmo as adversidades, os desaventos, as doenças, os fracassos, as perdas humanas e materiais, a depressão, o pânico...** *Por mais paradoxais pareçam, todas essas coisas são os muitos caminhos por que chegais até nós. Por mais nos tenhamos por sábios, espertos e argutos, nada sabemos dos vossos insondáveis desígnios sobre cada um de nós. Quando julgamos perder é quando tudo ganhamos. Quando tudo julgamos ganhar é quando mais nos empobrecemos. Fazei compreender que* **mais vale ter paciência do que bancar o valente, mais vale saber se controlar do que conquistar cidades inteiras** *(cf. Pr 16,31s). Pela fé e testemunho de uma vida que busca a retidão, celebremos no dia a dia a páscoa da superação de tudo o que nos oprime. Aumentai a nossa fé na vida e fazei-nos participantes da glória que preparastes àqueles que, pelo poder do vosso amor, vos invocam como Pai e Senhor. Pois* **"todo o que crê que Jesus é o Cristo nasceu de Deus"** *(1Jo 5,1ss).*

19 DE ABRIL

S. Expedito
Invocado nos casos de urgência, necessidades inadiáveis e sufocantes

Embora o nome de S. Expedito seja citado em alguns calendários, faltam contudo dados que fundamentem a sua existência histórica. Sua devoção remonta ao século VIII, quando cultuado na Germânia e na Sicília. Há quem diga também que seu culto liga-se ao envio das relíquias de um santo das catacumbas a um convento em Paris, quando as religiosas confundiram a data da expedição (spedito = enviado) com o nome do santo ("Spedito" ou Expedito). Outra versão diz respeito à sua conversão. Querendo mudar de vida, foi tentado pelo Diabo que, sob a forma de um astuto e dissimulado corvo, murmurava a seus ouvidos as palavras *"Crás!... Crás!..." Amanhã!... Amanhã!...* Rebatendo tais insinuações, dizia: *"Hodie!... Hodie!..." Hoje!... Hoje!... Agora! Já!* É invocado com a seguinte súplica:

Ó Deus, que a intercessão de S. Expedito nos recomende junto à vossa divina bondade, a fim de que, pelo seu auxílio, possamos obter aquilo que nossos fracos méritos não podem alcançar. Nós vos pedimos, Senhor, que orienteis, com a vossa graça, todos os nossos pensamentos, palavras e ações, para que possamos com coragem, fidelidade e prontidão, em tempo próprio e favorável, levar a bom termo todos os nossos compromissos e alcançarmos a feliz conclusão de nossos planos. Por nosso Senhor Jesus Cristo. Assim seja!

19 DE ABRIL

S. Ema
† 1045 – O nome "Ema" significa "abelha"

O que se sabe dessa santa germana é que a mãe, Adélia, era uma mulher intransigente e de difícil trato. Ema, ao contrário, era dócil e querida por todos. Casou e logo ficou viúva. Consagrou então a vida a Deus e aos pobres. Construiu vários mosteiros, como a célebre abadia de S. Ludgero (em homenagem à memória de seu marido).

Testemunhas de nossos tempos

Joana Tun, Vicente Menchu e Patrocínio – Família indígena de catequistas, comprometida com a luta por suas terras, assassinada em 1980, em El Quiché, na Guatemala. **Enrique Alvear** – Bispo dos pobres, morto no Chile, em 1982.

ORAÇÃO
Da missão da mulher no mundo

Deus, nosso Pai, quantas vezes deixamos para depois o bem que podemos fazer agora. A exemplo de S. Expedito, apressemos em mudar o nosso coração e responder aos vossos apelos com solicitude. ***Não deixemos para* amanhã *o gesto de carinho e afeto de hoje. Não deixemos para* amanhã *o bom-dia, o aperto de mão, a parcela de fraternidade e solidariedade ao outro devida* agora.** *Não deixemos para amanhã o "shalom", o "viva" à vida!, o aleluia hoje estancados em nossa garganta... Hoje, não amanhã, possamos vos dizer: "Senhor, meu Deus, eu vos louvo agora e sempre e me inclino à sua vontade" e ao outro: "Eu te amo de todo o meu coração!".*

20 DE ABRIL

S. Hildegonda
† 1188 – "Hildegonda" quer dizer "guerra"

Hildegonda passou a vida travestida de homem, sendo por todos conhecida por "Irmão José". Segundo seu biógrafo, o abade Engelhard, a mãe morreu ao dar à luz e o pai, temendo pela sua vida, fez a promessa de levá-la em peregrinação à Terra Santa. Por segurança, vestiu-a com roupas masculinas e lhe deu o nome de "José". Com a morte do pai, ficou à mercê da sorte, só conseguindo a duras penas regressar à terra natal, Colônia. Na guerra de Barba Roxa contra o papa Lúcio III, o bispo de Colônia o enviou a Roma com a incumbência de fazer chegar ao papa informações secretas no oco de um bastão. Cumprida a missão, retornou ao mosteiro de Schoenau, onde faleceu em 1188. Ao preparar o corpo para o sepultamento, descobriram sua verdadeira identidade.

Nossa Senhora da Saúde

A devoção a N. S. da Saúde está ligada a uma imagem milagrosa esculpida pelos índios Patzcuaro em 1538, no México. Entretanto, após a peste que assolou Lisboa, no século XVI, o seu culto já se difundira pela Europa e alcançou as terras brasileiras. É invocada com a seguinte oração:

Virgem puríssima, que sois a Saúde dos enfermos, o Refúgio dos pecadores, a Consoladora dos aflitos e a despenseira de todas as graças, na minha fraqueza e no meu desânimo apelo, hoje, para

20 DE ABRIL

os tesouros da vossa misericórdia e bondade e atrevo-me a chamar-vos pelo doce nome de Mãe. Sim, ó Mãe, atendei-me em minha enfermidade, dai-me a saúde do corpo para que possa cumprir os meus deveres com ânimo e alegria, e com a mesma disposição sirva a vosso Filho Jesus e agradeça a vós, saúde dos enfermos. Amém.

Testemunhas de nossos tempos

Moisés Medrano – Líder camponês, e vinte companheiros, assassinados em 1980, em Vera Cruz, México. **William Arsenault** – Sacerdote, morto em Honduras, em 1986.

ORAÇÃO
Do chamado a servir

Deus, nosso Pai, a cada um de nós reservais um desígnio de amor. Inspirai hoje nossas ações e possamos descobrir a melhor forma de agir e resolver nossos problemas e dificuldades. Não busquemos impressionar ninguém com grandes lances e gestos altissonantes, mas, mediante pequenos gestos e atitudes sinceras, o vosso amor renove nossas forças e nos dê alento para buscar sem esmorecimento um jeito mais humano de ser. Confirmai, pois, Senhor, cada gesto de paz que, sem alarde e publicidade, brota do coração mais desejoso de servir do que ser servido. A exemplo de Jesus, que passou fazendo o bem a todos, hoje nos acompanhe a bondade e o desejo de a todos ajudar. ***Com prontidão, corrijamos as falhas de amor e tiremos lições de nossas quedas. Abramos nossos corações para aprender de vós, pois aquele que quer aprender gosta que lhe digam quando está errado; só o tolo não gosta de ser corrigido*** (cf. Pr 12,1).

21 DE ABRIL

S. Simeão

séc. IV – "Simeão" quer dizer "o Senhor ouviu", "o Senhor escutou"

Simeão foi bispo de Selêucida, no reinado de Sapor II. No Concílio de Niceia, em 325, havia sido declarado metropolita de toda a Pérsia. Em 340, ao explodir a perseguição contra os cristãos, foi preso e levado à presença do rei, diante do qual se recusou a prostrar-se por terra. Diante de sua recusa veemente em renegar a fé e adorar os deuses persas, foi decapitado juntamente com numerosos fiéis. Um a um ele presenciou a execução de seus irmãos na fé.

Testemunhas de nossos tempos

Pedro Albizu Campos – Comprometido na luta pela independência de Puerto Rico, morre torturado em 1965. Foi chamado "o último libertador da América" (Che Guevara). **Juan Sisay** – Comprometido com a vida e com a arte, é morto em 1989 em Santiago de Atitlán, Guatemala.

21 DE ABRIL

ORAÇÃO
Do Deus inefável

Deus, nosso Pai, possamos abrir hoje o nosso coração àquele que tem o poder de nos conceder a paz e a harmonia interior, que pode sarar o que em nós está dilacerado e nos causa sofrimento. **Sem medo ou receio, deixemos que Deus, Pai amoroso, nos conduza pela mão e nos mostre a direção que devemos seguir. Possamos também silenciar o nosso interior para escutar aquele que é o Eternamente Presente em nosso ser.** *E no presente que nos é dado hoje viver, como crianças que ainda não sabem falar, balbuciemos em nosso íntimo: vós sois o Altíssimo, infinitamente bom, poderosíssimo, antes todo-poderoso, misericordiosíssimo, justíssimo, ocultíssimo, presentíssimo, belíssimo e fortíssimo, estável e incompreensível, imutável que tudo muda, nunca novo e nunca antigo, tudo inovando, conduzindo à decrepitude os soberbos, sem que disso se apercebam, sempre em ação e sempre em repouso, recolhendo e de nada necessitando...* (S. Agostinho).

22 DE ABRIL

S. Senhorinha

Senhorinha nasceu em 924, em Vieira do Minho, em Portugal. Chamava-se Domitila, que quer dizer "Senhora da casa", e era afetuosamente chamada de "Senhorinha" pelo pai. Órfã de mãe, foi confiada à S. Godinha, sua tia, superiora do mosteiro de Vieira, que mais tarde será presidido por ela. Era prima de S. Rosendo e irmã de S. Gervásio. Morreu aos 58 anos de idade, em 982, e foi sepultada ao lado da tia, S. Godinha, e de seu irmão, S. Gervásio.

Testemunhas de nossos tempos

Paulo e José – Filhos do líder sindical João Canuto, assassinados em 1990, em Rio Maria, Pará, Brasil. **Hernando Arias de Ugarte** – Bispo de Quito (Peru) e de Santa Fé (Colômbia), defensor dos índios, morto em 1638. **Félix Tecu Jerónimo** – Indígena achi, catequista, ministro da Palavra, camponês, morto em Rabinal, Baja Verapaz, Guatemala.

22 DE ABRIL

ORAÇÃO
Da busca de santidade

Deus, nosso Pai, cada coisa que criastes é o que é. Cada criatura cumpre sua finalidade, segundo a sua espécie e semelhança. Ajudai-nos, nesse dia, a descobrir a verdadeira santidade, que consiste em buscar a simplicidade de coração. Sabemos que cada um se santifica não obstante os desacertos de sua história pessoal e as contradições de seu tempo. **Fazei-nos entender que ninguém se salva sozinho, pois a salvação consiste em unir nossas mãos acima das diferenças das raças, das culturas e religiões, em sinal de fraternidade e de comunhão.** *Vós sois Pai e Mãe, e a vossa patermaternidade ultrapassa os limites estreitos e mesquinhos da lógica humana e de nossos egos insuflados. Vai além das fronteiras geográficas, políticas e socioculturais. Vós sois o Deus todo-poderoso, dominais sobre todas as coisas, mas é nos corações aflitos e atribulados que buscais morada.*

23 DE ABRIL

S. Jorge

c. 280 – mártir – "Jorge" significa "o agricultor"

Natural da Capadócia, S. Jorge teria sido o tribuno da guarda romana que se rebelou contra o edito de Diocleciano, que ordenava a destruição das igrejas cristãs, a queima dos livros sagrados e a redução à condição de escravo de todos os cristãos no exercício de algum cargo público. Daí o seu martírio situar-se no século III, em Lida, Palestina (c. 303 d.C.). É representado empunhando uma lança em combate contra o dragão que, segundo a lenda, habitava as águas profundas de um lago, alimentando-se de tenras ovelhas e delicadas virgens. Um dia, antes que fosse devorada, a filha do rei foi libertada por um corajoso cavaleiro, que atravessou o dragão com a lança; ou como diz outra versão, transformou o dragão em manso cordeiro a perambular dócil pelas ruas da cidade. Seu culto foi e continua a ser um dos mais difundidos em todo mundo cristão. A partir do século IV, já era venerado no Oriente e Ocidente. Tornou-se um dos santos mais populares no Brasil. É invocado com a seguinte oração:

Ó Deus onipotente, que nos protegeis pelos méritos e bênçãos de S. Jorge, fazei que este grande mártir, com sua couraça, sua espada e seu escudo que representam a fé, a esperança e a caridade, esclareça a nossa inteligência, ilumine os nossos caminhos, fortaleça o nosso ânimo nas lutas da vida, dê firmeza à nossa vontade contra as

23 DE ABRIL

tramas do maligno, para que, vencendo na terra como S. Jorge venceu, possamos triunfar no céu convosco e participar das eternas alegrias. Amém.

Testemunhas de nossos tempos

Luta ecológica – Em 1971, os **indígenas do Alaska**, nos Estados Unidos, se levantam contra as provas atômicas que contaminaram a ilha de Anchitks.

ORAÇÃO
Da proteção contra os males

Deus, nosso Pai, **nada de ruim acontece com as pessoas que buscam o bem, porém os maus só encontrarão dificuldades** *(cf. Pr 14,22). É vosso desejo que o mundo inteiro e todos os povos e as diferentes raças se unam buscando a paz e a solidariedade humana. Somemos nossas ações às de tantos que sinceramente lutam pela vida, em todas as suas dimensões, buscam a paz e a concórdia universal. Protegei-nos dos males do corpo e do espírito. Protegei o vosso povo contra tudo aquilo que ameaça destruir a fé, esperança e a caridade. Libertai-nos do dragão do ódio, da vingança, do medo, da angústia, do desespero, do desânimo e vacilações. Libertai-nos do dragão da ganância, do culto ao poder e à força.* **Libertai-nos do dragão da guerra, dos testes atômicos, das armas inteligentes, do terrorismo, da morte coletiva, da peste, da fome, da miséria, de toda calamidade provocada pelo homem ou pelas forças da natureza.** *S. Jorge, guerreiro contra as maldades, as injustiças, interceda a Deus por nós.*

24 DE ABRIL

S. Maria de S. Eufrásia Pelletier

1796-1868 – fundadora – "Maria" significa "amada"

Maria de S. Eufrásia, ou Madre Pelletier, foi a fundadora das Irmãs de Nossa Senhora da Caridade do Bom Pastor, em Angers. Uma congregação dedicada ao serviço das jovens desamparadas, especialmente aquelas que haviam caído na prostituição. Nasceu no dia 31 de julho de 1796, em Noirmoutier, França. Seu pai, um médico piedoso e caritativo, morreu quando ela tinha 10 anos, passando então a viver como interna em um colégio das Ursulinas. Dali foi transferida para Tours, onde fica entusiasmada com o trabalho das religiosas de Nossa Senhora da Caridade do Refúgio, fundada por S. João Eudes, em 1641. Decidiu, então, também ela consagrar-se a Deus e trabalhar em prol da juventude carente. Eleita superiora, em 1825, Madre Pelletier trabalhou incansavelmente para organizar o apostolado das Madalenas. Obteve, em 1835, depois de 10 anos, a aprovação definitiva, junto à Santa Sé, da congregação que já contava com mais de uma centena de noviças. Espírito inovador, Madre Pelletier preparou o caminho de suas irmãs, que se espalharam não só pela Europa, mas também pela África e Américas. Foi canonizada por Pio XII, em 1940.

24 DE ABRIL

Testemunha de nossos tempos

Laurita López – Catequista, mártir da fé na Igreja salvadorenha (1985).

ORAÇÃO
Da dignidade da mulher

Deus, nosso Pai, que as mulheres latino-americanas e as mulheres do mundo inteiro encontrem em vós, Deus da vida, da ternura e misericórdia, o entendimento para superarem as situações de injustiças e de morte a que muitas são submetidas. Resgatem sua autoestima, seu valor e sua dignidade, seu lugar na sociedade. Dai às mulheres de todas as raças e culturas, ricas ou pobres, solteiras ou casadas, consagradas ou leigas, jovens ou idosas, operárias ou desempregadas, força e coragem nas horas de desânimo e incompreensões. Mediante a capacidade de gerar a vida, a ternura, o afeto, a generosidade, a doação de si mesmas, descubram que estão próximas a Deus, Senhor de toda a vida. Que nossas mães negra, branca, amarela e índia, saibam resistir à prepotência dos que as têm mais como escravas que companheiras; saibam resistir a discriminações religiosas, políticas, econômicas e sociais. **Que os preconceitos sejam superados, os velhos padrões transformados, o respeito e a igualdade estabelecidos, a ternura e a bondade preservadas. Assim a vossa ternura se manifestará, e muitos "verão coisas de que ninguém havia falado, entenderão aquilo que nunca tinham ouvido"** (cf. Is 54,15).

25 DE ABRIL

S. Marcos, Evangelista
séc. I – "Marcos" significa "grande martelo de ferreiro"

É o autor do Evangelho segundo Marcos, o primeiro a ser escrito por volta do ano 70. Primo de Barnabé, Marcos foi um dos colaboradores de Paulo na sua obra missionária (Fm 24; Cl 4,10; 2Tm 4,11), acompanhando-o especialmente em sua primeira viagem missionária (At 12,25), e mais tarde foi com Barnabé para Cipre (At 15,39-40). Foi colaborador também de S. Pedro, que o tinha como dileto filho (1Pd 5,13). Atribui-se a ele a fundação da Igreja de Alexandria no Egito, da qual foi bispo, onde sofreu o martírio.

Nossa Senhora de Casaluce

Segundo a tradição, a imagem da Virgem Maria pintada por S. Lucas foi encontrada na Terra Santa. Levada para a Itália, foi confiada aos padres celestinos de Casaluce (1295) que a levavam, de tempo em tempo, ao convento de Aversa. Reclamada pela população das duas localidades, a imagem da Virgem divide sua presença, ora em Aversa ora em Casaluce. Essa devoção chegou ao Brasil em 1890, pelos imigrantes italianos, que fundaram em São Paulo a paróquia de Nossa Senhora de Casaluce.

S. Guilherme de Vercelli ou de Monte Vergine
1805-1142 – monge e fundador – "Guilherme" quer dizer "protetor", "aquele que vem para proteger"

Natural de Vercelli, Piemonte, Itália, Guilherme visitou os santuários mais famosos da Europa. Depois, refugiou-se em uma região montanhosa e desabitada, chamada Monte Vergine, Nápolis. Por volta de 1124, fundou ali uma comunidade, que mais tarde daria origem ao mosteiro beneditino de Monte Vergine. Espírito solitário, continuou suas andanças pela Itália, fundando mosteiros e implantando comunidades. Em 1128, recolheu-se ao oco de uma árvore gigantesca, na região de Goleto e Monte Cognato, onde viveu até a morte.

Testemunha de nossos tempos

Pedro de Betancourt – Frade franciscano, apóstolo dos pobres na Guatemala, falecido em 1667.

ORAÇÃO
De Jesus, a Vida

Deus, nosso Pai, quantas vezes andamos a esmo, desnorteados, jogados de um lado para outro ao sabor de nossas inquietações e desaventos. Nesses momentos de solidão, de trevas, de confusão interior, ansiamos por alguém que nos mostre a saída, que nos ilumine e esclareça o nosso interior, que nos dê alento para seguir avante sem esmorecer. Senhor, não nos desampareis. Vinde em nosso socorro. **Que em vós nos busquemos e em nós vos achemos. Sois vós o Caminho, a Verdade e a Vida. Sois aquele que faz os cegos enxergarem e os surdos ouvirem. Aquele que faz as estéreis darem a luz e as virgens conceberem.** *Ficai conosco, acompanhai nossos passos. De vós estamos grávidos da busca, na parição de nós; busca que se faz na alegria e na dor de quem foi concebido para novas coisas e está prestes a nascer e vir à luz da plena libertação.*

26 DE ABRIL

Nossa Senhora do Bom Conselho

O culto a N. Senhora do Bom Conselho é do século XV e liga-se ao aparecimento miraculoso de um afresco da Virgem Santíssima na igreja dos padres eremitas de S. Agostinho em Genezzano, perto de Roma. Mais tarde, o papa Leão XIII incentivou sua devoção dando a ela o título de Mãe do Bom Conselho. É invocada com a seguinte oração:

Ó Virgem gloriosa, escolhida gratuitamente para Mãe do Verbo eterno feito humano, tesoureira das graças divinas e advogada dos pecadores. Eu, vosso indigno servo, recorro a vós para que me sejais guia e conselheira neste mundo fraterno a ser construído. Mostrai-me, pelo preciosíssimo testemunho de sangue de vosso Filho, o caminho do perdão de meus pecados, a salvação de meu ser e os meios necessários para obtê-la. Alcançai também para a santa Igreja a propagação do reino de Jesus Cristo em todo o mundo. Amém.

S. Anacleto

séc. I – papas – Anacleto significa "bem-vindo", "eleito", "escolhido"

Anacleto foi o terceiro papa, governando a Igreja por 11 anos (77-88). Segundo consta nos Autos, era de origem ateniense e teria mandado erigir um monumento sobre o túmulo de S. Pedro, junto ao qual ele mesmo foi sepultado.

26 DE ABRIL

S. Marcelino
Séc. III – papa – "Marcelino" quer dizer "pequeno martelo"

Marcelino foi papa de 296 a 304. Pouco se sabe sobre ele, a não ser que governou a Igreja em um tempo atribulado por perseguições contra os cristãos. Acabou martirizado sob o poder de Diocleciano.

Testemunha de nossos tempos

Padre Cristóvão de Mendoza – Jesuíta (c. 1590), natural de Santa Cruz, Bolívia, dedicou-se à evangelização e à promoção social dos índios guaranis, sendo ele responsável pela introdução do gado na região das Missões, RS. Foi morto em uma emboscada pelos índios caaguaras, no dia 26 de abril de 1635. É o patrono dos tropeiros e dos fazendeiros.

ORAÇÃO
Do abandono a Deus

Não se perturbe nem tema o teu coração. Crê em mim e tem confiança em minha misericórdia. Quando te julgas mais afastado de mim, muitas vezes estou mais perto. *Quando cuidas que está tudo quase perdido, é, então, o tempo de adquirires maior mérito. Não está tudo perdido, porque te acontece alguma coisa contrária. Não julgues segundo a impressão do momento, nem te entregues a quaisquer aflições que te acometam, nem as recebas como se não houvesse esperança alguma de remédio. Não te imagines, de todo, abandonado, ainda quando, por certo tempo, te mande alguma provação ou te prive do desejado conforto; assim é que se caminha para o reino dos céus...* (Imitação de Cristo, *livro III, cap. XXX, 3-4*).

27 DE ABRIL

S. Zita

1218-1278 – leiga – "Zita" quer dizer "moça", "menina" –
Patrona das empregadas domésticas

Zita era de Monsagrati, região de Toscana, Itália. Foi uma empregada doméstica tão amada que, ao morrer, teve ajoelhada a seus pés toda a família a quem servira com dedicação durante 60 anos. E qual o seu segredo? Antes de tomar qualquer decisão, perguntava-se: *"Isto agrada ao Senhor?"*. O que era seu ela o dava aos necessitados; e um dia, surpreendida em ajudar os pobres, o que era alimento em seu avental convertera-se em flores. É invocada com a seguinte oração:

Ó S. Zita, no humilde trabalho doméstico, soubestes ser solícita como foi Marta, quando servia Jesus, em Betânia, e piedosa como Maria Madalena aos pés do mesmo Jesus. Ajudai-me a suportar com ânimo e paciência todos os sacrifícios que os meus trabalhos domésticos me impõem. Ajudai-me a tratar as pessoas da família em que trabalho como se fossem minha família. Ajudai-me a ter sempre reconhecidos meus direitos trabalhistas, e ter sempre disposição de lutar por eles se preciso for.

S. Ântimo
séc. IV – mártir

Natural da Nicomédia, Turquia, S. Ântimo foi martirizado durante a perseguição de Diocleciano. Eusébio, antigo historia-

27 DE ABRIL

dor, relatou-nos que o palácio imperial da Nicomédia foi destruído por um incêndio e a culpa do sinistro recaiu sobre os cristãos. Foi o início da perseguição. S. Ântimo, então bispo da Nicomédia, fugiu para Temana, mas foi encontrado. Contam os seus Autos que antes de ser preso disse aos soldados: *"Sei que vocês não conhecem o bispo Ântimo. Mas eu o conheço. Prometo que o entregarei a vocês"*. Mandou servir aos soldados um suntuoso banquete. Comeram e beberam juntos, festejando o acontecimento. Depois, para espanto de todos disse que Ântimo era ele. Preso, foi conduzido à Nicomédia, sendo ali decapitado, em 303.

Testemunha de nossos tempos

Rodolfo Escamilla – Sacerdote diocesano, trabalhou na conscientização dos jovens operários, preparando líderes sindicais do Sindicato Independente. Foi assassinado em 1977, no Centro Social de Promoção Popular, na cidade do México.

ORAÇÃO
Da vitória sobre o ódio

Deus, nosso Pai, vós dissestes: "Amarás os vossos inimigos e orai pelos que vos perseguem; desse modo, vos tornareis filhos do vosso Pai que está nos céus, porque ele faz nascer o seu sol igualmente sobre os maus e bons e cair a chuva sobre justos e injustos" (Mt 5,43ss). ***Abrandai, pois, nós vos pedimos, ó Pai, todo sentimento de revolta, violência, ódio e vingança que hoje possamos ter***. *Somente vós podeis libertar nossos corações das correntes do egoísmo e do orgulho que nos leva a ultrapassar as medidas da iniquidade e assim aumentar o sofrimento de nossos semelhantes.*

28 DE ABRIL

S. Luís Maria Grignion de Montfort

*1673-1716 – missionário e fundador – "Luís"
significa "guerreiro famoso"*

Natural de Montfort, Bretanha, Luís de Grignion, com a ajuda da B. Maria de Jesus (1684-1759), fundou as Filhas da Sabedoria (1703) dedicadas à evangelização das paróquias urbanas e rurais, voltadas ao cuidado dos doentes pobres, dos não amados, dos excluídos da sociedade. Fundou também a congregação dos padres Missionários da Companhia de Maria, que procuravam *renovar o espírito do cristianismo nos cristãos* convocando-os a viver o compromisso assumido no batismo. Morreu em Saint-Laurent-sur--Sèvre, em 1716. Deixou numerosos escritos, entre os quais o famoso *Tratado da verdadeira devoção à bem--aventurada Virgem*, traduzido em vários idiomas. Foi canonizado em 1947.

S. Teodora e S. Dídimo
séc. IV – mártir – "Teodora" significa "presente de Deus"

Teodora sofreu o martírio por ocasião da perseguição de Diocleciano e Maximiano, em 304, em Alexandria. De família nobre, foi levada ao tribunal e, como se mantivesse firme na fé, foi condenada à prostituição. Implorou a Deus que a livrasse de tal humilhação, e o Senhor ouviu a sua prece. Vestido de soldado, Dídimo foi o primeiro a se apresentar diante de Teodora. Declarou-se cristão e trocou com ela suas vestes e tomou-lhe

28 DE ABRIL

o lugar. Vestida de soldado, Teodora fugiu, mas, sabendo que Dídimo havia sido executado, apresentou-se perante o tribunal, sofrendo em seguida o martírio.

Testemunha de nossos tempos

Cleusa Carolina Coelho – Missionária agostiniana recoleta, assassinada por defender os índios na Prelazia de Lábrea, Brasil. Desaparecida, foi encontrada morta, em 1985.

ORAÇÃO
Do Deus que nos guarda e protege

"Ao nome de Deus e à Virgem Maria, encomendo minha alma com toda a sua potência, e meu corpo com todo o seu sentido. Por conta de Deus estou, por conta de minha Mãe Maria Santíssima e dos doze apóstolos. **Com a força de Deus e do céu andarei armado. Meu corpo não será preso nem torturado, nem meu sangue derramado, nem meu rosto afrontado. Só pela fé que tenho em Jesus Cristo, andarei dia e noite. Os inimigos não encontrarei. Os maus não me enxergarão. Os bons mostrarão graças, e graça me farão.** *Pela fé que eu tenho em Deus, andarei no escuro e no claro; na barquinha de Noé estarei trancado, bem guardado como andou o Menino Jesus nove meses no ventre puríssimo de sua Mãe, Virgem consagrada. Amém. Eu vos peço, minha Senhora, se alguma má sentença contra mim tiverem dado, pela vossa divina boca seja revogada, e por vosso amado Filho serei perdoado. Amém."*

29 DE ABRIL

S. Catarina de Sena
1347-1380 – mística e doutora da Igreja – "Catarina" significa "casta", "pura"

Nascida em Sena, Itália, S. Catarina ingressou muito jovem na Ordem Terceira de S. Domingos, mas permaneceu em casa, fazendo de seu aposento "a cela da mente", o seu espaço místico e espiritual. Reuniu-se em torno dela pequena comunidade de padres, leigos e leigas, jovens e velhos, que a tinha como "mamãe", amiga e conselheira. Estavam sempre prontos para protegê-la quando suas forças físicas se exauriam pela penitência e experiências místicas. Presente e comprometida com os problemas de seu tempo, trabalhou pela paz, defendeu os direitos e a liberdade do Romano Pontífice e promoveu a renovação da vida religiosa. Deixou importantes obras escritas, entre elas *O diálogo da Divina Providência*.

S. Pedro de Verona
séc. XIII – religioso e pregador itinerante – "Pedro" significa "rocha", "pedra"

Natural de Verona, Itália, Pedro foi um incansável pregador capuchinho, que percorreu toda a Itália. Acusado de transgredir a Regra, permitindo o ingresso de gente estranha, até mesmo mulheres, em sua cela, foi afastado do cargo de pregador e condenado ao silêncio. Declarada sua inocência, retomou com maior ardor à pregação. Terror dos hereges, ele os desafiava a se

29 DE ABRIL

lançarem com ele às chamas, para provar quem estava do lado da verdade. Jurado de morte, disse que seu assassinato deporia contra seus inimigos mais que toda sua vida de pregador. De fato, acabou morto ao preço de 40 libras, quando se dirigia a Milão. Domingos, seu companheiro, também foi surpreendido e caiu mortalmente ferido.

Testemunha de nossos tempos

Moisés Cisneros Rodriguez – Religiosa, Guatemala, morta em 1981.

ORAÇÃO
Do amor sincero a Deus

Deus, nosso Pai, em nome dos valores mais nobres e santos, derrama-se o sangue inocente. Quantas mortes absurdas e sem razão, se é que para alguma morte existe razão. Mata-se e morre-se por encomenda. A vida vale menos que um pouco de droga na mão. Em vosso nome, explora-se a fé dos pequeninos, usurpando-lhes o único vintém de que dispõem. Libertai-nos de todo e qualquer fanatismo e ensinai-nos a autenticidade e a fidelidade aos vossos princípios de bem e de justiça. **Sejamos abertos à verdade e humildes no reconhecimento de nossos limites, erros e contradições.** *Sejamos livres, responsáveis e conscientes de nossos atos, sabendo que tanto a verdade quanto a mentira têm o seu preço; e, por mais imparciais que sejamos, não estaremos isentos de maus juízos. Saibamos vos encontrar no recesso de nossos corações e se aposse de nós um amor sincero e verdadeiro que supere toda medida humana e toda mesquinhez de nossos julgamentos.*

30 DE ABRIL

S. Pio V
1504-1572 – papa – "Pio" significa "piedoso"

Pio V nasceu em Bosco Marengo, em Alexandria, ao norte da Itália, em 1504. Aos 14 anos, ingressou na Ordem Dominicana e, em 1528, ordenou-se sacerdote. A partir de 1556, começou a sua escalada rumo ao pontificado: bispo de Sutri e Nepi, cardeal, inquisidor do Santo Ofício, bispo de Mondovi e finalmente papa (1566-1572). Restaurou a disciplina eclesiástica, combateu a simonia e o nepotismo da Cúria Romana, fundou o Tribunal da Inquisição, organizou os arquivos do Vaticano, centralizou a administração eclesiástica em Roma. Em 1570, excomungou a rainha Elisabete I, da Inglaterra, procurando preservar a unidade da Igreja. Elaborou o *Índice dos livros proibidos* e impôs a censura sobre as publicações. Conduziu com energia a Reforma da Igreja, colocando em prática as decisões do Concílio de Trento. Trabalhou pela propagação da fé, incentivando as Cruzadas contra os mouros e promovendo a "Liga Santa", que desbaratou o poderio turco na batalha de Lépanto (1571). Mandou processar a revisão do catecismo, do breviário, do missal, fundou seminários, incentivou as missões. Sua ação se fez notar também em Roma com a restauração das Muralhas e o aqueduto da "Acqua Vergine", com a abertura de novas ruas, etc. Morreu no dia 1º de maio de 1572.

30 DE ABRIL

ORAÇÃO
Do que supera nossa razão

Deus, nosso Pai, amas, e não te apaixonas; tu és cioso, porém tranquilo; tu te arrependes sem sofrer; entras em ira, mas és calmo; mudas as coisas sem mudar o teu plano; recuperas o que encontras sem nunca teres perdido; nunca estás pobre, mas te alegras com os lucros; não és avaro e exiges juros; nós te damos em excesso, para que sejas o nosso devedor. Mas quem possui alguma coisa que não seja tua? Pagas as dívidas sempre, sem que devas a ninguém, e perdoas o que te é devido, sem nada perderes (cf. *Agostinho*, Confissões, p. 17).

1º DE MAIO

S. José Operário

Hoje, Dia do Trabalho, celebra-se a festa de S. José Operário, instituída por Pio XII, em 1955, para consagrar a Deus a luta e o esforço humano na construção de uma sociedade justa e igualitária:

Ó S. José, patrono da Igreja, que, junto ao Verbo Encarnado, trabalhastes todos os dias para ganhar o pão, de que hauríeis força para subsistir e para vencer o cansaço; vós que experimentastes a ansiedade pelo amanhã, a amargura da pobreza, a situação precária dos trabalhadores; vós que irradiais hoje (...) o exemplo de vossa figura humilde diante do homens, mas ímpar aos olhos de Deus, olhai para a imensa família que confia em vós. Abençoai a Igreja (...), protegei os trabalhadores na sua árdua labuta cotidiana... (Paulo VI)

S. Brioco
séc. IV – abade

Natural provavelmente de Cardinganshire, Inglaterra, S. Brioco (Brieuc) ou Briomaghus partiu em companhia de vários discípulos para Bretanha, onde fundou um mosteiro em Tréguier, do qual foi abade. Mais tarde, partiu dali com quase uma centena de monges e fundou outro mosteiro. À sombra dessa abadia teria surgido a cidade francesa de Saint-Brieuc, em cuja catedral se encontram seus restos mortais.

1º DE MAIO

S. Peregrino Laziozi
1260-1345 – religioso servita

Nascido em Forli, S. Peregrino Laziozi tinha temperamento forte, agressivo e pertencia desde jovem ao partido antipapal. Tornou-se santo graças a um tapa que deu no rosto do mediador do papa, S. Filipe Benício, que não quis revidar a agressão. Ajuntou-se então ao Santo e fez-se servita. Homem de profunda oração, prezava o silêncio interior, a meditação.

ORAÇÃO
Da paz de espírito

Deus, nosso Pai, quando o vosso povo, fugindo da escravidão do Egito, sentiu-se perdido no deserto, vós o fizestes atravessar o Mar Vermelho a pé enxuto (cf. Ex 14,21ss). *Quando sentiu fome e sede, vós fizestes chover para ele o maná do céu, a água amarga de Mara tornou-se doce* (cf. Ex 15,22) *e, mais uma vez, devorado pela sede, vós fizestes brotar a água da rocha, no Horeb* (cf. 17,1ss). *E sob a vossa proteção, o povo chegou a uma terra de fartura...* **Também nós, Senhor, andamos temerosos e inseguros pelas estradas da vida. Fazei-nos atravessar a pé enxuto os mares de nossas adversidades, tornai doce a água amarga de nossos males. Vinde restituir-nos a paz de espírito, fazei-nos hoje respirar sem sobressaltos, com calma e tranquilidade.** *Afugentai para longe de nós a violência de palavras e gestos. Serenai o vento do ódio e extingui o fogo da vingança. Que nas rupturas que nos sangram, nas desavenças que nos desune, nos tropeços que nos desorientam, o amor nos regenere e reconstrua.*

2 DE MAIO

S. Atanásio

295-373 – bispo e doutor da Igreja – "Atanásio" quer dizer "imortal"

Oriundo da Alexandria, S. Atanásio foi bispo daquela cidade. Tenaz defensor da fé cristã, lutou com ardor contra os arianos, que punham em dúvida a divindade de Cristo. Foi por isso perseguido e condenado ao exílio. Deixou-nos vários tratados em defesa da fé e da doutrina cristã:

Por amor de nós, veio a este mundo, isto é, mostrou-se a nós de modo sensível. Compadecido da fraqueza do gênero humano, comovido pelo nosso estado de corrupção, não suportando ver-nos dominados pela morte, tomou um corpo semelhante ao nosso. Assim fez para que não perecesse o que fora criado nem se tornasse inútil a obra de seu Pai e sua ao criar o homem (S. Atanásio. Liturgia das horas, v. II, op. cit., p. 1564).

B. Pio de Pietrelcina

1887-1968 – capuchinho – "Pio" quer dizer "piedoso"

Natural da Itália, Pe. Pio ingressou na Ordem dos Capuchinhos em 1903, ordenando-se em 1910. De 1916 a 1968 viveu em S. Giovanni Rotondo, onde se dedicou a formar "grupos de oração" e à criação do hospital "Casa Sollievo della Sofferenza". Numa sexta-feira (20/9/1918), estando ele em oração diante de Jesus Crucificado, recebeu os estigmas que permaneceram abertos por meio século. Foi beatificado por João Paulo

2 DE MAIO

II (2/5/1999). Hoje seus devotos estão espalhados pelo mundo inteiro, inclusive no Brasil. É invocado com a seguinte oração:

Ó Jesus, cheio de graça e caridade e vítima dos nossos pecados! Vós, movido de amor pelas nossas almas, quisestes morrer na cruz. Por isso, eu vos peço humildemente que glorifiqueis também aqui na terra o Bem-aventurado Padre Pio, que na participação generosa dos vossos sofrimentos vos amou de todo coração e se entregou pela glória do Pai e pelo bem das almas. Eu vos suplico, ó Senhor, que me concedais a graça que ardentemente hoje vos peço (fazer o pedido).

ORAÇÃO
Da vida salutar

Deus, nosso Pai, olhai para nós, vossos filhos. Ajudai-nos a buscar uma qualidade de vida melhor para nós e para nossos filhos. Concedei-nos uma vida longe das discórdias, longe dos vícios das drogas, longe da mentira e de todo erro. Tornai-nos instrumentos da vossa paz. Amparai os fracos, socorrei os necessitados, curai os enfermos, concedei vossos favores aos que vos recorrem com humildade de coração e simplicidade de mente. **Não deixeis que nosso ânimo se abata. Não deixeis que a nossa coragem se esmoreça. Não deixeis que a nossa confiança se extinga. Caminhai conosco. Guiai-nos. Fortalecei-nos. Renovai nossa esperança. Dai-nos um espírito de luta.** *Que as palavras de Jesus ilumine a nossa vida e fortaleça a nossa esperança:* "Não se perturbe o vosso coração. Credes em Deus, crede também em mim" (Jo 14,1ss).

3 DE MAIO

S. Tiago Menor

séc. I – apóstolos de Jesus – "Tiago" corresponde a "Jacó", que em hebraico quer dizer "que Deus proteja"

Tiago Menor, apóstolo, nasceu em Caná, Galileia, era primo de Jesus (Mt 13,55) e mais tarde tornou-se bispo de Jerusalém (At 15; 21,18). S. Eusébio afirma que os joelhos de Tiago eram duros como os de um camelo, "porque ele continuamente dobrava os joelhos em adoração a Deus, suplicando-lhes perdão pelos pecados do povo". Teria sido precipitado do pináculo do Templo e apedrejado até morrer. Deixou-nos a conhecida carta de Tiago, em que mostra como o cristão deve agir diante das situações: *"Cada um seja pronto para ouvir, mas lento para falar, e lento para ficar com raiva, porque a raiva do homem não produz a justiça que Deus quer"* (Tiago 1,19).

S. Filipe

séc. I – apóstolos de Jesus – "Filipe" quer dizer "apreciador de cavalos"

O apóstolo Filipe foi um dos doze apóstolos de Jesus (Mateus 10,3; Marcos 3,18; Lucas 6,14; João 1,43-48). Nasceu em Betsaida, Galileia, e foi chamado pelo próprio Jesus. No episódio da multiplicação dos pães, quando Jesus perguntou onde se poderia comprar pães para que todos comessem, Filipe respondeu prontamente a seu modo, dizendo que duzentos denários de pão não seriam suficientes para que cada um recebesse um pedaço

3 DE MAIO

(cf. João 6,5.7). Mas Jesus falava da partilha do pouco que cada um tinha e não em compra de pães. Foi Filipe também que pediu a Jesus lhes mostrasse o Pai: *"Senhor, mostra-nos o Pai e isso nos basta!"* (João 14,8).

Testemunha de nossos tempos

Filipe Huete – Ministro da Palavra e quatro companheiros, mártires, Honduras, 1991.

ORAÇÃO
Do Deus-conosco

Deus, nosso Pai, o que um dia disseste a Filipe a nós hoje o dizes: há quanto tempo estou contigo, te chamando pelo nome, te amando com ternura e misericórdia, te encorajando, te amparando para não cair, e nas tuas quedas, te levantando, te sarando as feridas, te indicando o caminho, e ainda não me conheces? Aquele que me viu no rosto de quem acredita e confia no poder do amor, de que tem esperança e fé na vida, de quem procura construir sua casa na bem--aventurança do Reino que há de vir, este já viu o Pai, já viu a Deus. Como prometeste a teus discípulos (Jo 14,8ss), *faze-nos entender hoje o significado desta tua palavra:* **"Não vos deixarei órfãos. Voltarei a vós... Deixo-vos a paz, dou-vos a minha paz. Não vo-la dou como o mundo a dá. Não se perturbe o vosso coração, nem se atemorize!... Vou e volto a vós"** (Jo 14,18.27s).

4 DE MAIO

B. Zeferino Giménez Malla
1861-1936 – leigo e mártir

Zeferino Giménez Malla foi o primeiro cigano a ser declarado bem-aventurado na história da Igreja. Natural de Fraga, Espanha, foi sempre fiel às tradições ciganas. Ganhou a vida como vendedor ambulante e, mais tarde, comerciante estimado e conhecido por todos com o apelido de El Pelé. Casou-se segundo o ritual cigano e mais tarde, segundo o rito católico, era amoroso e acolhedor, honesto em tudo o que fazia. Devoto da Virgem Maria, foi vicentino e membro da Ordem Terceira Franciscana. Mesmo analfabeto, dedicava-se com amor à catequese das crianças. Durante a Guerra Civil Espanhola, em 1936, foi preso e fuzilado por defender publicamente um padre que era arrastado pelas ruas de Barbastro. Foi beatificado por João Paulo II, em 1997.

S. Floriano
séc. IV – mártir – "Floriano" significa "florescente". Padroeiro da Polônia e invocado contra os perigos da água e do fogo

Floriano foi o oficial do exército romano que trabalhava pela libertação dos cristãos. Sofreu o martírio (c. 304) na perseguição de Diocleciano, imperador romano. Por ordem do pretor Aquilino, foi açoitado, esfolado e lançado no rio Enns, com uma grande pedra amarrada ao pescoço. Seus restos mortais encontravam-se na abadia agostiniana de S. Floriano, em Linz,

4 DE MAIO

e, em 1138, o papa Lúcio concedeu parte de suas relíquias ao rei Casimiro da Polônia.

S. Silvano
c. 311 – "Silvano" quer dizer "Senhor das selvas"

Silvano, bispo de Gaza, Palestina, também sofreu o martírio durante a perseguição de Diocleciano. Foi condenado a trabalhos forçados nas minas de Feno, na Palestina. Doente, enfraquecido e considerado imprestável, foi decapitado.

Testemunhas de nossos tempos

Cristóbal de Pedraza – Bispo, "pai dos índios", 1547, Honduras. **Pedro de Córdoba** – Primeiro apóstolo missionário dos dominicanos na América. Autor do primeiro catecismo do Continente, 1521.

ORAÇÃO
Da morte e ressurreição

Deus, nosso Pai, creio na paixão, morte e ressurreição de nossa gente. **Creio na ressurreição de todos os que são tidos na conta de impotentes, marginais, miseráveis, famintos e indigentes.** *Creio no trigo moído que se converte em pão; creio na uva pisada, que se faz vinho de oblação, creio na semente que ao morrer renasce, cresce e se transforma em árvore pungente. Senhor Deus da História, Justiceiro dos povos, Senhor dos Exércitos, Deus forte e verdadeiro, fazei brotar no meio de nós a paz, a justiça e a verdade que libertam e resgatam a vida.*

5 DE MAIO

S. Máximo de Jerusalém
*séc. IV – bispo – "Máximo" quer dizer "o maior",
"o de alta estatura"*

Terceiro bispo de Jerusalém, S. Máximo foi o sucessor de S. Macário, que governou aquela Igreja por volta do ano 311. Preso e torturado com extremo requinte de crueldade: arrancaram-lhe um dos olhos e queimaram seus pés com ferro em brasas. Nesse estado deplorável, foi deportado para o trabalho forçado em minas. S. Máximo exerceu grande influência no Concílio de Niceia (325). Convocou todos os bispos da Palestina para assistirem à sagração da grande basílica que o imperador Constantino havia mandado construir. Foi defensor e amigo de S. Atanásio, na luta contra o arianismo. Governou por 20 anos a Igreja de Jerusalém.

S. Hilário
séc. V – "Hilário" quer dizer "alegre", "contente", "divertido"

Bispo de Arles, S. Hilário viveu por volta de 449. Por influência de seu tio, o abade S. Honorato, deixou tudo e fez-se monge no mosteiro de Lérins e, mais tarde, bispo de Arles, sucedendo a S. Honorato. Era homem de vida simples, austera, disciplinada, intransigente, viajava sempre a pé, sempre preocupado em resgatar os cativos e manter a disciplina entre o clero.

5 DE MAIO

Testemunha de nossos tempos

Isaura Esperanza – "Chaguita", catequista legionária de Maria, identificada com as lutas pela justiça, El Salvador, 1980.

ORAÇÃO
Da comunhão e participação

*Deus, nosso Pai, não sois um Deus solitário, mas um Deus comunhão, que é Pai, Filho e Espírito Santo (cf. Jo 16,5ss). Vós mesmo dissestes: "**Eu sou a videira; vós, os ramos. Quem permanecer em mim e eu nele, esse dá muito fruto; porque sem mim nada podeis fazer**" (Jo 15,1-8). Rompei em nós o individualismo, que nos leva a viver sozinhos e divididos, sem preocupar-nos com os interesses maiores da comunidade. Abri nossos corações para que participemos ativamente da construção de um mundo, onde impere a verdade e a comunhão de mente e ideais. Sejam nossos e de todos a busca constante, a comunhão e a participação ativas, o empenho, a luta comum, o clamor por justiça. Sejam nossos e de todos o sonho de uma vida mais digna, da solidariedade entre as raças e culturas, da reconciliação universal, da união e da luta comum pela dignidade da pessoa, da esperança de um amanhã melhor que o presente.*

6 DE MAIO

S. Lúcio de Cirene
séc. I – bispo – "Lúcio" quer dizer "luzente", "iluminado"

Nos *Atos dos Apóstolos*, Lucas afirma que S. Lúcio atuava na comunidade cristã de Antioquia, juntamente com outros membros ativos, como Barnabé, Simeão, Manaém e Saulo (Atos 13,1ss). Era de Cirene, na Líbia, onde foi bispo, vivendo portanto nos primeiros tempos do cristianismo nascente. Segundo o *Martirológio romano*, entre os 22 santos com o nome *Lúcio*, Lúcio de Cirene é o mais antigo e também o mais desconhecido.

S. Evódio
séc. I – bispo – "Evódio" significa "aquele que segue bom caminho"

Evódio foi bispo de Antioquia por volta do ano 64. Antes de partir para Roma, o próprio apóstolo Pedro o preparou para ocupar seu lugar e dirigir a comunidade cristã de Alexandria. Com Evódio os seguidores de Cristo começaram a ser chamados "cristãos" (At 11,26).

Testemunha de nossos tempos
Rubén Dario Vallejo – Sacerdote, Colômbia, morto em 1987.

6 DE MAIO

ORAÇÃO
Da ação do Espírito em nós

Deus, nosso Pai, é o vosso Espírito que faz da Igreja uma família universal, um povo de servidores, um corpo vivo, o templo de Deus, o sacramento da salvação (cf. Jo 16,5ss). **Abramos nossos corações à ação do Espírito Santo, o Paráclito, a Respiração divina em nós, e assim o Evangelho, que transformou a vida dos primeiros cristãos, possa transformar também os nossos corações.** *Tornai-nos atentos aos sinais da graça, que age com força e poder transformando o nosso modo de ser e de agir. Sejamos dignos da vocação a que fomos chamados: anunciar, com o mesmo ardor dos primeiros cristãos que sois o Deus dos vivos, o Deus da liberdade, o Deus da alegria, o Deus da ternura, o Deus que nos liberta de toda angústia e sufocação, de toda tristeza e falta de esperança. E a vossa vontade, ó Pai, é que o homem viva plenamente feliz.*

7 DE MAIO

S. João de Beverley

séc. VIII – bispo – "João" quer dizer "Deus é misericordioso"

João de Beverley, bispo de Iorque, nasceu em Harpham, povoado de Yorkshire. Jovem ainda ingressou no mosteiro de Kent, dirigido pelo abade S. Adriano Cantorbery. Retornou ao país e ingressou na abadia de Whitby, governada por S. Hildo, onde se fez beneditino. Mesmo depois de ter sido bispo de Hexham, S. João de Beverley manteve-se fiel às práticas contemplativas, retirando-se para lugares em que pudesse ficar em silêncio e refazer suas forças espirituais. Ao morrer S. Bosa, foi feito bispo de Iorque e fundou o mosteiro de Beverley, para homens e mulheres. Idoso, renunciou o bispado em favor de S. Vilfrido e passou o resto da vida no silêncio do mosteiro de Beverley. Morreu no dia 7 de maio de 721. S. Beda, seu contemporâneo, em sua *História eclesiástica*, fala com unção da vida e das obras de S. João de Beverley, cujo culto não foi pequeno na Inglaterra católica.

7 DE MAIO

ORAÇÃO
Da cura do cego

Deus, nosso Pai, Jesus curou o cego de nascença (cf. Jo 9,1ss) – *curai também hoje a nossa visão interior. Sois a Luz dos homens – possamos ver os sinais do vosso amor operante. Sois a Vida – regenerai-nos e fortalecei-nos. Sois o Deus-conosco – socorrei o nosso espírito e o mundo necessitado de paz. Sois o Caminho* (cf. Jo 14,6) – *guiai nossos passos errantes.* **Caminhastes com os desanimados discípulos de Emaús** (cf. Lc 24,13ss) – **velai por nós que também tateamos pelas estradas do mundo, tantas vezes sem abrigo de alma e de corpo, deserdados da paz e de todo bem.** *Vós que curastes o possesso de Cafarnaum, a sogra de Pedro, o leproso, o paralítico, o homem de mão seca, o servo do centurião, o filho da viúva de Naim, a filha de Jairo...* (cf. Lc 4-7,11), *sede o Médico de nossas almas* (cf. Lc 7,1ss). *Curai nosso olhar sem graça, impiedoso, triste, condenatório, inquisidor. Curai nossa vida sem sentido e sem esperança. Sois verdadeiramente homem e verdadeiramente Deus – dai-nos fome e sede de humanidade e de compaixão divina. Vós que expulsastes o demônio mudo* (cf. Lc 4,31ss) – *desatai nossa língua para que expulsos sejam os demônios que nos habitam e proclamemos a paz, a esperança, a retidão de vida, os sonhos e promessas já e ainda não cumpridos.*

8 DE MAIO

Nossa Senhora de Luján

Esta devoção remonta ao ano 1630, quando ela se manifestou a uma comitiva que ia de Buenos Aires a Tucumán, travando as rodas da carroça em que se encontrava um caixote com a imagem da Imaculada Conceição. Bastou retirá-lo para que a carroça se movesse com facilidade. A comitiva entendeu que o desejo da Virgem era permanecer naquele lugar, às margens do rio Luján. É a padroeira da Argentina, do Paraguai e Uruguai. É invocada com a seguinte oração:

Ó Virgem Santíssima de Luján. A ti recorremos neste vale de lágrima, atraídos pela fé e pelo amor que tu mesma infundiste em nosso coração. Ó Mãe querida, alivia a nossa dor, consola as nossas angústias, dá-nos o pão material e o alimento espiritual para fortalecer o nosso corpo e a nossa alma. Faze com que não nos falte um emprego estável e uma justa remuneração. Elimina o ódio e o egoísmo do coração de todos os homens. Virgem Santíssima de Luján, ilumina o nosso caminho para que, unidos na paz e fraternidade, com todos os irmãos da terra, continuemos a marcha gloriosa para a casa do Pai. Abençoa, ó Mãe, o Brasil, cujos filhos cantam os teus louvores, agora e pelos séculos dos séculos. Amém.

8 DE MAIO

S. Bonifácio IV

séc. VI- séc. VII – papa – "Bonifácio" quer dizer "aquele que tem um destino promissor"

Natural de Valéria, Itália, o monge Bonifácio foi eleito papa em 607. Durante seu pontificado, foi reconhecida oficialmente a supremacia da Igreja de Roma sobre a de Constantinopla. Foi ele também que consagrou, em 609, o Panteão de Roma ao culto da Virgem Maria e dos mártires. Morreu em 615.

Testemunha de nossos tempos

Vicente Cañas – Missionário jesuíta, assassinado pelos que cobiçavam as terras dos índios em Mato Grosso, Brasil, 1987.

ORAÇÃO
Da sede de humanidade

Deus, nosso Pai, em Jesus, vosso Filho, o valor da vida humana foi resgatado. Se levais em consideração até mesmo um fio de cabelo que cai de nossa cabeça, quanto mais quando elevamos a vós as nossas súplicas clamando por vosso socorro. Fazei que tenhamos sede de humanidade, e nosso empenho seja o de lutar pela defesa de nossa dignidade e construir um mundo solidário, onde ninguém fique à margem, vivendo das sobras dos que passam. ***Dai--nos um espírito resoluto e um ânimo forte para não esmorecermos diante das dificuldades, mas em tudo preservemos a ternura e a misericórdia, o amor e a bondade com que Jesus tratou os aflitos e humilhados****. Pela vossa força e bondade, livrai-nos de todo o mal. Amém.*

9 DE MAIO

S. Pacômio

séc. III – monge – "Pacômio" significa "o da águia"

Nascido por volta de 292, na Alta Tebaida, Egito, S. Pacômio pertencia a uma família pagã. Aos 20 anos de idade, viu-se obrigado a alistar-se no exército imperial e partir para Tebas com as tropas de Maximino. Derrotados por Licínio e Constantino, Pacômio caiu prisioneiro em Tebas, onde ficou impressionado com o exemplo dos cristãos que arriscavam a vida para levar, secretamente, alimentos aos encarcerados. Libertado, fez-se batizar e instruir-se na fé cristã, na comunidade de Kasr-es-Sayad. Depois de levar por sete anos uma vida solitária, fundou em 325, nas proximidades do rio Nilo, em Tabenisi, a primeira "koinonia", uma comunidade religiosa cristã de vida comum, baseada na comunhão de oração, trabalho e refeição, em que todos se propunham servir uns aos outros. Ao morrer, em 348, os mosteiros por ele fundados abrigavam cerca de sete mil monges. Foi ele que compôs a primeira *Regra monástica*, em língua copta, cuja influência fez-se notar mais tarde na vida monástica do Oriente e do Ocidente. Essas regras teriam sido transmitidas a ele por um Anjo que lhe ordenou a fundação de um mosteiro em Tabenisi. Uma das regras prescreve:

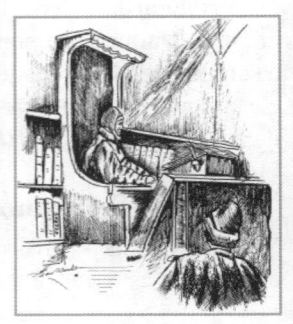

"Permitirás que cada um coma e beba de acordo com suas forças e determinarás um trabalho proporcional às forças daquele que come" (cf. Vida dos santos de Butler, *vol. V, p. 82).*

9 DE MAIO

Testemunha de nossos tempos

Luis Vallejos – Arcebispo de Cuzco, Peru, defensor dos pobres, morto em acidente provocado e jamais esclarecido, em 1982.

ORAÇÃO
Da gratuidade do amor

Deus, nosso Pai, vós nos amais com um amor eterno. Não fomos nós, mas vós que nos amastes primeiro: "Aquele que não ama não conhece a Deus, porque Deus é amor... Nisto consiste o amor: não em termos nós amado a Deus, mas em ter-nos ele amado e enviado seu Filho para expiar nossos pecados" (1Jo 4,7ss). Em vosso amor misericordioso, surgistes em nossa vida como o sol da manhã, que a tudo ilumina e esclarece. Brotastes em nosso árido chão como a fonte de Água viva que toda sede abranda. **Mesmo que todo mundo nos abandone, em vós temos a certeza de que somos amados e queridos por vós. Por mais escura seja a nossa noite, vós nos enxergais e conheceis cada um de nossos passos e tropeços.** *Sejamos sinais da gratuidade desse amor reservado a todas as criaturas na comunhão convosco e com nossos irmãos. Seja a nossa maior alegria servir, ajudar com solicitude as pessoas necessitadas, a exemplo de Jesus que lavou e enxugou os pés de seus discípulos, pois no vosso Reino grande é aquele que serve.*

10 DE MAIO

S. João De Ávila

1499-1569 – sacerdote – "João" quer dizer
"O Senhor é misericordioso"

Natural de Toledo, João De Ávila arrastou a muitos à santidade de vida. Por sua influência, muitos de seus discípulos ingressaram na ordem de S. Inácio de Loyola, de quem o Mestre de Ávila era amigo e admirador e se considerava no espírito um jesuíta também. Foi diretor espiritual de S. João de Deus, S. Francisco Borja, S. Teresa de Jesus e de muitas outras personalidades do tempo. Estudou direito em Salamanca e completou os estudos na Universidade de Alcalá, tendo como professor Domingos Soto, célebre dominicano. Ordenado sacerdote, vendeu tudo o que possuía e dedicou-se integralmente à pregação, tendo como modelo de vida Paulo, Apóstolo. Tornou-se então eloquente pregador, cujos sermões levaram numerosas pessoas a mudanças de vida, como foi o caso de S. João de Deus. Deixou vários escritos, sendo o mais conhecido o *Escuta, minha filha*. Chegou a ser acusado de radicalismo por afirmar que os ricos eram excluídos do reino de Deus. Viveu sempre pobre, sem criadagem, cuidando ele próprio de suas necessidades.

B. Henrique Rebuschini

1860-1938 – religioso – "Henrique"
significa "Senhor do couto"

Nascido em Gravedona, Itália, Henrique Rebuschini foi chamado "o grande

10 DE MAIO

apóstolo dos doentes", pois dedicou a vida inteira a assisti-los. Contador, em 1887 ingressou na congregação dos Camilianos, descobrindo que sua vocação era o serviço aos enfermos e desvalidos. Foi por três vezes superior da comunidade religiosa de Cremona. Administrou por 23 anos a Clínica "S. Camilo", sempre preocupado com o bem-estar espiritual e material dos pacientes. Foi beatificado por João Paulo II, em 1997.

Testemunha de nossos tempos

Josimo Moraes Tavares – Sacerdote dedicado à defesa dos camponeses, assassinado em 1986, Brasil.

ORAÇÃO
Da vontade de acertar

Deus, nosso Pai, sois Mestre e Senhor. Perante vós nada fica oculto. Tudo é esclarecido. Tudo é revelado. Toda dissimulação é publicada. Corrigi nossos erros e mostrai-nos a verdade. **Nos perigos, apaziguai-nos. Nas fraquezas, reconfortai-nos. Nas dificuldades, elevai nosso ânimo. Nos momentos adversos, amparai-nos. Nos desaventos, renovai nossa coragem e espírito de luta. Nas tribulações, dai-nos paciência e fortaleza. Nos erros, inclinai-nos à humildade para a conversão. Nos fracassos, ânimo para recomeçar.** *Nas quedas, levantai nossa fronte e fortalecei nossas juntas. Em tudo, renovai a nossa vontade de aceitar a vossa vontade, sabendo que tudo concorre para o bem dos que vos ama, pois disseste*: "*Não sentirão fome nem sede; e o vento quente e o sol não os castigarão, porque aquele que tem piedade deles os guiará e os conduzirá às fontes...*" (Is 49,9-10).

11 DE MAIO

S. Francisco de Jerônimo

1642-1727 – "Francisco" quer dizer "franco, livre"

Natural de Tarento, Itália, Francisco de Jerônimo iniciou bem jovem os estudos teológicos em Tarento e, mais tarde, Direito Canônico e Direito Civil. Já sacerdote, aos 28 anos ingressou na Companhia de Jesus, onde exerceu o cargo de pregador da Igreja *Gesù Nuovo*, em Nápoles, revelando-se pregador eloquente e persuasivo. Entre as numerosas conversões que operou, está a de Maria Cassier que, 11 anos após a morte do Santo, depôs no processo de sua canonização. A ela teria ele dito: *"Não és mulher a viver escondida debaixo de trajes masculinos? Não és Maria Cassier, nascida em Paris, donde vieste para a Itália? Não te escondes também sob o nome de Carlos Pimentel?..."* De fato, Maria Cassier e sua irmã, órfãs de mãe, planejaram a morte do pai que as maltratava. Após cometerem o crime, vestiram roupas masculinas e puseram-se a serviço do rei da Espanha, Carlos II. Em Abruzos, uma das irmãs morreu durante o combate. Maria Cassier, que se chamava Carlos Pimentel, sepultou secretamente a irmã, temendo que a farsa fosse descoberta. Retornou a Nápoles, onde se encontrou com S. Francisco, sendo convertida por ele... Morreu murmurando o *Te Deum*:

A vós, ó Deus, louvemos a vós, Senhor, cantamos. A vós, Eterno Pai, adora toda a terra. A vós cantam os anjos, os céus e seus poderes: Sois Santo, Santo, Santo,

11 DE MAIO

Senhor, Deus do Universo. Proclamam céus e terra a vossa imensa glória. A vós celebram o coro glorioso dos apóstolos, louva-vos dos Profetas a nobre multidão e o luminoso exército dos vossos Santos Mártires...

Testemunhas de nossos tempos

Carlos Mugica – Sacerdote comprometido com os favelados, 44 anos, assassinado na Argentina, em 1974. Sempre lutou para construir a fé no coração do povo. Dizia: "Hoje mais do que nunca é preciso estar junto ao povo". **Afonso Navarro** – Sacerdote, 35 anos, comprometido com os camponeses e os jovens, assassinado juntamente com Luís, 14 anos, em 1877, em El Salvador.

ORAÇÃO
Do Deus santo

Deus, nosso Pai, possa hoje subir até vós o nosso louvor por tudo o que por nós tendes feito. **Cada dia que vivemos é uma graça, um presente que recebemos de vossas mãos. Cada dia assoprais sobre nós infundindo em nosso espírito ânimo e força em nossa travessia.** *Por isso, vos louvamos com todos os homens de boa vontade e que acreditam no bem e na verdade. Senhor, pela força do vosso Espírito Santo, mais uma vez vos pedimos: construí hoje a fé em nossos corações combalidos pelas contrariedades diárias e fazei-nos compreender que é pela fé e a inabalável confiança em vós que recobramos a paz de espírito e a força interior necessária para caminharmos sem vacilar. É ainda pela fé e confiança em vós que salvaremos nossas vidas.*

12 DE MAIO

S. Nereu, S. Aquiles e S. Pancrácio

séc. I – mártires – "Nereu" significa "deus do mar"; "Aquiles", figura mitológica cujo ponto vulnerável era o calcanhar; "Pancrácio" quer dizer "aquele que tudo pode", "todo-poderoso"

O culto a esses santos remonta ao século IV. Nereu e Aquiles eram soldados romanos e viveram no fim do século I, sofrendo o martírio provavelmente durante a perseguição do imperador romano Diocleciano. Foram sepultados no cemitério situado na via Ardeatina, onde foi erguida uma basílica em honra deles. S. Dâmaso conta que, sem que ninguém esperasse, os dois soldados converteram-se, despojando-se das armaduras e escudos, confessando a fé em Jesus. Pancrácio foi um adolescente de 14 anos, martirizado em Roma no tempo de Diocleciano. Sob sua sepultura no cemitério de Calepódio, o papa Símaco mandou construir, no ano 500, uma basílica a ele dedicada. Mais tarde, também o papa Honório I (625-638) mandou edificar uma igreja em louvor a S. Pancrácio, depositando nela seus restos mortais.

Testemunhas de nossos tempos

Walter Woordechers – Missionário belga, por 12 anos trabalhou junto aos pobres; após várias ameaças de morte, foi assassinado, em 1980, na Guatemala. **Alfonso Navarro Oviedo** – Sacerdote diocesano, empenhado em denunciar a opressão em San Salvador, assassinado juntamente com Luisito Torres, um jovem de 14 anos participante dos movimentos, El Salvador, 1977.

12 DE MAIO

ORAÇÃO
Do dom total de si

Deus, nosso Pai, hoje fazei de nós tudo para todos. ***Aproveitemos o momento presente para buscar nossa bem-aventurança, nosso eixo, nosso ponto de apoio, nossa razão de ser.*** *Livrai-nos da avareza que a tudo se apega e nada condivide. Dai-nos bom-senso, para não sermos enganados pelos vendedores de ilusões e de sonhos fáceis e pelas mentes enganadoras. Dai-nos discernimento para que não sejamos seduzidos pelas cores e brilhos dos ídolos que nos cegam e roubam de nós a dignidade de pessoas libertas e livres. Fazei-nos tudo para todos. Favorecei-nos com um tempo de paz, de solidariedade e de humanos sentimentos. Favorecei-nos com um tempo de desprendimento em que sejam queimadas as palhas de nossas futilidades. Sejamos o trigo que se deixa moer, o pão que se deixa consumir, as sementes que se rasgam para nascer. Sejamos a água que se deixa diminuir e no gesto de tudo doar aconteça o milagre de tudo ganhar.*

13 DE MAIO

Nossa Senhora de Fátima

"Fátima" tem muitos significados, entre os quais: "a que deixou de mamar", "a esplêndida", "a fecunda"

As aparições de Nossa Senhora, em Fátima, aos três pastorinhos portugueses, Lúcia, 10 anos, Francisco, 9, e Jacinta, 7 anos, iniciaram-se no dia 13 de maio de 1917. A Virgem pediu-lhes que ali viessem por seis meses seguidos no dia 13 à mesma hora. Pediu também que rezassem o terço todos os dias pela paz do mundo e o fim da guerra (I Guerra Mundial). A notícia espalhou-se rapidamente e uma grande multidão acorreu a Fátima e foi testemunha de numerosos prodígios, como o giro do Sol sobre si mesmo. Em 1946, perante uma multidão de 800 mil pessoas, Nossa Senhora foi coroada solenemente em Fátima. No dia 13 de maio de 2000, Jacinta e Francisco foram beatificados por João Paulo II. A Virgem de Fátima é invocada com a seguinte oração:

Santíssima Virgem, nos montes de Fátima vos dignastes revelar a três pastorinhos os tesouros de graças contidos na prática do vosso santo rosário. Incuti profundamente em nós o apreço a essa devoção, a vós tão querida, a fim de que, meditando os mistérios da redenção, nos aproveitemos de seus preciosos frutos e alcancemos a graça.... que vos pedimos, se for para melhor colaborarmos com a glória de Deus, que é a vida em abundância do ser humano. Amém. (Em seguida reza-se o pai-nosso, a ave-maria e o glória).

13 DE MAIO

ORAÇÃO
De Maria, nossa Mãe

Maria, nossa Mãe e Senhora da paz, nesse momento concentramos nosso pensamento em vós. Olhai para nosso coração desejoso da paz de espírito e da harmonia que nascem de uma vida generosa e solidária. Dai-nos, por vosso Filho Jesus, a simplicidade e a retidão de pensar e de agir, para que se tornem transparentes nossas atitudes e nosso modo de ser. Sois mãe, conheceis o íntimo de cada filho vosso. Conheceis os sonhos que nos alentam, os medos que nos apavoram. Conheceis nossa sombra e nossa luz e o caminho que trilhamos. **Sabeis das nossas necessidades todas. Sabeis de nossas aflições e dos nossos fracassos. Sabeis o quanto podemos ser enganados, ludibriados, explorados em nossa boa fé. Por isso, ó Mãe, velai por nós agora e sempre. Intercedei a Deus por nós e atendei favoravelmente os nossos pedidos.** *Com vosso manto maternal, amparai-nos e de todos os perigos defendei-nos.*

14 DE MAIO

S. Matias Apóstolo
séc. I – apóstolo – "Matias" quer dizer "presente de Javé"

É o único apóstolo não escolhido pessoalmente por Jesus, mas sim pela comunidade primitiva cristã. Conforme Atos 1,15-26, após a ascensão, Matias foi escolhido para completar o grupo dos Doze, em substituição a Judas. Como afirma João Crisóstomo, sua escolha não obedeceu a ditames humanos, mas aos desígnios de Deus (At 1,21-22):

E rezaram juntos, dizendo: *Senhor, tu conheces o coração de todos. Mostra-nos* (At 1,24). Tu, nós não. Com acerto o invocam como aquele que conhece os corações, pois a eleição deveria ser feita por ele e não por mais ninguém. Assim falavam com toda a confiança, porque a eleição era absolutamente necessária. Não disseram: *"Escolhe"*, mas *Mostra-nos quem escolheste* (At 1,24). Bem sabiam que tudo está predestinado por Deus..." (*Liturgia das horas*, v. II, op. cit., p. 1.580).

S. Maria Domingas Mazzarello
1837-1881 – fundadora – "Domingas" quer dizer "pertencente ao Senhor"

Madre Maria Domingas é cofundadora das Filhas de Maria Auxiliadora ou Irmãs Salesianas, dedicadas ao ensino e educação da juventude. Filha de camponeses, nasceu em 1837, no dia 9 de maio, em Mornese, Itália. Foi uma mulher afeita ao trabalho, amável, simples, que prezava a modéstia, a brandura e sabia encorajar

14 DE MAIO

e orientar em vez de reprimir; dava exemplo em vez de criticar. Do encontro com Dom Bosco, surgiu a ideia da fundação de um instituto dedicado à educação da juventude desamparada. Surgia então a Congregação das Filhas de Maria Auxiliadora, que logo se expandiu por vários países da Europa e da América Latina. Ao morrer, já haviam sido fundadas 26 casas.

Testemunhas de nossos tempos

Massacre de Sumpul – Cerca de 600 pessoas são assassinadas pela Guarda Nacional em El Salvador, em 1980. **Juan Caccya Chipana** – Operário militante, vítima da opressão policial no Peru, em 1980. **Lavradores** mártires de Cayara, Peru, 1988.

ORAÇÃO
Da viagem para a eternidade

Deus, nosso Pai, sois o Deus da vida e em vosso Filho Jesus o poder da morte foi vencido. **Ensinai-nos hoje a encarar a vida com a naturalidade dos que sabem que os frutos verdes hão de amadurecer e deixar a rama que os sustentam. Não lamentemos pelas cascas das sementes que apodrecem, mas germinam multiplicando a vida.** *Sabemos, Senhor, que ainda é fraca a nossa fé e pouca a nossa confiança em vós. Por isso, vos pedimos, concentrai nosso pensamento em vós e na vida, pois vivendo cada momento com intensidade, e como se último fosse, estaremos prontos a viver o momento mais importante de nossa vida: deixar tudo para tudo encontrar naquele que não conhece ocaso nem limites: Cristo Ressuscitado junto de Deus.*

15 DE MAIO

S. Dimpna

Conforme a tradição, a mãe de S. Dimpna teria sido uma princesa cristã que morreu quando ela ainda era pequena e seu pai, um rei pagão. Os poucos anos que conviveu com a mãe lhe serviram para que fosse instruída por ela na doutrina cristã. Quando cresceu, sua semelhança com a mãe era tal que o próprio pai enamorou-se dela e começou a importuná-la. Com a ajuda de S. Gereberno, seu mestre espiritual, S. Dimpna fugiu para Antuérpia e dali se embrenharam pela floresta até encontrar o oratório de S. Martinho. Entretanto, foram encontrados e mortos. Ela, pelas mãos do próprio pai, e S. Gereberno, pelos comandados do rei. Seus corpos foram sepultados em Gheel. S. Dimpna é invocada contra as doenças mentais.

Testemunha de nossos tempos

Carlos Galvez Galindo – Sacerdote, comprometido com a justiça social, assassinado em 1981, na Guatemala.

15 DE MAIO

ORAÇÃO
Da unidade interior

Deus, nosso Pai, vós sois único e verdadeiro, e nós, múltiplos e fragmentados. Arvoramo-nos em juízes e inquisidores do outro, mas pouco ou nada sabemos de nós. **Possamos hoje buscar nossa unidade interior, em que transpareça nossa face verdadeira. Mergulhemos sem medo no fundo de nossa alma e contemplemos nossa verdadeira face.** *Fazei que avancemos no conhecimento de nós mesmos, pois assim conheceremos um pouco daquele que habita nosso íntimo e nos chama pelo nome. Sois o mistério infinito, que se estende para além dos séculos: nosso olhar ultrapasse o reflexo do rosto refletido no espelho de nossas estreitas visões. Sois a sabedoria eterna: abramos a mente e o coração ao poder daquele que a tudo move e, ao mover, tudo é transformado, é recriado, confundindo nossas fórmulas e nossos limitados cálculos. Sois o mistério do amor e da ternura que nos envolve e nos sustenta: habitai nossos corações, pois temos sede de humanidade e sede de divindade; sim, ó Deus, temos sede de vós, Deus eterno e santo.*

16 DE MAIO

S. André Bobola

1591-1657 – jesuíta – "André" quer dizer "varonil", "robusto"

André Bobola foi um sacerdote jesuíta nascido em Pultondsk, Polônia, em 1591. Por volta de 1625, percorreu a Lituânia inteira, pregando a unidade entre os cristãos, reconduzindo muitos à fé cristã. Enfrentou, com coragem, determinação e paciência, a perseguição dos opositores não católicos, representados na sua maioria pelos cossacos. Os conflitos, entretanto, intensificaram-se, obrigando os jesuítas a abandonar tudo e buscar refúgio em Pinsk. Aos 16 de maio de 1657, encontrava-se em Janow, quando foi preso pelos cossacos que o acossaram feito um animal até Pinsk, fazendo-o correr e arrastar-se atrás de seus cavalos. Encerraram-no em um matadouro para lentos suplícios: o corpo foi sapecado, parte da pele retirada, foi escalpelado e mutilado, teve os olhos vazados e a língua arrancada. Foi canonizado por Pio XI, em 1938, que o declarou padroeiro da Polônia.

S. Simão Stock

1165-1265 – carmelita – "Simão" quer dizer "aquele que foi ouvido"

Simão Stock foi um frade carmelita, nascido em Kent, Inglaterra, em 1165 e falecido em 1265. Seu nome está ligado ao culto de Nossa Senhora e ao uso do escapulário marrom dos carmelitas. Segundo a tradição, a Virgem lhe apareceu com o escapulário na mão e disse: "*Este será um privilégio concedido*

16 DE MAIO

a ti e a todos os carmelitas. Quem morrer revestido deste hábito se salvará". Atribuem-se a ele também as antífonas *Flos Carmeli* e *Salve, Estrela Matutina*. Suas relíquias encontram-se no convento carmelita de Aylesford, em Kent.

Testemunha de nossos tempos

Edgard Castillo – Jornalista comprometido com a verdade, assassinado em 1981, na Guatemala.

ORAÇÃO
Da paz na Terra

Deus, nosso Pai, desde o princípio, a humanidade geme e sofre pelas tiranias do próprio homem: guerras, discórdias, desespero, ódio, vingança, crime organizado e impunidades. Mas o coração humano é capaz também da grandeza dos gestos que constroem, engrandecem, dignificam e restauram a vida. É capaz de fidelidade radical ao bem, à justiça, à verdade, ao amor e à paz. É capaz de dar a vida num gesto de amor radical. **Ingressai-nos nessa corrente de bem e de energias positivas, favoráveis à nossa felicidade individual e coletivas.** *Fazei-nos herdeiros da vossa paz e ajudai-nos a ser bondosos, sinceros, pacíficos, simples, misericordiosos e humanos. Dai-nos também a graça de sermos resolutos, firmes e inabaláveis na busca da verdade. Vós sois um Deus justíssimo e fidelíssimo: diante de vós todas as maquinações serão descobertas e nada ficará impune, até mesmo os planos mais secretos.*

17 DE MAIO

B. Antônia Messina

*1919-1935 – virgem e mártir – "Antônia", feminino de
"Antônio", quer dizer "aquela que vai à frente"*

Antônia Messina nasceu em Orgosolo, perto da cidade de Nuoro, Sardena, Itália. Jovem, militante da Ação Católica, vivia intensamente sua fé pela participação nos movimentos paroquiais. Tinha como modelo de vida S. Maria Goretti, uma adolescente assassinada por resistir às tentativas de estupro de um jovem. Sua sorte, porém, não foi diferente. Certa manhã, quando recolhia lenha num bosque foi agredida por um jovem que queria violentá-la e acaba sendo assassinada a pedradas pelo agressor. Foi beatificada no dia 4 de outubro de 1987.

S. Pascoal Bailão

*séc. XVI – religioso – "Pascal" significa "nascido na Páscoa".
Patrono dos Congressos Eucarísticos*

Pascoal Bailão era filho de camponeses e natural de Torre Hermosa, Espanha. Para poder recitar suas orações em louvor a Nossa Senhora, aprendeu a ler e a escrever sozinho. Antes de ingressar na Ordem dos Frades Menores foi pastor de ovelhas. Delicado e respeitoso com os doentes e os pobres, era circunspecto sem ser sombrio, chegando ao ponto de dançar alegremente, saltar e dar cambalhotas diante da estátua da Virgem Maria. Sua maior alegria era permanecer longas horas ajoelhado diante do Santíssimo, em profunda adoração. Por isso é chamado o *Santo*

17 DE MAIO

do Santíssimo Sacramento, o *Santo da eucaristia*. Em 1897, Leão XIII o proclamou o padroeiro dos *congressos eucarísticos*. Foi canonizado em 1690. É representado seja como frade franciscano absorto em contemplação, seja como pastor que conduz suas ovelhas e presta adoração à eucaristia.

ORAÇÃO
Da liberdade de ser

Deus, nosso Pai, dai-nos um espírito crítico e um discernimento correto, para que possamos separar o joio da malícia do trigo da bondade; separar o que procede da verdade do que provém da mentira; o que é pura vaidade do que é importante e essencial para nossa vida. Que a verdade seja dita e bendita. A mentira denunciada com todas as letras e todos os nomes. As injustiças e corrupções sejam manifestas e reparadas. Cada um possa escrever, por si mesmo, e não pelo punho alheio, seu nome no Livro da Vida. **Ninguém escravize nossas consciências, abafe nossas ideias, reprima nossos sentimentos e aborte nossos sonhos de fé e de esperança. Ninguém embargue nossa voz ou destrua nossos valores humanos.** *Ninguém profane nossas crenças na vida, em Deus e em nós mesmos. Ninguém brinque com nossa sede de sonhos, nossa busca de paz.*

18 DE MAIO

S. João I

523-526 – papa e mártir – "João" significa "Deus é misericordioso"

O papa João I nasceu em Senas, na Toscana e foi o 53 sucessor de Pedro, pontificando de 523 a 526. Seu pontificado foi marcado pelo conflito entre os imperadores Justino I, o Católico, e o ariano Teodorico, o Godo. Teodorico governava o império do Ocidente e Justino I, o império do Oriente. Por volta de 524, Justino I publicou um edito, ordenando o fechamento das igrejas arianas em Constantinopla e a exclusão dos seguidores de Ario dos cargos civis e militares. Teodorico reagiu contra tais medidas e forçou João I a uma viagem a Constantinopla para solicitar a revogação do edito. Ao chegar em Constantinopla, João I foi recebido pelo imperador e pelo povo com honrarias e festas. Além de satisfazer parte das reivindicações, o próprio imperador Justino fez-se coroar pelo papa, o que desagradou a Teodorico. Acusado de cumplicidade com o imperador Justino, João I foi lançado na prisão, onde morreu de fome e de sede em 526.

Testemunhas de nossos tempos

Héctor Gutiérrez, Zelmar Michelini – Militantes cristãos comprometidos com a justiça, assassinados em 1976, no Uruguai.

18 DE MAIO

ORAÇÃO
Da perseverança na verdade

Deus, nosso Pai, basta olhar ao nosso redor para constatar que o mundo tem necessidade do vosso amor e da vossa ternura. Sonhamos com a paz e a fraternidade, mas andamos ainda tão distantes uns dos outros, separados pela mentira, pela vingança, pelo ódio, pela violência. Senhor, dai-nos hoje a graça de nos firmar na verdade, crescer na justiça e perseverar na solidariedade. **Que a vossa verdade nos liberte de toda mentira, dissipe o que nos turva, desate o que nos amarra. Que a justiça supere a malícia, faça cair todo escudo, desarticule o que é perverso e anule toda perfídia**. *Que a solidariedade exorcize os egoísmos, transforme em júbilo todos os reclamos, faça reacender a chama da universal fraternidade. Ajudai-nos a preservar a dignidade de filhos de Deus. Inspirai-nos sentimentos de coragem, de entusiasmo, de ousadia na luta contra tudo aquilo que nos escraviza e nos oprime. A vós somente rendemos graças e prestemos nosso culto de amor. Amém.*

19 DE MAIO

S. Celestino V

1215-1296 – papa – "Celestino" quer dizer "do céu", "celestial"

O papa Celestino V nasceu em Isérnia, Itália. É lembrado como o organizador de uma comunidade de eremitas no monte Morone, conhecida como Ordem dos Irmãos do Espírito Santo ou Celestinos. Eleito papa aos 79 anos, em 1284, logo renunciou ao pontificado, em uma demonstração de profunda humildade. Despindo-se das vestes papais e vestindo o antigo hábito monástico, prostrou-se diante do povo e pediu perdão pelos erros cometidos. Temendo que o velho eremita lhe criasse dificuldades, Bonifácio VIII, seu sucessor, forçou-o a uma prisão voluntária na fortaleza de Fiumone, onde passou os dez meses restante de sua vida no mais completo isolamento e abandono.

19 DE MAIO

ORAÇÃO
Do amigo verdadeiro

Deus, nosso Pai, lembrados de que vosso amor e fidelidade são para sempre, afastemos para longe de nós, hoje, todo pensamento negativo e todo sentimento de tristeza. Tão certo como o nascer e o pôr do sol é a certeza de que não abandonais os que em vós esperam. A cada momento, favoreceis nossa vida com novas oportunidades, novas soluções, novos apelos e chamados, novas buscas, novas esperanças. A cada momento renovais nosso ânimo; fortaleceis nossa fé e nos inspirais novos sonhos. Em vós recobramos novas forças de superação. Em vós, o que julgamos perdido é resgatado; o que para o homem é perda torna-se ganho e prêmio. Nossos clamores ouvi; nossas lágrimas consolai e enxugai. Sois o amigo verdadeiro em que não há decepção nem falsidade. Vós nos conheceis por dentro. Em vós não há fingimento nem engano, nem mentira nem condenação, nem falso julgamento. Sois o Amigo dos homens, o Deus fiel para sempre. Amém.

20 DE MAIO

S. Ivo de Chartres

séc. XI – bispo e confessor – "Ivo" quer dizer "teixo", uma planta ornamental muito comum na Europa

O bispo e confessor S. Ivo foi uma figura importante na Igreja do século XI. Nascido em Beauvais, França, ingressou na abadia beneditina de Bec, dali foi para o mosteiro de S. Quentino, onde foi prior em 1078. Durante os 14 anos em que dirigiu os monges de S. Quentino, sua obra foi reconhecida dentro e fora do mosteiro, servindo de referência a outras casas religiosas que adotaram suas observâncias. Com o afastamento do bispo de Chartres, acusado de dilapidar os bens da Igreja, S. Ivo foi aclamado bispo daquela cidade. Incentivou o estudo do Direito Canônico, compilando em *Coleções* todo o conhecimento da época. Por recusar-se a celebrar o casamento de Filipe I, rei da França, com sua amante, mulher do conde de Anjou, foi perseguido e encarcerado. Morreu no dia 23 de dezembro de 1116.

Testemunha de nossos tempos

Pedro de Córdoba – Sacerdote, defensor e alma da luta pela libertação dos indígenas, morto em 1521 na República Dominicana.

20 DE MAIO

ORAÇÃO
Da recriação da vida

Deus, nosso Pai, olhai para nós neste dia. Vede as nossas necessidades físicas e espirituais e o desejo de felicidade que mora dentro de nosso coração. **Vós sois o Deus fiel, o Conhecedor das mentes e o Vigia de nossos corações vacilantes. Voltai o vosso olhar para nós e apressai-vos em nos socorrer. Para vós nada é oculto e antes que cada coisa suceda já a conheceis.** *Possamos com a nossa história, acertos e desacertos, dar testemunho de vossa ação libertadora. Sois o Deus da vida: permaneceis quando tudo caduca; estais presente quando a palha de nossas vaidades é queimada; estendeis a mão quando a prepotência de nosso orgulho é pisada pelo chão. Permaneceis ao nosso lado quando o desespero nos cega e a dor nos abate. Sois o Deus da vida, mesmo quando nossa fé é pequena, a dor e o sofrimento lancinantes, vós nos amais, respirando em nós e recriando-nos a cada instante.*

21 DE MAIO

S. Goderico
séc. XII – eremita

Um dos relatos da vida de S. Goderico foi escrito por Reginaldo, monge de Durham, a quem contou de viva voz coisas de sua vida. Filho de camponês de Walpole, Inglaterra, antes de tornar-se eremita foi mascate, frequentador de feiras em que comprava e vendia. Foi também navegante, viajando pela Europa inteira, sempre comprando e vendendo coisas. Um dia, impressionado por S. Cutberto, partiu para Jerusalém. Ao voltar, trabalhou na casa de um rico proprietário rural, mas, indignado pelas injustiças contra os pobres, abandonou tudo e partiu para o santuário de S. Gil e, depois, a Roma. Após conviver dois anos com o eremita Aelrico, que vivia nas regiões selvagens de Durham, partiu de novo em peregrinação a Jerusalém. Retornando à Inglaterra, estabeleceu-se perto do rio Wear, onde construiu um oratório, convivendo ali com animais selvagens, que em vez de ameaçá-lo abrigavam-se dos perigos, sob sua proteção. Era muito visitado pelos monges de Durham, entre os quais S. Aelredo e S. Roberto de Newminster. Possuía o dom da profecia e o conhecimento de acontecimentos distantes, que o fazia interromper suas conversas para orar por pessoas em perigo iminente. Morreu no dia 21 de maio de 1170.

21 DE MAIO

Testemunhas de nossos tempos

Pedro Aguilar Santos – Sacerdote, venerado pelo povo como santo, assassinado na Guatemala, em 1981. **Jaime Gutiérrez Alvarez** – Religioso, morto na Colômbia, em 1981. **Irene McComack** – Missionária, Peru, morta em 1991.

ORAÇÃO
Do poder da Palavra

Deus, nosso Pai, possa hoje nosso coração apoiar-se em vós e beber em vossa Palavra do vosso Espírito, fonte de toda energia salutar. **Abertos às suas inspirações, busquemos neste dia vossa Palavra transformadora. Que ela penetre nosso íntimo, modifique nosso modo de pensar e de agir e transforme nossa vida para melhor.** *É vossa Palavra que aclara nosso discernimento, ilumina nosso modo de pensar e julgar os acontecimentos. Ela revela nossas falhas, eleva nosso espírito, reanima nossa fé, desperta a consciência de que somos filhos queridos e amados por vós. No silêncio da natureza, na oração e contemplação de vossas maravilhas, encontremos a paz e a harmonia com toda a criação. Busquemos na vossa Palavra o alimento e o remédio para nossas fraquezas humanas e espirituais.*

22 DE MAIO

S. Rita de Cássia

1381-1457 – religiosa e mística – É invocada nas causas impossíveis. "Rita" é o diminutivo de "Margherite" ou "Margarida", que significa "pérola"

De Spoleto, Itália, Rita viveu 20 anos casada com um homem violento, que acabou assassinado. Logo depois morreram também seus dois filhos. Sozinha, entregou-se à oração, à penitência e à caridade. Após muita luta, foi admitida no convento das Agostinianas de Cássia, na Úmbria. Devota de Cristo crucificado, pedia a ele que a deixasse sofrer como ele havia sofrido. Um dia, estando em oração, um raio de luz vindo da cruz a feriu, abrindo-lhe um estigma na testa. É invocada com a seguinte oração:

Ó S. Rita, advogada nas causas urgentes, solução para os problemas insolúveis, socorro nos casos desesperados! Eis aos vossos pés uma alma desamparada e amargurada que precisa do vosso auxílio e de vossa proteção. Não permitais que eu tenha de me afastar de vós sem ser atendida. Ó S. Rita, intercedei junto a Deus para que ele me conceda a graça de que tanto necessito (fazer o pedido). *Ó grande santa, por vosso intermédio, espero tranquilamente receber a graça que peço.*

22 DE MAIO

ORAÇÃO
Da juventude

Deus, nosso Pai, velai pelos jovens... Possam eles realizar seus sonhos de paz e liberdade e construir um mundo em que os preconceitos sejam vencidos; as oportunidades, um direito de todos. Possam entender que a vida é um contínuo dom de si; é mais conquista de cada dia do que busca de concessões infinitas. Tornai a alma jovem pródiga e salutar, fecunda de esperanças e cumulada de todo bem. Abri seus corações e suas mentes ao sentido da dignidade humana. Dirigi os passos da juventude para o caminho do amor perene e da felicidade plena de participar na construção da paz e fraternidade. **Iluminai-os para que não se deixem levar pelas ilusões de sonhos fáceis e prazeres químicos, mecânicos, que pouco ou nada falam dos grandes e nobres sentimentos.** *Esclarecei suas dúvidas, encaminhai seus sonhos, tornai realidade suas esperanças, multiplicai sua generosidade, eternizai sua alegria, recompensai sua luta, e a todos dai a vossa força para que superem favoravelmente todos os desafios.*

23 DE MAIO

S. Crispim de Viterbo

*1668-1750 – capuchinho – "Crispim" quer dizer
"o que tem os cabelos crespos"*

Natural de Viterbo, S. Crispim nasceu no dia 13 de novembro de 1668. Ingressou num convento de capuchinhos, em Viterbo e aos 25 anos foi admitido à Ordem. Franzino, de baixa estatura, exerceu vários ofícios, como o de sapateiro, horticultor, cozinheiro, enfermeiro e encarregado das esmolas para o convento. Chamava-se a si mesmo de "asno capuchinho", o animal de carga do convento. A estima e a veneração dos habitantes de Orvieto era tamanha que somente a ele, a Frei Crispim, abriam suas portas, reconhecendo-o como o único e legítimo encarregado das esmolas. Na sua beatificação, em 1806, Pio VII afirmou que Crispim *"era o pai dos pobres, o consolador dos aflitos, puro e simples de coração, pleno de devoção para com a Virgem Santa, Mãe de Deus, ilustre pelo dom da profecia e dos milagres"*. Aos 82 anos, prevendo que sua hora chegava, rezava:

Ó meu Deus! Vós me resgatastes por intermédio de vosso sangue. Assisti-me nesta hora. Terminai a obra do vosso amor. Dai-me a certeza da minha salvação. Ó vós, poderosa e veneranda Virgem, Mãe de Deus, sede minha advogada, meu refúgio. Minha protetora, lembrai-vos de mim na hora derradeira (S. Crispim).

23 DE MAIO

Testemunha de nossos tempos

Luís Gutiérrez – Sacerdote, morto na Colômbia, em 1987.

ORAÇÃO
Da hora derradeira

Deus, nosso Pai, S. Crispim foi o pai dos pobres, o consolador dos aflitos. A seu exemplo, dai-nos um coração simples e pleno de devoção para com a Mãe de Deus. Conduzi os nossos passos para que não nos desviemos do reto caminho. Concedei-nos hoje a paciência, a serenidade e a aceitação de nós mesmos. Saibamos dar sentido a tudo o que fazemos, mesmo as coisas mais árduas e difíceis. **Não nos amarguremos nem nos irritemos, se as coisas não correm como queríamos, pois o que mais importa não é o que fazemos** *mas* **o como fazemos**. *Muitos foram os esmoleiros em Orvieto, mas apenas a S. Crispim os moradores abriam suas portas. Muitos dormiram ao relento, tendo como travesseiro uma pedra, mas apenas Jacó viu em sonho a escada em que os anjos desciam e subiam e, ao despertar, exclamou: "Em verdade, o Senhor está neste lugar, e eu não o sabia! É nada menos que a casa de Deus; é aqui a porta do céu"* (cf. Gn 28,10ss).

24 DE MAIO

Nossa Senhora Auxiliadora

Este título mariano foi introduzido na ladainha por Pio V, em agradecimento pela vitória da armada cristã, que afastou o perigo maometano da Europa (7/10/1571). Mais tarde, em 1814, Pio VII instituiu sua festa no dia 24 de maio, para lembrar sua libertação do cárcere a ele imposto por Napoleão Bonaparte em Savona, França. É invocada com a seguinte oração:

Virgem Maria, nossa carinhosa Mãe e poderoso auxílio dos cristãos, nós nos consagramos inteiramente ao vosso amor e serviço. Consagramo-vos o entendimento com os seus pensamentos, o coração com seus afetos, o corpo com seus sentidos e com todas as suas forças, e prometemos trabalhar pela realização e felicidade de todas as pessoas. Acolhei-nos todos sob o vosso manto, ó Maria Auxiliadora. Ajudai-nos a recorrer a vós nas tentações, prontamente e com confiança. Fazei que a vossa lembrança tão boa, tão amável, tão cara, e a recordação do amor que tendes para com vossos devotos nos conforte e nos faça vencedores, por meio do amor evangélico, dos inimigos do Reino, a fim de podermos, já nesta terra, viver o céu. Amém.

S. Donaciano e S. Rogaciano
séc. III – mártires

Donaciano e Rogaciano eram irmãos de sangue e originários de Nantes, França. Sofreram o martírio provavelmente

24 DE MAIO

no tempo do imperador Maximino, o Trácio (235-238), que promulgou um edito ordenando a morte dos que se recusassem adorar as divindades romanas. Donaciano havia recebido o batismo, enquanto Rogaciano era ainda catecúmeno. Denunciados, foram presos e torturados, tendo suas cabeças traspassadas com lança. Contam que S. Donaciano beijou ternamente o irmão, pedindo a Deus que tomasse aquele gesto na conta de batismo. Venerados em Nantes, são conhecidos popularmente como "*Les Enfants Nantais*".

ORAÇÃO
Do batismo de desejo

Deus, nosso Pai, possamos nesse dia viver a nossa realidade de filhos amados do Pai. **Não estamos sozinhos. Temos um Deus que caminha ao nosso lado e nos ampara. No batismo, plantastes em nosso coração uma semente de vida que não termina nesta terra. Uma semente de eternidade que ultrapassa o tempo presente e o tempo futuro.** *Em vós a nossa vida foi revestida de um sentido novo: a sede de infinito. Como os rios buscam o mar, incansavelmente vos buscamos e não teremos paz até nossa comunhão total convosco. Por isso, ó Deus, vos rogamos a fé de Donaciano que assim rezou:*

"Senhor, Jesus Cristo, para quem os sinceros desejos valem como ações, de tal modo que, em caso de impossibilidade, a vontade de agir é o suficiente; tu, que nos deste essa vontade e reservaste o poder de agir, faze que a pura fé de Rogaciano lhe seja imputada em lugar do batismo..." (S. Donaciano).

25 DE MAIO

S. Maria Madalena de Pazzi
1566-1607 – virgem e mística – "Maria" quer dizer "amada de Deus"

Natural de Florença, Itália, em 1582, aos 16 anos, Maria Madalena de Pazzi ingressou no convento carmelita de S. Maria dos Anjos. Sua vida foi marcada por sofrimentos continuados e fenômenos místicos, como visões, êxtases, arrebatamentos e frequentes provações espirituais. Tinha certeza de que Deus via sua fraqueza e lhe dava coragem para superar toda dor e provação. Lembrada dos sofrimentos de Cristo, oferecia os seus a Deus (Cl 1,24). Esse era o seu segredo. Suas revelações estão contidas no livro *Contemplações*, tido como importante tratado de teologia mística. Morreu a 26 de maio de 1607, aos 41 anos de idade.

S. Beda, o Venerável
673-735 – presbítero e doutor da Igreja – "Beda" significa "aquele que comanda"

Natural em Wearmouth, Inglaterra, Beda foi educado por S. Bento Biscop e ingressou no mosteiro beneditino de Wearmouth em 673. Considerado o primeiro grande escritor da Inglaterra medieval, escreveu obras de cunho teológico e histórico. Sua influência espiritual e intelectual foi marcante em sua época. Monge, levou vida simples, inteiramente voltada ao trabalho e oração. Sentia prazer em estudar, aprender, ensinar e escrever. Antes de morrer, um de seus discípulos lhe disse que ainda faltava um capítulo do livro que ele estava ditando. Disse então:

25 DE MAIO

"Escreve depressa". Ao terminar, o jovem disse: "Agora a frase está terminada". *"Disseste bem... –* respondeu *– tudo está consumado"* (Jo 19,30). Morreu aos 26 de maio de 735.

Testemunha de nossos tempos

Bernardo Lopes Arroyave – Sacerdote comprometido com os camponeses colombianos oprimidos, assassinado a mando dos grandes latifundiários em 1987.

ORAÇÃO
Do trabalho e oração

Deus, nosso Pai, dai-nos amor à oração e ao trabalho. Aceitai como oferenda de nossas vidas o desejo de vos encontrar e o labor de nossas mãos. Dai-nos inteligência para bem realizar nossas ações. Vós nos advertis: **"Semeia a tua semente desde a manhã, e não deixes tuas mãos ociosas até a noite. Porque não sabes o que terá bom êxito, se isto ou aquilo, ou se ambas as coisas são igualmente úteis"** (Ecl 11,6). *Senhor, dai-nos constância, entusiasmo, determinação, para que nossos projetos, nossos sonhos sejam plenamente realizados. Dai-nos entendimento para tomar nosso trabalho não apenas como fonte de sustentação de nossa vida, mas também como uma missão, que é construir o mundo de acordo com vosso plano de amor e justiça. E que possamos dizer com S. Beda: "Rogo-te, bom Jesus, já que me concedeste beber docemente as palavras de tua ciência, também concedas a graça de chegar um dia a ti, fonte de toda sabedoria, e estar sempre presente ante teu divino rosto".*

26 DE MAIO

S. Filipe Neri

1515-1595 – fundador – "Filipe" quer dizer "apreciador de cavalos"

Sacerdote florentino, dedicou-se ao trabalho com a juventude marginalizada. É o santo da alegria, da jovialidade, da simplicidade, do despojamento e da confiança absoluta em Deus. Foi o fundador dos "oratórios", que mais tarde constituiriam a *Congregação do Oratório*, dedicada à educação dos jovens. Suas obras, ao contrário das de outros fundadores, formaram-se de maneira espontânea. Queria os "oratórios" autônomos, livres e independentes, sem outro vínculo a não ser o da caridade; um lugar em que as pessoas se reunissem para rezar, meditar em grupos, cantar, divertir-se... Dizia ele: *"É possível restaurar as instituições com a santidade, e não restaurar a santidade com as instituições.* Foi canonizado por Gregório XV, em 1622.

Nossa Senhora do Caravaggio

Esta devoção remonta ao ano 1432, quando a Virgem Maria apareceu a uma camponesa chamada Joanete Varchi. Conta-se que, para comprovar a veracidade da aparição, a Virgem fez brotar uma fonte no lugar em que seria erguido o santuário. É invocada com a seguinte oração:

Lembrai-vos, o puríssima Virgem Maria, que jamais se ouviu que deixásseis de socorrer e de consolar a quem vos invocou implorando vossa proteção e assistência; assim, pois, animado

26 DE MAIO

com igual confiança, como a mãe amantíssima, ó Virgem das Virgens, a vós recorro; de vós me valho, gemendo sob o peso de meus pecados, humildemente me prostro a vossos pés. Não rejeiteis as minhas súplicas, ó Virgem do Caravaggio, mas dignai-vos ouvi-las propícia e me alcançar a graça que vos peço. Amém.

Testemunha de nossos tempos

Henrique Pereira Neto – Sacerdote diocesano, comprometido com o Evangelho, assassinado em 1969, Brasil.

ORAÇÃO
A alegria no Senhor

Deus, nosso Pai, dai-nos a alegria e a fé inabalável que nascem da paz e da simplicidade de coração. Dai-nos a serenidade que nasce da consciência de estar cumprindo nossa bem-aventurança. **Dai-nos a fortaleza que nasce da certeza de que estais conosco e caminhais a nosso lado hoje e sempre. Que não se aflijam nossos corações, pois vós tudo enxergais, tudo debelais, tudo encaminhais, e com sabedoria tudo remediais com vossa medicina.** *As inquietudes, as preocupações não perturbem a alegria e a paz de nosso semblante, pois a vossos olhos "maternais" nada é oculto, nada é esquecido e toda injustiça será reparada. O medo, a insegurança não nos apavorem, pois como a filhos velais por nós dia e noite; e nossa vida sustentais continuamente. Vossa paz – que excede toda compreensão – guarde a alegria e a firmeza de nossos corações e pensamentos. Que nos alegremos sempre naquele que nos conduz em segurança e nos livra de todo mal.*

27 DE MAIO

S. Júlio

séc. IV – mártir – "Júlio" quer dizer "o luzente", "o brilhante"

Luzente da luz divina foi esse soldado romano que viveu no século III. S. Júlio testemunhou a fé em Silistra, Bulgária, por volta de 311. Segundo as *Atas* do seu martírio, argumento algum conseguiu removê-lo de sua opção de fé em Jesus. Perguntado se era de fato cristão, respondeu ser discípulo de Cristo. Intimidado para que oferecesse incenso aos deuses, recusou-se dizendo que havia tomado parte em várias guerras, havia enfrentado a morte. Não poderia então ser infiel nas grandes coisas, já que havia sido fiel nas pequenas e que a lei de Deus estava acima da lei dos homens. Contam que, no momento em que era conduzido ao lugar em que seria decapitado, encontrou-se com Hesíquio, também soldado cristão, que lhe disse: *"Vá com coragem e lembra-te de mim, que estou prestes a acompanhar-te. Recomenda-me aos servos de Deus, Pasícrates e Valencião..."*. Júlio então o abraçou dizendo: *"Caro irmão, apressa-te em te juntares a nós: aqueles a quem saúdas já te ouviram..."*.

Testemunha de nossos tempos

Luís Pérez – Sacerdote, morto na Colômbia, em 1987.

27 DE MAIO

ORAÇÃO
Do Deus dos vivos

Deus, nosso Pai, que nenhum acontecimento abale nossa fé e nossa firme esperança na ressurreição. Penetrai nosso íntimo com vossa luz amiga; chamai-nos pelo nome e dissipai nossos medos; com vossa medicina nossas fraquezas espirituais debelai; apressai vossos anjos e favorecei nossa parição para a vida eterna; mostrai-nos vossa face e fazei resplandecer nossa bem-aventurança. Fomos feitos para vós e nosso anseio é chegar até vós, ó Deus da Vida e do Amor. Quer alegres ou entristecidos, cheios de esperanças ou combalidos pelo desespero, quer vivamos, quer morramos, permaneceremos em vós, Deus dos vivos eternamente presente: **"Estou contigo, para te guardar onde quer que fores, e te reconduzirei a esta terra, e não te abandonarei sem ter cumprido o que prometi"** (Gn 28,15s).

28 DE MAIO

S. Lanfranco

c. 1005-1089 – bispo – "Lanfranco" quer dizer "nascido na terra dos francos"

Natural de Pávia, Lanfranco fundou em 1035, em Avranches, uma escola de Dialética, que não teve sucesso por falta de alunos. Uma noite, entretanto, quando atravessava a floresta de Ouche, os ladrões o assaltaram e arrastaram, deixando-o no ponto mais denso da floresta. Aterrado pela escuridão e o silêncio da noite, sem saber que direção tomar, descobriu que nem rezar sabia; resolveu então mudar radicalmente de vida. Salvo por uma caravana, ingressou no mosteiro de Bec. Construiu abadias, fundou escolas, onde homens famosos, como S. Anselmo, S. Ivo e o papa Alexandre II se instruíram. Em 1070, foi feito arcebispo de Cantuária. Deixou vários escritos. É dele a seguinte oração:

Senhor, Deus, perdi tanto tempo instruindo-me; usei meu corpo e minha alma nos estudos; fui à luta por condições melhores de vida; batalhei duramente por um lugar na sociedade; e aqui estou sem saber como rezar ou recitar uma única prece. Socorrei-me, livrai-me de todos os perigos e de todos os males e com vossa ajuda hei de corrigir o que estiver errado em minha vida e organizá-la de tal modo que saberei como vos servir e servir meus semelhantes.

28 DE MAIO

Testemunha de nossos tempos

Mártires indígenas de Panzós – Grupo de indígenas mortos por defenderem secularmente suas terras na Guatemala, em 1978.

ORAÇÃO
Da oração

Deus, nosso Pai, quando tudo nos vai bem, o vento está a nosso favor e a sorte nos sorri em cada canto; quando já de longe nos acenam as pessoas dizendo-se amigas, nossos sonhos são agradáveis sensações e nosso destino de glória escrito nas estrelas; quando elegemos aqui nossa morada definitiva e vivemos plenamente saciados de corpos, necessitados de nada nem de Deus e de seus apelos sagrados. E um dia – e sempre chega esse dia! – descobrimos nas perdas humanas e materiais que nossa morada é a transitoriedade; nossas vidas águas de um rio que fluem constantemente; e o tempo não passa por nós duas vezes. O que estava sadio fica doente e o que estava doente volta à saúde; o que estava ganho se perde e o perdido é encontrado para de novo se perder. **Como borboletas que deixam seus casulos, as pessoas existem hoje e amanhã já não existem; as coisas apodrecem e os chipes se oxidam. As gerações são como searas que amadurecem à espera da ceifa** (cf. Ap 14,14ss). *Só vós, ó Senhor, permaneceis sempre, e seu nome é Eu Sou, o Eterno Ser, o Eterno Vivente, em que somos e vivemos e um dia ressuscitaremos* (Ex 3,14-15; Ap 4,2).

29 DE MAIO

B. José Gérard

1831-1914 – oblato – "José" quer dizer "que Deus acrescente"

Natural de Nanci, França, José Gérard, missionário dos Oblatos de Maria Imaculada, foi o grande e zeloso apóstolo do povo Basotho, na região de Lesotho, África do Sul. Não apenas conhecia a língua e os costumes de sua gente, mas também seu modo de pensar, suas sensibilidades, suas esperanças e aspirações. Junto com o bispo Allard e o irmão Bernard, iniciou sua obra apostólica na missão chamada *Roma* e, anos depois, na missão de Korokoro (1866). Em 1876, fundou a missão de S. Mônica, onde trabalhou por mais de 20 anos, criando escolas e construindo um convento. Sempre confiante em Deus, fundou numerosas missões no norte do país. Sua solicitude e amabilidade para com os doentes e os necessitados era a manifestação concreta do seu inflamado amor a Deus. O segredo de sua santidade era *viver continuamente na presença de Deus*, o que atraía e encantava as pessoas. Homem de fé e de confiança inabalável em Deus, hauria sua força evangelizadora da oração a Jesus Sacramentado, à Virgem Maria e da leitura frequente do ofício divino. Por mais de meio século, padre José Gerard pôde testemunhar o desenvolvimento da evangelização em Lesotho, que em 1988, ano da sua beatificação pelo papa João Paulo II, já contava, entre os 1.560.000 habitantes, com cerca de 653.000 católicos.

29 DE MAIO

Testemunhas de nossos tempos

Raimundo Ferreira Lima – Sindicalista, agente de pastoral, 43 anos, em Conceição do Araguaia, assassinado em 1980, Brasil. **Massacre de quichés** – Uma centena de índios quichés é assassinada em Panzós, na Guatemala, em 1978.

ORAÇÃO
Dos pequenos gestos

Deus, nosso Pai, aprendamos a ungir cada gesto nosso com a ternura e a generosidade que brotam de um coração temente a Deus e confiante na boa vontade dos homens. **Inspirai-nos para que realizemos as pequenas ações com inteligência e dedicação, sabidos de que o segredo da alegria é realizar com amor tudo o que fazemos, até mesmo as ações mais insignificantes.** *Fazei-nos entender o mistério contido na simplicidade dos pequenos gestos que encerram sementes de vida e ressurreição. Foi buscando água num poço que a Samaritana encontrou o Mestre (Jo 4,1ss). Foi lançando as redes ao lago que os discípulos viram a manifestação do poder de Deus. Até mesmo a semente que se deixa levar pelo vento encerra em si o itinerário da vida que vence o tempo, faz-se húmus, raiz, tronco, folhas, flores e frutos. Em nosso coração haja sinceridade e verdade, desapego e acolhimento, para que brotem em nós as sementes do vosso reino de amor. Nos momentos de sofrimento e provações, mostrai-nos vosso rosto de Pai misericordioso que não abandona os que em vós confiam.*

30 DE MAIO

S. Fernando de Castela

1199-1252 – rei – "Fernando" quer dizer "protetor corajoso", "ousado na luta em favor da paz"

Fernando de Castela, espanhol de Leão, Sevilha, subiu ao trono de Castela, em 1217. Arguto e perspicaz, soube escolher as pessoas certas na condução dos negócios de Estado. Fez cumprir a justiça e incrementou o conhecimento, fundando a importante Universidade de Salamanca. Para resgatar o povo cristão do domínio mouro, prosseguiu nas campanhas militares contra os invasores que haviam ocupado a Península Ibérica, desde o século VIII. Ficou célebre pelo tratamento humanitário que dispensava aos prisioneiros e pela bondade com que tratava os súditos. Foi ele que tornou o castelhano a língua oficial da Espanha. Dizem que, caindo enfermo e pressentindo a proximidade da morte, quis receber o viático, a eucaristia. Saiu do leito; com uma corda no pescoço e um crucifixo nas mãos pôs-se de joelhos, confessando publicamente seus pecados. Morreu no dia 30 de maio de 1252.

30 DE MAIO

ORAÇÃO
Do julgar-se a si mesmo

*Deus, nosso Pai, embora enriquecidos por vós de graças e dons, sentimo-nos pobres; repletos de dignidade, feitos à vossa imagem e semelhança, continuamos medíocres e inflados de ilusões; únicos, singulares, amados com amor eterno, andamos entregues ao desânimo, à tristeza e ao desespero. Possamos hoje, Senhor, enxergar para além das coisas exteriores, para além dos rótulos e embalagens. Possamos enxergar para além dos papéis que exercemos, para além das máscaras que nos protegem e, ao proteger, escondem o que realmente somos. Nossos olhos penetrem as profundezas de nossos corações desejosos de comunhão, de participação e de felicidade plena. Não julguemos os outros nem condenemos implacavelmente a nós mesmos, mas sejamos humildes para reconhecer nossos erros e prontamente recomeçar a reconstrução de uma nova vida. **Sois nosso Pai, e isso nos basta. Sois o nosso Caminho, a nossa Verdade e Vida, e isso nos basta. Antes mesmo que as coisas ocorram, antes que nossos pés vacilem, antes que nossa visão obscureça, já o sabeis e adiantais em nos socorrer; já providenciais nosso livramento.***

31 DE MAIO

Nossa Senhora da Visitação

A festa a N. Senhora da Visitação nos recorda o gesto solidário de Maria, que vai visitar sua prima Isabel. Temos lado a lado, Maria e Isabel, uma virgem e uma estéril. Maria traz em seu ventre o Salvador, e Isabel está grávida do Precursor João Batista (Lc 1,39ss). Em 1389, o papa Urbano VI instituiu a festa de Nossa Senhora da Visitação, que era celebrada no dia 2 de julho, passando atualmente para 31 de maio. Protetora das Casas de Misericórdia de Lisboa, a Virgem da Visitação era cultuada em Portugal sobretudo pelos Irmãos da Misericórdia. Com a vinda da família real para o Brasil, o culto se propagou no Rio de Janeiro e outras cidades e tinha nas Irmandades da Misericórdia seus principais devotos. Ao término das cerimônias litúrgicas, o povo visitava a Santa Casa confortando e amparando os doentes. A Igreja inteira a louva com este hino da *Liturgia das horas:*

Vem, Mãe Virgem gloriosa, / visitar-nos, como João,
com o dom do Santo Espírito / na terrena habitação.
Vem, trazendo o Pequenino / para o mundo nele crer.
A razão dos teus louvores, / possam todos conhecer.

Aos ouvidos da Igreja / soe tua saudação,
e ao ouvi-la, se levante, / com intensa exultação,
percebendo que contigo / chega o Cristo, o Salvador,
desejado pelos povos / como Guia e Pastor.

31 DE MAIO

S. Petronila

séc. I – mártir – "Petronila" quer dizer "a quarta filha"

Pertencente à família imperial romana dos Flávios, S. Aurélia Petronila teria sido instruída na fé cristã pelo apóstolo Pedro. Por isso é chamada "a filha de Pedro", que a teria curado de uma paralisia. É também a padroeira da França, a "filha" mais velha da Igreja. Um afresco datado dos meados do século IV, descoberto no cemitério de Domitila, representa S. Petronila como mártir.

ORAÇÃO
Da alegria de servir

Deus, nosso Pai, a exemplo de Jesus, ensinai-nos a alegria e o prazer de ajudar as pessoas. Ensinai--nos a servir nossos semelhantes sem nada pedir em troca. Na alegria, caminhemos para o Deus, vivo e verdadeiro, que não quer jejuns nem sacrifícios, mas sim o respeito sincero, a compaixão e a ternura para com os semelhantes (Is 58,4ss). *Na claridade da vossa luz, sejam arrancadas de nossos corações as sombras da tristeza e de qualquer aflição e a paz brote em nosso íntimo como fontes de água viva. Por que inquietar-se, se está conosco aquele que estanca as lágrimas dos aflitos, devolve aos pobres a esperança e abençoa toda luta pela dignidade? Que a alegria do nosso coração seja plena e prolongue os dias de nossa existência.* ***Que nenhum pensamento negativo nos aflija e nos perturbe. Afastai de nós a tristeza, pois "a tristeza matou a muitos e nela não há utilidade alguma. Inveja e cólera abreviam os dias, a preocupação traz a velhice antes da hora"*** (cf. Eclo 30,23ss).

1º DE JUNHO

S. Justino
séc. II – mártir – "Justino "deriva de "Justo" e quer dizer "justo"

Natural de Flávia Neápolis, Samaria, Justino foi um filósofo convertido ao cristianismo martirizado juntamente com seus companheiros, no tempo de Marco Aurélio, por volta do ano 165. É considerado o apologista mais importante de sua época. Prestes a ser executado disse: *"Nenhum homem em sã consciência abandona a verdade em troca da falsidade"*. Deixou vários tratados em defesa da fé cristã, entre os quais se conservam até hoje duas *Apologias* e o *Diálogo com Trifão*.

B. Aníbal Maria de Francia
1851-1927 – fundador – "Aníbal" quer dizer "graça de Baal", uma divindade cananeia

Natural de Messina, Itália, Aníbal Di Frância foi fundador das Filhas do Divino Zelo (1887) e dos Rogacionistas do Coração de Jesus (1887). É chamado o Apóstolo das vocações e o Pai dos órfãos e dos pobres, sendo beatificado em 1990, por João Paulo II, que o declarou "apóstolo da moderna pastoral vocacional". A exortação de Jesus "Pedi" (rogai), pois, ao Senhor da messe que envie operários para a sua messe" (Mt 9,38; Lc 10,2) inspirou e moveu toda a sua vida e obra em favor das vocações religiosas e dos "últimos" da sociedade, imagem de Cristo sofredor. Não somente rezava e divulgava o espírito de oração pelas vocações entre o povo, mas cuidava com amor dos religiosos necessitados de ajuda material e espiritual e das crianças abandonadas. Vieram

1º DE JUNHO

para o Brasil em 1950, estabelecendo-se no Educandário Senhor Bom Jesus, que passou a ser a Primeira Casa Rogacionista no Brasil – Educandário (de Passos – MG).

Testemunhas de nossos tempos

Sérgio Restrepo – Sacerdote jesuíta, comprometido com a promoção humana dos camponeses de Tierralta, morto em 1989, na Colômbia. **João de Aquino** – Presidente do Sindicato dos Trabalhadores de Nova Iguaçu, Brasil, assassinado em 1991.

ORAÇÃO
Do Deus vivificador

Deus, nosso Pai, tantas vezes vergamos sobre o peso de nossas angústias, contradições, perdas e injustiças sofridas. Por isso vos pedimos: errantes e desgarrados em nosso íntimo, mostrai-nos a vossa luz e reconduzi-nos à confiança em nós mesmos e na vida. Sem direção, desnorteados, mostrai o caminho da nossa verdadeira morada. Oprimidos, abrandai o fardo de nossos ombros e revigorai-nos com novas forças. **Amarrados, tirai as peias que nos prendem e desembaraçai nossos membros; cegos, abri nossos olhos e mostrai-nos um novo alvorecer; desfalecidos, soprai sobre nós vosso Espírito de vida.** *Caídos, estendei-nos vossa mão e levantai-nos; mudos, descerrai nossos lábios e desamarrai nossa fala para vos louvar e agradecer.*

2 DE JUNHO

S. Potino, S. Blandina e companheiros

séc. II – mártires – *"Blandina" significa "aquela que é branda, suave, meiga"*

Os santos Potino, Blandina e companheiros sofreram o martírio em 177. Pertenciam todos às comunidades cristãs de Viena e de Lion. Os cristãos dessas comunidades dirigiram aos cristãos da Ásia uma circular relatando em detalhes o que aconteceu nas perseguições aos cristãos e como muitos foram martirizados. Perseguidos nas casas, nas praças e banhos públicos, os cristãos começaram a ser agredidos e encarcerados. Submetidos a julgamentos nas praças públicas, eram depois supliciados. S. Potino, com 90 anos, foi arrastado ao tribunal e exposto à humilhação pública. A escrava S. Blandina cansou os algozes que se revezavam em torturá-la. Dependurada a um poste pelos braços para servir de pasto aos abutres, estes não a tocaram. Reconduzida à prisão, no último dia da festa, foi flagelada, queimada a fogo lento e lançada à fúria de um touro. Como não morresse, executaram-na à espada. Por seis dias os corpos dos santos ficaram insepultos, sendo depois incinerados e as cinzas lançadas no rio Ródano.

Testemunha de nossos tempos

Sebastián Morales – Diácono da Igreja evangélica, mártir da fé e da justiça na Guatemala, em 1987.

2 DE JUNHO

ORAÇÃO
Do poder de Deus

Deus, nosso Pai, sem vossa ajuda nada podemos e somos como um breve sopro que se esvai. Mas desde o princípio vós nos amais e com ternura dia e noite olhais para nós. **No momento de aflição nos tomais no colo. Sois nosso socorro e com mão poderosa sustentais nossa vida. Sois para nós um escudo, sois nossa glória, vós nos levantais a cabeça. Nós, que tínhamos deitado e adormecido, levantamo-nos, porque vós, ó Senhor, nos sustentais. Nada tememos diante dos que nos perseguem** (cf. Sl 3,4s). *Nosso clamor pela paz e justiça suba até vós. Nossas lágrimas vos sejam manifestas. Nosso sofrimento encontre em vós resposta favorável. Não sejamos confundidos nem a violência do ódio nos atinja. O poder do mal não nos atente, porque diante de vós tudo se cala, nada se sustenta, nada prevalece sobre o poder de vossas mãos: "É Deus quem me cinge de coragem e aplana o meu caminho"* (Sl 17,33ss).

3 DE JUNHO

S. Clotilde

séc. V e VI – rainha "Clotilde" quer dizer "guerreira gloriosa"

A rainha Clotilde era casada com Clovis, rei dos francos, convertido ao cristianismo em 496, que teria vencido a batalha de Tolbiac, graças à proteção do "Deus de Clotilde". É o exemplo de mãe que conheceu a dor e o sofrimento, o ódio e a vingança, na própria casa. Clodomiro, um de seus filhos, chacinou o próprio sobrinho com a mulher e filhos. Jurado de morte, Clodomiro foi morto, deixando três filhos pequenos. Cobiçando os bens do irmão falecido, Childeberto e Clotário tramaram a morte dos sobrinhos. Com o coração entristecido, passou a vida rezando pela paz dos filhos, confortando os enfermos e ajudando os necessitados. Morreu no dia 3 de junho de 545.

S. Carlos Lwanga e companheiros

+1885/1886 – mártires – patrono da juventude africana e da Ação Católica Africana – "Carlos" que dizer "viril", "varonil", "vigoroso"

São conhecidos como "Mártires de Uganda". Após separar os que "rezavam" (cristãos) dos que "não rezavam", o rei Lwanga da Uganda (1885) condenou S. Carlos Lwanga e seus companheiros à morte. Antes, porém, de serem executados, foram forçados a uma verdadeira via-sacra de torturas e humilhação até Namugongo, o lugar do calvário. Três dos 21 mártires foram mortos barbaramente durante a caminhada e os sobreviventes não tiveram sorte diferente. Na festa da canonização dos mártires de Uganda, Paulo VI disse:

3 DE JUNHO

Estes mártires africanos dão, sem dúvida, início a uma nova era. Oxalá não seja ela de perseguições e lutas religiosas, mas de renovação cristã e cívica.

ORAÇÃO
Da união dos casais

Deus, nosso Pai, velai pela união e harmonia dos casais e suas famílias, especialmente os que estão passando por crise conjugal, familiar ou financeira. Olhai pelos que foram visitados pela doença, pela velhice, pela decrepitude, pela perda de um ente querido. **Busquem em primeiro lugar na oração sincera e humilde a luz divina que clareia todo caminho e afugenta toda sombra. Sabidos de que é a verdade que liberta, encontrem no diálogo o esclarecimento de toda dúvida e a inspiração de todo propósito.** *Recorram às lembranças de quando o amor guardava em si a força de superação de toda dúvida e tinha o poder de unir todas as diferenças. Recorra também à Palavra que diz:* **"Sê firme em teu sentimento e seja uma a tua palavra. Sê pronto para escutar, mas lento para dizer a resposta"** (cf. Pr 5,11ss). *Na alegria e no sofrimento jamais faltem a ternura, o respeito mútuo, a lealdade. Multiplicai seus dias de paz e de harmonia. A alegria desfaça as mágoas. A reconciliação apague os desentendimentos. Os sonhos se realizem. As diferenças individuais não os embaracem. A ternura e o respeito os conduzam.*

4 DE JUNHO

S. Francisco Caracciolo

1663-1608 – fundador – "Francisco" quer dizer "franco, livre"

Francisco Caracciolo foi o fundador dos Clérigos Regulares Menores. Nasceu a 12 de outubro de 1563, em S. Maria de Chieti, nos Abruzzos. Aos 22 anos, Ascânio, este era seu de batismo, foi para Nápoles concluir os estudos teológicos. Em Nápoles associou-se à Congregação dos Brancos da Justiça, cuja finalidade era prestar assistência aos condenados à morte. Em 1588, juntamente com João Agostinho Adorno, fundou a congregação dos Clérigos Regulares Menores, os quais procuravam unir ação à contemplação. Exerceu seu apostolado junto a hospitais, prisões, operários, jovens desamparados. Além dos três votos de pobreza, castidade e obediência, professavam um quarto voto: não aceitar dignidade eclesiástica alguma. Vivia em extrema sobriedade e não aceitava privilégios e regalias. Humilde, percorria as ruas esmolando para seus pobres, repartindo com eles o pouco alimento que conseguia, e não se eximia das mais humildes tarefas, como fazer faxina, arrumar a cozinha, lavar roupas. Morreu em 4 de junho de 1608.

Testemunhas de nossos tempos

José Maria Gran – Missionário espanhol, comprometido com o projeto de libertação indígena, assassinado em 1980, em El

4 DE JUNHO

Quiché, na Guatemala, juntamente com Domingo Batz, seu sacristão. **Fernando Santillán** – Ouvidor, informa das matanças dos índios no Chile, em 1885.

ORAÇÃO
Dos afetos divinos

Deus, nosso Pai, possamos sentir os afetos divinos que nos dão coragem e alento em nossa luta pelo pão de cada dia. Dai-nos força para não vacilar nos momentos difíceis, mas animai-nos, pois "só em vós repousa nossa alma, só de vós nos vem a salvação. Só vós sois nosso rochedo, nossa salvação, nossa fortaleza: jamais vacilaremos" (cf. Sl 61,2ss). **Nos momentos de angústia, de tristeza e completo desânimo, fazei-nos renascer; e cumpri em nós o milagre da vida. Que vossa mão nos reconduza à paz interior, à certeza de que nossa vida está guardada em vós e dela cuidais com carinho.** *Fazei que alcancemos nossa bem-aventurança, o eixo que sustenta e dá sentido à nossa vida. Ensinai-nos a repartir hoje com alegria e generosidade os dons de vós recebido. Floresçam em nós os gestos de ternura e de compaixão. Nosso amor seja sincero e verdadeiro, e nossas ações feitas com retidão e transparência. Dadivosa como as fontes de água seja a esperança em nossos corações. Lembrados do que o Mestre disse: "Ame o próximo como você ama a si mesmo", mostrai-nos a alegria de fazer o bem, em primeiro lugar a nós mesmos, para assim construir juntos a solidariedade humana.*

5 DE JUNHO

S. Bonifácio

c. 672-755 – bispo e mártir – "Bonifácio" quer dizer "o que faz o bem, boas obras"

Natural da Inglaterra, Bonifácio foi monge no mosteiro de Exeter e depois em Nursling, onde sua fama de mestre se avultou, atraindo numerosos discípulos. Em 719, partiu para a Alemanha, onde, em perfeita comunhão com Roma, implantou sua obra evangelizadora, fazendo-se ajudar por importantes colaboradores de sua terra natal, como S. Vilibaldo, S. Valburga, S. Lúlio, S. Bucardo e tantos outros discípulos que a ele acorriam colocando-se à disposição do venerável "mestre". Em 722 foi sagrado bispo de Mogúncia e mais tarde, em 725, o papa Gregório III o fez arcebispo, com direito de convocar concílios e sagrar novos bispos. Foi assassinado em 754, quando evangelizava os frisões.

S. Doroteu, o Jovem

séc. XI – abade – "Doroteu" é o mesmo que "Teodoro" ao contrário e significa "Presente de Deus"

Natural de Trebizonda, Turquia, Doroteu, o Jovem, aos 12 anos, deixou a casa paterna e se recolheu no Mosteiro da Natividade, em Amisa. Inspirado por Deus, fundou um mosteiro em honra à Santíssima Trindade. Reformulou também a *Regra de Santo Arsênio*, que adotou em seu mosteiro. Antes de morrer, visitou as celas dos irmãos, pedindo a todos que o perdoassem.

5 DE JUNHO

Testemunha de nossos tempos

José Maria Gran Cierera – Sacerdote missionário do Sagrado Coração, dedicado inteiramente ao serviço dos pobres. Foi abatido pelo Exército juntamente com Domingos Batz.

ORAÇÃO
Da Mãe Terra

Deus, nosso Pai, a cada dia nos confiais os cuidados da criação, da qual somos, entre todas, vossa obra mais admirável. Fazei, pois, que nos sirvamos com sabedoria da mãe natureza, amando-a, aprendendo dela e respeitando-a em nós mesmos. **É vosso desejo que dominemos a terra e construamos aqui nossa morada provisória, um lugar de alegria, prazer, em que os sonhos de esperança e felicidade tornem-se realidade para todos. A ganância, o dinheiro e o desejo de poder não nos ceguem nem nos arrastem à destruição do ar, da água, da terra.** *Que são raios, trovões e tempestades, diante do fogo atômico, das armas "inteligentes" e "silenciosas", da química letal e bactérias mortíferas? Que são as catástrofes naturais diante das "guerras virtuais": uma guerra "limpa", "asséptica", sem sangue e gritos de desespero, sem gemidos de crianças, promovida como espetáculo no aconchego de nossos lares. Senhor, dai-nos o senso da indignação contra tudo o que profana e avilta vossa criação.*

6 DE JUNHO

S. Noberto de Xanten

1085-1134 – fundador e arcebispo – "Noberto" quer dizer "o brilhante que vem do norte"

Noberto nasceu em Xanten, Alemanha, em 1080. Filho de aristocratas alemãs, recebeu educação esmerada e facilidades de ascensão social e política. Já aos 36 anos era cônego da Catedral de Xanten, vivendo mergulhado em privilégios e luxo, com livre trânsito na corte de Henrique V. Aconteceu, porém, que durante uma cavalgada foi surpreendido por violento temporal e um raio o derrubou do cavalo. Tomou o acontecimento como um aviso de Deus, e a partir daquele momento sua vida transformou-se radicalmente. Vendeu e distribuiu os bens aos pobres e dirigiu-se descalço ao papa Gelásio II, para confessar seus pecados, recolhendo-se ao silêncio da oração e penitência. Ordenado sacerdote em 1115, fez-se pregador itinerante, percorrendo a Europa toda. Em suas pregações confessava que havia frequentado as cortes dos príncipes e usufruído de suas riquezas abundantes. Experimentara todos os prazeres e dera livre curso a paixões e frivolidades. Mas nada disso superava a bem-aventurança do Reino. A todos dizia: *"A maior abundância de bens deste mundo reside na pobreza de espírito..."*. Com alguns companheiros fundou a ordem dos Premonstratenses, sem contudo abandonar suas atividades de pregador. Eleito bispo de Magdebur-

6 DE JUNHO

go em 1126, entrou na cidade a pé, descalço e vestido pobremente. Trabalhou intensamente pela renovação da pastoral e da vida religiosa do povo.

Testemunha de nossos tempos

José Ribeiro – Líder da nação indígena Apuriña, assassinado em 1980, pelos compradores de borracha, Brasil.

ORAÇÃO
Da maturidade da fé

Deus, nosso Pai, vós nos concedeis um tempo de graça e de salvação, para que cheguemos à maturidade humana e espiritual e à ressurreição de nossos medos e pavores. Ficai conosco, no dia a dia, nos momentos tristes e alegres. Segui nossos passos, amparai nossos ombros quando a própria vida nos faz nascer e morrer. Quando temos de plantar e arrancar. Quando temos de ferir e curar. Quando temos de destruir e construir. Quando temos de chorar e rir. Quando temos de gemer e dançar. Quando temos de abraçar e nos separar. Quando temos de buscar e perder. Quando temos de guardar e jogar fora. Quando temos de rasgar e costurar. Quando temos de calar e falar. Quando temos de amar e odiar. Quando temos de fazer guerra e construir a paz. Quando temos de chegar e sair. Quando temos de recolher e de tudo despojar, sem fazer conta de nada, até mesmo de nossa vida.

7 DE JUNHO

S. Antônio Maria Gianelli

1789 -1846 – bispo e fundador – "Antônio" quer dizer "aquele que vai à frente"

O bispo e confessor S. Antônio Maria Gianelli nasceu em Carreto, Itália, em 1789. Aos 19 anos, ingressou no seminário e foi ordenado em 1812. Professor em Gênova, pregador inflamado, fundou duas congregações: os Missionários de S. Afonso de Ligório ou Oblatas de S. Afonso e as Irmãs de S. Maria Do Orto, ou Gianellinas. Em 1838, nomeado bispo de Bobbio, restaurou a disciplina eclesiástica e reorganizou a diocese. Morreu em 1846, aos 57 anos, sendo canonizado por Pio XII em 1951.

Testemunha de nossos tempos

Filomena López – Religiosa, apóstola das favelas, assassinada em Nova Iguaçu, Rio de Janeiro, em 1990, Brasil.

7 DE JUNHO

ORAÇÃO
Da dignidade humana

Deus, nosso Pai, não fazeis distinção de pessoas. Diante de vós, Senhor, todos somos iguais: ninguém é mais justo, é mais correto, é mais digno que o outro. Diante de vós, frágil é quem se julga forte; pobre, quem se acha rico; nada, quem se considera tudo; tolo, quem se reputa sábio. Ajudai-nos, pois, a construir um mundo em que a dignidade de cada pessoa seja respeitada e garantida. Uma sociedade em que os sentimentos de fé e de esperança prevaleçam sobre os da descrença e da falta de horizontes. Fazei florescer, em frutos de paz, as lágrimas dos corações aflitos. Saciai os que têm fome de justiça, de verdade e de libertação. Nenhuma voz seja calada à força; tropeço algum nos desvie do bom caminho. Nem a abundância nem a necessidade obscureçam nossa dignidade humana. Que se cumpram um a um nossos sonhos de fraternidade!

8 DE JUNHO

S. Medardo
séc. V – "Medardo" quer dizer "aquele que é poderoso e forte"

Medardo nasceu em Salency, perto da cidade de Noyon, França, e viveu no século V. É venerado como o padroeiro das colheitas. Educado no mosteiro de Saint-Quentin, só foi ordenado sacerdote aos 33 anos de idade. Em 530, tornou-se bispo de Vermandois. Já em idade avançada, continuava trabalhando com todo o vigor, visitando cada localidade de sua diocese. Quando morreu S. Eleutério, seu amigo íntimo e bispo de Tournai, presidiu suas exéquias. Feito bispo de Noyon, continuou a obra de S. Eleutério. É representado com uma águia sobre a cabeça, a qual, segundo a tradição, o teria protegido de uma forte chuva.

B. Maria do Divino Coração
1863-1899 – religiosa e mística

Religiosa e mística da Congregação de Nossa Senhora da Caridade do Bom Pastor, beatificada por Paulo VI, em 1975. Essa mística tedesca, nascida em Munster, Alemanha, foi uma verdadeira apóstola da espiritualidade reparadora e da devoção ao Sagrado Coração. "Crucificada" ao leito em consequência de uma osteomielite, como o Servo Sofredor, ofereceu seu sofrimento como sacrifício expiatório, com a certeza de que um dia todo o gênero humano seria consagrado ao Sagrado Coração. Em 1899, seu sonho foi realizado por Leão XIII.

8 DE JUNHO

Testemunha de nossos tempos

Luís Dalle – Bispo da Ayaviri, Peru, previamente jurado de morte por sua opção pelos pobres, morto em um "acidente" provocado e que nunca foi esclarecido.

ORAÇÃO
Do Amigo fiel

Deus, nosso Pai, quantas vezes procuramos por um amigo, a quem possamos contar nossa alegria, desabafar nossas dificuldades e nossas mágoas. **Sofremos sozinhos esquecidos de que vós sois o Amigo pronto a nos ouvir e alentar. Vós nos chamais amigos, e não servos.** *A medida da vossa amizade que a tudo supera nos ensine a querer e a fazer o bem desinteressadamente. Vossa graça, que ultrapassa todas as nossas afabilidades, leve-nos a cultivar a amizade como dom que dignifica e torna o coração humanamente divino e divinamente humano. Sede, entre mil, o nosso Conselheiro singular. Sede para sempre nosso Amigo fiel, aquele que permanece no tempo adverso, no tempo das lágrimas, no tempo das provações. Vós sois o Amigo dos homens, sede, pois, nosso escudo e refúgio poderoso. Sede a fortaleza intransponível que nos abriga e nos guarda até que as noites espirituais passem e a aurora de um espírito novo e renovado dissipe toda treva que nos cega.*

9 DE JUNHO

B. José de Anchieta

1534-1597 – "José" quer dizer "que Deus acrescente" –
"Anchieta" quer dizer "pantanais"

Nasceu em Tenerife, Ilhas Canárias, e chegou ao Brasil em 1553. É um dos cofundadores da cidade de São Paulo (25/1/1554). Apóstolo do Brasil, percorreu o país inteiro, evangelizando, fundando obras sociais e religiosas, escrevendo e promovendo a paz. É invocado com a seguinte oração:

Bem-aventurado José de Anchieta, Apóstolo do Brasil, abençoai nossa pátria e a cada um de nós. Inflamado pela glória de Deus, consumistes a vida na promoção dos índios, catequizando, instruindo, fazendo o bem. Que o legado de vosso exemplo suscite novos apóstolos e missionários em nossa terra. Professor e mestre, abençoai os jovens, crianças e educadores. Poeta e literato, inspirai os escritores, artistas e comunicadores. Consolador dos doentes e aflitos, protetor dos pobres e abandonados, velai pelos que mais necessitam e sofrem em nossa sociedade, nem sempre justa, fraterna e cristã. Santificai as famílias e comunidades, orientando os que regem os destinos do Brasil e do mundo. Por Maria Santíssima, a quem tanto venerastes na terra, iluminai nossos caminhos hoje e sempre. Amém.

9 DE JUNHO

S. Efrém

*séc. IV – diácono e doutor da Igreja – "Efrém" quer dizer
"aquele que produz muitos frutos"*

Natural de Nísibi, Síria, ao se converter para o cristianismo, Efrém retirou-se em uma gruta nas montanhas de Edessa, entregando-se a uma vida de austeridade, oração e trabalho. Foi um dos primeiros comentadores da Bíblia, mas destacou-se sobretudo por seus hinos e cânticos religiosos, sendo chamado a "Harpa do Espírito Santo".

Testemunhas de nossos tempos

Héctor Gallego – Padre colombiano, comprometido com os camponeses, morto em Santa Fé de Veráguas, Panamá, em 1971.
Toribia Flores de Cutipa – Líder camponesa, assassinada no Peru, em 1981.

ORAÇÃO
De Santo Efrém

*"Não me sepulteis com aromas suaves, porque essa honra de nada me serve. Nem useis incensos e perfumes, porque essa honra não me traz benefícios. Queimai incenso no lugar sagrado; quanto a mim, acompanhai-me somente com vossas orações. Oferecei vosso incenso a Deus; e enviai hinos para o lugar onde eu estiver. Em vez de perfumes e aromas, lembrai-vos de mim em vossas orações... **Foi decretado que eu não possa me demorar aqui por muito tempo. Dai-me como provisão para a viagem vossas orações, salmos e sacrifícios...**"* (De Butler, op. cit., v. VI, p. 181-182).

10 DE JUNHO

B. João Dominici

1376-1420 – missionário e pregador dominicano –
"João" significa "O Senhor é misericordioso"

Natural de Florença, aos dezoito anos ingressou no convento dominicano de Santa Maria Novella. Era uma pessoa amável para com todos, dedicada aos estudos e à oração e dotado de extraordinária memória. Ganhou a estima e a consideração de todos. Contam que um dia desfez-se em pranto aos pés de uma imagem de S. Catarina, suplicando-lhe que lhe desse o dom da eloquência. Sua língua milagrosamente se desatou e a fluência das palavras se lhe tornou natural. Tornou-se então um pregador de fama, admirado e venerado por todos os habitantes das cidades da Itália. Além de teólogo respeitado, foi poeta, exegeta, pedagogo e teólogo de renome. Como escritor, deixou-nos vários hinos litúrgicos, comentários bíblicos e trabalhos de cunho pedagógico. Destacou-se também como reformador de mosteiros. Participou ativamente do Concílio de Constança (1417), que pôs fim ao cisma do Ocidente com a renúncia do papa Gregório XII e a eleição de Martinho V. Morreu a caminho da Hungria, onde se estabeleceria como missionário.

Testemunha de nossos tempos

Juan Morán – Sacerdote diocesano, assassinado no México em 1979. Comprometido com os indígenas marahuas injus-

10 DE JUNHO

tiçados e explorados pelos grandes latifundiários, foi morto numa emboscada enquanto procurava socorrer supostas pessoas necessitadas.

ORAÇÃO
Da certeza de todo o bem

Deus, nosso Pai, pela boca do salmista, temos a certeza de que sois realmente o "nosso pastor e nada nos faltará. Em verdes prados nos fareis repousar e nos conduzireis junto às águas refrescantes, e a força de nossas almas haveis de restaurar" (cf. Sl 22,1ss). **A tristeza por qualquer fracasso não turbe, pois nosso coração nem adoeça nosso espírito. Saibamos separar a palha dos grãos; separar o que realmente tem valor, o que permanece, daquilo que não tem consistência nem prevalece.** *Dai-nos a consciência do bem e a certeza de que tudo concorre para nossa felicidade, nós que procuramos vos buscar com o coração sincero e desarmado. Preenchei nosso vazio com vossa paz e vossa alegria, pois nos amais com afeto eterno, velando para que tudo termine bem. Que a sabedoria que de vós procede nos alongue os dias de salutares esperanças e de fecundos sonhos de vida plena. Dai-nos a ciência e a inteligência que vêm do alto, e assim resplandeça em nós a luz daquele que amorosamente nos toma ao colo e nos embala nos braços* (cf. Is 44,21ss). *Nossa maior conquista, nossa maior alegria e satisfação seja aquela de fazer o bem, servindo com generosidade e abnegação os que de nós precisarem.*

11 DE JUNHO

S. Barnabé, Apóstolo

séc. I – apóstolo – "Barnabé" quer dizer "filho da exortação" ou "da consolação"

Natural de Chipre, Barnabé não pertencia ao grupo dos Doze, mas a tradição cristã lhe atribui o título de apóstolo, ao lado de Pedro, Paulo, Tiago e João, colunas da Igreja. Colaborador e amigo pessoal de Paulo, acompanhou-o em sua primeira viagem apostólica a Chipre. Pregou o Evangelho em Antioquia, onde, pela primeira vez, os seguidores de Jesus foram chamados "cristãos". Participou do Concílio de Jerusalém. É considerado o fundador da Igreja em Chipre, onde, segundo a tradição, morreu apedrejado.

S. Paula Frassinetti

1809-1882 – fundadora "Paula" quer dizer "de pequena estatura"

Paula Maria Frassinetti fundou em 1834 o Instituto de S. Doroteia, dedicado à educação da juventude. Natural de Gênova, Itália, ficou órfã de mãe aos 12 anos. Aprendeu a ler e a escrever por conta própria. Aos 22, foi para Gênova, em companhia de seu irmão sacerdote, Lucas Passi, que se dedicava às crianças do meio operário. Essa foi a origem das Irmãs de Santa Doroteia. Em 1840 surgiu o primeiro colégio para meninas desamparadas. Sua determinação, perseverança e oração, seu amor pelos necessitados e o desejo ardente de fazer em favor deles alguma coisa, tudo isso fez com que as dificuldades na implantação da obra fossem superadas. Em 1866, chegaram ao Brasil. Foi canonizada por João Paulo II, em 1983.

11 DE JUNHO

Testemunha de nossos tempos

Ismael Enrique Pineda – Promotor da Caritas em San Salvador, juntamente com seus companheiros, vítimas da opressão em El Salvador, em 1980.

ORAÇÃO
Do irmão que sofre

Deus, nosso Pai, as gerações sucedem-se, as tecnologias avançam, as facilidades se multiplicam, poucos se beneficiam, muitos permanecem à margem. Teimamos em aparecer com "cara limpa", fingindo que tudo está bem, mas continuamos pobres de sonhos e vazios de esperança. De mil maneiras passais ao longo de nossa vida. Passais por nós e nos sondais com vosso olhar, perpassando nossas mediocridades e nossa falta de fé. Passais por nós na pessoa do excluído clamando por solidariedade e novas oportunidades. Vós passais por nós e caminhais nos olhos vazios de quem anda precisado de tudo, já não tendo necessidade de nada, a não ser de um copo de água e um bocado de pão. **Temos tudo, às vezes, só não temos sensibilidade humana. Que vosso Espírito venha e vivifique os ossos ressequidos e nos restitua a misericórdia e a compaixão** (cf. Ez 37,1ss).

12 DE JUNHO

S. Onofre

Séc. IV – eremita – invocado contra a doença do álcool – "Onofre", nome de origem egípcia que significa "boi preto, boi sagrado"

Onofre foi um eremita egípcio que passou a vida inteira na mais completa solidão no deserto de Tebaida. Alimentava-se de raízes e cobria o corpo com um cinturão de folhas. Por setenta anos viveu sozinho, buscando a Deus mediante a oração e uma vida de austeridade. Pouco antes de morrer, foi encontrado pelo monge Pafúncio, ao qual narrou sua vida. A devoção a S. Onofre chegou ao Ocidente trazida pelos cruzados. É invocado com a seguinte oração:

Ó S. Onofre, que pela fé, penitência e força de vontade vencestes o vício do álcool, concedei-me a força e a graça de resistir à tentação da bebida. Livrai dessa verdadeira doença também os meus familiares e os meus amigos. Abençoai os "alcoólicos anônimos" para que conservem firme seu propósito de viver afastados da bebida e de ajudar seus semelhantes a fazer o mesmo. Virgem Maria, mãe compassiva dos pecadores, socorrei-nos. S. Onofre, rogai por nós.

S. Gaspar Bertoni

1777-1853 – fundador – "Gaspar" quer dizer "tesoureiro" ou também "inspetor"

Natural de Verona, Itália, Gaspar Bertoni foi o fundador da Congregação dos Sagrados Estigmas de N. S. Jesus Cristo ou

12 DE JUNHO

Estigmatinos. Ordenado sacerdote em 1800, teve uma preocupação especial para com os jovens, fundando os oratórios marianos, centros que procuravam avivar neles a fé, a oração e o compromisso de transformar a sociedade. À sombra dos oratórios, nasceriam escolas, centros de catequese e de música, oficinas de arte e ofícios, associações religiosas e culturais, grêmios esportivos. Em 1816 fundou, junto à igreja dos Estigmas de S. Francisco de Assis, uma escola para jovens pobres, que foi o início da congregação dos estigmatinos. Foi canonizado por João Paulo II em 1989.

Testemunha de nossos tempos

Joaquim Neves Norte – Advogado do Sindicato dos Trabalhadores Rurais de Navaraí, Paraná, assassinado em 1981, no Brasil.

ORAÇÃO
Da delicadeza de Deus

Deus, nosso Pai, vosso amor ultrapassa o tempo e a história humana. Senhor, vosso amor vai além dos breves dias de nossa existência. **Por delicadeza imensa, concedeis e conservais nossa vida. Por delicadeza imensa, aliviais nossas aflições e curais nossas enfermidades. Por delicadeza infinita, permitis que vos busquemos mesmo tendo transviado nossos passos.** *Quando erramos é por delicadeza que advertis nossa consciência e cuidais de nós com amor maternal, desejoso do nosso bem, da nossa felicidade e esquecido de nossas faltas. Por delicadeza desmedida, cuidais até do fio de cabelo que cai de nossa cabeça e da folha que o vento arrasta pelo chão. Quereis a nossa vida, não a nossa morte.*

13 DE JUNHO

S. Antônio de Pádua ou de Lisboa

1195-1231 – doutor da Igreja – "Antônio" quer dizer "aquele que vai à frente". É o "santo casamenteiro" e dos objetos perdidos. Protetor das estéreis

Natural de Lisboa, Portugal, S. Antônio foi um importante pregador itinerante do século XIII. Ligado aos agostinianos, estudou teologia em Coimbra, onde conhecera os relatos do martírio dos cinco franciscanos mortos em Marrocos. Desejoso de tornar-se também mártir, ingressou no pequeno convento franciscano em S. Antônio dos Olivais, mudando o nome Fernando para frei Antônio. Chegou a partir para Marrocos, mas caiu doente, tendo de retornar a Portugal. As intempéries, porém, fizeram o navio aportar na Sicília. Na Itália conheceu Francisco de Assis e, incentivado por ele, inicia sua pregação itinerante, surpreendendo a todos com sua sabedoria e conhecimento. É invocado com a seguinte oração:

Glorioso S. Antônio, que tivestes a sublime dita de abraçar e afagar o Menino Jesus, alcançai-me deste mesmo Jesus a graça que vos peço e vos imploro do fundo do meu coração (pede-se a graça). Vós que tendes sido tão bondoso para com os pecadores não olheis para os meus pecados, mas antes fazei valer vosso grande prestígio junto a Deus para atender meu insistente pedido. Amém.

13 DE JUNHO

S. Gerardo de Claraval

† 1138 *"Gerardo" significa "aquele que é forte como uma lança"*

Gerardo de Claraval era irmão de S. Bernardo, um dos fundadores dos Cistercienses. Soldado, pelejava no campo de batalha, quando foi ferido e feito prisioneiro. Na prisão, viu que não valia a pena lutar por uma glória passageira. Libertado, foi a S. Bernardo, tornando-se monge e um de seus mais importantes colaboradores na abadia de Claraval.

Testemunha de nossos tempos

Maurício Silva – Varredor de rua, 45 anos, pertencente à Fraternidade dos Irmãozinhos do Evangelho, desaparecido em 1977, na Argentina.

ORAÇÃO
Da fé que tudo pode

Deus, nosso Pai, aumentai nossa fé e agigantai-nos perante o mal. **Não nos deixeis cair na tentação do medo e da falta de confiança em vós. Quebrai nosso orgulho e nossa autossuficiência, para que busquemos em vós o que falta à nossa limitada e frágil condição humana.** *Não permitais que as energias negativas nos alcancem nem se realizem em nós os maus intentos. Pela fé, tornai possíveis as impossíveis coisas, nosso entendimento seja iluminado, nossas ações sejam engrandecidas e abençoadas. Pela fé, nossos gestos de amor sejam multiplicados, nossa vida alcance seu pleno sentido. Pela fé, possamos todos chamar-vos: Pai! Como se víssemos o Invisível, partamos todo dia na claridade da vossa luz.*

14 DE JUNHO

S. Metódio I
c. 789-847 – patriarca e confessor

Metódio, natural de Siracusa, Sicília, foi patriarca de Constantinopla. Destacou-se na luta contra os iconoclastas, que defendiam e promoviam a destruição de imagens sagradas. Quando o patriarca Nicéforo foi exilado, Metódio foi a Roma, onde relatou ao papa Pascal I o que estava acontecendo no Oriente. Ao voltar a Constantinopla, foi preso, açoitado, acusado de traição e jogado em um calabouço, onde, por sete anos, viveu à míngua, padecendo fome e sede. Em 842, Teodora subiu ao trono como regente de Miguel III. Os iconoclastas foram depostos e S. Metódio foi eleito patriarca de Constantinopla.

S. Iolanda
séc. XIII – duquesa – "Iolanda" significa "aquela que floresce como uma violeta"

Iolanda ou Helena era filha do rei Bela IV da Hungria e sobrinha de S. Isabel, também da Hungria, e parente de S. Margarida da Escócia. Sua educação foi confiada aos cuidados da irmã Cunegundes, rainha da Polônia. Na Polônia, casou-se com Boleslau, duque de Kalisz, e foi mãe de três filhos. Com a morte do marido, recolheu-se no convento das Irmãs Clarissas. Os poloneses, que conservaram seu culto, chamam-na Helena. Morreu em 1299.

14 DE JUNHO

Testemunhas de nossos tempos

Cosme Spezzoto – Missionário franciscano italiano, assassinado em El Salvador, em 1980. **Vicente Hordanza** – Missionário espanhol no Peru, assassinado em 1983.

ORAÇÃO
Da felicidade nossa e do outro

Deus, nosso Pai, ajudai-nos a fazer o outro feliz. **Não embaracemos sua felicidade com nossa malícia; a ninguém prejudiquemos com nosso orgulho e ignorância; a ninguém enganemos com nossa má-fé e perfídias.** *Fazei brotar em nosso íntimo sentimentos de generosidade, que nos façam solidários e fraternos com todos, colocando a pessoa humana em primeiro lugar, aceitando suas diferenças de raça, cor, religião, política ou modo de pensar e ver o mundo. Que as sementes de vosso Reino fecundem o chão do nosso espírito. Com vossa ajuda, possamos abrir o coração e aprender vossas lições de misericórdia, pois errantes, vós nos buscais; vacilantes, vós nos socorreis e sustentais; caídos, vós apressais em nos levantar; envergonhados, vós nos abraçais e nos encheis de carinho; desanimados, vós nos soergueis; emudecidos, desatais nossa língua; ignorantes, vós nos suportais e relevais nossos erros; desamados, nos cumulais de amor; culpados, nos redimis; em aflição e desespero, reacendeis em nós a chama da vida e da fé. Ajudai-nos a fazer o outro feliz, sem descurar nossa própria felicidade, pois na medida em que nos amamos amemos também nossos semelhantes.*

15 DE JUNHO

S. Maria Micaela do Santíssimo Sacramento

1809-1865 – fundadora – "Micaela" é o feminino de Miguel, que significa "quem é como Deus?"

Natural de Madri, Espanha, Madre Sacramento foi contemporânea e amiga de S. Antônio Maria Claret, que a apoiou na fundação das Irmãs Adoradoras, dedicadas ao amparo de crianças e jovens que queriam deixar a prostituição. Em 1814, resolveu abandonar sua vida privilegiada de condessa, passando a viver com jovens marginalizadas e mães solteiras. A alta sociedade espanhola ficou escandalizada, tomando-a por louca, mas sua obra cresceu e se expandiu pelo mundo inteiro. Era chamada de Senhoras Adoradoras e Escravas do Santíssimo Sacramento. S. Micaela morreu vítima da cólera.

S. Germana Cousin

1779-1601 – leiga – "Germana" quer dizer "aquela que é irmã legítima", "aquela que é verdadeira"

Filha de lavradores, Germana nasceu em Pibrac, França. Sua vida nada teve de extraordinário, não teve revelações místicas, nem lances de heroísmos de fé. Órfã de mãe, saúde fragilizada, deficiente física, foi rejeitada pelo pai e odiada pela madrasta. Maltratada e marginalizada pelos irmãos e pessoas a quem amava, dormia num estábulo, tendo por cama galhos de videira. Cuidava do rebanho do pai e aproveitava o silêncio e a

15 DE JUNHO

solidão da natureza para rezar o terço. Participava assiduamente da eucaristia e abstinha-se do próprio alimento em favor dos pobres. Aos poucos foi conquistando o coração de todos, até mesmo o do pai e o da madrasta. Mas até o fim da vida viveu como sempre havia vivido, dormindo no estábulo ou debaixo de uma velha escada, onde um dia o pai a encontrou morta.

Testemunhas de nossos tempos

Victor Sanabria – Arcebispo, Costa Rica, morto em 1952. **Operação Albânia** – Conhecida também como "Matança de Corpus Christi", doze pessoas foram assassinadas em Santiago do Chile, em 1987. **Teodoro Santos Mejía** – Padre, morto no Peru, em 1989.

ORAÇÃO
Da vida em Deus

Deus, nosso Pai, vós não abandonais vossos filhos, pois vossa bondade é para sempre (cf. Sl 138,13ss). *Mesmo que andemos de vós distantes, como pai bondoso, seguis nossos passos nos chamando pelo nome. Quando nos fechamos em nossa dor e sofrimento, bateis em nossa porta oferecendo o conforto e a vossa assistência.* **Quando estamos já no fim de nossas forças, ordenais aos vossos anjos que venham nos socorrer. Estais pronto a enxugar nossas lágrimas e devolver a alegria do reencontro conosco e com nossos semelhantes. Conduzi-nos nesta travessia de mundo.** *Concedei-nos um tempo de graça e de reconciliação. Nada nos perturbe o coração, pois nossa vida na vossa Vida se esconde, é mantida e preservada. Nada, ninguém poderá subtraí-la, pois dia e noite dela cuidais.*

16 DE JUNHO

S. Julita

séc. IV – mártir – "Julita" quer dizer "luzente", "luminosa"

Julita e Círico, seu filho de três anos, moravam em Icônio. Sofreram o martírio no século IV, durante a perseguição de Diocleciano. Viúva e possuidora de muitos bens, partiu de Icônio em busca de um lugar em que pudesse viver em paz com o filho e duas criadas. Entretanto, ao chegar a Selêucida, foi presa juntamente com o filho. Em meio às torturas, repetia sem cessar que era cristã. S. Círico, que se debatia nas mãos do governador para voltar aos braços da mãe, começou também a gritar "Eu sou cristão". Indignado, o governador arremessou-o escadaria abaixo, tirando-lhe a vida ali mesmo no tribunal. Ao invés de lamentar a morte do filho, S. Julita começou a louvar a Deus por tão grande testemunho. Decapitada, seu corpo com o do filho foi jogado junto aos cadáveres dos malfeitores.

Testemunha de nossos tempos

Aurora Vivar Vázques – Operária, 42, militante cristã, sindicalista, morta no Peru, em 1976.

16 DE JUNHO

ORAÇÃO
Do amor que tudo renova

Deus, nosso Pai, a cada instante renovais nossa vida. Que a rotina da nossa vida cotidiana não envelheça nossos sonhos. Fazei-nos maiores que os problemas, as contrariedades, as desavenças, as frustrações que enfrentamos. A confiança na força que vem do alto acenda nossa esperança. As coisas que dão errado, a falta de soluções, o que não pode ser reparado, nada apague a confiança inabalável no vosso poder reparador. As perdas humanas ou materiais, a insegurança pelo dia de amanhã, o medo maior da morte, nada anule nosso desejo de renovação. Que a fé, a confiança, a certeza de que estais conosco sejam a medicina que não nos deixa envelhecer por dentro. Ensinai-nos que há prazer no pequeno e insignificante gesto, não porque compõe a rotina diária e de qualquer maneira deve *ser feito, mas porque, pelo gesto, podemos dizer quanto prezamos a vida e quanto amamos alguém. E* **quando amamos nada permanece igual, tudo se transforma, renova-se e faz-se diferente. Se pode o cotidiano tudo igualar e corroer até mesmo fortes e belos sentimentos, muito mais podem a fé e o amor nos renovar por dentro e nos recriar a cada instante.**

17 DE JUNHO

S. Rainério de Pisa

"Rainério" quer dizer "conselheiro do exército"

Padroeiro de Pisa, Itália, S. Rainério ou Raniero nasceu em Pisa, Itália, e viveu no século XII. Levava vida fútil, cheia de vaidades e entregue aos prazeres. Era músico, tocador de lira. Um dia encontrou-se com o monge Alberto Leccapecore, homem de Deus. Esse encontro levou-o a repensar sua vida e mudá-la radicalmente. Recolheu-se então a uma vida solitária e penitente. Sem comer, e em contínuos prantos, acabou por ficar cego, mas obteve de Deus a graça da própria cura. Por inspiração divina, partiu para a Terra Santa como mercador. Alimentava-se apenas duas vezes por semana e entregava-se a rudes trabalhos. Teve então uma visão em que as joias de sua bolsa haviam se transformado em piche e enxofre e ardiam em chamas. Uma voz explicou-lhe o sentido da visão dizendo que a bolsa era seu corpo; o fogo, o piche e o enxofre a sua vida fútil. Como peregrino, visitou os Lugares Santos e passou no deserto 40 dias, jejuando como o fez um dia Jesus. De regresso a Pisa, ingressou no mosteiro de S. Guido, levando vida simples. Morreu em 1160.

Testemunhas de nossos tempos

Felipa Pucha e Pedro Cuji – Camponeses indígenas, mártires do direito à terra em Culluctuz, Equador, 1983.

17 DE JUNHO

ORAÇÃO
Do coração que busca a Deus

Deus, nosso Pai, preservai em nós a sede de verdade, mas tornai-nos humildes para reconhecer nossas falhas, nossos erros, nossos defeitos. Enchei-nos de desejos de felicidade, mas desatai nossas mãos para realizar o bem. Confirmai em nós a certeza de que somos filhos queridos e amados por vós, mas tornai-nos obreiros do vosso Reino. Nosso coração tem sede de vós, mas busquemos a água viva que brota da fraternidade e da retidão de vida. Senhor, que a vossa Palavra, como a chuva, fecunde nossa aridez espiritual e multiplique nossos gestos de bondade. Que vosso amor nos faça viver e nos sacie a sede de paz e justiça. Que vos procuremos sem cessar e vos procurando encontremos o caminho da concórdia e da solidariedade entre os homens.

18 DE JUNHO

B. Hosana de Mântua

"Hosana!" é uma invocação hebraica que significa "Salve, nós pedimos"

A bem-aventurada Hosana foi uma mística nascida na cidade de Mântua, na Lombardia, Itália, em 1449, e morreu em 1505. De origem húngara, ingressou ainda pequena na Ordem Terceira de S. Domingos, onde por 30 anos foi noviça. Convencida de que a vida e a morte consistem em amar a Deus, viveu a vida inteira buscando a comunhão profunda com Deus, sem perder, contudo, o contato com as realidades terrenas. Tornou-se então como uma ponte entre Deus e o homem, intercedendo pelo bem das pessoas, sobretudo, do povo de Deus. Seus *Colóquios espirituais* com seu filho espiritual, Jerônimo de Monte Oliveto, mostram a densidade humana e espiritual de Hosana: mulher sensível, terna, aberta às coisas do coração. Em uma dessas cartas dizia a Jerônimo, seu filho espiritual:

... ao ouvir a notícia, fiquei quase fora de mim por causa de minha grande alegria e meu contentamento. Meu padre e meu filho único, concebido na grande fonte da Divina Bondade, quem te dera visses tua indigna mãe mudando de cor: onde é possível encontrar tanto amor e tanto afeto? Eu respondo que ele só se encontra no lado sagrado de nosso Salvador. E esse amor espiritual tornou-se tão forte, que, acredito eu com a ajuda divina, nem os anjos, nem os arcanjos, nem os demônios,

18 DE JUNHO

nem qualquer criatura poderão arrancá-lo do coração; mas, com a graça de Deus, ele chegará à perfeição, em nossa pátria bendita e eterna" (De Butler, op. cit., v. VI, p. 202).

Passou, entretanto, quase toda a vida na corte de Mântua, sendo nomeada por Francisco II superintendente da corte.

ORAÇÃO
Da entrega de si a Deus

Por amor me criaste e, antes de eu existir, fizeste-me para te amar e ser reconhecida pelas imensas e inumeráveis graças. *Ó meu doce Senhor, inclina os ouvidos de tua bondade, escuta só um pouco meu pedido, não desdenhes da minha intenção e de meu santo desejo. Eu tremo, ó meu Senhor, porque tenho medo de não te amar e não te conhecer como deves ser amado e conhecido... Por isso, rogo-te: ilumina-me com o fogo do Espírito Santo, ensina-me, estabeleça-me de tal sorte que eu possa amar-te cada vez mais e só a ti, meu Deus, e de coração perfeito poder servir-te"* (Bem-aventurada Hosana).

19 DE JUNHO

S. Gervásio e S. Protásio

"Gervásio" quer dizer "potente e impetuoso na lança" e
"Protásio", "aquele que está em primeiro lugar"

Os santos Gervásio e Protásio eram irmãos. Seus restos mortais foram descobertos por Santo Ambrósio, que popularizou o culto deles. S. Agostinho e S. Mônica estavam presentes quando o bispo Ambrósio fez a trasladação dos mártires para a Basílica Ambrosiana, em 386. Desse acontecimento falam-nos os santos Ambrósio, Agostinho e Paulino, que na época viviam em Milão. Paulino, biógrafo de S. Ambrósio, afirma que as relíquias de S. Gervásio e S. Protásio encontravam-se na mesma basílica em que repousava os corpos dos santos Nabor e Félix. Mas ninguém sabia disso, até serem descobertos nas escavações que S. Ambrósio ordenara fazer próximas do local em que jaziam os corpos de Nabor e Félix. Como o próprio bispo Ambrósio descreve, eram *"dois homens dum tamanho prodigioso como eram no tempo antigo. Todas as suas ossadas estavam inteiras"* (apud Leite, op. cit., v. II, p. 213).

Testemunhas de nossos tempos

Massacre na penitenciária de Lima, Peru, em 1986.

19 DE JUNHO

ORAÇÃO
Do entendimento interior

Deus, nosso Pai, vós nos criastes não para a dor e o sofrimento, mas para uma vida alegre e feliz. Vosso amor por nós não conhece limitações. É sempre o mesmo ontem, hoje e sempre. **Antes que as coisas aconteçam tudo já é do vosso conhecimento e tudo ordenais para que concorra para o nosso bem. Antes mesmo que nascêssemos, nosso íntimo já era por vós conhecido e contados também estavam nossos passos. Mesmo quando não entendemos vossos desígnios, mesmo quando a provação por demais nos aflige, vós mesmo carregais nossas dores e nas vossas chagas sarais nossas penas.** *Como mãe amorosa nos tomais no colo e com desvelo cuidais de nós. Que a vossa luz inefável nos ilumine para que na vossa claridade tenhamos o entendimento de quanto somos por vós amados. Iluminai nossa mente para que cheguemos também ao conhecimento de nós mesmos e revele-se nossa face em busca da paz e felicidade plenas e verdadeiras. Tocai nosso coração e nosso espírito para que, recordados do amor com que nos amais, continuamente demos graças pelo dom da vida. Pronunciastes nosso nome antes que tudo fosse criado, antes que no seio materno fôssemos concebidos, assim ultrapassastes os limites da nossa própria humana condição.*

20 DE JUNHO

S. Juliana de Falconiere

"Juliana" quer dizer "aquela que é luzente, brilhante"

Juliana de Falconiere é considerada a fundadora das religiosas da Ordem Servita. Nasceu em Florença, em 1270. Sobrinha de S. Aleixo, um dos sete fundadores da Ordem Servita, aos 16 anos, ingressou na Ordem Terceira dos Servitas, da qual mais tarde tornar-se-ia superiora. Após a morte da mãe, reuniu em torno de si um grupo de mulheres sensíveis ao carisma servita. Deste grupo haveria de surgir as religiosas servitas, dedicadas à oração e ao serviço dos necessitados, sobretudo dos enfermos. Levou vida austera com jejuns, penitência e muita oração. Dormia pouco e devotava profunda devoção à eucaristia. Conta-se que na ocasião de sua morte, não podendo receber o viático por causa de sua doença, deitou-se por terra e pediu que lhe pusesse a hóstia sobre o peito. Para espanto de todos, a hóstia desapareceu misteriosamente e ela morreu dizendo: *"Meu doce Jesus!"*. Em memória desse acontecimento, as Servitas trazem no hábito a figura de uma hóstia cercada de raios. Faleceu em 1340 e foi canonizada pelo papa Clemente XII.

Testemunha de nossos tempos

Rafael Palacios – Sacerdote diocesano, 41 anos, dedicado à formação de CEBs em El Salvador. Homem de paz, acreditava mais na força do amor do que na força da violência e

20 DE JUNHO

tudo fez para reunir em comunidades as pessoas dispersas e desorientadas. Foi assassinado em 1979, quando retornava de uma reunião de CEB.

ORAÇÃO
Do Santíssimo Sacramento

Deus, nosso Pai, um dia Pedro confessou ser Jesus o Filho de Deus vivo. Tão sincera e convincente foi sua confissão de fé em Cristo que não apenas transformou Simão em Pedro (a pedra, a rocha em que se funda a Igreja), mas transformou também o curso da própria história humana. Como Pedro proclamou ser o Cristo o Senhor, possamos também confessar pela fé que por ele chegou até nós: "Bendito seja Deus. Bendito seja o seu santo nome. **Bendito seja Jesus Cristo, verdadeiro Deus, verdadeiro homem.** *Bendito seja o nome de Jesus. Bendito seja o seu sacratíssimo Coração. Bendito seja o seu preciosíssimo Sangue. Bendito seja Jesus no Santíssimo Sacramento do altar. Bendito seja o Espírito Santo Paráclito. Bendita seja a grande Mãe de Deus, Maria Santíssima. Bendita seja sua santa Imaculada Conceição. Bendita seja sua gloriosa Assunção. Bendito seja o nome de Maria, Virgem e Mãe. Bendito seja S. José, seu castíssimo esposo. Bendito seja Deus nos seus anjos e nos seus santos".*

21 DE JUNHO

S. Luís Gonzaga

1568-1591 – religioso – "Luís" significa "guerreiro famoso"

Oriundo de Mântua, Itália, e filho primogênito dos Castiglione, pertencentes à corte do rei Filipe II da Espanha, Luís Gonzaga estava destinado a ser um dos grandes senhores desse mundo. Renunciou, contudo, ao principado em favor de seu irmão e ingressou na Companhia de Jesus (1587), em Roma, em uma clara contestação ao mundo fútil, vaidoso, corrupto que o rodeava. Rebelde, em vez da riqueza escolheu a pobreza de Cristo, em vez da glória de ser servido, a humildade de servir por amor a Deus. Em 1591, enquanto se preparava para ordenar-se, ofereceu-se para cuidar das vítimas da peste que assolava Roma e que o vitimou também.

S. Raul

"Raul" quer dizer "lobo do conselho" ou "lobo conselheiro"

Raul ou Rodolfo nasceu na França e viveu no século IX. Antes de ser nomeado bispo de Burges, em 840, governou várias abadias. É o autor de uma *Instrução pastoral*, reveladora da solicitude com que governou sua diocese. De família nobre e rica, empregou toda sua fortuna na fundação de várias abadias como Dèvres, Beaulieu-sur-Mémoire, Végennes, Sarrazac. Morreu em 866.

Testemunha de nossos tempos

Sérgio Ortiz – Seminarista, mártir da perseguição à Igreja na Guatemala, em 1984.

21 DE JUNHO

ORAÇÃO
Do Senhor da História

Deus, nosso Pai, vós sois Senhor da História. Armastes vossa tenda no meio dos homens. **Não estamos mais sozinhos. Não estamos mais desamparados nem andamos errantes pelos desertos de nossa existência. Acompanhais cada geração ao longo dos séculos para que, no vosso amor, a história dos povos encontre sua plenitude.** *A cada tempo semeais sonhos de esperança e de paz pelos caminhos da humanidade. Vós sois o Senhor dos tempos passados, presentes e futuros e nada escapa ao vosso olhar penetrante. Permitis que erremos para que na dor do erro e de nossas obtusidades aprendamos as lições da solidariedade e da fraternidade humana. Vós sois infinitamente mais; mais do que o pão, a água, o sal, o fogo, o ar, tão necessários à nossa humana subsistência. Mais do que a nossa pretensa cultura, mais do que a nossa lógica e vãs tecnologias. Podeis fazer brotar da poeira cósmica mundos e planetas e outros sóis. Por isso, Senhor, nós vos pedimos: caminhando as gerações futuras na trama de outros afãs que não estes, mas herdeira dos mesmos sonhos de esperança e de paz e de fraternidade, construam sobre nossos passos, sobre nossos risos e nossas lágrimas caminhos de luz que a vós conduzam. Sois o Eternamente Presente e a tudo ultrapassais e, ultrapassando todas as coisas, na transitoriedade atraís o homem ao vosso amor que não passa.*

22 DE JUNHO

S. João Fisher

1649-1535 – bispo e mártir. "João" significa
"O Senhor é misericordioso"

João Fisher nasceu em Yorkshire, em 1649. Cursou teologia na Universidade de Cambridge, Inglaterra. Padre aos 25 anos, em 1494, reitor da Universidade de Cambridge e bispo de Rochester, em 1504. Levou vida austera, trabalhando com ardor em favor do seu povo. Costumava fazer várias e frequentes visitas pastorais aos fiéis. Lutou ardorosamente contra os erros doutrinais de seu tempo. Opôs-se energicamente ao divórcio de Henrique VIII. Em consequência de sua postura irredutível, foi preso e lançado prisioneiro na Torre de Londres. Condenado à morte, foi decapitado em 1535. Antes de ser executado, dirigiu-se ao povo: *"Vim aqui para morrer pela fé da Igreja Católica e de Cristo"*. Sua cabeça esteve exposta por 14 dias num poste na ponte de Londres.

Testemunha de nossos tempos

Arthur Machinnon – Sacerdote de Escarboro, amigo da juventude e dos pobres, morto em 1965, República Dominicana. Radicalmente contra as arbitrariedades do regime militar, mobilizou a comunidade contra as prisões de 37 pessoas pela Polícia e Guarda Nacional, no povoado de Monte Plata. Acusado de "comunista" e de "defensor dos rebeldes", foi sequestrado e assassinado quando se dirigia para atender a um falso pedido de socorro a um doente.

22 DE JUNHO

ORAÇÃO
Da luta pela vida

Deus, nosso Pai, jamais nos falte a coragem de lutar pela vida. Dai-nos seguir avante, com a certeza de que no tempo oportuno haveis de providenciar nosso livramento. No cansaço, dai-nos alento, pois quando tardais já estais à porta. Nas dificuldades, arrastai-nos à superação, pois antes que vacilemos já nos levantais pelas mãos. No desânimo, firmai nosso olhar no horizonte e despertai nossos sonhos e ideais, pois antes que desfaleçamos já soprais sobre nós e resgatais nossas vidas. Nas desgraças e desaventos, nas tristezas e nos sofrimentos, ungi-nos por dentro e nossas forças reavei; o que nos feriu e nos machucou fazei cair no esquecimento; nos momentos difíceis e dolorosos, não nos deixeis cair em desespero, mas dai-nos serenidade e paz de espírito; em todos os momentos, fazei-nos viver intensamente o presente e impulsionai-nos para a frente. No fracasso, virai a página de nossa vida e dai-nos forças para partir e buscar novos caminhos. No medo e apreensões, ensinai-nos a ler os sinais dos tempos em novas parições. Nas aflições, na angústia, exorcizai os maus presságios e aclarai os horizontes de nossa bem-aventurança. Em qualquer situação, tenhamos a coragem de sonhar e desafiar o desconhecido. Ficai conosco e jamais seremos vergados ou prostraremos vencidos.

23 DE JUNHO

S. José Cafasso

1811-1860 – "José" quer dizer "que Deus acrescente"

José Cafasso nasceu em Castelnuovo d'Asti, em 1811. Padre secular aos 22 anos, em 1883, foi contemporâneo e conterrâneo de Don Bosco. Mestre de teologia no Instituto de S. Francisco de Sales em Turim, teve Don Bosco como aluno e consulente espiritual. Exerceu grande influência no jovem clero que nele encontrava seu elo de união e de renovação. Essa influência estendia-se beneficamente também aos leigos e demais religiosos. Cativava a todos com sua alegria, bondade e serenidade. Em Turim chamavam-no "o padre da forca", pois devotava aos presos e condenados carinho especial. Não temia expor-se e lutar por melhores condições de vida nas prisões. A muitos acompanhou até o último momento, ficando com eles até a morte. Sabia falar tanto aos cultos como aos simples, aos piedosos e aos afastados da religião. Colaborou intensamente com as obras religiosas (institutos e congregações religiosas), instituições de caridade. Foi um grande colaborador de Don Bosco, apoiando-o na fundação de sua obra dedicada à formação religiosa e profissional dos jovens desfavorecidos. Morreu aos 49 anos, em 1860, entregando a José Cotolengo e a Don Bosco tudo o que possuía. É o protetor dos encarcerados e condenados à pena capital.

23 DE JUNHO

ORAÇÃO
Do conforto no desespero

*Deus, nosso Pai, **ensinai-nos a amabilidade, a alegria, o bom humor, pois um semblante amável, alegre e de bem com a vida tem força divina que eleva o ânimo dos que estão abatidos e vale mais que mil conselhos e instruções.** Ensinai-nos a compaixão, pois a vós não agradam jejuns nem sacrifícios nem aniquilamentos, mas os gestos concretos de solidariedade e partilha com os irmãos. Velai hoje, Senhor, pelos que se encontram em desespero e não conseguem desvencilhar-se da dor e do sofrimento: reabilitai suas forças, regenerai o que está doente e revogai todos os veredictos. Velai pelos que passam fome e sede, fazei descer a eles o maná da solidariedade que pode converter pedra em pães. Velai pelos que são pisados, desacreditados, recusados, abandonados, desonrados, pois é do trigo pisado e moído que sai a farinha do pão da dignidade resgatada. Velai pelos que continuam a ser crucificados na cruz do dia a dia, tanto mais pesada e agravada pela indiferença e egoísmo dos próprios semelhantes. Velai por aqueles que na dor de tantas perdas e desaventos já não conseguem acreditar que vós sois Pai, que vós sois aquele que, para aliviar nosso padecimento, toma sobre os ombros nossas dores e pesados fardos... e nas suas chagas nossa ressurreição seja apressada e nossa bem-aventurança alcançada.*

24 DE JUNHO

Nascimento de S. João Batista

séc. I – profeta – "João" quer dizer "o Senhor é misericordioso"

Precursor de Jesus, João Batista foi o último e grande profeta do Antigo Testamento. Filho tardio de Isabel e Zacarias, conclamava o povo ao batismo de penitência e conversão para a vinda do Messias. Vivia pelos desertos, alimentava-se de gafanhotos e mel silvestre e cobria-se com uma veste de couro. Sua vida austera e radical avalizava a contundente denúncia movida contra os poderosos da época e justifica a sua prisão e morte (cf. Mt 3,1ss). Foi ele quem batizou a Jesus no rio Jordão. É invocado com a seguinte oração:

S. João Batista, voz que clama no deserto: "Endireitai os caminhos do Senhor... fazei penitência, porque no meio de vós está quem vós não conheceis e do qual eu não sou digno de desatar os cordões das sandálias, ajudai-me a fazer penitência das minhas faltas para que eu me torne digno do perdão daquele que vós anunciastes com estas palavras: 'Eis o Cordeiro de Deus, eis aquele que tira os pecados do mundo'. S. João pregador da penitência, rogai por nós. S. João, precursor do Messias, rogai por nós. S. João, alegria do povo, rogai por nós".

B. Raingarda
† 1135 – viúva

Natural da França, Raingarda foi mãe de 8 filhos: Heráclio, arcebispo de Lião; Pedro, o Venerável, abade de Cluny;

24 DE JUNHO

Pons, abade de Vezelay; Jordão, abade de Chaise-Dieu; Armando, abade de Manglieu; Oton, morto prematuramente; Hugo e Eustáquio, que se casaram e tiveram filhos. Raingarda viveu intensamente seu matrimônio, acompanhando o marido no leito de morte, a ele devotando especial carinho e dedicação. Viúva, ingressou no convento de Marcigni, onde passou seus dias em oração e solícita dedicação. Gravemente enferma, quis morrer deitada sobre cinzas.

Testemunhas de nossos tempos

Massacre de San Juan – Membros operários da comunidade mineira "Siglo XX" assassinados em 1967 na Bolívia.

ORAÇÃO
Da mulher que é mãe

Deus, nosso Pai, olhai pela mulher que luta em busca de vida e dignidade. **Olhai pela mulher tantas vezes mais lembrada dos outros que de si. Olhai pela mulher que é mãe e toma sobre si a difícil missão de prover a família, educar e orientar os filhos na busca do bem e da verdade. Olhai pela mulher, anônima da arte da ternura e da abnegação, que faz brotar a vida da aridez humana.** *Olhai pela mulher que faz de seu próprio coração o lugar de onde tantas vidas nascem; coração que é o ponto de encontro de tantas vidas que vão. Não lhes faltem coragem, ânimo forte e a paciência para enfrentar com discernimento os desafios de um mundo em contínua transformação. Dai-lhes um amor terno e compassivo, que deixe o outro ser e o faça crescer.*

25 DE JUNHO

S. Máximo de Turim

† 423 – *"Máximo" significa "aquele que é o maior"*

Máximo viveu no século IV, no Piemonte, Itália e morreu em 423. É tido como o fundador da diocese de Turim. Deixou escrito numerosos *Sermões* e *Homilias*. É representado ao lado de uma cabra, pois, segundo a tradição, o Santo recolhia-se a um lugar solitário para rezar. Seus adversários ficaram deveras curiosos para saber o que o Santo andava fazendo e enviaram alguém para espioná-lo. Acometido de sede mortal e já sem forças, o espião deparou com o Santo puxando uma cabra. Com o leite do animal, pôde matar a sede.

Testemunhas de nossos tempos

Mártires de Olancho – Ivan Betancurt, colombiano, e Michael Jerome Cyper (Casimiro), sacerdotes e vários companheiros camponeses hondurenhos (Bernardo Rivera, Maria Elena Bolivar, Roque Andrade, Arnulfo Gomez, Juan Montoya, Maximo Aguilera, Ruth Garcia, Fausto Cruz, Alejandro Figueroa, Lincoln Coleman, Oscar Ortiz e Francisco Colindres) assassinados com o apoio financeiro e político da Federação Nacional dos criadores de Gado, em 1975, em Honduras.

25 DE JUNHO

ORAÇÃO
De Jesus Caminho

Deus, nosso Pai, vosso Filho Jesus foi o orante, o mestre da oração por excelência. **Ele nos ensinou a chamar-vos de Pai. Ele nos ensinou a ter confiança em vós e a ter confiança em nossas forças interiores. Ele disse que se tivermos fé, havemos de mover montanhas e caminhar sobre as águas. Disse que onde dois ou três estiverem reunidos em seu nome, ele estará no meio deles** (cf. Mt 18,19s). *Batei, batei, batei – insistia ele – e a porta haverá de abrir Pedi, pedi, pedi, e haveis de receber* (cf. Mt 7,7-8). *Não tenhais medo. Sou eu! Estarei convosco até o final dos tempos. Que vos elevemos cada dia, com a nossa vida, orações e súplicas, louvores e agradecimentos. Louvado sejais pelo dom da vida, sopro divino que nos mantém a existência. Louvado sejais pelo pão de cada dia. Louvado sejais pela paz que de vós procede. Louvado sejais pela chuva, pelo sol, pelas sementes que germinam, crescem e dão frutos. Louvado sejais pelos sonhos de esperança que espalhais em nossos corações. Rezemos pois por todos os homens, pois é vosso desejo que sejamos salvos e cheguemos à comunhão convosco e com nossos irmãos. Testemunhemos com nossa vida que Jesus, vosso Filho, é o Caminho, a Ponte que nos conduz a vós, Deus de amor e de perdão.*

26 DE JUNHO

B. José Maria Escrivá
1902-1975 – fundador – "José" quer dizer "que Deus acrescente"

Natural de Barbastro, Espanha, José Maria Escrivá foi o fundador do *Opus Dei* (1928), aprovado pela Santa Sé em 1950 e erigido em Prelazia pessoal em 1982, por João Paulo II. Devoto de Maria e dos anjos custódios, tinha na celebração eucarística o cerne de sua vida interior. Em 1943, fundou a Sociedade Sacerdotal da Santa Cruz. Seu mérito foi impelir os leigos, homens e mulheres, à santidade, que, sem mudar o próprio estado de vida, se empenham no perfeito cumprimento dos deveres profissionais, sociais e familiares e do zelo na ação apostólica. Abria-se, então, aos leigos um caminho de perfeição como o dos consagrados, mas sem emissão de votos ou uso de hábitos particulares, sem distanciamento dos modos exteriores de vida do próprio ambiente social.

Ó Deus, por intercessão do B. José Maria, concedei-me alcançar o caminho de santificação no trabalho profissional e no cumprimento dos meus deveres cotidianos de cristão. Fazei também que eu saiba converter todos os momentos e circunstâncias de minha vida em ocasião de vos amar, e de servir com alegria e com simplicidade a Igreja. Dignai-vos outorgar a canonização do B. José Maria e concedei-me por sua intercessão o favor que vos peço...

26 DE JUNHO

B. Madalena Fontaine e Companheiras

séc. XVIII – mártires – "Madalena" quer dizer "natural de Mágdala, cidade das torres"

Madalena e suas companheiras sofreram o martírio na Revolução Francesa. Pertenciam à congregação das Irmãs da Caridade, fundada por S. Vicente de Paulo e S. Luísa Marillac, em 1656. Irmã Fontaine, superiora da Casa de Arrás, França, e suas companheiras Francisca Lanel, Teresa Fantou e Joana Gérard dedicavam-se à educação da juventude feminina desamparada e aos doentes de um hospital. Em 1793, a Convenção decretou o juramento dos religiosos aos ideais da Revolução: *liberdade, igualdade e fraternidade*. Em 1794, o governo revolucionário expulsou as irmãs do hospital *Casa da Caridade*, que passou a ser chamado *Casa da Humanidade*. Acusadas de antirrevolucionárias, foram condenadas à guilhotina pelo Tribunal Revolucionário. Caminharam para o suplício cantando o *Ave, Maris stella*.

ORAÇÃO
De Maria, Estrela do mar

Ave, do mar Estrela, / bendita Mãe de Deus, / fecunda e sempre Virgem, / portal feliz dos céus. / Ouvindo aquele Ave do anjo Gabriel, / mudando de Eva o nome, trazei-nos paz do céu. / Ao cego iluminai, ao réu livrai também; / de todo mal guardai-nos e dai-nos todo o bem.

Mostrai ser nossa Mãe, levando a nossa voz / a quem por nós nascido, dignou-se vir de vós. / Suave mais que todas, ó Virgem sem igual, / fazei-nos mansos, puros, guardai-nos contra o mal. **/ Oh, dai-nos vida pura, guiai-nos para a luz, / e um dia, ao vosso lado, possamos ver Jesus.**

27 DE JUNHO

Nossa Senhora do Perpétuo Socorro

Esta devoção mariana liga-se a um quadro da Virgem com o Menino Jesus nos braços. Essa pintura (séc. XIII) teria saído do Oriente (Creta?) e passado de mão em mão até chegar a Roma, ficando guardada na Igreja de S. Mateus (1449). Em 1866 a pintura foi reencontrada nas ruínas daquela antiga igreja e confiada aos padres redentoristas por Pio IX. Hoje o quadro se encontra na igreja de Santo Afonso em Roma. É invocada com a seguinte oração:

Lembrai-vos, ó piíssima Virgem Maria, que nunca se ouviu dizer que algum daqueles que têm recorrido à vossa proteção, implorado vosso auxílio e reclamado vosso socorro, fosse por vós desamparado. Animado eu, pois, com igual confiança, a vós, Virgem das virgens, como a Mãe recorro, em vós me acolho e, gemendo sob o peso de meus pecados, me prostro a vossos pés. Não desprezeis as minhas súplicas, ó Mãe do Filho de Deus encarnado, mas dignai-vos de as ouvir propícia e de me alcançar o que vos rogo. Amém.

S. Cirilo de Alexandria
370-444 – bispo e doutor da Igreja – "Cirilo" quer dizer "Senhor"

Bispo e doutor da Igreja, Cirilo de Alexandria foi patriarca de Alexandria, Egito, defensor da tradição ortodoxa e da pureza

27 DE JUNHO

da fé católica. Opôs-se a Nestório, Patriarca de Constantinopla, que afirmava ser Maria apenas a mãe do homem Jesus, e não a Mãe de Deus. Foi também um dos protagonistas do Concílio de Éfeso, em 431, em que as ideias de Nestório foram declaradas heréticas. Contribuiu na formulação de uma teologia clara sobre a encarnação, proclamando que Jesus é verdadeiramente Deus e verdadeiramente homem.

Testemunha de nossos tempos

Juan Pablo Rodrigues Ran – Sacerdote indígena, assassinado em 1982, na Guatemala.

ORAÇÃO
Do Deus homem

*Deus, nosso Pai, **em Jesus estais indissoluvelmente ligado e comprometido com o destino humano. Não estamos sozinhos e errantes, pois caminhais a nossa frente apontando-nos o caminho certo**. Mesmo que a conturbação dos tempos nos aflija, sempre ouviremos a voz de quem um dia disse: Não tenhais medo! Sou eu! Sou eu a vida. Sou eu o caminho. Tenham confiança. Sou eu que caminho sobre as águas e acalmo os ventos... Sou eu que faço os cegos verem e os paralíticos andarem. Ó Deus-verdadeiramente--homem, conheceis nosso coração, nossa sede de felicidade, nosso desejo de vida plena, nossa fome de esperança. Ó Homem-verdadeiro-Deus, sondais nosso espírito, conheceis nossas fraquezas, iluminais nossas trevas, fortalecei nossos passos, curais nossas enfermidades e derramais sobre nós vossa misericórdia e vosso perdão.*

28 DE JUNHO

S. Leão II

682-683 – papa – "Leão" relaciona-se à bravura, ao domínio atribuído ao leão, rei dos animais

Natural da Sicília, S. Leão II era filho de um médico chamado Paulo. Antes de suceder ao papa Santo Agatão, em 681, foi o esmoler-mor da Igreja. Seu breve pontificado (682-683) caracterizou-se pela luta contra os monotelistas, que afirmavam existir em Jesus apenas uma vontade. Heresia essa que o VI Concílio Ecumênico e o III Concílio de Constantinopla condenaram com veemência. Possuído de um espírito reconciliador e aberto ao diálogo, mas ao mesmo tempo firme e resoluto, Leão II restaurou a disciplina eclesiástica e fez valer sua autoridade diante do abuso do poder dos bispos usurpadores e simoníacos. Reformou o canto gregoriano e compôs muitos hinos para o ofício divino. Zelou pela pureza da fé e dos costumes, dando ele próprio o exemplo com sua vida. Morreu em 683.

28 DE JUNHO

ORAÇÃO
Do serviço

Deus, nosso Pai, Jesus vosso Filho nos ensinou que nada vos é tão agradável quanto o serviço desinteressado aos semelhantes: ***Se alguém quiser ser o primeiro, seja o último e aquele que serve a todos****. Rompei, pois, o egoísmo que nos prende apenas aos nossos interesses e nos impede de ver a necessidade do outro. Rompei a soberba e o orgulho que erguem em nós muros e paredes interiores, para que não vejamos nem corrijamos nossos erros.* ***Rompei a arrogância que nos faz esquecer de que, por mais nobre e importante nos julguemos, não passamos de um sopro, de uma respiração difícil, que necessita do alento de Deus e do apoio dos semelhantes: sozinhos nos falta o ar e começamos a morrer****. Abri nosso coração à generosidade para que busquemos no serviço e na disponibilidade nossa razão de viver. Abri nossos braços à solidariedade, à comunhão e à participação, colocando nossos dons a serviço dos outros, a exemplo de Jesus que veio para servir, e não para ser servido.*

29 DE JUNHO

S. Pedro, Príncipe dos apóstolos
séc. I – apóstolo e papa – "Pedro" significa "pedra", "rocha" – Dia do Papa

Originário da Galileia (Mt 4,18-22), Pedro era um pescador de Cafarnaum (Mt 8,14) que aceitou o convite de Jesus para segui-lo e ocupou uma posição especial no grupo dos discípulos (Mt 14,28.33; Jo 13,6-9), assumindo a liderança na primeira comunidade cristã de Jerusalém (At 1-12). Porta-voz dos discípulos em Pentecostes (At 2) e no episódio de Ananias e Safira (At 5, 1-11), foi o primeiro discípulo a pregar o evangelho aos gentios (At 10) e o próprio Paulo o distingue dos demais como testemunha da ressurreição (1Cor 15,5). Segundo a tradição, tornou-se bispo de Roma e ali sofreu o martírio. Foi o primeiro papa da história da Igreja, o primeiro a confessar que Jesus era o Messias, o Filho do Deus vivo (Lc 9,20). A ele são atribuídas duas cartas católicas (1Pd e 2Pd).

S. Paulo, Apóstolo dos gentios
"Paulo" quer dizer "aquele que é de pequena estatura"

Paulo de Tarso foi um judeu e um cidadão romano que odiava os cristãos, mas depois se converteu a Jesus, tornando-se o ardoroso apóstolo dos gentios. Anunciando o Cristo crucificado, morto e ressuscitado, fundou numerosas comunidades nos grandes centros urbanos da época (At 13-20). Teólogo e pensador, Paulo deixou-nos suas *Cartas*, uma fonte perene de

29 DE JUNHO

vida e de mística cristã. Ao lado de Pedro, discípulo do Mestre, Paulo surge como o convertido, ambos colunas e vigas mestras da Igreja de todos os tempos.

Testemunha de nossos tempos

Dionísio Frías – Líder camponês, morto em 1975 na República Dominicana.

ORAÇÃO
De Pedro Apóstolo

Deus, nosso Pai, possamos abrir hoje nosso coração para acolher o convite de vos seguir com alegria e prontidão. E vos seguir significa buscar a retidão de vida, a solidariedade, a comunhão e a participação na construção de uma sociedade em que a dignidade da criatura humana seja respeitada e preservada. Diante da violência, Pedro e Paulo responderam com a ternura e a compaixão aprendidas do Mestre. Diante das injustiças e iniquidades, responderam primeiramente com sua própria transformação de mente e de coração. ***É mudando o próprio interior e abrindo mão das mediocridades que haveremos de transformar o ambiente em casa, na rua, na comunidade, no local de trabalho e no mundo.*** *Como uma pedra atirada ao meio de nossas águas interiores, a força de Deus em nós nos ultrapassa e a todos contagia favoravelmente. Por isso elevemos nesse dia nosso coração e nossa mente a Deus, certos de que do alto nos virá o socorro e a salvação.*

30 DE JUNHO

S. Raimundo Lulo

1235-1316 – "Raimundo" quer dizer "protetor do conselho"

Raimundo Lulo nasceu e morreu em Maiorca, nas Ilhas Baleares. Foi martirizado em Bejaia, Argélia, aos 80 anos de idade. Ele próprio assim resumiu sua vida:

Fui casado, tive filhos, fui rico, gostei do mundo e dos prazeres. Depois tudo deixei pela glória de Deus, pelo bem dos irmãos, e com vistas na propagação da verdadeira fé. Aprendi o árabe e muitas vezes fui à terra dos sarracenos. Pela minha fé, fui flagelado e encarcerado. Durante 45 anos procurei interessar os chefes da Igreja e os príncipes cristãos no bem público. Agora que sou velho e pobre, o meu ideal é sempre o mesmo e tal se manterá até a minha morte" (apud Leite, op. cit., vol. II, p. 268).

Foi um dos maiores gênios da Idade Média. Deixou escritas numerosas obras de teologia, filosofia, ciência, pedagogia, romances filosóficos, poemas líricos e místicos.

Testemunha de nossos tempos

Hermógenes Lopes – Sacerdote, líder dos camponeses, fundador da Ação Católica Rural, profeta do povo da Guatemala, assassinado em 1978. Dias antes havia dito: *"Se for necessário o sangue de um de nós para que haja paz, estou disposto a derramar o meu"*.

30 DE JUNHO

ORAÇÃO
Do Deus que opera maravilhas

Deus, nosso Pai, conservai indelével em nossos corações a lembrança das maravilhas que continuamente realizais em nossa vida. Em vós fomos, somos e seremos hoje e sempre; em vós nos movemos sem vacilar. Em vós recobramos o alento nos momentos difíceis. Em vós somos curados de nossas chagas. Em vós somos libertados da tristeza e de todos os desaventos. Em vós nossos ossos são regenerados e o nosso espírito renovado. Em vós ressuscitaremos e em vós viveremos para sempre. Vós sois o Deus que nossa mente clareia. Vós sois o Criador que dá germinação às sementes e respiração a todo o ser nascente. Vós sois o Pai que ama cada filho com um mesmo e distinto amor, ontem, hoje e sempre. Vós sois o Libertador que toda corrente desata. Vós sois a Esperança que jamais desfalece. Vós sois o Auxílio que não falha e a Confiança que não decepciona. **Vós sois a Medicina que realmente sara e a Ternura que nos abranda.** *Vós sois a Compaixão que nos conforta e a Luz que nos clareia interiormente. Vós sois a Primeira e a Última Palavra que tem poder sobre o que fomos, o que somos e o que seremos.*

1º DE JULHO

S. Suetônio

séc. X – "Suetônio" quer dizer natural da cidade de Sueto

Suetônio viveu na Inglaterra, no século IX. De família nobre, versado em literatura, filosofia e Sagradas Escrituras, foi capelão do rei Egberto, que a ele confiou a educação do filho Ethelwolf. Por volta de 829, Egberto conseguira unificar politicamente os Estados ingleses e foi o primeiro soberano a usar o título de *Rei da Inglaterra*. Com a morte de Egberto, em 837, sucedeu-lhe no trono o filho Ethelwolf. Em 852, Suetônio foi feito bispo de Winchester, exercendo forte influência junto ao novo rei, conseguindo dele ajuda financeira e doações de terras, que permitiram à Igreja ampliar seu domínio temporal na Europa. Morreu a 2 de julho de 862.

1º DE JULHO

ORAÇÃO
Da história humana

Deus, nosso Pai, sois aquele que vive para sempre. **Conheceis os caminhos tortuosos de cada geração. Conheceis a vaidade humana. Presenciais o nascimento e a morte das estrelas, sabeis quando a folha cai no chão e quando a rama se inclina ao vento. Seguis as gerações que passam, os impérios que se sucedem, os poderosos que caem no esquecimento. Somente vós permaneceis atual e à frente dos tempos.** *Fulgurais como Sol nascente e não conheceis poente. Sois necessário como a água e indispensável como o ar, o sal e o fogo, que tornam possível nossa existência. Sois o Amor, o segredo e a fonte de toda alegria e encantamento. Estais presente no coração das criaturas como a voz clamante no deserto humano. Diante de vós, todo o erro é revelado, todo sofrimento é abrandado. O vosso sopro afaste toda lágrima e tristeza. Egoísmo, ganância, ódio e falta de perdão deem lugar à ternura e à compaixão. Em vós, temos a certeza de que é possível amar de verdade, ser misericordioso e praticar a justiça. É possível prestar ajuda a quem precisa e ser ajudado também. É possível perdoar as ofensas, ser perdoado, buscar a concórdia e a reconciliação. É possível adiantar-se no serviço da paz e abrir-se à força da vida. É possível aprender a escutar a voz da consciência que, ao balbuciar "Pai", a todos proclama irmãos. É possível fazer a justiça e a verdade como quem amassa o próprio pão.*

2 DE JULHO

S. Bernardino Realino

1530-1616 – jesuíta – "Bernardino" deriva de "Bernardo" que significa "forte como um urso"

Bernardino Realino nasceu em 1530, em Capri, Itália. Dedicado aos estudos, em 1556 doutorou-se em Direito Civil e em Direito Canônico. Ocupou vários cargos administrativos: prefeito de Felizzano de Monferrato, advogado fiscal em Alexandria do Piemonte, prefeito de Cassine, pretor em Castel Leone e, por fim, auditor e lugar-tenente geral. A morte da noiva levou-o a repensar toda a sua vida. Em 1564, ingressou na Companhia de Jesus e em 1567 foi enviado a Lecce, para fundar um colégio, onde viveu até o fim da vida, em 1616. Exerceu intensa atividade apostólica, dirigindo colégios, ensinando catequese, cuidando de doentes em hospitais e de prisioneiros nos cárceres. Fundou diversas congregações marianas. Acorriam a ele bispos, príncipes e gente do povo, a fim de pedir seus conselhos.

2 DE JULHO

ORAÇÃO
Da fortaleza nas incompreensões

Deus, nosso Pai, sois Alguém que prestais atenção até mesmo na poeira que cai de nossas mãos. Vós vos preocupais quando vacilamos perante as dificuldades. Estendei, pois, vossas mãos, quando fragilizados e impotentes somos arrastados ao sabor de nossos impulsos e de nossas ignorâncias. Quando a angústia nos oprime, ainda é o vosso sopro de vida que renova nosso espírito. Na gratuidade de vosso amor operais em nós maravilhas e nos cumulais com inumeráveis dons. Nossas mãos se ajuntem e se unam para vos agradecer, louvar e vos oferecer uma vida íntegra, correta, solidária, alegre e confiante, inclinada à bondade, ao amor e ao perdão. Dai-nos a fortaleza e a firmeza de ânimo para suportar, sem rancor nem sentimento de vingança, as incompreensões. E, mesmo ofendidos, tenhamos forças para acreditar na bondade do coração humano e na força do perdão. Armai no chão de nossa vida a vossa tenda e manifestai vossa ação libertadora.

3 DE JULHO

S. Tomé, Apóstolo
séc. I – apóstolo – "Tomé" significa "gêmeo"

Pouco se sabe sobre S. Tomé, a não ser o referido no Novo Testamento (Mt 10,3; Mc 3,18; Lc 6,15; At 1,13). A incredulidade demonstrada por ele diante da notícia de que Jesus havia ressuscitado tornou-se proverbial até hoje. É o que muita gente diz: "Sou como S. Tomé, só acredito vendo". S. Gregório Magno, entretanto, afirma que a incredulidade de Tomé foi mais proveitosa para a nossa fé do que a fé dos discípulos que acreditaram logo. Pois, enquanto ele é reconduzido à fé porque pôde apalpar, o nosso espírito, pondo de lado toda dúvida, confirma-se na fé. Deste modo, o discípulo que duvidou e apalpou tornou-se testemunha da verdade da ressurreição" (*Liturgia das horas*, v. III, São Paulo, Ave-Maria, Paulinas, Paulus, Vozes, 1996, p. 1405).

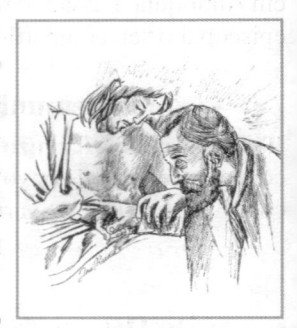

Segundo a tradição, pregou o evangelho na Síria, Pérsia e Índia, sofrendo o martírio em Calamina.

S. Anatólio
séc. III – bispo – "Anatólio" significa "aurora"

Natural de Alexandria, Egito, S. Anatólio foi bispo de Laodiceia. Mestre em aritmética, geometria, astronomia, física, dialética e retórica, deixou várias obras escritas, entre outras os *Cânones sobre a Páscoa* e dez livros sobre aritmética, dos quais ainda se conservam fragmentos. Homem influente, defendeu

3 DE JULHO

os habitantes de Alexandria, mediando a paz entre eles e os romanos. Partiu para a Palestina e foi acolhido pelo bispo de Cesareia, que o nomeou seu coadjutor. Participou de um concílio em Antioquia. Passando por Laodiceia, em 283 sucedeu na sede episcopal o seu compatriota Eusébio.

Testemunhas de nossos tempos

Tulio Marcelo Marruzo – Sacerdote italiano que se solidarizou com o sofrimento do povo da Guatemala, assassinado juntamente com Luiz Obdulio Navarrette, em 1981.

ORAÇÃO
Do Deus defensor dos pobres e fracos

*Deus, nosso Pai, tomais a defesa dos pobres e dos fracos, a eles revelando coisas admiráveis, desapercebidas aos que não acreditam em vós. Quando vos invocamos com fé, logo nos socorreis no tempo oportuno. Abandonados às nossas forças e vagando por nossos desertos espirituais, vós nos buscais, revelando-nos o vosso plano de amor. E a boa notícia nos devolve a alegria e a esperança: Jesus, vosso Filho ressuscitado, está conosco e no meio de nós armou sua presença. Fez romper a cadeia do egoísmo, libertou-nos, reuniu o que estava disperso e nos constituiu um povo de irmãos. Pela fé o vemos e o experienciamos, reconhecendo em cada passo de nossa vida a sua assistência amorosa. E **as adversidades da vida, nossas contradições, infidelidades, as forças do mal, nada abalará nossa confiança em vós, porque sois o Deus vivo e verdadeiro, que permaneceis quando tudo caduca, quando tudo declina, quando tudo passa.***

4 DE JULHO

S. Isabel de Portugal

1270-1336 – rainha – "Isabel" quer dizer "Deus é a plenitude"

Isabel de Portugal era filha de D. Pedro III de Aragão e nasceu na Espanha, em 1270. Casada com D. Dinis, rei de Portugal, foi mãe de dois filhos. Muito sofreu pelas infidelidades amorosas do marido, cujos filhos adulterinos ela criou junto aos dela, devotando-lhes igual carinho e dedicação. Testemunha dos sofrimentos e humilhações infringidos à mãe, seu filho D. Afonso IV, o Bravo, odiava o pai. Isabel lutou com todas as forças para pôr um fim às divisões internas e às desavenças entre pai e filho. Contam que um dia ela montou uma mula e foi ao campo de batalha apaziguar os ânimos acirrados do filho e do pai. Em carta pedia a eles não vertessem o *sangue* da geração que esteve em suas entranhas e cessassem a guerra, caso contrário apressariam a morte dela:

Se não o fazeis irei prostrar-me diante de vós e do infante, como loba parida... E os besteiros hão de ferir meu corpo antes que vos toquem a vós e ao infante (apud Palacín, op. cit., p. 96).

Decrépito, D. Dinis recebeu daquela a quem traíra carinho e dedicação até o último instante. Ao morrer D. Dinis, ela entrou para a Ordem Terceira de S. Francisco, dedicando-se inteiramente à vida interior e às obras de caridade. Morreu em 1336, quando procurava reconciliar seu filho D. Afonso IV, rei de Portugal, com seu neto, rei de Castela.

4 DE JULHO

Testemunhas de nossos tempos

Alfredo Leaden e companheiros – Alfredo Leaden, Pedro Duffau, Salvador Barbeiro, Emílio Barletti, sacerdotes e seminaristas palotinos da comunidade de S. Patrício, Buenos Aires, assassinados pela polícia secreta argentina, em 1976.

ORAÇÃO
Da paz e concórdia

*Deus, nosso Pai, de vós brotam a paz e o amor, de que tanto necessitamos. De vós procedem o perdão e a reconciliação, condição essencial para a concórdia entre os irmãos. **Ajudai-nos a reunir o que em nós está desunido. Sarai as feridas abertas pelo ódio e calúnias. Apagai em nós os pensamentos negativos e o desejo de vingança. Desviai-nos do caminho da ira. Apaziguai o que em nós está em luta.** Possamos primeiro perdoar o que em nós são fracassos e desacertos, frustrações e desencantos, para assim experimentar a grandeza do vosso perdão. Libertados das peias que nos amarram, trabalhemos primeiramente para reconstruir a nossa paz interior e a nossa confiança em Deus, que haverá de nos socorrer no tempo oportuno. Senhor, que nesse dia suba até vós a nossa súplica pela união, pela concórdia e pela reconciliação dos corações desunidos e feridos pelas desavenças. Agi em nós, Deus de Amor, e vossa grandeza seja manifesta naqueles que amam a verdade e praticam a justiça.*

5 DE JULHO

S. Filomena

séc. IV? – "Filomena" significa "amada"

Em 1802, durante as escavações na Catacumba de Priscila, descobriu-se uma tumba com inscrições de símbolos típicos do martírio: uma âncora, que significa esperança ou morte por afogamento; duas flechas e uma palma: símbolo do martírio; um lírio, símbolo da virgindade. Os restos mortais foram levados para Magnano, Itália. Numerosos milagres aconteceram, o que fez seu culto florescer no século XIX. A inscrição da tumba dizia: *lumena paz te cum fi*. As palavras foram ordenadas, do que resultou: *Pax tecum Filumena*, ou seja, *A paz esteja contigo, Filomena*. Atribuíram-se a ela várias revelações. As mais conhecidas foram dirigidas, em 1875, à irmã Maria Luísa, em que a Santa revelava sua história. Dizia ser originária da Grécia e pertencer a uma família real convertida à fé católica. Seu martírio deu-se em Roma, onde seus pais se encontravam em missão de paz. O imperador romano, encantado com a beleza da jovem, quis possuí-la em troca da paz. Diante da recusa, ordenou sua execução. Sua festa foi retirada do *Calendário litúrgico*, pelas dificuldades em distinguir entre o histórico e a fantasia. É celebrada apenas com o ofício comum das virgens e mártires.

5 DE JULHO

Testemunha de nossos tempos

Emetereo Toj – Lavrador índio, sequestrado na Guatemala, em 1981.

ORAÇÃO
Do Deus que nos ilumina

Deus, nosso Pai, vós escutais o clamor dos aflitos e trazeis a libertação aos encarcerados. Aos encarcerados nas prisões impostas pelo homem; aos prisioneiros do egoísmo, da falta de perdão e de esperança, da falta de dignidade e de respeito pelos sentimentos alheios, da falta de confiança na vida. Trazeis a libertação aos prisioneiros do poder pelo poder, do prazer pelo prazer; aos prisioneiros de dúvidas e receios, dos pensamentos negativos e suicidas; aos prisioneiros de si mesmos, do medo da opinião dos outros. Senhor, hoje queremos confiar totalmente em vós. Corremos atrás de tantas solicitações inúteis, de vaidades e aflições de espírito, de sonhos e promessas vãs, sem lembrar que em vós se encontram todo bem e toda graça e que nossa alegria, nossa bem-aventurança sois vós. Atraí-nos para vós! **Chamai-nos pelo nome! Dizei: "Coragem, filho. Levanta-te, segue em frente. Estou contigo e daqui vou te iluminar". Por vosso amor, cumulai-nos de bênçãos de paz e de esperança, e a nossa vida será transformada. Fazei frutificar o trabalho de nossas mãos.** *Que a fraternidade sinalize nossas relações, vença a ignorância e restaure nossos sentimentos de comunhão e participação.*

6 DE JULHO

S. Maria Goretti

1890-1902 – virgem e mártir – "Maria" significa "aquela que é excelsa, sublime"

Maria Goretti nasceu em Corinaldo, Ancona, Itália. Era uma menina de 12 anos quando foi assassinada em Le Ferriere de Conca, no dia 5 de julho de 1902. Como resistisse ao sedutor, um jovem seu conhecido, de nome Alessandro, foi barbaramente morta a facadas. Antes de morrer revelou o nome do assassino e disse que o perdoava. Após cumprir 27 anos de prisão, Alessandro Serenelli foi a Corinaldo pedir perdão à mãe de Maria Goretti, passando a viver num convento capuchinho.

S. Godeliva

séc. XI – leiga

Godeliva nasceu na França e viveu no século XI. Era casada com um nobre holandês, chamado Bertolfo. Foi assassinada a mando do próprio marido, em 1070. Influenciado pela mãe, Bertolfo começou a maltratá-la e acabou expulsando-a de casa. Ela se refugiou, então, na casa dos pais, que tentaram sua reconciliação com o marido, fazendo-a retornar a casa. Novamente traída, decidiu não mais abandonar o marido, mesmo sabendo correr risco de vida. Numa noite, enquanto o marido se achava em viagem, foi estrangulada no quarto enquanto dormia. Anos mais tarde, o mistério da sua morte foi esclarecido, quando Bertolfo confessou que havia contratado dois homens para matá-la. Para reparar seu monstruoso crime, tomou o hábito dos penitentes.

6 DE JULHO

ORAÇÃO
Do louvor pelo amor

Deus, nosso Pai, louvado sejais vós pelo amor, vínculo de união entre as pessoas. Ensinai-nos o amor, a ternura, a compaixão. Que o amor frutifique gestos de paz, confiança e alegria de viver. Que o amor sincero, respeitoso e desinteressado engrandeça e dê sentido à nossa vida. Que o amor nos leve à comunhão não apenas de corpos, mas também de alma e de sentimentos. Que o amor faça crescer a nossa confiança mútua e nos torne inabaláveis e autoconfiantes. Que o amor seja o segredo de nossa fortaleza de espírito e o rochedo que nos firma. Em vossos ombros, ó Pai amoroso, buscamos apoio nos momentos adversos em que nos sentimos pouco amados e desaprendidos do que é amar. Louvado sejais pelo amor, que a cada momento realiza o milagre da vida e nos dá forças para ver o mundo com olhos renovados daqueles que amamos. **Depurai nossa visão para descobrir a grandeza da vossa ternura nas pequenas e grandes coisas. Louvado sejais pelo amor que ilumina nossas sombras, esclarece nossas dúvidas, corrige nossos erros, revela nossos dons, recobra nossas forças, alenta nossos sonhos e nos devolve a esperança de justiça e de paz.**

7 DE JULHO

S. Bento XI

*1240-1304 – papa – "Bento" é sinônimo de "Benedito"
e quer dizer "bendito", "abençoado"*

Bento XI, cujo nome de batismo era Nicolau Boccasini, nasceu em Treviso, em 1240. De família simples, sua mãe era lavadeira no convento dos dominicanos. Aos 15 anos, ingressou na Ordem dos Dominicanos, onde mais tarde foi professor, superior provincial e superior geral. Em 1300, foi feito cardeal por Bonifácio VIII e eleito papa em 1303. Era uma pessoa amável, bondosa, cordata, amante da paz, humilde e piedosa, mas, ao mesmo tempo, firme e determinada em suas posições. Contam que, indo sua mãe visitá-lo, se recusou terminantemente abraçá-la, só o fazendo depois que ela vestiu as roupas simples de lavadeira que era. Seu pontificado durou apenas 8 meses, pois, acometido de um mal súbito, acabou morrendo inesperadamente, aos 64 anos de idade. A causa de sua morte ainda continua uma questão controvertida, pois teria morrido após comer alguns figos que um pajem disfarçado em frade lhe oferecera em nome da abadessa do Mosteiro de S. Petronila.

Testemunha de nossos tempos

Arthurbernal – Camponês, 50 anos, dirigente das Ligas Agrárias, torturado e morto em 1976, no Paraguai.

7 DE JULHO

ORAÇÃO
Do perdão das ofensas

Deus, nosso Pai, Jesus, vosso Filho, ensinou-nos a amar a quem nos ofende. Pediu que rezássemos por aqueles que nos prejudicam e nos perseguem. Pendente da cruz, suplicou o perdão para os que lhe tiravam a vida: "Pai, perdoai porque não sabem o que fazem". Somente perdoando é que seremos por vós perdoados, ó Criador do céu e da terra, que fazeis o sol nascer e a chuva cair, em benefício de justos e injustos. **Perdoar e esquecer as ofensas é obra do vosso amor em nossos corações. Rompei a arrogância de nosso orgulho e dai-nos a graça de experimentar a alegria de perdoar e de ser perdoado.** *Assim possamos rezar com o coração leve e desimpedido a oração que Jesus ensinou: "Perdoai as nossas ofensas, como nós perdoamos a quem nos tem ofendido. E livrai-nos do mal".*

8 DE JULHO

B. Gregório Grassi e companheiros

séc. XIX – mártires – "Gregório" quer dizer "aquele que é cuidadoso", "vigilante"

Numerosos foram os cristãos que testemunharam a fé em Jesus no final do século XIX, durante a perseguição instigada pela imperatriz Tsê-En-Hi. Acusados de trair a Antiga China, cerca de 20 mil cristãos foram presos e condenados à morte. Em 1946, 29 deles foram beatificados, como representantes dessa legião de mártires. Entre outros, estão o bispo franciscano **Gregório Grassi**, italiano, nascido em 1833 e que chegou à China em 1861; Dom **Francisco Fogolla**, Pe. **Elias Facchini,** que conduziam a missão de Chan-Si; Dom **Antonio Fantosati** e seus companheiros, que residiam em Heng-Chou-Fou. No início de 1900, a missão foi invadida e os missionários, seminaristas e serviçais foram presos. Aos gritos de "morte aos diabos europeus" foram julgados e condenados à morte como traidores do povo chinês, tendo seus corpos lançados numa vala comum. Mais tarde Yu-Hsien mandou desenterrar os corpos e entregar os restos mortais aos franciscanos, para que os sepultassem em seu cemitério. Em 1903, o próprio governo dava funeral solene àqueles que tombaram pela fé em Jesus.

8 DE JULHO

ORAÇÃO
Do Deus em nós

Deus, nosso Pai, no anseio de ser feliz, corremos atrás de tantas coisas, iludindo-nos com o brilho passageiro de nossas vaidades cadentes. Corremos atrás de ventos, buscando fora de nós, nas exterioridades, o que em nós se esconde. Na agitação da busca a todo custo, esquecemos que a conquista da paz passa pela busca interior; passa tanto pelas trevas quanto na claridade de nosso espírito. Passa pelo fogo das provações. Passa pelo encontro convosco no íntimo de nossas consciências. Feliz daquele que reconhece com humildade sua verdadeira face humana, tantas vezes desprotegida e frágil, mas sempre esperançosa, precisada de amor, sedenta de vos encontrar e comungar convosco, Deus de ternura. Passais por nossa vida como lâmina cortante e como fogo ardente. **No vosso mistério de amor nos separais para nos unir... Cegais nossos olhos para que recobremos a visão. Adoeceis-nos para sarar-nos. Derrubais-nos para nos levantar. Vós nos deixais errantes para que vos encontremos, e ao encontrar-vos descubramos nós mesmos a alegria da comunhão convosco e com nossos semelhantes.**

9 DE JULHO

Nossa Senhora da Paz

Este culto mariano remonta ao século XI, quando o povo de Toledo tomou dos mouros a Basílica de Nossa Senhora. Tal basílica tinha para os cristãos de Toledo especial importância, porque ali foi o lugar em que S. Ildefonso teve suas visões da Virgem. É invocada com a seguinte oração:

Ó Maria, doce Mãe de Jesus Cristo, Príncipe da Paz, eis a vossos pés vossos filhos tristes, perturbados e cheios de confusão, pois, por causa de nossos pecados, afastou-se de nós a paz. Intercedei por nós para que gozemos a paz com Deus e com nosso próximo, por vosso Filho Jesus Cristo. (...) Ó Rainha da Paz, estabelecei entre nós o vosso reino e reinai com vosso Filho no meio de vosso povo que, cheio de confiança, se recomenda à vossa proteção. Afastai para longe de nós os sentimentos de amor próprio; expulsai de nós o espírito de inveja, de maledicência, de ambição e de discórdia! Fazei-nos humildes no bem-estar, fortes no sofrimento, pacientes e caridosos, firmes e confiantes colaboradores da divina Providência!...

S. Verônica Giuliani

1660-1727 – monja e mística – "Verônica" deriva de "Berenice" e quer dizer "aquela que traz a vitória"

Natural de Mercatello, Itália, Verônica Giuliani ingressou em 1667 no convento das Clarissas, em Città de Castello, na

9 DE JULHO

Úmbria. Sua vida foi marcada por intensa devoção à paixão do Senhor, que a levou, aos poucos, a uma profunda comunhão com Jesus, Servo Sofredor (cf. Is 53,3ss). Por mais de 30 anos, relatou em seu diário o itinerário de sua vida espiritual. Publicado em 44 volumes, constitui um verdadeiro tratado de mística cristã. Eleita abadessa em 1716, renovou e fez renascer a vida religiosa em seu convento.

ORAÇÃO
Do mistério da dor

Deus, nosso Pai, é difícil aceitar o sofrimento quando a nossa vida ou a vida de quem amamos é ferida pela dor. Rebelamo-nos e caímos no desespero diante da nossa impotência de nada poder fazer. Buscamos a vida, e nos apavora a morte. Custa-nos morrer ao egoísmo, ao orgulho, à prepotência. Custa-nos também ter de "perder" a vida para reencontrá-la no dom que dela fazemos ao outro e a Deus. Por isso, Senhor, nos momentos de provação, fortalecei a fé e a nossa confiança em vós. Dai-nos a força necessária para assumir a cruz nossa de cada dia, sem reclamos ou esmorecimentos, certos de que vós, Deus Eterno, trabalhais a nosso favor: **"Quem poderia acreditar naquilo que acabamos de ouvir? Quem diria que o Deus Eterno estava agindo?"** (cf. Is 53,1ss). **Possamos compreender que não sofremos nem morremos sozinhos, mas, por Cristo, em Cristo e com Cristo, o sofrimento torna-se fonte de libertação.** *Pelo poder de Deus que tudo supera, o desespero converta-se em confiança, a fraqueza em força de ressurreição, a solidão em perfeita comunhão.*

10 DE JULHO

S. Felicidade e os seus sete filhos

séc. II – mártires – "Felicidade" era a divindade romana da fertilidade, da fecundidade. "Felicidade" está associado portanto à "alegria", "explosão de vida", "fartura"

Felicidade e os seus sete filhos foram martirizados por volta de 162. Eram eles: Januário, Félix, Filipe, Silano, Alexandre, Vital e Marcial. S. Januário foi açoitado e moído com pranchas de chumbo; S. Félix e S. Filipe, açoitados até a morte; Silano, afogado no rio Tibre; Alexandre, Vital e Marcial e a mãe foram decapitados. S. Pedro Crisólogo disse a respeito de S. Felicidade:

Olhai para esta mãe, a quem a vida dos filhos enchia de ansiedade, a quem a morte dos filhos devolveu a segurança. Feliz aquela cujos filhos serão na glória futura uma espécie de candelabro de sete braços. Feliz dela, porque o mundo não pôde arrebatar-lhe nenhum daqueles que lhe pertenciam. No meio dos cadáveres mutilados e ensanguentados daquelas oferendas queridas, passava mais alegre do que antigamente ao lado dos seus berços, porque via com os olhos da fé uma palma em cada ferida, em cada suplício uma recompensa e sobre cada vítima uma coroa (apud Leite, op. cit., vol. II, p. 338-339).

Testemunha de nossos tempos

Faustino Villanueva – Sacerdote missionário do Sagrado Coração, 49 anos, defensor dos indígenas da Guatemala, em 1980.

10 DE JULHO

Mesmo jurado de morte, manteve-se firme junto aos índios, quando foi fuzilado.

ORAÇÃO
Da entrega generosa da vida

Deus, nosso Pai, cremos no vosso Filho Jesus. Para que fôssemos libertos, ele se entregou por nós. **Para que nossa dignidade fosse resgatada, ele assumiu nossas fraquezas e nossas limitações. Para que nosso medo fosse vencido, ele ressuscitou e nos enviou seu Espírito de coragem e destemor.** *Temos a certeza de que toda lágrima, até mesmo a mais esquecida, será enxugada; todo ódio será vencido; toda tristeza se converterá em risos e toda a vida recobrará sua dignidade. Queremos hoje e sempre amar como ele amou, fazendo a entrega generosa de nossa vida a serviço dos semelhantes. Assim alcancemos a plenitude do amor que é servir. Por vosso Espírito iluminai-nos para que vos sejamos fiéis vos amando com amor filial. Que respeitemos a liberdade e a dignidade de cada pessoa, reconhecendo nossa condição de filhos amados vossos e, por isso, irmãos em Jesus.*

11 DE JULHO

S. Bento de Núrsia

480-547 – abade – patrono dos arquitetos, engenheiros, espeleólogos; invocado contra o veneno e para obter uma boa morte – "Bento" quer dizer "o abençoado", "o bendito"

Natural de Núrsia, Itália, S. Bento foi o pai do monaquismo ocidental. Após algum tempo na comunidade dos ascetas de Aniene, refugiou-se em uma gruta no monte Subíaco, e lá vivia só, entregue à penitência, oração e comunhão com Deus. Fundou então 12 mosteiros, e cada mosteiro era habitado por 12 monges e um abade. Por volta de 525, fixou-se no Monte Cassino, fundando ali o célebre mosteiro de onde a vida monástica se difundiria por toda Europa. A vida fraterna, o amor mútuo, a humildade, a oração e o trabalho eram a base de sua Regra. Ou seja: *orar e trabalhar, contemplar e agir, para alcançar a perfeição.* É invocado com a seguinte oração:

Ó glorioso Patriarca dos monges, S. Bento, amado do Senhor, poderoso em milagres, Pai bondoso para com todos os que te invocam, eu te peço: intercede por mim diante do trono do Senhor. Por todo o tempo, estende a tua proteção sobre mim; livra-me de todos os males do corpo e da alma; defende-me a mim e a todos os meus familiares do poder do mal. Roga por mim para que, vivendo segundo a lei do Senhor, eu mereça ser digno de receber a eterna recompensa.

11 DE JULHO

S. Olga

séc. X – duquesa – "Olga" ou "Helga" quer dizer "aquela que é sublime", "augusta"

Olga é tida como a precursora do cristianismo na Rússia, a primeira cristã russa. Em 913, casou-se com Igor, grão-duque de Kief que, em 945, foi assassinado, cabendo a ela a regência durante a menoridade de Svistoslaw. Em 957, converteu-se e recebeu o batismo em Constantinopla. Oto Magno, imperador da Alemanha, enviou-lhe missionários para cristianizar os russos. Com exceção de S. Adalberto, foram todos martirizados. Somente em 987, com S. Vladimiro, o cristianismo tornou-se religião oficial do Estado. S. Olga morreu em 969.

ORAÇÃO
Da alegria de louvar a Deus

Deus, nosso Pai, o vosso reino de justiça e paz se estenda por toda a face da terra e a fecunde com sonhos de solidariedade e fartura de bens. "Como é bonito ver um mensageiro correndo pelas montanhas, trazendo notícias de paz, boas notícias de salvação" (cf. Is 52,7ss). **Que se alegre o deserto de nossos corações. Refloresça na aridez de nossos espíritos a esperança. A todos chegue a vossa mensagem de ânimo: Fortalecei as mãos abatidas, revigorai os joelhos vacilantes. Tornai-nos fortes e destemidos e protegei-nos com o poder de vossas mãos.** *Dissipai nossa cegueira. Corrigi nossa surdez. Libertai nossos passos. Desatai nossa língua. Abrandai nossa sede. Saciai nossa fome. Abri-nos os caminho da paz e da concórdia. Abençoai nossos sonhos. Fazei da nossa vida um canto de alegria pelo dom que nos concedeis de vos louvar e agradecer.*

12 DE JULHO

S. João Gualberto

séc. XI – monge – "João" quer dizer "o Senhor é misericordioso"

Natural de Florença, João Gualberto decidiu tornar-se monge após um acontecimento que mudou a sua vida. Prestes a fazer justiça com as próprias mãos, perdoou o assassino de seu irmão, que, abrindo os braços em forma de cruz, ajoelhou a seus pés pedindo perdão. Era uma Sexta-feira Santa. Ele abraçou então o assassino e o perdoou em nome de Cristo. Destacou-se pela luta contra a compra e venda de cargos eclesiásticos, o que lhe custou numerosas perseguições. Foi o fundador do mosteiro Valeumbrosa, que se regia segundo a Regra beneditina, procurando ali viver na fidelidade evangélica.

S. João de Wall

1620 – sacerdote franciscano – "João" quer dizer "o Senhor é misericordioso"

O bem-aventurado João de Wall nasceu em 1620, em Lancastre, Inglaterra. Em 1645, ordenou-se sacerdote e em 1651 foi recebido junto aos franciscanos em Douai. Em 1656, retornou à Inglaterra e trabalhou 22 anos em Worcester. Em 1678, viu-se preso por ter ingressado ilegalmente no reino. Após um julgamento que durou seis meses, foi condenado à morte. Na ocasião, disse ao juiz: *"Graças a Deus. Deus salve o rei. Peço a Deus que abençoe Vossa Senhoria e todo este tribunal"*. Foi canonizado por Paulo VI, em 1970.

12 DE JULHO

Testemunha de nossos tempos

Aurelio Rueda – Sacerdote, comprometido com a defesa da dignidade humana dos moradores dos cortiços, assassinado em 1976, na Colômbia.

ORAÇÃO
Da páscoa da ressurreição

Deus, nosso Pai, em Jesus, nosso irmão, celebremos com a vida a páscoa da ressurreição de nossos medos. **Em tudo o que somos e fazemos transpareça a alegria e a confiança dos que vos têm como Pai cheio de amor e de ternura.** *Nas fraquezas e nas quedas, amparai-nos e firmai o nosso ânimo. Nas recaídas em desamor, sede bondoso para conosco e não nos trateis segundo as nossas faltas, mas vossa ternura em nós seja manifesta. Na angústia e na aflição, salvai-nos e dai prosseguimento em nós aos vossos planos de amor. Não leveis em conta nossos erros, mas a retidão de vida seja a nossa contínua busca e nosso sonho final. E com o profeta possamos dizer:* **"Sou muito estimado pelo Deus Eterno; o meu Deus é a minha força. (...) Será que uma mãe pode deixar de amar o seu próprio filho? Mesmo que isso acontecesse, eu nunca me esqueceria de vocês"** (cf. Is 49,5ss).

13 DE JULHO

S. Henrique, o Pacífico

973-1024 – rei – "Henrique" significa "Senhor do couto"

Conhecido na história como Henrique II, nasceu em Heinrichsburg, Baviera, em 973. Foi o sucessor do pai, duque da Baviera, e, mais tarde, em 1002, imperador do Sacro Império Romano, no lugar de Otão III. Governante bem-sucedido, favoreceu as reformas da Igreja e encorajou as atividades missionárias. Casado com a princesa Cunegundes de Luxemburgo, vivia uma vida simples e de intensa oração. Fundou dioceses e conventos, visando à difusão do cristianismo. Morreu em 1024 e foi canonizado por Eugênio III, em 1146.

Testemunhas de nossos tempos

Fernando Hoyos – Sacerdote jesuíta espanhol, comprometido com os pobres da Guatemala, assassinado juntamente com "Chepito", 13 anos, em 1982. **Natividad Quispe** – Anciã índia de 90 anos, morta no Peru em 1982.

13 DE JULHO

ORAÇÃO
Da vocação ao serviço

Deus, nosso Pai, Jesus, vosso Filho, nos mostrou que vosso Reino não consiste na busca de honrarias dos primeiros lugares, do poder pelo poder, do prazer pelo prazer. **Vosso Reino funda-se no serviço desinteressado aos semelhantes, especialmente aos mais necessitados. Dai-nos a vocação do serviço. Libertai-nos das ambições que levam às divisões e às tiranias que oprimem e humilham as pessoas, sobretudo, as mais empobrecidas e marginalizadas.** *Dai-nos a graça de formar uma comunidade de servidores da verdade, da justiça, da reconciliação dos homens entre si e dos homens com Deus. Que o serviço desinteressado ao irmão seja como o trigo que cresce tão depressa que ninguém vencerá colhê-lo e seja tão abundante que ninguém vencerá consumi-lo. Seja como as parreiras que florescem e dão uvas tão depressa que ninguém vencerá fazer vinho e o vinho seja tão abundante que ninguém vencerá consumi-lo* (cf. Am 9,13ss).

14 DE JULHO

S. Camilo de Lélis

1550-1614 – fundador – patrono dos enfermos e hospitais – "Camilo" quer dizer "aquele que está perante Deus", "o sacerdote de Deus"

Oriundo de Abruzzos, Itália, S. Camilo foi o exemplo de que, com a ajuda de Deus e o esforço pessoal, é possível superar as maiores dificuldades. Viciado no jogo de cartas, perdeu tudo o que tinha e tudo o que conseguia... Lutou em guerras, passou fome, mendigou. Caiu e se levantou inúmeras vezes. Um dia, ao trabalhar como pedreiro em um convento capuchinho, decidiu *de fato* mudar de vida e fazer-se religioso capuchinho. Devido a uma doença crônica nos pés, não quiseram admiti-lo. Internou-se então no hospital de S. Tiago em Roma, e ali passou quatro anos servindo os doentes. Diante da recusa dos capuchinhos em aceitá-lo e vendo o tratamento desumano que era dispensado a doentes, teve a inspiração de fundar uma congregação que prestasse aos doentes auxílio corporal e espiritual. Nascia, pois, o Instituto dos Padres da Boa Morte. Em 1854, ordenou-se sacerdote. Em 1746, foi canonizado por Bento XIV. É invocado com a seguinte oração:

Ó S. Camilo, vós que dedicastes a vida a cuidar dia e noite dos doentes; vós que vistes nos doentes o próprio Jesus, intercedei junto a Deus Pai por nós que sofremos. Ó S. Camilo, vós que estais junto a Jesus no céu, intercedei junto a ele para que aumente nossa fé

14 DE JULHO

e confiança no seu poder de curar. Jesus quer curar nossos males e sofrimentos. Dai-nos confiança em sua misericórdia. Ó S. Camilo... intercedei junto ao Espírito Santo para que sua Igreja ame e se dedique a todos os que sofrem.

ORAÇÃO
Da Vida que vence a morte

Deus, nosso Pai, nos momentos de dor e sofrimento, de desânimo e de falta de confiança, fazei-nos sentir a vossa presença, que consola e reconforta. No dilaceramento que nos verga o corpo e cega o espírito, dai-nos a graça de acreditar mais fortemente em vós, pois sois a força que nos sustenta, a fortaleza que nos abriga, a rocha que nos protege, o escudo que nos defende, a luz que dissipa a escuridão, a bênção que nos enriquece de todos os dons, a Vida que toda vida acolhe (cf. Sl 18). *Jesus, vosso Filho, passou pela dor e pelo sofrimento, pelo desespero e pela morte, mas ressurgiu glorioso e vivo.* **Ensinai-nos a ler os sinais de vida nos frutos que amadurecem e nas sementes que morrem, para que a vida renasça mais forte e vencedora da própria morte. Em vossas mãos colocamos nossa vida e, no tempo oportuno, fazei-nos renascer em vós, gloriosos, para o vosso Reino. "Sou eu quem faz virem as dores de parto; será que eu não vou deixar que os filhos nasçam?"** (cf. Is 66,9ss).

15 DE JULHO

S. Boaventura

1221-1274 – bispo e doutor da Igreja – "Boaventura" significa "feliz acontecimento"

Boaventura nasceu por volta de 1218, em Bagnorea, Toscana, Itália. Aos 22 anos, ingressou na Ordem de S. Francisco. Em Paris, teve como mestre o célebre Alexandre de Hales, o Doutor irrefragável, formando-se em Filosofia e Teologia. Foi professor dos estudantes de Filosofia e de Teologia de sua ordem. Ministro Geral da Ordem Franciscana aos 30 anos, dirigiu seus confrades com sabedoria e prudência e, mais tarde, foi eleito cardeal e bispo de Albano. Juntamente com S. Tomás de Aquino, recebeu a incumbência de preparar o II Concílio de Lião (1274). Deixou várias obras de filosofia e de teologia, nas quais sintetiza o pensamento cristão e a espiritualidade medieval. É a expressão mais perfeita do agostinismo platônico cristão da Idade Média. Cristo ocupa o centro de suas reflexões. Uma das suas obras mais conhecidas é o *Itinerário da mente para Deus,* onde afirma que, se quisermos saber como acontece a *experiência mística,* a experiência de Deus, devemos *"interrogar a graça, e não a ciência; o desejo, e não a inteligência; o gemido da oração, e não o estudo dos livros; o esposo, e não o professor; Deus, e não o homem; a escuridão, e não a claridade"* (cf. *Liturgia das horas,* v. III. São Paulo, Ave-Maria, p. 1426, 1996). Morreu aos 15 de julho de 1274, sendo canonizado em 1428. Em 1587, foi

15 DE JULHO

declarado Doutor da Igreja em virtude de sua flexibilidade de espírito: professor, pregador, filósofo, místico, governante e santo.

Testemunhas de nossos tempos

Rodolfo Lunkenbein – Sacerdote salesiano, alemão de nascimento, dedicou-se especialmente aos indígenas, assassinado juntamente com Lourenço Simão, o cacique Bororo, por latifundiários, em 1976, no Brasil. **Hector Simão** – Pastor metodista, assassinado no Uruguai em 1972. **Misael Ramirez** – Lavrador, assassinado na Colômbia em 1981. **Julio Quevedo Quezada** – Catequista, assassinado pelas forças de segurança do Estado, em 1991, Guatemala.

ORAÇÃO
Da unção de nossos gestos

Deus, nosso Pai, que as palavras de S. Boaventura
nos sirvam de orientação para a nossa vida:
Não basta a leitura sem a unção.
Não basta a especulação sem a devoção.
Não basta a pesquisa sem o maravilhar-se.
Não basta a circunspecção sem o júbilo.
Não basta o trabalho sem a misericórdia.
Não basta a ciência sem a caridade.
Não basta a inteligência sem a humildade.
Não basta o estudo sem a graça.

16 DE JULHO

Nossa Senhora do Carmo

Nossa Senhora do Carmo é a padroeira da Ordem Carmelita, que propagou a sua devoção pelo mundo inteiro. Os Carmelitas têm como referenciais duas figuras importantes: o profeta Elias e S. Simão Stock. Elias viveu no tempo do rei Acab (874-853). Foi ele que anunciou ao rei o fim do castigo da *grande seca*, quando, prostrado em terra no ponto mais alto do monte Carmelo, perguntava insistentemente se o servo via alguma nuvem surgindo do lado do mar. Na sétima vez, quando uma *nuvem* do tamanho da mão de uma pessoa surgiu no horizonte, não demorou muito para que o céu se cobrisse de densas nuvens e caísse a chuva. Esta *pequena nuvem*, que suave e ágil brota do mar e inunda a terra seca, foi tomada como o símbolo de N. Senhora do Carmo, a derramar as suas abundantes bênçãos sobre a terra. Inspirado em Elias e sob a proteção de Virgem do Carmo, em 1156, o cruzado Bertoldo, com dez companheiros, refugiou-se no monte Carmelo, disposto a levar vida de penitência e oração, dando origem à Ordem Carmelita. Simão Stock (1165-1265) nasceu no condado de Kent, na Inglaterra. Em 1201 ingressou na Ordem do Carmelo, tornando-se vigário geral em 1215. Em 1251, numa visão, N. Senhora do Carmo confiou-lhe o escapulário, prometendo a graça da proteção e da salvação a todos os que o trouxessem consigo. É invocada com a seguinte oração:

16 DE JULHO

Nossa Senhora do Carmo. A nuvem do profeta Elias, sobre o monte Carmelo, regou a terra, revigorou toda a natureza e alegrou o povo de Deus. Virgem Santíssima, vós sois poderosa junto a Deus onipotente. Pelo símbolo de vosso escapulário, mostrai-nos a vontade que Deus tem de espalhar uma chuva de graças sobre os vossos fiéis devotos e abençoai todo o povo de Deus. Eu, debilitado por mil fraquezas físicas e morais, recorro a vós. Estendei-me vossa mão bondosa e volvei para mim vosso olhar maternal, dando-me ânimo, coragem e saúde de corpo e de mente.

ORAÇÃO
Do dom da vida

Deus, nosso Pai, criastes o homem e depositastes nele vosso olhar de complacência, de ternura e de predileção. **Assim como nos destes o dom da vida, façamos de nós mesmos um dom àqueles com quem vivemos. Sagrada seja a vida de cada criatura, sagrado o sopro do vosso Espírito que recria e renova, sustenta e preserva, fortalece e revigora o que é fragilidade.** *A exemplo daquele que se despojou de tudo e fez-se pobre para que tivéssemos a vida plenificada, compartilhemos no dia a dia os frutos de nossos esforços. Nosso agir seja sincero; nosso sentir, despojado; nosso pensar, sem dissimulação. Nosso "sim" seja "sim" e nosso "não" seja "não". Nosso olhar, transparente e nossos corações, humildes e penitentes. Conheceis as fraquezas e as contradições do coração humano, desejoso de fazer o bem, mas renitente em praticar o mal.*

17 DE JULHO

B. Inácio de Azevedo e companheiros
1526-1570 – presbítero e mártir – "Inácio" deriva de "fogo"

Nascido em Portugal e filho de família ilustre, Inácio de Azevedo ingressou na Companhia de Jesus em 1548 e foi ordenado sacerdote em 1553. Partiu para o Brasil como missionário, mas voltou à pátria em busca de colaboradores para a sua obra apostólica. Em três navios, o rei de Portugal enviou uma expedição com 73 missionários, dos quais 40 eram liderados por Inácio de Azevedo. Na viagem de regresso (15/7/1570), a nau dos missionários de Pe. Azevedo foi atacada por piratas franceses anticatólicos que trucidaram ele e seus 39 companheiros. Os outros missionários, liderados por Pedro Dias, não tiveram sorte diferente. Dos 73 missionários, pois, nenhum logrou chegar em terras brasileiras.

S. Aleixo
séc. IV – leigo e peregrino – "Aleixo" significa "defensor"

Natural de Roma e de família ilustre, Aleixo desde a juventude sentiu-se atraído à vida religiosa. Entretanto, por força das circunstâncias, acabou casando-se com uma jovem da aristocracia romana. Na noite de núpcias, abandonou a mulher e fugiu secretamente para o Oriente. Passou a vida como mendigo batendo de porta em porta. Temendo ser reconhecido, deixou Edessa, no Oriente, e retornou a Roma. Segundo a lenda, disfarçado de mendigo, pediu para ficar na casa do próprio pai. E ali passou 16 anos vivendo num canto qualquer do palácio. Depois

17 DE JULHO

da morte, entretanto, foi reconhecido pelos próprios familiares em virtude de um pergaminho que segurava na mão.

Testemunha de nossos tempos

Bartolomeu de las Casas – Sacerdote dominicano, protetor dos índios e profeta da América Latina, morto em Madri, 1556.

ORAÇÃO
Da Providência divina

Deus, nosso Pai, vós sois aquele que é sem nunca ter sido; aquele que tudo transforma sem ser transformado; aquele que tudo percebe e por ninguém é percebido; aquele que tudo vê, tudo escuta, tudo faz, tudo cria, tudo preserva, mas a tudo ultrapassa, revelando-se sem se mostrar. Busquemos a simplicidade de vida, pois vós sois o Simples, o Indivisível, e somente os simples verão a vossa face única e verdadeira. Dai-nos a retidão no falar e no agir, a compaixão no acolher e a dedicação em servir, pois realizar essas coisas é participar das vossas bem-aventuranças. Por isso, Senhor, nas dificuldades, elevemos o olhar para vossa face amiga e confiemos na vossa Providência misericordiosa, que tudo dispõe para o nosso. Dai-nos a alegria de caminhar seguindo os passos daquele que disse: "Não temais. Estou convosco. Para sempre é o meu amor". Animai nossos dias com novas energias, mandai vossos anjos nos estendam as mãos, mandai vossos santos nossas noites alumiar como sarças ardentes.

18 DE JULHO

S. Frederico

† 838 – bispo – *"Frederico" quer dizer "senhor da paz, da tranquilidade" ou ainda a "paz que protege"*

Originário da Frísia, S. Frederico viveu no século IX. Ordenado sacerdote, foi encarregado pelo bispo Ricfredo da instrução dos catecúmenos. Eleito bispo de Utrecht, na Holanda, em 820, sucedeu a Ricfredo que acabara de falecer. Teve um cuidado especial pela evangelização, enviando missionários às regiões que ainda não conheciam o evangelho de Jesus. Foi perseguido pela imperatriz Judite, mulher ambiciosa e de vida irregular, cujo comportamento ele reprovava. Perseguido pelos habitantes da ilha Walácria, na foz do Reno, acabou assassinado em 838. Contam que antes de expirar recomendou aos assassinos que fugissem o mais depressa possível. Morreu rezando o Salmo 114 (Heb. 116).

Testemunhas de nossos tempos

Carlos de Dias Murias – sacerdote, 31 anos, comprometido com os pobres, morto na Argentina juntamente com **Gabriel Longueville**, sacerdote, 43 anos, dedicado à mesma causa, em 1976.

18 DE JULHO

ORAÇÃO
Da libertação de um perigo de morte

Aleluia. Amo o Senhor,
porque ele ouviu a voz de minha súplica,
porque inclinou para mim os seus ouvidos
no dia em que o invoquei.
Os laços da morte me envolviam,
a rede da habitação dos mortos
me apanhou de improviso;
estava abismado na aflição e na ansiedade.
Foi então que invoquei o nome do Senhor:
Ó Senhor, salvai-me a vida!
O Senhor é bom e justo,
cheio de misericórdia é nosso Deus.
O Senhor cuida dos corações simples;
achava-me na miséria e ele me salvou.
Volta, minha alma, à tua serenidade,
porque o Senhor foi bom para contigo,
pois livrou-me a alma da morte,
preservou-me os olhos do pranto, os pés da queda.
Na presença do Senhor continuarei o meu caminho
na terra dos vivos. (Sl 114)

19 DE JULHO

S. Arsênio

354-412 – anacoreta – Arsênio é um nome de origem grega que significa "viril", "vigoroso"

Arsênio nasceu provavelmente em Roma por volta de 354 e morreu em Troe, nas proximidades de Mênfis, Egito, aí pelo ano de 412. Foi um dos mais célebres anacoretas, procurado por peregrinos de todas as classes para receber conselhos e orientações para a vida espiritual. Ficou célebre por suas máximas. Entre outras coisas, afirmava: *"Arrependi-me muitas vezes de ter falado, raro de me ter calado"*. Levava vida de absoluto silêncio, rigorosa penitência e de incansável trabalho. Dormia pouco e entregava-se a uma vida de oração intensa e meditação constante. Recebeu de Deus o *dom das lágrimas*. As palavras de Jesus *"Ninguém possui maior amor do que aquele que dá a vida pelos seus amigos"* (Jo 15,13) fizeram-se vida no seu coração. Quando lembrava dessas palavras, estivesse ele rezando ou trabalhando, ficava tão emocionado que se desfazia em lágrimas.

Testemunha de nossos tempos

Yamilet Siqueira Cuarte – Catequista morta na Nicarágua em 1983.

19 DE JULHO

ORAÇÃO
Dos filhos de Deus

Deus nosso Pai, antes que fôssemos concebidos e viéssemos à luz nosso nome já estava escrito no Livro da Vida. Fazei, pois, que a nossa presença junto ao próximo seja hoje um sinal vivo do amor que tendes para conosco. Sejamos acolhedores, sensíveis, solidários, atentos às exigências e interpelações que a nós fazeis, mediante a presença do outro. **Dai-nos a graça de levar uma vida de autodomínio, sobriedade, autoconfiança, determinação e de comunhão convosco. Na oração, busquemos forças para superar as dificuldades, para enfrentar o dia a dia com coragem e bom humor. Na meditação continuada, busquemos a clareza e a firmeza para nossos atos e decisões.** *Cultivemos o amor mútuo e o acolhimento. Não nos faltem a simpatia, a delicadeza e o respeito para com aqueles que vivem conosco. A todos tratemos com deferência, estima e amizade. Não nos deixeis à mercê do egoísmo e do orgulho, que nos embrutecem e nos fazem perder a capacidade da compaixão e da ternura, mas dai-nos a graça de perdoar e de sermos perdoados. Assim sejamos chamados filhos do Deus que de si se esvaziou para que tivéssemos a vida em abundância.*

20 DE JULHO

Padre Cícero Romão Batista
1844-1934 – sacerdote

Natural de Crato (CE), Pe. Cícero foi uma das personalidades mais importantes da história daquela cidade e região. Por elas lutou e dedicou toda a sua vida. No dia de Finados de cada ano, grande multidão de romeiros visita seu túmulo, na Capela do Socorro, em Juazeiro. Polêmico, é uma das figuras mais biografadas do mundo, com cerca de 200 livros sobre a sua vida. Amado e querido pelo povo, desde sua morte seu culto foi consagrado pelo povo. É invocado com a seguinte oração:

Ó Deus, Pai dos pobres, inflamastes o coração do Pe. Cícero com um grande amor para com os desamparados, sem casa e sem terra e o transformastes no Grande Conselheiro do povo nordestino e no zeloso incentivador da devoção ao rosário e da veneração de N. Senhora das Dores. Recompensai, pois, esse grande apóstolo com o descanso de sua vida atribulada e com as alegrias do paraíso. Fazei surgir padres voltados à pobreza material e espiritual do povo que busca a salvação, para que nos ajudem a aumentar a nossa fé, única riqueza verdadeira. Que N. Senhora da Dores, Mãe fiel ao pé da cruz, dê força ao nosso pedido e nos alcance o que desejamos.

20 DE JULHO

S. Aurélio

† *430 – bispo – "Aurélio" vem de "sol",*
daí aquele que brilha como o ouro

Aurélio, bispo de Cartago de 392 a 430, influenciou a Igreja da África. Amigo de Agostinho de Hipona, aconselhava-se com ele e sempre contou com seu apoio na luta contra as heresias. Ao tempo em que presidiu a Igreja na África, convocou 36 concílios locais para tratar de questões relativas à fé. A seu pedido, Agostinho escreveu o tratado *Do trabalho monástico* em que repudiava o comércio que alguns monges faziam com relíquias de mártires.

Testemunhas de nossos tempos

Massacre de Coyá – Cerca de 300 pessoas foram mortas na Guatemala, em 1982. **Mario Mujia Cordoba** – Operário, professor, agente de pastoral, mártir dos trabalhadores da Guatemala, em 1978.

ORAÇÃO
Da amizade

*Deus, nosso Pai, em Jesus vos fizestes nosso amigo leal, fiel e confidente da paz. Que a vossa presença amiga nos acompanhe hoje em todos os momentos. Pela fé, sintamos o rumor dos vossos passos chegando à nossa morada, vossa voz nos chamando pelo nome, o ruído dos trincos das cancelas e portas se abrindo, as palmas, os passos pela casa adentro anunciando a vossa chegada. Pela fé, sintamos vossas mãos tocando nosso ombro como as de um velho amigo... A vida recomeçando e recobrando alento no abraço amigo daquele que nos amou primeiro, e por nós deu a própria vida. "**Não tenham medo; animem-se, pois eu, o Amigo, o Mestre, estou aqui**"* (cf. Is 35,3ss).

21 DE JULHO

S. Lourenço de Brindisi

1559-1619 – presbítero – doutor da Igreja – "Lourenço" significa "aquele que é adornado com louros", símbolo da vitória

Natural de Brindisi, Itália, Lourenço nasceu em 1559 e morreu em Lisboa, Portugal, em 1619. Seu nome de batismo era Júlio César Russo. Ordenado sacerdote em 1582, percorreu a Itália, Suíça, França, Bélgica, Holanda, Hungria, Alemanha, Espanha e Portugal fazendo pregações. Em 1602 foi eleito Superior Geral dos capuchinhos. Homem de vastíssima cultura, cumpriu várias missões diplomáticas junto aos reis católicos visando à defesa da ortodoxia católica ameaçada pela Reforma Protestante e pelo poder turco. Foi declarado Doutor da Igreja por João XXIII.

Testemunhas de nossos tempos

Wilson de Souza Pinheiro – Sindicalista, lutou em favor dos lavradores empobrecidos, em Brasileia (AC) e acabou por ser assassinado em 1980, Brasil. **Sergio Alejandro Ortiz** – Seminarista, morto na Guatemala em 1984. **Alejandro Labaca** – Padre, vigário de Aguaricó, e **Inês Arango**, missionária na selva equatoriana, mortos em 1987.

21 DE JULHO

ORAÇÃO
Da fé que todo o bem encerra

*"**Graça e caridade nada são sem a fé,
pois sem a fé é impossível agradar a Deus.**
Tampouco a fé pode existir sem a pregação
e o anúncio da palavra de Deus.
Pois a fé vem daquilo que ouvimos,
e o que ouvimos vem do anúncio de Jesus Cristo...
Da palavra de Deus anunciada aos nossos corações
vêm a fé, a esperança e a caridade,
todas as virtudes, todos os dons do Espírito Santo,
todas as bem-aventuranças evangélicas,
toda a sorte de boas obras, todo o mérito nessa vida,
toda a glória do paraíso"* (S. Lourenço de Brindisi).

22 DE JULHO

S. Maria Madalena
séc. I – discípula de Jesus – "Maria" significa
"aquela que é excelsa, sublime"

Natural de Magdala, pertencia ao grupo de mulheres que, junto com os Doze, seguia Jesus em seu ministério público. Foi testemunha não apenas das curas e dos milagres de Jesus, mas também da sua morte e ressurreição (Lc 8,1-3; Mt 26,56s; 27,61; Mc 15,40ss). Foi a primeira a ver o Ressuscitado na madrugada do dia da Páscoa (Mc 16,9). S. Gregório Magno assim se refere a essa mulher que amava o Mestre apaixonadamente:

"... *Maria estava do lado de fora do túmulo, chorando* (Jo 20,11). Este fato leva-nos a considerar quão forte era o amor que inflamava o espírito dessa mulher, que não se afastava do túmulo do Senhor, mesmo depois de os discípulos terem ido embora. Procurava a quem não encontrara, chorava enquanto buscava e, abrasada no fogo de seu amor, sentia a ardente saudade daquele que julgava ter sido roubado. Por isso, só ela o viu então, porque só ela o ficou procurando" (cf. *Liturgia das horas*, v. III, p. 1435).

B. Agostinho Fangi
séc. XV – dominicano – "Agostinho" vem de "augustus", que
significa "santo", "sublime"

O bem-aventurado Agostinho Fangi foi um dominicano do Piemonte, Itália, que viveu por volta de 1430. De saúde frágil,

22 DE JULHO

vivia doente, mas sempre confiante em Deus, que lhe dava forças para suportar os sofrimentos. Ao morrer em Veneza, em 1493, não cansava de repetir: *"Glória a Deus! Glória ao Altíssimo!"*.

Testemunhas de nossos tempos

Jorge Oscar Adur – Sacerdote assuncionista, ex-presidente da JEC, desaparecido juntamente com **Raul Rodriguez** e **Carlos Di Pietro**, Argentina, 1980.

ORAÇÃO
Da árvore que produz frutos

*Deus, nosso Pai, vós nos concedestes a dignidade de sermos filhos da luz. Dirigi-nos os passos na claridade dos vossos caminhos. Dai-nos a consciência cada vez mais forte e clara de que realmente somos vossos filhos. Pelo vosso Espírito Santo, fortalecei-nos a fé para que, animados por vosso amor, superemos todas as adversidades. Em tudo sejamos agradáveis a vós. Em tudo sejamos cordiais e amáveis para com os semelhantes. Vençamos o orgulho, a arrogância, a inveja e a cobiça, para não acrescentarmos sofrimentos aos ombros cansados dos que já sofrem. Vossa Palavra seja o alimento que não perece e dê alento aos combalidos; **vossa presença amorosa seja o exorcismo para todos os nossos males. Sejamos, em vós, a árvore firme e forte que, aos ventos e tempestades, verga mas não sucumbe. Sejamos, em vós, a videira que não teme ser despojada para produzir o bom vinho da justiça e da verdade.***

23 DE JULHO

S. João Cassiano
c. 360-435 – monge – "João" significa "O Senhor é misericordioso"

Não se sabe ao certo o lugar em que nasceu João Cassiano. Alguns biógrafos afirmam que este santo monge teria nascido na Romênia, por volta de 360, e teria morrido em Marselha, mais ou menos em 435. Conviveu muito tempo com os monges do Egito, adquirindo grande experiência na vida monacal. Foi ordenado diácono em Constantinopla e, mais tarde, presbítero em Roma. Em Marselha, João Cassiano fundou dois mosteiros: um para homens e outro para mulheres, iniciando assim o monaquismo no Ocidente. Deixou escritas obras importantes para a história monástica, como as *Instituições cenobíticas* e as *Conferências*. Nessas obras, S. Cassiano fala das conversas que manteve com os principais anacoretas do Egito e descreve a vida dos monges. Esses escritos vão inspirar mais tarde a *Regra* de S. Bento.

23 DE JULHO

ORAÇÃO
Do Deus que sustenta nossa vida

Deus, nosso Pai, sois o Deus da vida em plenitude. E vosso desejo é que vivamos sem medo de sermos felizes, pois o Deus Eterno, o Deus forte, está conosco. É ele que faz secar o mar das prepotências humanas e abre um caminho seguro para nossas atribuladas travessias. **É ele que prepara nosso êxito, a nossa vitória. Alegria e felicidade nos acompanharão, e não haverá mais tristeza nem choro. É ele quem diz: "Eu, eu mesmo, lhes dou forças. Então, por que vocês têm medo de pessoas, de seres mortais, que não duram mais do que a palha?"** *(cf. Is 51,10ss). Que vos busquemos sem cessar, como a criança que clama pela presença da mãe e só encontra conforto e segurança no aconchego de seus braços. Sois o Deus vivo, aquele que em nossos momentos de morte suscita a vida renovada, a vida multiplicada. Sois a Água-viva a regar os desertos da nossa falta de fé, a lavar nossos erros, a mitigar a ardência de nossas vaidades e aflições. Sois o pão que alimenta nossa fé e nos faz fortes nas adversidades. Sois o sal que dá sabor ao que somos, fazemos e ao que sonhamos. Sois a luz que clareia a escuridão para que nossos passos não tropecem nem se percam longe da paz, da misericórdia e do perdão.*

24 DE JULHO

S. Cristina, a Admirável
*1150-1224 – religiosa – "Cristina" deriva de "Cristo"
que significa "ungido" "escolhido"*

Cristina nasceu em Brusthem, França, em 1150. Órfã aos 15 anos, sua vida aparece envolta em fatos extraordinários, como costumam ser os relatos das vidas edificantes comuns do seu tempo. Um de seus biógrafos, por exemplo, afirma que a santa rolava por chamas ou perambulava pelos túmulos dos mortos. Isto porque uma vez *morreu,* mas obteve de Deus a graça de retomar ao corpo, a fim de rezar e oferecer a própria vida em favor dos irmãos na fé já falecidos. Ao final da vida, S. Cristina era uma mulher envolta em profunda paz espiritual e comunhão com Deus. Morreu em 1224, no convento de S. Catarina.

Testemunha de nossos tempos

Ezequiel Ramim – Sacerdote da Pastoral da Terra, defensor dos posseiros em Cacoal (RO), assassinado em 1985, no Brasil.

24 DE JULHO

ORAÇÃO
Do amor que nos faz irmãos

Deus, nosso Pai, Jesus, vosso Filho, um dia disse ser ele a videira, e nós, os galhos, os ramos. **"Quem está em mim e eu nele, esse dá muito fruto, porque sem mim vocês não podem fazer nada."** *E disse também que o seu mandamento era o seguinte: "Amem uns aos outros, como eu amo vocês. O maior amor que alguém pode ter pelos seus amigos é dar a vida por eles" (cf. Jo 15,1ss). Possamos neste dia trilhar o caminho do nosso Irmão maior, do nosso Mestre e Senhor, aprendendo dele um amor que saiba recolher em si a luz da vossa Luz, o sol do vosso Sol, a claridade da vossa Claridade. Sejam iluminadas e dissipadas as trevas de nosso espírito aflito e atribulado por tantos medos e desesperanças. Aprendemos, daquele que amou até o fim, um amor que saiba recolher em si o clamor dos que desejam a paz que vem do alto e a comunhão que exorciza toda angústia e solidão.* **Ó Senhor, ensinai-nos um amor que saiba recolher em si as mãos vencidas, as lágrimas furtivas, o desespero calado, os sonhos rasgados, a vida já partida e sem solução, a paixão e a morte sem ressurreição.** *Ensinai-nos um amor que saiba recolher em si os pequenos gestos, as pequenas ações, o copo de água oferecido, o pedaço de pão, o riso sincero e acolhedor, a amizade que estende a mão, o coração em silêncio para a oração, a súplica que implora sejamos todos irmãos.*

25 DE JULHO

S. Cristóvão

séc. III – mártir – "Cristóvão" significa "aquele que carrega Cristo"– protetor dos motoristas, dos atletas, das árvores e dos frutos

A devoção a S. Cristóvão é antiga. Já em 452 havia em Calcedônia uma igreja a ele dedicada. Temos poucas notícias a respeito de sua vida. Ao que tudo indica, seu martírio ocorreu na perseguição do imperador Décio (250-251). Segundo uma lenda do século XIII, Cristóvão foi um gigante que se converteu a Deus e se colocou humildemente a serviço de quem quisesse atravessar um rio muito perigoso. Um dia, carregando aos ombros uma criança, disse a ela: *"Você pesa tanto que parece estar carregando o mundo na mão"*. E a criança respondeu: *"Erraste por pouco, porque estás carregando aquele que fez o mundo"*. É invocado com a seguinte oração:

Ó S. Cristóvão, que atravessastes a correnteza furiosa de um rio com toda a firmeza e segurança, porque estáveis carregando nos ombros o Menino Jesus. Fazei que Deus se sinta sempre bem em meu coração, porque então terei sempre firmeza e segurança no volante de meu carro e enfrentarei corajosamente todas as correntezas que tiver de enfrentar, venham elas das pessoas ou do espírito do mal.

S. Tiago Maior
séc. I – apóstolo – "Tiago" deriva de "Santiago" que significa "Lago santo"

Filho de Zebedeu, Tiago recebeu o chamado por Jesus, juntamente com o irmão João (Mt 4,21; Mc 1,19). Sua mãe desejava

25 DE JULHO

vê-los sentados ao lado de Jesus em seu Reino. E quando Jesus lhes perguntou se poderiam beber do seu cálice, ambos disseram decididamente que sim (Mt 20,20-28). Tiago, juntamente com Pedro e João, foi testemunha particular da transfiguração e da ressurreição da filha de Jairo (Mc 5,37) e da agonia de Jesus no Getsêmani (Mt 26,37). Foi decapitado por Herodes Agripa em 42 d. C. (At 12,2).

Testemunhas de nossos tempos

José Othmaro Cáceres – Seminarista assassinado com 13 companheiros, em 1980, em El Salvador,

---

ORAÇÃO
De Tiago Apóstolo

"Ó S. Tiago, vos trazemos / um canto alegre de louvor. Da simples arte de pescar, Jesus aos cimos vos levou. Ao seu chamado obedecendo, / com vosso irmão tudo deixastes / e do seu Nome e do seu Verbo, / ardente arauto vos tornastes.

Ó testemunha fulgurante / da mão direita do Senhor, vedes no monte a glória eterna, / no horto vedes a sua dor.

E quando a taça do martírio / chamou por vós, pronto atendestes, / como primeiro entre os apóstolos / pelo Senhor dela bebestes.

Fiel discípulo de Cristo, / da luz do céu semeador, iluminai os corações / pela esperança, fé e amor.

Dai-nos seguir com prontidão / a Jesus Cristo e seus preceitos, / para podermos, junto a vós, / cantar-lhe o hino dos eleitos" (Hino, Liturgia das Horas, p. 1585).

26 DE JULHO

S. Joaquim e Sant'Ana

NT – pais de Nossa Senhora

Embora o Novo Testamento nada relate sobre os pais de Maria, já no século II Sant'Ana e S. Joaquim eram venerados no Oriente, como os pais da Virgem Maria. Do Oriente o culto a Sant'Ana espalhou-se, no século IV, pelo Ocidente. O que se sabe nos vem do *Protoevangelho de S. Tiago,* que relata o nascimento e a infância de Maria. Segundo o *Evangelho de S. Tiago*, Joaquim era um homem rico, piedoso e justo, mas triste e angustiado por não ter filhos. Perguntava a si mesmo por que Deus não lhe concedia filhos como o fizera a Abraão e a todos os justos de Israel. Também Sant'Ana se sentia abandonada por Deus por ser estéril. Joaquim foi para o deserto, entregando-se a uma vida de jejum e oração. Um anjo apareceu-lhe dizendo que Deus havia escutado as suas orações. Voltou então para a casa e Sant'Ana concebeu e deu à luz uma menina, que recebeu o nome de Maria e foi a mãe de Jesus.

B. Bartolomea Capitânio

*1807 – fundadora – "Bartolomeia" quer dizer
"filha que suspende as águas"*

Natural da Lombardia, Itália, Bartolomea foi educada pelas Clarissas. Graças às orações e conselhos, conseguiu fazer o pai deixar o alcoolismo e mudar o comportamento agressivo e áspero. Exerceu frutuosa atividade apostólica na terra natal, incrementando a catequese das crianças e a evangelização dos jovens, por intermédio de movimentos marianos. Mais tarde, dirigiu um hospital, acompanhando com desvelo maternal os enfermos e agonizantes. Por volta de 1832, fundou, perto do hospital que dirigia, o Instituto das Irmãs da Caridade de Maria Menina. Foi beatificada em 1926 por Pio XI.

Testemunhas de nossos tempos

Wenceslao Pederneira – Lavrador, morto na Argentina, 1976.

ORAÇÃO
Do Deus que fala em nossos corações

Deus, nosso Pai, de muitas maneiras nos falais. A todo momento interceptais nosso caminho para nos animar e nos indicar a direção certa. Já antes de nascermos nos instruis para o amor e nos provocais para a vida. Na alegria e na tristeza, vindes a nosso encontro. Permaneceis ao nosso lado até que recobremos alento. No vosso amor e misericórdia, reservais a cada criatura uma missão, uma vocação especial. Um trabalho que a todos favoreça e contribua para o crescimento do vosso Reino de amor, já aqui nessa terra. Por isso, Senhor, nós vos pedimos: ajudai-nos a descobrir a vossa vontade sobre cada um de nós e dai-nos forças para cumpri-la. Possamos descobrir a melhor maneira de vos servir servindo os semelhantes. Abramos a mente e o coração para ouvir a voz do Espírito que dentro de nós clama nos chamando ao amor e à comunhão.

27 DE JULHO

S. Natália, Aurélio, Liliana, Félix e Jorge

séc. IX – "Natália" significa "aquela que nasceu no Natal"

Estes santos sofreram o martírio durante a perseguição muçulmana, em 852. Natália, ou Sabagota, como era chamada, havia se convertido à fé cristã juntamente com o marido, Aurélio. Félix e Liliana eram seus parentes. Todos viviam a fé na clandestinidade até que foram descobertos e presos. Contam que certo dia S. Aurélio presenciou um espetáculo humilhante em que um cristão amarrado a um jumento, com a cara voltada para a cauda do animal, era conduzido debaixo de grande gritaria ao lugar da execução. A partir daquele momento, professou abertamente sua fé. Pressentindo que chegava a sua hora, distribuiu os bens aos pobres e necessitados. Félix e Liliana fizeram o mesmo. Presos, e com eles Jorge, que era monge, foram condenados à morte.

Testemunhas de nossos tempos

Angel Martinez Rodrigo – Agrônomo e catequista, missionário leigo na Guatemala, onde trabalhou por 9 anos com os pobres. Foi morto juntamente com Raul José Leger, na Guatemala, em 1981. Os soldados cercaram a sua casa e a detonaram com granadas e bombas incendiárias. Depois fotografaram os cadáveres carbonizados com armas ao lado para provar que eram guerrilheiros.
Eliseo Catelano – Sacerdote, morto no Porto Rico, em 1991.

27 DE JULHO

ORAÇÃO
Da Palavra que tudo renova

Deus, nosso Pai, vós dissestes que nem só de pão vive o homem, mas de toda a palavra que sai da boca de Deus (Mt 4,1-4). Vós nos dais o pão verdadeiro: o pão da paz de espírito que brota de uma consciência sincera; o pão de um coração aberto para acolher o outro; o pão da confiança na força do poder de Deus que tudo pode, até mesmo realizar o impossível; o pão da luz do discernimento e do entendimento que nos ajuda a separar a palha dos grãos. Jamais nos falte o pão da nossa bem-aventurança, que dá vida à nossa vida, que alimenta nossos anseios de paz, de justiça e de fraternidade. **Dai-nos o pão da sensibilidade humana, do compadecimento, do encantamento diante das vossas maravilhas, da firmeza de ânimo diante das dificuldades, da ousadia de sempre fazer o bem e jamais sermos coniventes com o mal.** *Dai-nos a coragem e a fortaleza de espírito para manifestar nossa fé com gestos e ações que nasçam de nossos corações abertos à vossa Palavra. Vós sois o Pão vivo descido do céu, que tudo renova e vivifica. Dai-nos sempre deste pão, para que não pereçamos, mas, fortalecidos, cheguemos até vós.*

28 DE JULHO

S. Vítor
séc. II – papa – "Vítor" quer dizer "vencedor", "vitorioso"

De origem africana, S. Vítor veio a se tornar papa em 189, governando a Igreja por 10 anos. Foi o sucessor de Eleutério, que morreu por volta de 189, no tempo do imperador Cômodo. Duro e intransigente na luta contra os desvios doutrinais, excomungou o dissidente Teódoto, que negava a divindade de Jesus. Estabeleceu a celebração da Páscoa no domingo e não mais, como era costume no Oriente, no dia 14 do nisã judaico. Segundo S. Jerônimo, S. Vítor foi o primeiro escritor cristão a utilizar o latim. Morreu por volta do ano 200.

Testemunhas de nossos tempos

Massacre de San Juan Cotzal – Como vingança a um ataque guerrilheiro, o exército chacinou cerca de 60 camponeses, em 1980, na Guatemala.

28 DE JULHO

ORAÇÃO
Da Igreja antiga e nova

Deus, nosso Pai, quisestes que nós, vossa Igreja, vosso povo, fôssemos no mundo construtores da paz e da concórdia, promotores da esperança e da alegria, semeadores de boas notícias: **"Não tenha medo, pois eu o salvarei; eu o chamei pelo nome, e você é meu. Quando você atravessar águas profundas, eu estarei ao seu lado, e você não se afogará. Quando passar pelo meio do fogo, as chamas não o queimarão. Pois eu sou o Eterno, o seu Deus, o Santo Deus de Israel, o seu Salvador"** (cf. Is 43,1ss). *Dai-nos, ó Deus, a graça de nos reconciliarmos com nós mesmos, para nos reconciliar com nossos semelhantes e convosco. Possamos defender a dignidade de cada criatura feita à vossa imagem e semelhança. Que o serviço generoso, a prontidão em ajudar, a exemplo de Jesus, seja a nossa grande e sublime vocação neste mundo. Peregrina pelo mundo, vergada sob o peso das contradições humanas, vossa Igreja, povo santo e pecador, continua antiga e nova, testemunha das promessas já realizadas, mas ainda não totalmente cumpridas. Iluminai nossos corações para que cheguemos ao perfeito entendimento do mistério da vossa Páscoa: reunir os povos de todas as raças, línguas e nações, e formar uma mesma família unida no amor, vínculo da perfeição.*

29 DE JULHO

S. Marta

NT – "Marta" quer dizer "senhora", "patroa"

É bem conhecida a cena evangélica das duas irmãs de Lázaro: de um lado, Marta, agitada, ansiosa, corre de um lado para outro, procurando servir o Mestre; de outro, Maria, tranquila e silenciosa, senta-se aos pés de Jesus para escutar suas palavras (Lc 10,38-42). S. Agostinho, referindo-se a Marta e Maria, diz:

"Não te entristeças, não te lamentes por teres nascido num tempo em que já não podes ver o Senhor corporalmente. Ele não te privou desta honra, pois afirmou: 'Todas as vezes que fizestes isso a um dos menores de meus irmãos, foi a mim que o fizestes' (Mc 25,40)... Agora (Marta) estás ocupada com muitos serviços, queres alimentar os corpos que são mortais, embora sejam de pessoas santas. Mas, quando chegares à outra pátria, acaso encontrarás peregrinos para hospedar? Encontrarás um faminto para repartires com ele o pão? Um sedento para dares de beber? um doente para visitar? Um desunido para reconciliar? um morto para sepultar? Lá não haverá nada disso. Então o que haverá? O que Maria escolheu: lá seremos alimentados, não alimentadores" (cf. *Liturgia das horas*, v. III, p. 1454).

29 DE JULHO

S. Olavo

séc. XI – rei, missionário e confessor – "Olavo" significa "aquele que descende dos deuses"

Na Noruega, S. Olavo é tido como mártir e herói nacional. Foi ele que consolidou o cristianismo como religião oficial do seu reino, levando missionários da Inglaterra para pregar o evangelho ao povo norueguês, fato este que contrariou os seguidores dos antigos cultos pagãos. Deposto por Canuto, rei da Inglaterra e Dinamarca, foi morto quando tentava conquistar a independência da Noruega. Era o ano de 1030 e ele tinha 36 anos.

ORAÇÃO
Da prática da justiça

Deus, nosso Pai, não quereis dor, nem jejuns nem sacrifícios, mas misericórdia e compaixão: "O jejum que me agrada é que vocês repartam a sua comida com os famintos, que recebam em casa os pobres que estão desabrigados, que dêem roupas aos que não têm..." (cf. Is 58,5ss). Dai-nos a graça de proceder com integridade, praticando a justiça, amando a verdade, buscando em tudo a simplicidade de vida, o discernimento do bem, a coragem que procede da fé e a paz que é fruto do amor. Iluminai-nos para que enxerguemos para além das aparências, para além do orgulho e das falsas seguranças. **Senhor, abri o nosso coração para servir e acolher aqueles que estão, neste momento, mais próximos de nós e a eles façamos o bem sem nada exigir em troca, sabendo de que é a vós que servimos e acolhemos.**

30 DE JULHO

B. Eduardo Powell
c. 1478-1450 – sacerdote – "Eduardo" quer dizer "aquele que guarda as riquezas"

Nasceu no País de Gales, em 1478. Doutor em teologia e escritor, foi um homem eminentemente sábio. Pregador renomado na coorte de Henrique VIII, acabou se opondo radicalmente à anulação do casamento de Henrique VIII com Catarina de Aragão. Não somente afirmava que nenhum príncipe podia romper o próprio contrato de casamento e que o poder espiritual da Igreja superava o poder temporal dos governantes, mas também denunciou publicamente o casamento do rei com Ana Bolena. Foi preso e levado à morte, juntamente com outros defensores da indissolubilidade do matrimônio, entre eles S. João Fisher e o bem-aventurado Ricardo Fetherston.

S. Júlia
séc. IV – viúva e mártir – "Júlia" significa "aquela que é brilhante", cheia de luz

Chamada também de S. Julieta, S. Júlia foi martirizada por volta do ano de 305. Era uma viúva cristã que se via explorada por um rico senhor. Para não cair em extrema miséria, processou seu explorador. Temendo perder a causa, o acusado a denunciou como cristã. Como os direitos dos cristãos haviam sido cassados por um edito imperial, não apenas lhe foi negada a defesa perante o tribunal, mas foi presa também e obrigada a oferecer incenso aos deuses pagãos. Como recusasse a fazê-lo, condenaram-na à

30 DE JULHO

fogueira. Seus restos mortais eram venerados na igreja de Cesareia. Quem nos informa sobre sua vida é S. Basílio.

ORAÇÃO
Da verdade sobre nós mesmos

Deus, nosso Pai, em vós tudo é verdadeiro. Tudo é claridade. Tudo é retidão. Dai-nos hoje, Senhor, a graça de descobrir a verdade sobre nós mesmos. Saibamos nos inclinar sobre nosso interior para descobrir a nossa verdadeira face, sem fingimento ou hipocrisias. Depositemos aos vossos pés nossa arrogância, a prepotência. Saibamos encarar não apenas nossas faltas, nossos erros, nossas carências, nossos egoísmos e indiferenças, mas também a sede de amor, de comunhão e de participação. **O que importam as derrotas, os fracassos, se deles podemos aprender a humildade e a determinação? O que importam nossas adversidades, se delas podem brotar nosso renascimento, nossa superação, nossa ressurreição?** *Dai-nos a certeza de que a vida é busca continuada e a nós é sempre dada outra chance de acertar. O importante é caminhar, acalentar sonhos, enfrentar os desafios. Acreditar que na vida valem as promessas de felicidade, os ventos favoráveis, mas valem também o ardor com que pisamos as uvas e a alegria e o entusiasmo com que amassamos o pão. O amor é o milagre capaz de abreviar caminhos, de sarar feridas, de dissipar trevas, de regenerar nossas existências. Libertai, pois, nosso espírito e soerguei nossa fronte, para que possamos murmurar mais uma vez vosso nome: "Pai! Pai nosso que estais nos céus".*

31 DE JULHO

S. Inácio de Loyola

1491-1556 – fundador – "Inácio" deriva de "fogo"

Natural de Loyola, Espanha, fundou em 1528 a Sociedade de Jesus, aprovada pela Igreja em 1540. Antes de tornar-se padre, foi pajem na corte de Navarra e participou do cerco da fortaleza de Pamplona, quando caiu gravemente ferido. Esse fato mudou sua vida. Ingressou na Universidade de Paris, onde com alguns companheiros fundou a Ordem dos Jesuítas. Mestre de espiritualidade, ficou famoso pelos Exercícios espirituais, prática religiosa que exerceu grande influência nos meios religiosos. É invocado com a seguinte oração:

Ó Deus, por meio de S. Inácio, fizestes surgir na vossa Igreja um caminho de espiritualidade e serviço e, ao longo da história, continuais chamando pessoas que possam contribuir para o anúncio e a construção do Reino. Concedei, por intercessão de S. Inácio de Loyola, que cada um de nós escute e siga sempre o vosso apelo. Permiti que, juntos, possamos comprometer nossa vida, como membros de uma Igreja toda voltada para o anúncio e a construção do vosso Reino entre os seres humanos.

S. Fábio

séc. IV – mártir – "Fábio" significa
"da família dos plantadores de favas"

Fábio foi um soldado que se encontrava a serviço do Império Romano em Cesareia da Mauritânia. Designado para

31 DE JULHO

tomar parte num cortejo romano e carregar as insígnias sagradas, recusou-se, desobedecendo assim a uma ordem militar. Declarando-se cristão, foi lançado num cárcere e morto.

ORAÇÃO
Do Rochedo que nos sustenta

Deus, nosso Pai, **a vós entregamos o passado:** *tudo o que foi escrito no livro de nossa vida. A vós, tudo o que fomos e fizemos.* *A vós, a luz e as sombras dos dias vividos; as alegrias e os sofrimentos; os sucessos e as desilusões. A vós, tudo o que já é cinza de um fogo extinto. Tudo a vós pertence: o que já foi feito e o que não tem reparo.* **A vós, Senhor, o presente: este agora único, singular, irrepetível,** *em que nos* **sentimos vivos** *aqui e agora e podemos dizer "sim" ou "não" à vida.* *A vós nossa luta, nossa vontade de acertar, nossa sede de felicidade. A vós os barcos que ora partem, a ferida que ora sangra, o amor que ora nos consome ou o desamor que nos prende.* **A vós o futuro:** *o "ainda não" que só a vós pertence.* **A vós confiemos o** *novo, o* **desconhecido,** *o que nos* **apavora, pois a vós tudo é sabido e nada é oculto.** *Estais no começo, no meio e no fim de nossos dias* (cf. Sl 139,4ss). *A vós entregamos o nosso* ainda não *que para vós já é presente: "(...) a vossos olhos um dia é como mil anos e mil anos como um dia". Ficai conosco, Senhor!* **Nem ontem, nem hoje, nem amanhã, nada abale nossa confiança em vós, pois sois o nosso livramento.**

1º DE AGOSTO

S. Afonso Maria de Ligório
1696-1787 – bispo, fundador e doutor da Igreja – "Afonso" significa "nobre, diligente, atencioso"

Afonso Maria de Ligório, natural de Nápoles, é o fundador da Congregação do Santíssimo Redentor. Antes de tornar-se padre, era advogado e foi justamente nessa profissão que Deus cruzou seu caminho e o fez mudar de vida. Abalado por perder uma causa, abandonou tudo e decidiu entregar-se ao serviço de Deus, como missionário junto ao povo simples. Com alguns companheiros, fundou depois os Padres Redentoristas, dedicados às missões populares. Insigne mestre de moral, deixou vários tratados de teologia moral.

S. Etelvoldo
c. 908 – 984 – abade

Arcebispo de Winchester e abade do mosteiro de Abingdon, Sanato Etelvoldo nasceu em Winchester por volta de 908 e morreu em Bedington, em 984. Monge em Glastonbury, ao tempo de S. Dunstan, importante reformador da Igreja inglesa. Sagrado bispo de Winchester em 963, ficou famoso pelo combate à indolência do clero secular, que havia ocupado a catedral e a igreja do mosteiro. Fundou e reformou vários mosteiros (Peterborough, Ely, Thorney). Cultivador da poesia, da retórica e das matemáticas. Além da sua *Regularis concordia,* traduziu várias obras de espiritualidade do latim para o inglês. Era intransigente com os preguiçosos e cheio de amabilidade para com os de boa vontade e os desafortunados.

1º DE AGOSTO

Testemunha de nossos tempos

Arlen Siu – Militante cristã da Frente Sandinista, assassinada pela Guarda Nacional, em 1975, na Nicarágua.

ORAÇÃO
Da Luz que a vida ilumina

Deus, nosso Pai, andamos sufocados por aborrecimentos, agitações e inutilidades. Como folhas secas, agitamo-nos ao sabor de tantos ventos. Somos filhos da luz, amados e queridos por Deus: "Ele não deixará que você caia, pois o seu protetor está sempre alerta... O Deus Eterno guardará você; ele está sempre ao seu lado para protegê-lo. (...) O Eterno o guardará de todo perigo; ele protegerá a sua vida. Ele o guardará quando você for e quando voltar, agora e para sempre" (cf. Sl 121,3ss). Longe de nós andarmos vazios de paz e errantes de felicidade. Nós vos pedimos: preenchei hoje a nossa vida de alegria. Dai-nos coragem e fé destemida, esperançosa, que nos ajudem a superar as dificuldades. **Não nos deixeis cair em desespero e na depressão ou perder o ânimo e a paz de espírito. Sois a Luz que a nossa vida ilumina. Pelo vosso olhar que cada coisa sustém, revelai os caminhos de nossos corações.** *Aclarai nossa visão interior. Dai-nos o entendimento das coisas essenciais e que toda dúvida se desfaça; e toda malícia seja exorcizada, e no amor sejamos redimidos e abençoados.*

2 DE AGOSTO

Nossa Senhora dos Anjos

O culto a Nossa Senhora dos Anjos liga-se a Francisco de Assis (1181-1226), que recebeu, na igrejinha da Porciúncula, a indulgência do "Dia do Perdão". Um dia, enquanto rezava pela conversão dos pecadores, apareceu-lhe um anjo pedindo que fosse à Porciúncula, que atualmente se encontra no interior da basílica Santa Maria dos Anjos. Ao chegar à igrejinha, encontrou a Virgem Maria e Jesus rodeados de anjos. Jesus então lhe disse para pedir o que quisesse. Francisco pediu uma indulgência plenária para todos os que, tendo se confessado e comungado, visitassem a igrejinha. A festa do Dia do Perdão, que tem como padroeira Nossa Senhora dos Anjos, tornou-se então uma das mais importantes da Ordem Franciscana. Aprovada por Sisto IV, da Itália o culto alcançou outros países, inclusive o Brasil.

S. Eusébio de Vercelli

séc. IV – bispo – "Eusébio" quer dizer "aquele que é piedoso", "voltado às coisas de Deus"

Natural da Sardenha, Eusébio de Vercelli estudou em Roma e ali se converteu ao cristianismo. Sagrado bispo de Vercelli em 345, mostrou-se homem de grande visão eclesial. Uma das suas intuições mais originais foi a de reunir o clero diocesano em vida comunitária. Ele próprio deu exemplo vivendo em comum com seus padres e colaboradores próximos. Amigo e colaborador de S.

2 DE AGOSTO

Atanásio de Alexandria e de S. Hilário de Poitiers, empenhou-se em defender a fé católica, lutando contra as heresias arianas. Por isso, foi desterrado para a Palestina, depois para a Capadócia, e por último para os desertos de Tebaida, Egito. Em 361, regressou a Vercelli, onde morreu em 370.

Testemunha de nossos tempos

Carlos Perez Alonso – Sacerdote jesuíta espanhol, mártir da justiça, Guatemala, 1981.

ORAÇÃO
Da sabedoria e bom-senso

Deus, nosso Pai, dai-nos sabedoria e bom-senso para que nossas vidas sirvam de bênção e de alegria àqueles que conosco convivem. **Senhor, ensinai-nos a ver as coisas com realismo e serenidade, confiantes de que tudo providenciais para o nosso bem. Busquemos mais compreender com o coração do que entender com a mente os mistérios da dor, do sofrimento, da vida e do espírito humano.** *Pela força da fé, não tenhamos receio de encarar nossas contradições internas, nossos sofrimentos, medos e decepções interiores, pois a uma só Palavra da vossa boca o que está disperso é reunido; o que é obscuro se esclarece, o que é medo se exorciza. A um só olhar penetrais nossa mente, unificais nossos pensamentos, recompondes nossos sentimentos e renovais a nossa confiança na vida. Assumamos nossos erros, endireitemos nossos passos, estendamos nossas mãos e busquemos vossa luz, pois dissestes* "Tudo o que pedirdes com fé haveis de receber" (cf. Sl 127,1ss).

3 DE AGOSTO

S. Nicodemos

séc. I – "Nicodemos" quer dizer "aquele que sabe lidar com o povo"

Nicodemos era um judeu importante, provavelmente membro do Sinédrio, político hábil. Foi encontrar-se de noite com Jesus e lhe disse:

"Rabi, sabemos que tu és um Mestre vindo da parte de Deus. Realmente, ninguém pode realizar os sinais que tu fazes, se Deus não está com ele." Jesus respondeu: "Eu garanto a você: se alguém não nasce do alto, não poderá ver o Reino de Deus" (cf. Jo 3,1-21).

Nicodemos tomou a defesa de Jesus na assembleia, dizendo: "Será que a nossa Lei julga alguém antes de ouvir e saber o que ele faz?". Eles responderam: "Você também é galileu? Estude e verá que da Galileia não sai profeta" (cf. Jo 7,51s). A partir deste encontro com Jesus, a vida de Nicodemos foi transformada radicalmente.

Testemunhas de nossos tempos

Mineiros bolivianos – Em 1980, cerca de 500 pessoas foram mortas e seus corpos lançados numa vala comum, na Bolívia.
James Weeks – Pastor protestante, morto na Argentina em 1976.

3 DE AGOSTO

ORAÇÃO
Da vida nova

Deus, nosso Pai, pelo batismo e nas águas vivas do Espírito nascemos para uma vida nova, longe da tristeza, da amargura, do pessimismo, da desesperança; longe do medo e da falta de confiança em si e nas pessoas. Pelo Espírito de Jesus, somos inspirados a seguir o exemplo do Mestre, que passou fazendo o bem a todos. **No Espírito do Ressuscitado quem é cego recobra a visão; quem é aleijado dança e pula de alegria; o mudo começa a cantar. Em seu Espírito fontes brotam no deserto e rios se derramam pelas terras secas. Em seu Espírito toda vida é resgatada...** (cf. Is 35,5ss). *Ele entregou sua vida para que no seu Espírito nossos dias fossem plenificados com toda sorte de bem e de graça. No seu Espírito fomos feitos povo santo e pecador, sinal da busca e testemunha da fraternidade entre os homens. No seu Espírito fomos batizados e nos tornamos filhos do Pai celeste; quebradas em nós foram as cadeias do egoísmo e do ódio. A indiferença e o individualismo foram rompidos. No seu Espírito fomos feitos livres para acolher o dom de Deus em nossas vidas. Por ele, nele e com ele nossos corações foram abençoados com os dons do Espírito de amor. "O que nasceu da carne é carne, o que nasceu do Espírito é espírito. O vento sopra onde quer e ouves o seu ruído, mas não sabes de onde vem nem para onde vai. Assim acontece com todo aquele que nasceu do Espírito Santo."*

4 DE AGOSTO

S. João Maria Batista Vianney
1786-1859 – presbítero – "João" significa
"o Senhor é misericordioso"

Natural de Lião, França. Ao se decidir pelo sacerdócio, João Vianney esbarrou na dificuldade dos estudos, mas graças à oração e perseverança pôde superar a ignorância, que parecia invencível. Ordenado sacerdote (3/8/1815), exerceu o ministério sacerdotal no até então pobre e desconhecido povoado de Ars, formado por gente simples, indiferente da religião. Buscou na vida de penitência, oração e caridade a força para pregar e promover a renovação da vida cristã no lugarejo. Arrastado pelo exemplo do Cura de Ars, o povo, inicialmente descrente, começou a participar ativamente da vida paroquial, da liturgia, dos sacramentos e das iniciativas sociais. Além do dom da cura e do discernimento, tinha também o dom de ler o íntimo das pessoas. Sua fama logo ultrapassou os limites de Ars, atraindo milhares de pessoas que a ele acorriam para receber uma palavra de consolo.

S. Aristarco
séc. I – confessor – "Aristarco" quer dizer "soberano",
"chefe distinto"

De Tessalônica, Macedônia, Aristarco foi convertido por Paulo. Esteve a seu lado nos momentos difíceis, sobretudo durante a confusão que os comerciantes de Éfeso armaram contra o Apóstolo, pois viam nele uma séria ameaça a seus negócios (At

4 DE AGOSTO

19,29). "Foram seus companheiros de viagem: Sópatro, Aristarco, Segundo, Gaio e Timóteo" (At 20,44ss). Aristarco esteve ao lado de Paulo quando este foi levado prisioneiro a Roma e com ele ficou na prisão (At 27,1-2 e Cl 4,10).

Testemunhas de nossos tempos

Alirio Napoleon Macias – Sacerdote, comprometido com os pobres de El Salvador, assassinado em 1979. **Enrique Angelelli** – Bispo de La Roja, Argentina, profeta, denunciou publicamente os assassinos de leigos e sacerdotes, morto em 1979 num acidente suspeito.

ORAÇÃO
Da vida renovada

Deus, nosso Pai, a vossa Palavra tem o poder de transformar nossos corações, tantas vezes sufocados por desilusões e vazios de paz. **Vossa Palavra tem o poder de corrigir nossas estreitas posturas mentais, nossa falta de discernimento, nossa cegueira espiritual. Vossa Palavra tem o poder de sarar nossas feridas e debelar nossas enfermidades.** *Dai-nos, Senhor, o entendimento de que, diante de vós, valemos mais que um punhado de dinheiro, uma porção de bens materiais ou um pouco do brilho transitório da glória e do poder. Fazei-nos compreender que ganhar a vida em plenitude é perdê-la, é gastá-la na gratuidade em favor do bem e da justiça. Libertai-nos pois de tudo o que nos prende e nos sufoca, nos entristece e nos enche de amargura, nos aflige e apavora, nos intimida e nos retrai. Aclarai nossa visão para que enxerguemos a realidade das coisas materiais e espirituais.*

5 DE AGOSTO

Nossa Senhora das Neves

séc. IV

Patrício João, um rico senhor romano, e sua mulher não tinham filhos nem esperança de tê-los. Resolveram, então, de comum acordo, doar toda a sua fortuna a Nossa Senhora. Em sonhos, e ao mesmo tempo, a Virgem apareceu ao casal e ao papa Libério, pedindo que fossem ao Monte Esquilino, em Roma, e, no lugar que estivesse coberto de neve, edificassem uma igreja dedicada ao seu louvor. Embora fosse tempo de forte calor, encontraram o lugar coberto de neve, onde foi edificado o santuário de Nossa Senhora das Neves. É geralmente representada com o Menino Jesus nos braços, ambos com flores nas mãos e envoltos de nuvens e anjos. Outras vezes, segura o Menino Jesus nos braços e traz um cetro na mão.

S. Sisto II

séc. III – papa e mártir – "Sisto" significa "aquele que é cortês", "polido"

O papa Sisto II era grego e nasceu em Atenas. Foi um dos mártires mais reverenciados nos primeiros tempos da Igreja em Roma. Governou as comunidades cristãs por apenas um ano (250-251). Foi detido quando presidia uma celebração com alguns diáconos na catacumba de S. Calisto. Ali mesmo na catacumba foi sumariamente executado juntamente com S. Agapito e quatro diáconos. Antes de ganhar sepultura, seu corpo foi arrastado pelas ruas e exposto à humilhação pública.

5 DE AGOSTO

Testemunha de nossos tempos

Stanley Rother – Sacerdote norte-americano, denunciou no seu país os assassinatos de camponeses em sua paróquia. Foi assassinado em 1981, na Guatemala.

ORAÇÃO
Do evangelho vivo e verdadeiro

__Deus, nosso Pai, quisestes que nossa fé não se fundasse em coisas ou teorias transitórias, mas em Jesus, que ressuscitou e vive para sempre.__ Não quiseste que nossa fé se fundasse em energias cósmicas ou na força e influência dos astros, mas na vida e no sangue de Nosso Senhor e das suas incontáveis testemunhas. Foi ele quem carregou sobre si nosso sofrimento e nossa dor; foi ele que suportou nossas culpas, foi ferido, maltratado e castigado por causa de nossas maldades. Maltratado, tudo ele aguentou humildemente. Foi ele quem deu a própria vida para que tivéssemos vida em plenitude (cf. Is 53,1ss). Por tudo isso, vos louvamos e agradecemos por tão grande merecimento. Em Jesus nos reservastes preciosos dons. Nós vos louvamos e agradecemos pelo vosso amor e misericórdia, que atravessa a história humana, realizando maravilhas nos corações dos que creem na fraternidade humana. __Nós vos louvamos e agradecemos porque sois sempre o mesmo ontem, hoje e para sempre, e não abandonareis a obra de vossas mãos.__ Cremos na vida por vós redimida e preservada. Cremos que segurais o universo com as vossas mãos e em vós tudo busca a comunhão e a definitiva parição.

6 DE AGOSTO

Transfiguração do Senhor

A festa da Transfiguração do Senhor já era celebrada no Oriente desde o século V. No século VIII, os sírios ocidentais a celebravam com o nome de Festa do Monte Tabor. No dia 6 de agosto de 1457, o papa Calisto III a instituiu como festa da Igreja Universal. O evento evangélico está relatado nos evangelhos (Mc 9,2-8; Mt 17,1-8; Lc 9,23,28-36) e mostra que Jesus é o Messias, o novo Moisés, o Servo sofredor a ser glorificado pelo Pai na ressurreição. No cume da montanha (Monte Tabor) Jesus se *transfigurou* diante de Pedro, Tiago e João, vestindo-se de luz e falando com Moisés e Elias. Os discípulos ficaram tão inebriados que disseram: *"É bom nós estarmos aqui"*. E Anastácio Sinaíta completa:

"Que pode haver de mais delicioso, de mais profundo, de melhor do que estar com Deus, conformar-se a ele, encontrar-se na luz? De fato, cada um de nós, tendo Deus em si, transfigurado em sua imagem divina, exclame jubiloso: É bom estarmos aqui, onde tudo é luminoso, onde está o gáudio, a felicidade e a alegria. Onde no coração tudo é tranquilo, sereno e suave. Onde se vê Cristo, Deus" (cf. Liturgia das horas, v. IV, p. 1161).

6 DE AGOSTO

S. Hormisda

séc. VI – papa – "Hormisda" significa, na língua persa, "senhor onisciente"

Natural de Frusione, Campânia, Hormisda foi o sucessor de Símaco, pontificando de 514 a 523. Viveu num tempo agitado por intrigas políticas e religiosas. Enviou várias delegações ao Oriente para restabelecer a paz. Mas somente com a morte de Anastácio, imperador do Oriente, em 518, seria posto um fim nas intrigas religiosas, restabelecendo-se a comunhão de fé entre Roma e Constantinopla.

ORAÇÃO
Da paz

Deus, nosso Pai, é vosso desejo que cada um de nós conheça, busque, construa e viva a paz. **Não fiquemos acabrunhados e neurastênicos, alimentando tristezas no coração. Na aflição de espírito, possamos ouvir a voz do Mestre: "Coragem, sou eu. Não tenha medo! Que a paz esteja com vocês!"** *Em tudo busquemos a concórdia e formemos uma mesma família, da qual sois o Pai cheio de ternura e misericórdia. Na pressa e falta de tempo, dai-nos sabedoria e bom senso de parar para escutar o Mestre dizer: "Você se preocupa com tantas coisas, e a vida é muito mais importante do que tudo isso!" (cf. Lc 12,22ss). Busquemos o que nos une e repudiemos o que desune. Em Jesus, somos todos membros uns dos outros. Somos a rama de um mesmo tronco. Somos as gotas que formam o oceano humano. Na diversidade dos dons possamos construir a solidariedade e a comunhão.*

7 DE AGOSTO

S. Caetano
1480-1547 – fundador – "Caetano" quer dizer "natural da cidade de Gaeta"

Caetano de Tiene nasceu em 1480, em Vicência, Itália. Em Pádua, estudou Direito Civil e Direito Canônico. Sacerdote aos 40 anos, fundou a Congregação dos Padres Regulares ou Teatinos, cuja finalidade principal era a renovação do clero. Contemporâneo de Lutero, contribuiu para a reforma da Igreja. Partindo das bases, fez sua atividade pastoral recair primeiramente sobre os pobres e deserdados. Lançou-se de corpo e alma às tarefas urgentes da época, inserindo-se nos meios populares. E o fez sem medo de perder a identidade de religioso e contemplativo. Foi, portanto, o precursor de um novo estilo de vida religiosa, mais sensível às mudanças e transformações dos tempos modernos. O conceito de "fuga do mundo" começa a ser repensado, dando lugar ao da inserção no mundo, do compromisso com o homem, sujeito da história e colaborador de Deus na construção da sociedade. Certa vez disse: *"Não temas. Mesmo que todos os santos e todo mundo te abandonem, ele, Jesus, estará sempre pronto para socorrer-te nas tuas necessidades"*. Morreu em Nápoles, em 1547.

7 DE AGOSTO

ORAÇÃO
Da conversão contínua

Deus, nosso Pai, apesar das fraquezas e contradições do coração humano, apesar do egoísmo e orgulho que tantas vezes nos amarram e nos sufocam, somos na verdade filhos amados eternamente por vós: "Como a mãe, eu também consolarei vocês" (cf. Is 66,13). Na vossa ternura e misericórdia, somos abençoados, cumulados de toda sorte de bens e libertos de todo o mal. **Continuamente nos chamais a uma vida nova, plena de alegria e de esperança: "Vocês se esquecerão das desgraças que sofreram e eu também não me lembrarei mais delas. Pois eu estou criando um novo céu e uma nova terra..."** *(cf. Is 66,16ss). Chamais-nos à conversão, à mudança de mente e de coração. Ardentemente desejais que no amor nos reencontremos convosco na pessoa de nossos semelhantes, especialmente dos mais próximos, daqueles que podemos ver e tocar, partilhar nossos risos e lágrimas. Assim, conduzi-nos pela mão ao vosso Reino de paz, justiça e fraternidade.*

8 DE AGOSTO

S. Domingos de Gusmán

c. 1172-1221 – presbítero e fundador – "Domingos" quer dizer
"nascido no dia do Senhor"

Natural de Caleruega, Espanha, foi o fundador da Ordem dos Pregadores. Estudou teologia em Valência, tornando-se cônego no bispado de Osma. Em 1206, acompanhou o bispo Diogo numa missão papal contra os albigenses em Languedoc, os quais negavam os principais dogmas católicos, como a encarnação, os sacramentos, etc. Domingos passou a viver pobremente e a procurar a conversão dos albigenses tocando-lhes o coração e a mente pelo seu exemplo de vida. Em 1215, em Tolosa, surgiu a ideia de fundar uma ordem de pregadores, de sólida formação intelectual, teológica e espiritual, aptos a ensinar e pregar em qualquer lugar. Nasciam então os Dominicanos.

Santos Auxiliadores
séc. XV

São eles: *S. Jorge:* pelo dragão que subjuga, conjura as doenças da pele. *S. Brás:* pelas duas velas cruzadas, conjura as doenças da garganta. *S. Erasmo:* pelas entranhas enroladas, conjura as dores de estômago. *S. Pantaleão:* pelas duas mãos pregadas, conjura as debilidades. *S. Vito* ou *Guido:* pela sua cruz, conjura as mordeduras de animais venenosos e raivosos. *S. Cristóvão:* pelo Menino nos ombros, conjura os furacões, tempestades,

8 DE AGOSTO

peste e acidentes de trânsito. *S. Dionísio:* pela cabeça nas mãos, conjura as possessões diabólicas. *S. Ciríaco:* pelo seu hábito de diácono, conjura as doenças dos olhos. *S. Acácio:* pela coroa de espinhos, conjura as doenças de cabeça. *S. Eustáquio:* pelo veado e equipamento de caça, conjura os incêndios. *S. Egídio:* pela sua túnica beneditina e pela cabra que tem à mão, conjura a loucura, pânico e medos noturnos. *S. Margarida:* pelo dragão que ela segura por correntes, conjura as doenças dos rins. *S. Bárbara:* pela torre e pelo cibório encimado pela hóstia, conjura as tempestades, raios e a morte repentina. *S. Catarina:* pela roda quebrada, ajuda os estudantes e os intelectuais.

ORAÇÃO
Do fortalecimento da fé

Deus, nosso Pai, nossa fé seja fortalecida e a nossa coragem aumentada. Mudai, Senhor, nossa sorte e abençoai nossos planos, e a nós, que andamos dispersos, restaurai nossas forças. Possamos enfrentar com destemor os "dragões" do egoísmo e da mentira, do escândalo da fome e da exploração humana, da letargia e do comodismo; os dragões do ódio e da vingança, da ganância e prepotência; do desemprego e da falta de oportunidades; os dragões das drogas e da exploração, da corrupção e da impunidade. Defendei-nos contra toda malícia e insídia, contra as guerras veladas ou declaradas, contra a cegueira e ignorância do bem e da verdade, contra a mentira e calúnia, contra a obsessão de parecer superior aos demais.

9 DE AGOSTO

S. Osvaldo da Nortúmbria

c. 605-642 – rei e mártir – "Osvaldo" significa "aquele que venera e assiste os deuses" ou ainda aquele que é misericordioso, protetor"

O rei e mártir irlandês S. Osvaldo viveu por volta de 605 e morreu em Maserfelth, em 642. Era casado com Cyneburga, filha de Cynegils, primeiro rei cristão de Wessex. Convertido à fé católica, conseguiu que um grupo de missionários, liderados por S. Aidan, evangelizasse o reino da Nortúmbria. Ele próprio procurava interpretar a palavra de Deus para seus soldados e capitães. Tombou no campo de batalha e, logo depois da morte, foi venerado pelo povo. Seu culto espalhou-se pela Alemanha e norte da Itália.

B. Florentino Asensio Barroso

séc. XX – bispo e mártir – "Florentino" quer dizer "florescente, florido"

Florentino Asensio Barroso foi um bispo que deu testemunho de sua fé durante a Guerra Civil Espanhola, de 1932 a 1936. Preso, ficou por algum tempo confinado em sua casa e depois transferido para o colégio dos Padres Escolápios, transformado em prisão do clero e dos religiosos. Colocado numa cela solitária, foi submetido a contínuos interrogatórios em que era acusado de colaborar com os inimigos do povo. Após ser barbaramente torturado, exposto a vexames indizíveis, foi levado com outros companheiros para o local de fuzilamento. Ao ser perguntado se conhecia o destino que o aguardava, respondeu com firmeza: *"Vou para o paraíso!"*. Foi beatificado por João Paulo II, no dia 4 de maio de 1997.

9 DE AGOSTO

Testemunhas de nossos tempos

Miguel Tomaszek e **Zbgniew Strzalkowski** – Missionários mortos no Peru, em 1991.

ORAÇÃO
Da elevação da vida

Deus, nosso Pai, desejais o bem e a felicidade do homem, por isso dispondes as coisas para que sirvam à vida. Esta é a mensagem do evangelho que excede os tempos, as culturas e as divisões sociais. **Iluminados por vossa Palavra, dai-nos inteligência e discernimento para que, mediante o trabalho solidário e o entendimento do que é belo e justo, nossas ações sejam ordenadas para o bem comum.** *Elevar, dignificar a vida, construir a paz, jamais prejudicar quem quer que seja. Reordenai nosso pensamento. Corrigi nossas relações humanas. Endireitai nossas veredas, para que cheguemos ao vosso Reino. Sejamos anjos da luz, e não anjos da morte; semeadores de paz, e não cultivadores de discórdias, intrigas, insídias, guerras. Plantemos esperanças novas e não abortemos os sonhos de vida renascida. Sejamos compadecidos das dores e dos sofrimentos do outro. Não atiremos sobre alheios ombros nossos fardos de tristezas e ocultas raivas. Assim aqueles que conosco vivem sejam enriquecidos de todo bem e de toda a graça.*

10 DE AGOSTO

S. Lourenço

† c. 258 – *mártir* – *"Lourenço" significa "laureado", "ornado com louro", símbolo daquele que é vitorioso, vencedor*

Lourenço morreu em Roma por volta do ano 258, durante a perseguição de Valeriano. Foi um dos sete diáconos de Roma, nomeados pelo papa Sixto II. O prefeito de Roma ordenou que ele entregasse o tesouro da Igreja. Ele pediu que lhe dessem três dias para recolher o tesouro e entregá--lo. Reuniu então os pobres, os doentes, os desvalidos e os apresentou ao prefeito, dizendo que ali estava o tesouro da Igreja. Isso selou a sua sentença de morte: foi lançado vivo numa grelha ardente. Desde o século IV, S. Lourenço foi venerado como um dos mais famosos mártires da Igreja dos primeiros séculos. É o patrono dos catecúmenos e tem como emblema uma grelha, alusão a seu instrumento de suplício.

Testemunhas de nossos tempos

Tito de Alencar Lima – Estudante dominicano, 28 anos, preso e torturado durante a repressão militar e que, abalado emocionalmente, veio a suicidar-se na França, em 1974. **Jesus Alberto Páez Vargas** – Líder do movimento comunitário, pai de quatro filhos, sequestrado e desaparecido em 1977, Peru.

10 DE AGOSTO

ORAÇÃO
Do amor a si mesmo

Deus, nosso Pai, não permitais que andemos por aí, perdidos em falsos encantos. Vagando em sonhos e plantando miragens, esquecidos do presente, e de nós mesmos totalmente ausentes: "É ilusão, é ilusão. Tudo é ilusão. A gente gasta a vida trabalhando, se esforçando e afinal que vantagem leva em tudo isso?" (cf. Ecl 1,2ss). Dai-nos humildade e sabedoria para ver cada coisa como realmente é, sem ilusões, desarmados, desencantados, despidos de máscaras, isentos de arrogâncias. **Enfrentemos nossos medos, superemos o desafio de nossa vida, sabidos de que ela é única, irrepetível, sagrada. Firmemos nossos passos na certeza de que vós, Deus Eterno, combateis a nosso favor e até que sejamos salvos podeis fazer o sol ficar parado e a lua, sem se mover no céu** *(cf. Js 10,13ss). Busquemos no amor a medicina que sara nossos males. E amemos primeiramente, não o outro, mas a nós mesmos, pois quem pouco se ama também pouco amará o outro e por ele se fará amado. Aceitemo-nos em nossas fraquezas e limitações, em nossas qualidades e vontade de aceitar. Vós nos fizestes, e continuamente somos refeitos à vossa imagem e semelhança: criaturas de luz, animadas pelo sopro divino e aquecidas pela chama do vosso amor que nos faz superar toda aflição e toda angústia. Amor que dá sentido aos nossos gemidos e corrige nossos desacertos. Amor que é princípio, meio e termo de nossa caminhada.*

11 DE AGOSTO

S. Clara de Assis
c. 1194-1253 – fundadora – "Clara" sugere "lume", "claridade"

Natural de Assis e conterrânea de Francisco de Assis, S. Clara foi a fundadora das irmãs Franciscanas, conhecidas como Clarissas. Atingiu alto grau de perfeição evangélica, sendo canonizada dois anos após a sua morte. É invocada com a seguinte oração:

Pela intercessão de S. Clara, o Senhor todo-poderoso me abençoe e proteja; volte para mim os seus olhos misericordiosos, me dê a paz e tranquilidade; derrame sobre mim as suas copiosas graças; e depois desta vida, me aceite no céu, em companhia de S. Clara e de todos os santos. Em nome do Pai, do Filho e do Espírito Santo. Amém.

S. Alexandre, o Carvoeiro
séc. II – bispo – patrono dos carvoeiros. "Alexandre" quer dizer "aquele que defende os homens"

Alexandre, o Carvoeiro, foi bispo de Comona e morreu queimado vivo na perseguição do imperador Décio. Os fiéis de Comona queriam um bispo e, assim, organizar a comunidade. O bispo de Neocesareia, Gregório, o Taumaturgo, propôs aos fiéis que não ficassem somente nas aparências, mas olhassem o interior daquele que desejavam escolher para bispo. Alguém sugeriu o nome de Alexandre, o Carvoeiro. Levado perante a assembleia, foi colocado ao ridículo, devido à sua péssima aparência. S. Gregório, entretanto, descobriu a sua verdadeira identidade: era um filósofo e sábio cristão que vivia na clandestinidade, procurando no anonimato viver o evangelho.

11 DE AGOSTO

ORAÇÃO
Do espírito verdadeiro

Deus, nosso Pai, dai-nos a simplicidade de coração, porque um dia, como tecido podre, hão de rasgar todo orgulho e prepotência. Dai-nos a generosidade, porque na vida mais vale o que foi doado do que o que foi retido, mais vale o bem que ao outro fazemos do que o bem a nós concedido. Dai-nos sabedoria para enxergarmos para além das aparências e descobrirmos nos acontecimentos os laços invisíveis e eternos que nos unem àquele que nos empresta a respiração e nos reanima cada manhã. Não nos falte a humildade para assumir e mostrar a nossa verdadeira face, o que realmente somos, para construir nossa vida sem ojerizas, desculpas e reclamações. **Foi na escuridão da noite que Jacó se deparou com um Estranho e, em luta corporal, os dois vararam a noite pelejando. E foi somente ao amanhecer que Jacó, esmoído e golpeado na coxa, descobriu que lutara contra o próprio Deus. E nunca mais ele foi o mesmo.** *Logo o sol nasceu e, mesmo mancando, ele prosseguiu sua caminhada* (cf. Gn 32,22ss). *Vós penetrais o nosso íntimo e rompeis as barreiras de nossos egos insuflados. Conheceis nossos desatinos e contradições. Sabeis quando mentimos ou falamos a verdade, quando o coração é sincero e o espírito verdadeiro. Por amor do vosso amor, ensinai-nos a retidão dos vossos caminhos e clareai nossas sombras interiores.*

12 DE AGOSTO

Nossa Senhora da Cabeça

Este culto mariano é originário da Andaluzia, Espanha, onde se encontra o Pico da Cabeça. Ali, em 1227, a Virgem apareceu a João Rivas, jovem pastor, mutilado de um braço, revelando a ele o desejo de que lá fosse construído um santuário em sua honra. Para provar que era a Mãe de Deus, restituiu-lhe milagrosamente o braço. A cabeça que a Virgem segura nas mãos recorda o voto de um condenado à morte, que alcançou, por sua intercessão, a revogação de sua pena. É invocada com a seguinte oração:

Salve, Virgem Santíssima da Cabeça, em cujo admirável título se fundam nossas esperanças, por serdes Rainha e Senhora de todas as criaturas... Socorrei-me, pois, ó dulcíssima Senhora da Cabeça. Eu vos suplico com filial confiança, uma vez que também sentistes uma profunda dor ao ver vosso Divino Filho com a cabeça coroada de espinhos. Peço que me livreis, e a todos os meus, de qualquer enfermidade da cabeça. Rogo-vos, também, ó Virgem poderosíssima da Cabeça, que intercedais junto ao Bom Jesus, pelos que sofrem desses males, a fim de que, completamente curados, glorifiquem a Deus e exaltem vossa maternal bondade.

12 DE AGOSTO

S. Euplo
† *304 – mártir*

Natural da Catânia, Sicília, Euplo morreu na perseguição de Diocleciano. Assim dizem as Atas: "No nono consulado de Diocleciano e oitavo de Maximiano, a 3 das calendas de maio (29/4/304), na ilustre cidade de Catânia, Euplo gritou na entrada do tribunal de Catânia: 'Desejo morrer, porque sou cristão'". Alguns meses após sua prisão, foi decapitado.

Testemunha de nossos tempos

Margarida Maria Alves – Presidente do Sindicato Rural de Alagoa Grande, assassinada em 1983, Paraíba, Brasil.

ORAÇÃO
Da capacidade de admirar

Deus, nosso Pai, vós nos destes a capacidade de admirar as maravilhas da natureza. Na gratuidade, o universo pulsa, as semente germinam, as águas murmuram, os corações se enchem de júbilo e encantamento. **Destes-nos a capacidade de ler as entranhas de coisas e acontecimentos e neles desvelar o rosto do homem alegre ou aflito, e na alegria e aflição descobrir que não estamos sozinhos: o Anjo de Deus vai a nossa frente e seu poder nos cobre de todos os lados** (cf. Ex 14,6ss). *Sois o Deus da ternura: nossas maldições convertei em bênçãos, nossas lágrimas em risos, nossas práticas desonestas em gestos de bem, nossos desejos e paixões em sede de absoluto. Senhor, não deixeis apagar em nós a sensibilidade, que nos faz ver as coisas com um olhar renovado.*

13 DE AGOSTO

B. Felipe de Jesús Munárriz e 50 companheiros mártires de Barbastro

Padre Felipe de Jesús Munárriz e seus companheiros pertenciam à Comunidade Claretiana de Barbastro, Huesca. Na perseguição religiosa de 1936, na Espanha, foram presos e condenados à morte, Divididos em cinco grupos, foram fuzilados entre os dias 2 e 18 de agosto. Antes da execução, Faustino Pérez escreveu o famoso e comovente *Testamento dos Mártires de Barbastro*. Entre outras coisas dizia: *"(...) Todos com alegria vamos morrer, sem que ninguém desanime nem se entristeça"*. E concluía que o sangue derramado haveria de fazer a congregação crescer e se espalhar pelo mundo inteiro...

Senhor Pai santo, tu que concedeste a Felipe de Jesús Munárriz e a seus companheiros fidelidade total à sua vocação missionária, seguindo Cristo até o martírio, e os fizestes testemunhas de caridade perfeita no perdão a seus perseguidores, concede-nos, por sua intercessão, a firmeza perseverante na fé, e uma caridade sincera para amar em Cristo a todos os irmãos.

S. Ponciano e S. Hipólito

séc. III – papa – "Ponciano" quer dizer "o quinto filho" – "Hipólito" quer dizer "aquele que prepara os cavalos para a guerra"

Ponciano foi eleito bispo de Roma em 231. Exilado em 235 pelo imperador Maximiano, cumpriu seu exílio juntamente

13 DE AGOSTO

com Hipólito, na Sardenha, onde abdicou do papado. Depois de sua morte no exílio, o corpo foi sepultado no cemitério da Via Tiburtina. Hipólito foi o mais importante escritor cristão do final do século III. Entre suas obras mais conhecidas estão as *Teorias filosóficas,* o *Livro de Daniel* e *A tradição apostólica,* em que são retratados temas importantes como culto, disciplina e costumes cristãos da época. Lutou energicamente pela preservação da fé recebida dos Apóstolos.

ORAÇÃO
Do amor que habita nossos corações

Deus, nosso Pai, acompanhai e orientai hoje cada passo nosso. **Que nossa mente seja iluminada para que tenhamos bom-senso nas decisões a tomar. Dai-nos equilíbrio e sensatez nos julgamentos. Nada façamos por impulso, mas levemos sempre em conta o bem e a felicidade dos que vivem conosco.** *Nada nos abale a fé que temos em vós e nada apague a chama de esperança que acendestes em nossos corações. As contradições humanas não nos embaracem. As fraquezas e vaidades não nos perturbem. O sofrimento e a dor não nos verguem. As incompreensões não nos desanimem. As injustiças, a vingança não nos rebaixem nem nos confundam. As derrotas e fracassos não nos anulem nem nos façam calar. Os erros e as culpas não nos prostrem ao chão. O desespero e a angústia não nos abatam. Nada possa nos afastar da vossa luz e da vossa verdade. Nada possa nos afastar da retidão de nossas consciências. Nada possa nos afastar da dignidade que nos reservastes.*

14 DE AGOSTO

S. Maximiliano Kolbe
1894-1941 – presbítero, fundador e mártir

Natural de Zdunska-Wola (Lodz), Polônia, em 1907 Kolbe ingressou na Ordem dos Frades Menores Conventuais e foi ordenado em Roma, em 1918. Já em 1917 havia fundado a Milícia de Maria Imaculada e fundou, em 1922, a revista mariana *Cavaleiros da Imaculada*, de larga difusão. Mais tarde, em 1927, surgia a Cidade da Imaculada, formada por um convento e vasto parque gráfico, onde centenas de religiosos e de leigos se empenhavam na publicação e divulgação da "boa imprensa", sobretudo de devoção a Maria. Pouco antes da invasão nazista, a Cidade da Imaculada foi evacuada, ali permanecendo apenas Kolbe e um grupo de religiosos que depois foram presos e levados para os campos de concentração de Amtitz. Chegaram a retornar à Cidade da Imaculada, mas em janeiro de 1941 a Gestapo retornou e prendeu Kolbe e quatro religiosos, deportando-os para Auschwitz. Mesmo sofrendo de tuberculose, Kolbe foi submetido a trabalhos forçados e a terríveis atrocidades. Em julho daquele ano, ofereceu-se para morrer no lugar de Frank Gajowniczek, justificando-se ao comandante nazista que ele, como padre, era sozinho, mas Frank tinha mulher e filhos. Dos dez condenados à escura cela da morte, ele foi o último a morrer, com uma injeção letal.

14 DE AGOSTO

Nossa Senhora da Boa Morte

A tradição diz que Maria foi avisada da proximidade de sua morte pelo anjo Gabriel. Inconformados, os apóstolos não aceitavam a ideia de separar-se dela. Maria, então, consolou-os dizendo que iria se reunir a seu Filho. Quando Nossa Senhora morreu, Tomé não estava presente. Desolado, foi ao túmulo vê-la mais uma vez, quando notou que o sepulcro estava vazio. Apenas um suave perfume exalava do local da "dormição", como os Padres da Igreja afirmavam. Devido à sua santa e boa morte, a Mãe de Deus tem sido invocada como a Protetora dos Agonizantes.

ORAÇÃO
Do bom Pastor

Deus, nosso Pai, no vosso Espírito renovais todas as coisas. Vivificais o que definha. Endireitais o que vacila. Aos que se encontram sozinhos e sem ter a quem recorrer, estendei logo vossas mãos e levantai-os. Aos que tudo falta, fartai-os com a abundância de todos os bens. Aos que estão cansados da vida, despertai de novo os seus sonhos, fazei-os levantar e acreditar mais uma vez. Aos que não conseguem se acertar na vida, enviai vossos anjos para orientá-los. Aos que erraram de sentido e andam a esmo, mostrai a direção. Aos que já não vos invocam com simplicidade, retirai suas vendas. **Aos que andam cansados de lutar, dai a eles novo alento e fazei surgir novas esperanças. Para os que vivem aflição e já não têm lágrimas para derramar, dai-lhes novas forças e guiai-os por um caminho certo** (cf. Sl 23). *Olhai para nós, Senhor! Suscitai-nos um espírito novo.*

15 DE AGOSTO

Nossa Senhora da Assunção

"Assunção" significa "elevação", "subida da Mãe de Deus ao céu"

O dogma da Assunção foi proclamado por Pio XII, em 1950, e constitui uma das festas marianas mais importantes da Igreja. Desde o século VII, já se celebrava no Oriente a festa da "dormição" de Nossa Senhora. O papa Sérgio I introduziu-a no Ocidente. A elevação de Maria de corpo e alma aos céus é a certeza de que, em Cristo, ressuscitaremos no último dia. Maria é nossa mãe, mas também é irmã nossa no céu, parte da humanidade glorificada pelo poder de Deus.

Nossa Senhora de Bolonha

É assim chamada por ter ficado sua imagem vários dias à deriva num pequeno barco que se aportou em Bolonha, França, por volta de 636. Recolhida por moradores locais, foi colocada na Igreja de Nossa Senhora de Bolonha, escapando desse modo das mãos dos infiéis que a queriam destruir. Mais tarde, em 1783, a imagem foi destruída, restando apenas uma mão, que se conserva até nossos dias.

Nossa Senhora da Abadia

Trata-se de uma devoção mariana muito antiga, originária do convento do Douro, próximo de Braga, Portugal. Contam que Pelágio Amado, querendo fugir do mundo, foi viver com um santo e velho ermitão. Um dia, os dois, guiados por um grande clarão, encontraram uma velha imagem da Virgem, que

15 DE AGOSTO

a tradição identificou como sendo a imagem que os monges do Mosteiro das Montanhas teriam escondido ali quando da invasão dos mouros. Construíram uma pequena capela e em torno desta uma abadia, e assim a imagem ficou conhecida como N. S. da Abadia. Dali o seu culto se espalhou pelas terras portuguesas e foi trazido para o Brasil.

Testemunha de nossos tempos

José Francisco dos Santos – Presidente do Sindicato dos Trabalhadores Rurais em Correntes, Paraíba, assassinado em 1980, Brasil.

ORAÇÃO

Da assunção de Maria

"De sol, ó Virgem, vestida,
de branca lua calçada;
de doze estrela-coroas coroada.
A terra toda te canta,
da morte Dominadora,
no céu a ti temos, todos, Protetora.
Fiel, conserva os fiéis,
procura a ovelha perdida.

Brilha na treva da morte, Luz e Vida.
Ao pecador auxilia,
ao triste, ao fraco e ao pobre.
Com teu manto materno todos cobre!
Louvor à excelsa Trindade
que dê a coroa a quem
ele fez Mãe e Rainha nossa. Amém."
(Oração da manhã, Liturgia das Horas.)

16 DE AGOSTO

S. Estêvão da Hungria

979-1038 – rei – "Estêvão" significa "coroa", "diadema"

Estêvão nasceu em 979, na Hungria. Aos 17 anos, converteu-se à fé cristã pela pregação de S. Adalberto, bispo de Praga. Chamava-se Vaik, mas quis ser batizado com o nome do primeiro mártir do cristianismo, Estêvão. Mais tarde, casou-se com a irmã do imperador Henrique II, da Baviera, Gisela, entrando assim para o rol dos reis católicos. É tido como o fundador do povo húngaro e responsável pela sua cristianização. Para isso contou com a ajuda dos beneditinos clunistas (Cluny). Seu reinado durou 43 anos (997-1038), tempo em que conseguiu consolidar a nacionalidade húngara e implantar o catolicismo. Numerosos foram os mosteiros por ele fundados. O mais importante deles foi o mosteiro de S. Martinho de Pannonhalma, centro de irradiação da espiritualidade e da atividade missionária. Rei justo, pacífico e piedoso, respeitador das leis da Igreja, procurou sempre favorecer os interesses da Sé romana. Estabeleceu numerosas dioceses e contribuiu para o fortalecimento do catolicismo no seu reino. Morreu em 1038, em Szekesfehérvar.

Testemunha de nossos tempos

Coco Erbetta – Militante cristão e líder universitário, torturado até a morte em 1976, na Argentina.

16 DE AGOSTO

ORAÇÃO
De Santo Estêvão da Hungria

"Meu querido filho, alegria de meu coração, em todo tempo e em cada coisa, fortalecido pelo teu senso de dever, sê benigno e bondoso para com todos, sem distinção, preconceitos ou querer tirar proveito. Sê misericordioso com os que sofrem violência, e lembra-te das palavras do Senhor: 'Quero misericórdia e não sacrifício'. *Sê paciente com todos, sobretudo com os excluídos.* **Sê corajoso. Na prosperidade não te deixes levar pelo orgulho. Não te deixes abater na adversidade. Sê humilde para que Deus te exalte. Pratica a moderação. Não punas nem condenes ninguém irrefletidamente.** *Sem faltares para com a bondade, jamais ajas de modo contrário à justiça. Que o teu modo de agir seja nobre e procures não ofender quem quer que seja. Foge de toda tentação da cobiça..."* (Leite, op. cit., v. II, p. 468).

17 DE AGOSTO

S. Roque

1350-1379 – eremita – "Roque", "homem grande e forte" – patrono dos inválidos

Natural de Montpellier, França, Roque teria nascido com uma cruz rubra estampada no peito. Foi-lhe dado o dom de curar enfermos, traçando-lhes na testa o sinal de uma cruz. Durante as epidemias, curou a muitos; e, doente ele também, retirou-se numa choupana onde recebeu ajuda de um anjo e de um de cão que lhe trazia alimento. Mais tarde retornou à cidade natal, passando a viver ali como indigente, mas foi preso, condenado à morte e executado, sob a acusação de ser espião disfarçado em mendigo. Foi quando descobriram pela cruz gravada no peito que se tratava de Roque. É invocado com a seguinte oração:

S. Roque, vos dedicastes de corpo e alma ao cuidado dos doentes, e Deus, para provar vossa fé e confiança, permitiu que contraísseis a doença. Mas esse mesmo Deus, por meio de um cão, vos alimentou de modo milagroso e também milagrosamente vos curou. Protegei-me contra as doenças infecciosas, livrai-me do contágio dos bacilos, defendei-me da poluição do ar, da água e dos alimentos. Enquanto eu estiver saudável, vos prometo rezar pelos doentes e fazer o possível para aliviar suas dores e sofrimentos... S. Roque, abençoai os médicos, fortalecei os enfermeiros e atendentes dos hospitais, curai os doentes, defendei os que têm saúde contra o contágio e a poluição.

17 DE AGOSTO

S. Clara de Montefalco
c. 1275-1308 – agostiniana – "Clara" significa "brilhante", "luminosa"

De família profundamente religiosa, Clara ingressou muito jovem no convento das religiosas agostinianas, dirigido por sua irmã. Levou vida recolhida, silenciosa e de intensa piedade. Era severa e intransigente consigo mesma, e condescendente, amável e atenciosa com os outros. Com a morte da irmã, foi feita superiora.

ORAÇÃO
Do louvor a Deus

Deus, nosso Pai, cremos na vossa misericórdia e no vosso perdão, que nos reabilitam nos momentos difíceis (cf. Is 64,7s). *A cada instante, nosso espírito reclama luz e nosso coração pede reconciliação. Sustentai-nos quando fraquejamos e reerguei-nos quando caímos, pois sois nosso Redentor* (cf. Is 63,16s). *Diminuídos, exaltai-nos como filhos.* **Perante o mal, inquietai-nos e inconformai-nos. Na falta de sentido para viver, esperançai-nos. Na hora da cegueira, abri nossa mente e coração. No tempo adverso do ódio e da vingança, pacificai-nos. Nos desaventos, resgatai o sentido do sofrimento.** *No segredo de nosso espírito, atraí-nos para vós. Em nosso deserto espiritual, fazei brotar a sede de felicidade eterna e a contínua busca de infinito. Na solidão de nós mesmos, conduzi-nos à comunhão convosco. Em vosso Espírito, consolai-nos e sarai-nos por dentro. Na paixão, morte e ressurreição de vosso Filho Jesus, libertai-nos de toda malícia e de todo mal.*

18 DE AGOSTO

S. Helena

c. 255- imperatriz – "Helena" quer dizer "Lua"

Helena nasceu em Bitínia, por volta de 255. Mulher de Constâncio, por ele foi repudiada por causa de sua condição plebeia. Mais tarde, seu filho, Constantino, tornou-se imperador, recebendo o título de *Augustus*. Resgatou, então, a honra da mãe, dando-lhe o título da mais alta dignidade que uma mulher poderia receber àquela época: *Augusta*. Mandou também construir-lhe um palácio e cunhar moedas com sua efígie. Em 326, partiu ela para a Terra Santa. Ali construiu três basílicas: a basílica Atanásia, que significa *ressurreição*, situada próxima ao Calvário; a basílica da Natividade, em Belém, onde Jesus nascera; e a Igreja dos Discípulos e da Ascensão, no alto do Monte das Oliveiras. Santo Ambrósio (340-397) relata a descoberta da Cruz de Jesus por S. Helena. Ao chegar ao Gólgota, ela disse: *"Aqui está o lugar do combate. Onde está a vitória?"*. Ao escavar o chão, encontraram as cruzes dos três condenados, e a cruz de Jesus foi identificada devido à inscrição: *"Jesus Nazareno, Rei dos Judeus"*. S. Helena morreu na Nicomédia e seus restos mortais foram trasladados para Roma.

18 DE AGOSTO

ORAÇÃO
Da cruz de Cristo

Deus, nosso Pai, a cruz do vosso Filho resplandece como sinal de vitória. Nela o egoísmo é vencido e o ódio, aplacado. Nela a iniquidade é extinguida e a morte faz-se semente de vida. Como S. Helena, também nós, peregrinos nesta terra, louvemos a Jesus, que fez da sua morte na cruz sinal de vida em plenitude, para os povos de todas as raças, culturas e tradições. Inclinemo-nos diante da cruz do Senhor Jesus, especialmente perante os que carregam sobre os ombros a crueldade, a dor física, o sofrimento moral, o repúdio, a condenação. Na cruz sejam calados todo o egoísmo e orgulho, todo ódio e toda vingança. **Cessem a fome, as misérias físicas e espirituais. As exclusões desumanas e perversas de muitos sejam anuladas. Extingam-se a afronta do luxo, os privilégios e benesses dos poucos que tudo têm e vivem esquecidos dos muitos que brigam ou se vendem por um pedaço de pão. Diante das dificuldades, não fiquemos irritados, nem furiosos, pois isso de nada nos servirá e só aumentará nossos males. Coloquemos nossa vida nas mãos do Deus Eterno, confiemos nele, e ele nos ajudará... Tenhaamos paciência, ele cuidará de tudo...** (cf. Sl 37,3ss). *Possamos hoje recobrar ânimo novo e, confiantes naquele que carregou sobre os ombros nossas debilidades, medos, pavores e desespero, partir para a luta do dia a dia com determinação e sem esmorecimento. Com Deus ninguém luta em vão. Cada ato tem o seu valor.*

19 DE AGOSTO

S. João Eudes

1601-1680 – fundador – "João" significa "o Senhor é misericordioso"

João Eudes nasceu em Ri, perto de Argentan, França, em 1601. Era irmão do célebre historiador Francisco, a quem se deve a obra monumental *História da França*. Estudou com os jesuítas de Caen. Apesar de os pais desejarem para ele o casamento, escolheu a vida religiosa. Em 1624, entrou para o Oratório de Paris e ali permaneceu até 1642. Dedicando-se à evangelização, percorreu a Europa toda. Quando grassou a peste na Normandia, correu para lá a fim de prestar assistência às vítimas. Em 1643, fundou a congregação de Jesus e Maria ou Congregação dos Padres Eudianos, cuja finalidade era a formação dos candidatos ao sacerdócio e a pregação de missões populares. Juntamente com essa surgiu a congregação feminina das Irmãs Refúgio de Nossa Senhora da Caridade. Foi profundo devoto e divulgador do culto ao Sagrado Coração de Jesus e ao Sagrado Coração de Maria, deixando-nos o clássico livro *O Coração Admirável da Santíssima Mãe de Deus*, onde estuda os fundamentos dessa invocação. Morreu em 79 anos, em Caen, em 19 de agosto de 1680.

19 DE AGOSTO

ORAÇÃO
Do Coração Sagrado de Jesus

Deus, nosso Pai, encontremos hoje, no Sagrado Coração de vosso Filho Jesus, a luz e orientação correta para nossos passos em direção à paz e à concórdia. As gerações passam e a história avança concebida, buscando novas parições. O progresso humano e as novas tecnologias inventam mundos, mas não deciframos o enigma do espírito humano e pouco sabem do que o coração humano esconde. Ontem como hoje, insatisfeitos, temos sede de infinito. **Enveredamos vida adentro na busca da felicidade; e a vida nos ensina que a felicidade é uma engenharia divino-humana e uma arquitetura humano-divina, um caminho que passa, não por fora, mas pelo interior da própria pessoa.** *Um caminho que se abre no Homem que um dia disse: "Eu sou o Caminho!". E, ao dizer essas palavras, aplainou vales, endireitou sendas tortuosas. E mostrou que é o coração que deseja amar e ser amado. Deseja libertação e iluminação. Busca um caminho para o Infinito. É o coração que deseja o* shalom *de Deus. Por isso, vos invocamos: Coração de Jesus, de infinita majestade, templo santo de Deus, tabernáculo do Altíssimo, casa de Deus e porta do céu, fornalha ardente de caridade, receptáculo de justiça e de amor, abismo de todas as virtudes, digníssimo de todo o louvor, rei e centro de todos os corações, no qual estão todos os tesouros de sabedoria e ciência, no qual habita toda a plenitude da divindade, no qual o Pai pôs as suas complacências, tende piedade de nós!*

20 DE AGOSTO

S. Bernardo

1112-1153 – abade e doutor da Igreja – "Bernardo" quer dizer "o que é forte como um urso"

Natural de Borgonha, Bernardo de Claraval foi uma personalidade religiosa marcante da época. Além de abade e administrador, destacou-se como místico, pregador, político, polemista, escritor, fundador de mosteiros, conselheiro de papas, reis e bispos. Devoto de Maria, deixou-nos uma das mais belas orações a ela dedicada:

Lembrai-vos, ó puríssima Virgem Maria, que nunca se ouviu dizer que alguém que tenha recorrido à vossa proteção, implorado vossa assistência ou reclamado vosso socorro tenha sido por vós desamparado. Animado com a mesma confiança, a vós, ó Virgem, entre todas singular, recorro como à mãe e de vós me valho sob o peso dos meus pecados e me prostro a vossos pés. Não desprezeis as minha súplicas, ó Mãe do Filho de Deus Humanado, mas dignai-vos de as ouvir propícia e de me alcançar o que vos rogo. Amém.

S. Felisberto

séc. VII – abade – e "Felisberto", "aquele que é muito brilhante"

Natural da Gasconha, Felisberto ingressou aos 20 anos no mosteiro de Rabais, em Meaux. Fundou em 654 a abadia de Jumièges, cujo crescimento foi extraordinário. Foi um crítico contundente dos corruptos e poderosos do seu tempo, o que lhe custou a prisão. Tirado da prisão por S. Ouen, bispo de Ruão, retirou-se para a ilha de Her, onde fundou o mosteiro de Noirmoutier. Só em 681 regressou ao mosteiro de Jumièges.

ORAÇÃO
Da comunhão com Deus

Deus, nosso Pai, sabeis como somos feitos e de que somos formados. Conheceis nossas fragilidades e sabeis que nossa vida é como um sopro. Como a flor que desabrocha e logo fenece, assim são nossos dias. Mas na vossa sabedoria, cuidais de nós com carinho; e vosso amor por nós dura sempre. Vossa ternura por nós ultrapassa a brevidade de nossos dias. Abraão caminhou durante três dias, mas três dias que eram a duração de toda sua vida. Caminhou calado e triste, mas confiante em Deus. Caminhou levando o filho único para ser oferecido em sacrifício a Deus na montanha de Moriá. E seu filho era o passado, o presente e o seu futuro. Era toda a sua vida. **No momento extremo, Abraão teve fé e confiou em vós e, por sua fé e confiança, no filho foi salva sua própria vida. Não nos aflijam, pois, os "três dias" de nossa existência, pois vós, Deus Eterno, haveis de multiplicar nossos dias para além dos tempos** (cf. Gn 22,1ss). **Enquanto caminhamos, cuidai de nós!** *Não sejamos enganados pelos ídolos que escravizam e esvaziam. Não nos domine o individualismo. A mediocridade não nos prenda. A indiferença, o egoísmo, a falta de solidariedade não nos afastem da comunhão convosco e com nossos irmãos.*

21 DE AGOSTO

S. Pio X
1835-1914 – papa – "Pio" significa "piedoso"

Natural de Riese (Veneza), Itália, José Sarto veio de uma mãe costureira e de um pai funcionário público. Estudou graças à ajuda de pessoas bondosas. Ordenado padre em 1858, passou a vida como pároco e reitor de um seminário. Piedoso, mas prático, sabia conciliar oração e ação, inteligência e coração. Atraía a todos pela sua conduta simples e exemplar. Em 1884, sagrou-se bispo de Mântua; em 1893, cardeal; em 1903, papa, com o nome de Pio X. Preocupado com a indiferença religiosa da época, via no movimento modernista uma ameaça à fé e aos bons costumes. Inspirado no lema *"Restaurar todas as coisas em Cristo"*, codificou a lei canônica, reorganizou a Cúria romana, incentivou o estudo da Bíblia e da doutrina cristã (catequese). Reformou o culto e o canto litúrgicos, animando os fiéis à prática sacramental, à comunhão frequente. Impulsionou os católicos à ação social mediante a Ação Católica. Em sua grandeza moral transparecia Deus, pois de Deus vivia e em Cristo havia restaurado a sua vida.

B. Umbelina
† 1135 – monja – "Umbelina" significa "sombra"

Irmã de S. Bernardo, Umbelina era uma rica e vaidosa senhora. Um dia, ricamente vestida e acompanhada de pomposo cortejo, foi visitar Bernardo no mosteiro de Cister. Seu irmão não

21 DE AGOSTO

só se negou a recebê-la, mas também lhe recriminou a ostentação. Arrependida, repensou toda a sua vida e decidiu ingressar no mosteiro de Jully, onde mais tarde se tornou priora.

Testemunha de nossos tempos

Maurício Lefeuvre – Sacerdote, doutor em sociologia, assassinado em 1971, na Bolívia.

ORAÇÃO
Da voz que nos chama pelo nome

Deus, nosso Pai, sois a voz que clama no deserto dos corações. Sois o silêncio que recria nosso ser combalido. Sois o mistério que perpassa nossa mente e sentidos acabrunhados. Sois a claridade que nos inquieta e de que não podemos fugir. Sois o amor terno e misericordioso que nos alcança em nossas nulidades. Sois o Deus que concedeis a fecundidade às virgens e às estéreis dais o poder de conceberem e terem filhos. Possamos ouvir hoje vossa voz: **"Eis que vou trazer a paz como um rio e a glória das nações como uma torrente transbordante. Sereis amamentados, sereis carregados sobre as ancas e acariciados sobre os joelhos. Como a uma pessoa que a sua mãe consola, assim vos consolarei..."** (cf. Is 66,12s). **Acalentai pois nosso espírito abatido e restituí-nos a paz nos desaventos.** *Tornai claras nossas noites inquietas e exorcizai nossos males. Convertei-nos, Senhor, pela força do vosso amor. Apesar de nossas descrenças, ficai conosco e assim possamos acreditar na vida e buscar a vida.*

22 DE AGOSTO

Nossa Senhora Rainha

Esta festa foi instituída por Pio XII, em 1954, para celebrar a dignidade real de Maria Mãe de Deus e dos homens. Pio XII exortava os católicos a renovar a consagração do gênero humano ao Coração Imaculado de Maria. Pedia ao povo cristão que se aproximasse de Maria para *"implorar auxílio na adversidade, luz nas trevas, conforto na dor e no pranto..."* (Pio XII, apud José Leite, op. cit., v. II, p. 486). Neste dia, Nossa Senhora é louvada e exaltada por toda a Igreja Católica como Rainha do céu e da terra. Sua realeza a coloca acima de todas as criaturas da terra, dos anjos e santos do céu. S. Amadeu, bispo de Lausanne, dizia que a fama extraordinária de Maria por toda a parte se espalhou antes que sua magnificência fosse elevada acima dos céus. Pois convinha que a Virgem Mãe, em honra de seu Filho, primeiro reinasse na terra, em seguida, fosse recebida gloriosa nos céus. Fosse amplamente conhecida na terra, antes de entrar na santa plenitude" (cf. *Liturgia das Horas*, p. 1216, v. IV).

S. Sinforiano

séc. III – mártir – "Sinforiano" lembra "sorte, fortuna, sucesso"

Sinforiano sofreu o martírio na perseguição de Aureliano (270-275). Era de Autun, França, uma cidade que ainda cultuava as divindades Cibele, Apolo e Diana. Um dia Sinforiano ridicu-

22 DE AGOSTO

larizou os cultuadores de Cibele, por isso foi levado perante o tribunal, onde confessou corajosamente a fé em Deus. Contam que, prestes a ser decapitado, sua mãe bradou:

Meu filho, lembra-te do Deus vivo... Não podemos temer a morte, a morte que nos leva para a vida. Levanta teu coração, meu filho, e olha para aquele que reina nos céus. Hoje, meu filho, por feliz ressurreição, passarás desta para a vida celeste" (Rohrbacher, op. cit., v. 15, p. 156).

ORAÇÃO
Da sede de Deus

Deus, nosso Pai, como rios de águas agitadas e aflitas, corremos em busca do mar *da vossa bondade. Desejosos de matar a sede infinita de absoluto, nossa sede de bem-aventuranças, corremos em busca da fonte de Água viva. Um dia vosso Filho Jesus foi também lentamente sugado pelo calor do deserto de nossos egoísmos e prepotências. Foi rasgado, bebido e consumido pela humanidade faminta de paz, de amor e de compaixão: "Era desprezado e abandonado pelos homens, um homem sujeito à dor, familiarizado com a enfermidade, como uma pessoa de quem todos escondem o rosto..." (cf. Is 53,3ss). Nele, qual Jordão a regar campos e fecundar desertos, nossa vida foi recolhida, preservada, dignificada, elevada. Por isso,* **Senhor, nós vos pedimos: não nos deixeis desaguar nas águas salgadas, nas águas mortas da violência, do ódio, do medo, do aviltamento moral e espiritual.** *Que as águas benditas das vossas bem--aventuranças façam a vida regenerar, e da aridez de nossos corações brotem searas de imensos dons.*

23 DE AGOSTO

S. Rosa de Lima

1617-1671 – reclusa – padroeira da América Latina e Filipinas – "Rosa" lembra a sua beleza incomparável

Rosa de Lima foi a primeira santa latino-americana a ser canonizada. Filha de família espanhola decadente, trabalhou duro para sustentar os irmãos. Antes de ingressar na Ordem Terceira de S. Francisco, já vivia como reclusa numa pequena cela que mandara construir para si. Ali se entregava à oração, à penitência e à caridade, especialmente aos índios e aos negros. Pedia ao Senhor que aumentasse seus sofrimentos e, pelos sofrimentos, aumentasse também o amor de Deus em seu coração. É invocada com a seguinte oração:

Senhor, inflamastes com vosso amor S. Rosa de Lima, padroeira da América Latina, patrona dos agentes da ordem pública e guardiã da paz e tranquilidade das pessoas. Vós a convocastes para viver só para Deus na austeridade e penitência. Concedei-nos por sua intercessão que saibamos seguir na terra o caminho da vida de amor para usufruirmos no céu da torrente de vossas delícias.

S. Filipe Benício ou Benizi

1223-1285 – "Filipe" significa "apreciador de cavalos"

Natural de Florença, Itália, Filipe Benício estudou humanas na cidade natal e medicina em Paris e em Pádua. Deixou tudo, porém, e ingressou na Ordem dos Servitas ou Servos de Maria.

23 DE AGOSTO

Sua influência espiritual foi notável, a ponto de ser indicado para sucessor de Clemente IV. Passou então a viver na clandestinidade até que Gregório X fosse eleito. A seguir, entregou-se à pregação, percorrendo a França e parte da Alemanha. Contam que, durante uma viagem, duas prostitutas lhe ofereceram seus préstimos. Ele lhes falou com tamanha ternura que Helena e Flora decidiram mudar de vida, tornando-se mais tarde as fundadoras da Ordem das Servitas claustradas.

ORAÇÃO
Da gratuidade do amor de Deus

Deus, nosso Pai, nós vos louvamos na suprema gratuidade amorosa com que mostrais vossa face nos acontecimentos de nossas vidas. **Na alegria e no sofrimento, ali estais com a vossa providência, reparando o que foi ofendido e fortalecendo nosso espírito desejoso de paz. Aprendamos o silêncio do coração, para sentir vossa presença. Cessemos os ruídos interiores para ouvir a vossa voz, que diz: "Sou eu. Estou aqui!".** *É admirável a vossa obra em nós, pois mesmo na tortuosidade dos humanos desaventos, concedeis-nos um tempo favorável para a nossa reabilitação. Sois Pai, conheceis nossos intentos, e mesmo que ocultemos, conheceis o sofrimento das lágrimas em nosso rosto endurecido, conheceis a profundidade de nossas aflições. Sois Pai, nada escapa a vosso eterno cuidado. Preparais para nós uma mesa farta e nos enviais vosso Anjo da Paz e da Justiça, mostrando que não há limites para o vosso gesto de salvação.*

24 DE AGOSTO

S. Bartolomeu, Apóstolo

NT – "Bartolomeu" quer dizer "filho de Tolmai" e "Natanael", "dom de Deus" – é invocado contra as doenças da pele

Natural de Caná, Bartolomeu, ou Natanael (cf. Jo 1,46; 21,2), foi um dos Doze apóstolos, e deixou para a posteridade sua confissão de fé em Jesus: (*"Rabi, tu és o Filho de Deus, tu és o rei de Israel"* (cf. Jo 1,41-51). É lembrado também nos evangelhos de Mateus, Marcos e Lucas (Mt 10,3; Mc 3,18; Lc 6,14) sempre junto a Filipe. Pouco se sabe sobre sua atividade apostólica após a ascensão de Jesus. Segundo antiga tradição armênia, S. Bartolomeu pregou o evangelho na Índia e lá foi esfolado vivo e decapitado.

S. Emília de Vialar

1797-1856 – fundadora – "Emília" quer dizer "aquela que é zelosa, diligente, solícita"

Natural de Gailac, França, Emília de Vialar foi a fundadora das Irmãs de S. José da Aparição. Estudou em Paris, na Abadia de Bois. Com a morte da mãe, retornou a casa, onde por 20 anos cuidou do pai decrépito. Ao mesmo tempo, amparava crianças carentes e doentes. Em 1832, com a herança recebida, comprou uma casa em Gaillac, onde reuniu algumas companheiras. Em 1835, partiu para a Argélia, com a incumbência de gerenciar um hospital. Fundou numerosas casas, difundindo a congregação pelo norte da África e Oriente. Dizia sempre:

Confiar serenamente em Deus é melhor do que tentar defender interesses materiais; isto eu aprendi através de amargas

24 DE AGOSTO

experiências" (apud D. Attwater, *Dicionário de santos*, São Paulo, Art Editora, p. 100).

Morreu em 1856 e foi canonizada em 1951.

ORAÇÃO
Da verdadeira caridade

Deus, nosso Pai, busquemos a verdadeira caridade, em que não há raça, cor, posição social, diferença de credos, pois brota de Deus, que ultrapassa as diferenças, não faz distinção de pessoas e concede a respiração a justos e injustos. Busquemos o verdadeiro amor, que não se detém em maquiagens sociais e religiosas, mas vê antes o coração das pessoas. Livrai-nos do fingimento, que prega o amor ao próximo, mas acumula para si e se nega à partilha até mesmo de sobras de humanos supérfluos. **Dai-nos o amor e a alegria de servir ao outro como se servíssemos aos vossos santos e anjos celestes. Dai-nos a solicitude em realizar o bem, a capacidade de entrega de nossa vida em favor da própria Vida, pois somente assim ela é garantida.** *Partilhemos de toda angústia. Lutemos pela justiça e defesa da dignidade da pessoa humana, pois somos ramos e espigas de uma mesma seara. Que o novo surja dentro de nós e desenhe em nossas vidas o rosto daquele que veio para renovar as coisas envelhecidas e dar parição a novas criaturas, plenas de luz e de verdade. Deus vivo e verdadeiro, abalai em nós as estruturas do egoísmo e do desamor. Fazei cair as máscaras do orgulho e mesquinhas prepotências.*

25 DE AGOSTO

S. Luís

1214-1270 – rei – "Luís" significa "guerreiro famoso"

Luís nasceu em Poissy, a 25 de abril de 1212. Aos 12 anos foi coroado rei da França e, aos 17, casou-se com Margarete de Provença, com quem teve onze filhos. Branca de Castela, sua mãe, educou-o na fé católica, da qual ele jamais se afastou, procurando pautar sua vida pelo evangelho. Participava diariamente da missa, procurando em tudo a integridade de vida. Seu exemplo de vida íntegra e exemplar ficou gravado na mente e no coração de seu povo. Sua fé era sincera; seus julgamentos, imparciais; sua compaixão, sem limites; seu senso de justiça, digno de confiança. Não se preocupava apenas com a paz e o bem material dos súditos, mas também com o bem espiritual das pessoas. Em cumprimento de uma promessa feita quando se achava gravemente enfermo, tornou-se cruzado, organizando duas cruzadas não apenas para resgatar os lugares santos das mãos dos infiéis, mas para submeter-se à penitência e ao aperfeiçoamento moral e espiritual. Na primeira, foi derrotado e preso no Egito; na segunda, contraiu a peste e morreu perto de Cartago.

Testemunha de nossos tempos

Alessandro Dordi Negroni – Missionário, morto no Peru em 1991.

25 DE AGOSTO

ORAÇÃO
Da busca constante de Deus

"Meu querido filho, começo por querer ensinar-te a amar ao Senhor, teu Deus, com todo o teu coração e com todas as tuas forças; pois sem isso não há salvação. Afasta teu olhar de tudo o que não é parte da vida, do amor, de Deus... **Ademais, se o Senhor permitir que te advenha alguma tribulação, deves suportá-la com serenidade e ação de graças. Considera suceder tal coisa em teu proveito e que talvez a tenhas merecido. Além disso, se o Senhor te conceder a prosperidade, tens de agradecer-lhe humildemente, tomando cuidado para que nessa circunstância não te tornes pior, por vanglória ou outro modo qualquer, porque não deves ir contra Deus ou ofendê-lo valendo-te de seus dons**. *Sê misericordioso e socorre os pobres, os infelizes e os aflitos. Põe-te sempre de preferência da parte do pobre mais do que do rico, até estares bem certo da verdade. Procura com empenho que todos os teus súditos sejam protegidos pela justiça e pela paz... Ó filho muito amado, dou-te enfim toda bênção que um pai pode dar ao filho; e toda a Trindade e todos os santos te guardem do mal. Que o Senhor te conceda a graça de fazer sua vontade de forma a ser servido e honrado por ti. E assim depois desta vida, iremos juntos vê-lo, amá-lo e louvá-lo sem fim!"* (cf. Liturgia das horas, p. 1227, v. IV. Oração baseada no Testamento espiritual de S. Luís a seu filho).

26 DE AGOSTO

S. Teresa Jornet

1843-1897 – fundadora – "Teresa" quer dizer "natural de Terásia", ilha do mar Egeu

Teresa Jornet é a fundadora das Irmãs dos Velhinhos Necessitados. Nasceu em 1843, em Aytona, Catalunha. Professora, por um tempo ajuntou-se às Terceiras carmelitas e depois ingressou nas Clarissas, onde permaneceu por dois anos. Com problemas de saúde, retornou às Terceiras carmelitas, orientadas por um seu tio sacerdote, assumindo a diretoria da escola da ordem. Mais tarde, junto com Pe. Saturnino López Novoa e algumas companheiras, fundou em Valença a primeira casa da congregação, dedicada ao serviço dos idosos necessitados. Sua obra logo se difundiu pela Europa e Américas. Sem demagogias e outro interesse que não o de servir os mais pequeninos e desamparados, Irmã Teresa Jornet passou a vida inteira procurando ser fiel ao reclamo de Jesus: "Tudo o que vocês fizerem ao último dos meus irmãos a mim estarão fazendo" (cf. Mateus 25,40). Nesta esteira, seguem hoje as Irmãzinhas dos Velhinhos Necessitados, espalhadas em suas numerosas casas pelo mundo.

Testemunha de nossos tempos

Felipe de Jesus Chacón – Camponês, catequista, assassinado em 1980 durante a repressão do regime militar em El Salvador.

26 DE AGOSTO

ORAÇÃO
Da ação de Deus em nós

Deus, nosso Pai, reservais a cada um de nós um caminho a seguir e um horizonte de esperanças a atingir. E, na caminhada, nos dais a conhecer o quanto somos frágeis, mas também o quanto somos fortes conforme a medida de fé que depositamos em vós. Cada dia nos reservais uma lição de humildade e de verdade, a aprender dos acontecimentos alegres e tristes de nossa vida. No momento oportuno, fazeis surgir em nós a força de superação, a firmeza de ânimo, a luz que ilumina as sombras, o discernimento que nos leva à verdade. E quando sentimos que nossas forças se esgotam, a aflição arrocha o coração e o desespero invade o íntimo de nossa consciência apavorada, vós, como Pai cheio de amor, correis ao nosso encontro e com mão forte nos amparais. Por isso, **Senhor, vos entregamos hoje todos os desconfortos de nossa alma e de nosso corpo. Nós vos entregamos tudo aquilo que não foi e não vai bem e nos preocupa...** *(dizer a Deus o que nos aflige).* **Cuidai de nós. Providenciai o que for necessário para o nosso bem.** *Dai-nos a graça de construir em nós o vosso Reino de amor e de paz e irradiá-lo aos nossos semelhantes. Reservais a nós a certeza da vitória sobre todo o mal que nos aflige e nos inquieta neste momento e que de vós é sabido. Senhor, ficai conosco e realizai em nós o mistério do vosso amor, que opera maravilhas apesar de nossas fraquezas e da medida pequena de nossa fé.*

27 DE AGOSTO

S. Mônica

331-387 – "Mônica" significa "solitária", "monja"

Natural de Tagaste, África, S. Mônica foi a mãe de S. Agostinho, que graças às insistentes orações e ao testemunho de fé da mãe se converteu ao amor de Jesus Cristo. É o exemplo da mãe cristã que não apenas gera filhos para o mundo, mas também, por tantas e tantas vezes, em meio a sofrimentos e lágrimas, os gera de novo para a vida de Deus. Para consolá-la, um dia lhe foi dita a célebre frase: *"Não se pode perder um filho de tantas lágrimas!"* Rezando e mantendo-se firme na fé, Mônica gerou para a fé não só o rebelde filho, Agostinho, mas ainda o infiel marido, Patrício, que também se converteu e recebeu o batismo um ano antes de morrer.

S. Cesário de Arles

c. 470-542 – bispo – "Cesário" significa "o cabeludo", aquele que tem "cabelos longos"

Natural de Chalon-sur-Saône, Cesário foi monge no mosteiro de Lérins. Ao saber que queriam fazê-lo bispo, refugiou-se num túmulo. Encontrado, aceitou com relutância a nova missão. Como bispo de Arles em 503, destacou-se pela energia e trabalho incansável em orientar e dirigir o povo em meio a heresias e convulsões bélicas. Depois do cerco de Arles pelos francos e borgonheses, mandou vender os vasos sagrados das igrejas para resgatar prisioneiros. Presidiu a vários concílios: concílio de

27 DE AGOSTO

Arles (524), de Carpentras (527), de Vaison e de Orange (529). Deixou vasta obra literária composta de sermões, homilias, discursos, comentários bíblicos. Foi canonizado por Pio XI em 1930.

ORAÇÃO
Dos insondáveis caminhos de Deus

Deus, nosso Pai, insondáveis são os caminhos que trilhais em nossos corações. **Quando nos sentimos órfãos é quando despontais resplandecente em nosso horizonte. Desesperançados, descrentes de tudo e de todos, recriais nossos sonhos de esperanças e bem-aventuranças. Por mais que vos busquemos, ultrapassais todas as fronteiras.** *Por mais que façamos, excedeis a nossos humanos afãs. Por mais que de vós tentemos fugir, alcança-nos o vosso olhar paternal que tudo pervade e examina. Vossa claridade revele toda sombra, vosso fogo divino consuma toda vaidade, vossa verdade mostre toda chaga, exponha toda contradição; vossa ternura enxugue toda lágrima e redima toda culpa. Por mais que julguemos entender as coisas humanas, delas sabemos que nada conhecemos, nada entendemos, nada predispomos. Insondáveis sobre nós são vossos desígnios, ditosa a certeza que nos vem pelas vias do coração de que não estamos órfãos, pois vós nos conduzis com amor, assumindo nossas fraquezas e contradições: "Os montes podem mudar de lugar e as colinas podem abalar-se, mas o meu amor não mudará, a minha aliança de paz não será abalada, diz o Senhor, aquele que se compadece de ti"* (Is 54,10s).

28 DE AGOSTO

S. Agostinho

354-430 – bispo e doutor da Igreja – "Agostinho" deriva de "Augusto", que significa "sublime", "divino"

De Tagaste, África, Aurélio Agostinho foi "o filho das lágrimas" de S. Mônica. Por volta de 375 foi com a família para a frívola e corrupta Cartago, onde conheceu os maniqueus e tornou-se mestre de retórica. Ajuntou-se a uma mulher de nome desconhecido com quem teve um filho, Adeodato. De Cartago foi para Roma e depois para Milão, onde viveu de 384 a 388, ganhando a vida ensinando retórica. Em 387, abandonou os maniqueus e fez-se batizar ele, o filho e alguns amigos pelo bispo S. Ambrósio. Retornou a Tagaste, entregando-se à ascética e ao estudo da Bíblia, mas a experiência como presbítero da Igreja de Hipona, em 391, levou-o a perceber a importância da dimensão eclesial, do estudo da teologia, dos valores cristãos. Bispo de Hipona, conduziu seu rebanho por cerca de 35 anos (396-430), combatendo as heresias e instruindo o povo com sermões e escritos. Deixou-nos vasta obra escrita, entre a qual, sua autobiografia: *Confissões*.

S. Joaquina de Verdruma

1783-1854 – fundadora – "Joaquina" deriva de "Joaquim", que significa "O Senhor restabelece" ou "O Senhor fará cumprir"

Originária de Barcelona, Joaquina foi a fundadora das *Carmelitas da caridade*. Mãe de oito filhos, ficou viúva aos 33 anos, tendo de lutar bravamente pela sobrevivência dos seus.

28 DE AGOSTO

Aos 43 anos, com a ajuda de S. Antônio Maria Claret, fundou em Vich, na Catalunha, as Carmelitas da caridade, dedicadas ao ensino e à enfermagem. Por volta de 1850, ficou paralítica e perdeu a audição. Entretanto, tudo suportou com espírito de fé e oração. Foi canonizada em 1959.

Testemunha de nossos tempos

Jean Marie Vicent – Missionário e profeta do povo do Haiti, morto em 1995.

ORAÇÃO
Da esperança

*Deus, nosso Pai, animai-nos hoje e sempre com a vossa esperança. Vinde, **Senhor Jesus, instaurai em nós a esperança de que a vossa ação em nossa vida é poderosa, e assim a luz divina brilhe forte e inextinguível em nossa escuridão.** Dai-nos a esperança, que provém do vosso reino presente aqui e agora em nossas vidas. Dai-nos a esperança dos que têm sede da vossa paz, que é a plenitude da felicidade. Dai-nos a esperança da terra fecunda que acolhe e faz as sementes germinarem e se cobrirem de frutos no tempo oportuno. Dai-nos a esperança das portas que se abrem e das cadeias que se partem. Dai-nos a esperança dos gestos libertadores que expulsam o luto e fazem renascer a vida em corações aflitos e atribulados. Dai-nos a esperança de que permanecereis conosco, e todo clamor será ouvido, pois amais a vida e repudiais a morte: **"O povo que andava na escuridão viu uma forte luz; a luz brilhou sobre os que viviam nas trevas"** (Is 9,1).*

29 DE AGOSTO

Martírio de S. João Batista

c. +29 – profeta e precursor de Jesus – "João" significa "Deus é misericordioso"

Já no século V celebrava-se, na França, a festa do Martírio de S. João Batista. Precursor de Jesus, João Batista era filho do sacerdote Zacarias e de Isabel, parenta da Mãe de Jesus. Profeta itinerante, anunciava a proximidade do Reino e conclamava o povo a um batismo de conversão. O próprio Jesus foi batizado por ele no Jordão. Afrontou abertamente Herodes, censurando-o pela sua conduta depravada (Mt 14,1-12), o que lhe custou a prisão e a decapitação. S. Beda Venerável disse a seu respeito:

Aquele que proclamava o Evangelho da liberdade da paz celeste foi lançado por ímpios às cadeias; foi fechado na escuridão do cárcere quem veio dar testemunho da luz e por esta mesma luz, que é Cristo, tinha merecido ser chamado de lâmpada ardente e luminosa... (cf. Liturgia das horas, *p. 1238, v. IV).*

S. Sabina

séc. II – mártir – "Sabina" lembra um antigo povo da Itália e quer dizer "aquela que pertence à própria federação"

Sabina sofreu o martírio em Roma, durante a perseguição do imperador Adriano (século II). Segundo piedosa tradição, S. Sabina havia acolhido em casa, como filha adotiva, uma jovem cristã de Antioquia, chamada Serápia. Arrastada pelo exemplo de

29 DE AGOSTO

fé de Serápia, Sabina acabou convertendo-se à fé cristã. Serápia foi condenada à morte por causa da fé em Jesus. Sabina recolheu o corpo da filha adotiva e lhe deu digna sepultura. Isto lhe valeu também o martírio.

ORAÇÃO

Da busca da plenitude da vida

Deus, nosso Pai, recriai em nós um espírito novo, livre da tristeza, do desânimo e da falta de fé. **Dai-nos um espírito novo para que possamos perceber vossa presença poderosa e transformadora do que está envelhecido, doente dentro de nós e que pesa inutilmente sobre nossos ombros. Revesti-nos com um espírito novo, e afastai de nós todo mau intento, toda doença física e espiritual.** *Dai-nos um espírito novo, para que nossos olhos possam antever a felicidade a nós reservada desde o nascimento. Dai-nos um espírito novo, para que o nosso olhar se encha de admiração e de espanto, e supere a mesmice de nossas rotinas sempre iguais. Iluminai-nos por dentro e transformai as estrelas em olhos de anjos a nos guiar. Venha sobre nós o vosso Espírito e fazei revoar em nós os sonhos de esperança de manhãs nascentes. Replantai em nós as sementes do vosso Reino de ternura e de paz. Apressai em nós o parto do verdadeiro amor, o parto das coisas boas e positivas que nos seguram nos momentos difíceis. Que a vossa luz brilhe em nossas trevas e como estrela-guia nos tome de santa ousadia e mais uma vez nos faça partir, buscando nova gestação de nós.*

30 DE AGOSTO

B. Joana Jugan

1792-1879 – fundadora – "Joana" deriva de "João", que significa "o Senhor é misericordioso"

Joana Jugan lembra a misericórdia de Deus para com os pobres. Fundadora das Irmãzinhas dos Pobres, em 1830, foi beatificada por João Paulo II, no dia 3 de outubro de 1982. Natural da França, nasceu em 1792 e morreu em 1879. Durante toda a vida, ela procurou identificar-se totalmente com os pobres e necessitados. Por ocasião de sua beatificação, João Paulo II afirmou:

Na nossa época, o orgulho, a busca da eficiência e a tentação dos meios poderosos dominam facilmente o mundo e por vezes, infelizmente, a Igreja. Criam obstáculos à implantação do reino de Deus. Por isso a fisionomia espiritual de Joana é capaz de atrair os discípulos de Cristo e de lhes encher os corações de simplicidade e humildade, de esperança e de alegria evangélica, vindas de Deus e do esquecimento próprio (apud J. Leite, op. cit., vol. II, p. 524).

Por ocasião de sua morte, havia cerca de 2.400 Irmãzinhas dos Pobres dedicadas ao serviço dos excluídos e a congregação espalhara-se por mais de dez países. Atualmente as irmãzinhas encontram-se presentes em mais de 30 nações, nos cinco continentes chegam a cerca de 5 mil religiosas no mundo.

30 DE AGOSTO

ORAÇÃO
Da conversão

Deus, nosso Pai, venha a nós o vosso Reino que também é nosso. Venha a nós o vosso Reino de justiça e de repartição, porque já andamos cansados de mentiras e iniquidades: **"Mês após mês só tenho tido desilusões, e as minhas noites têm sido cheias de aflição... Estou aflito, tenho de falar, preciso me queixar, pois o meu coração está cheio de amargura"** (cf. Jó 7,1ss). *Venha a nós o vosso Reino de paz! Nas fases difíceis de nossa vida, não nos deixeis faltar a paz interior. Mesmo que nossos planos fracassem, não retireis de nós a capacidade de superar o desânimo e buscar novas alternativas. Abri nossos corações para o entendimento profundo, sincero e autêntico da vossa mensagem de amor. Vosso Espírito de amor nos ensine e nos mova à conversão. Curai toda cegueira. Corrigi toda surdez.* **Do egoísmo humano quebrai as correntes. De nossos individualismos, libertai-nos. Da sede de acumulação e consumismo, exorcizai-nos. Reabilitai nossa fé debilitada. Sarai nossa esperança ofendida.** *Afrontai todo comodismo. Expulsai para longe de nós toda maldade. Abençoai toda comunhão e frutificai toda participação no bem e na verdade. A exemplo da bem-aventurada Joana, abramos nossos corações à solidariedade humana.*

31 DE AGOSTO

S. Raimundo Nonato

† 1240 – "Raimundo" quer dizer "conselheiro" e "Nonato", "não nascido"

É chamado "Nonato", "não nascido", porque foi tirado do ventre de sua mãe, que morreu durante o parto. Ingressou na Ordem dos Cavaleiros das Mercês, fundada por S. Pedro Nolasco, visando resgatar escravos cristãos. Imbuído desse ideal, tudo fez para angariar fundos, chegando ao ponto de fundir a prata e o ouro dos altares, justificando-se que era mais justo salvar uma alma do que adornar um altar. Como medida extrema, vendeu-se voluntariamente como escravo em Argel e ali se pôs a pregar. Para calá-lo, trancafiaram sua boca com grilhões. Resgatado, voltou a Barcelona e foi feito cardeal, mas recusou-se a receber tal dignidade.

S. Aristides

séc. II – mártir – "Aristides" significa "o mais nobre entre os nobres"

Aristides foi um distinto filósofo cristão, autor da obra *Apologia*, escrita depois de sua conversão ao cristianismo. Nessa obra, mostra que Jesus Cristo é o único Deus vivo e verdadeiro. Testemunha também a alegria de ter nascido para Deus, aderindo não a ideias, mas ao evangelho vivo na pessoa de Jesus. Viveu quando Adriano era o imperador de Roma (117-138).

31 DE AGOSTO

Testemunhas de nossos tempos

Francisco Sobreira Lima – Operário assassinado em 1980, em Tauá, Ceará, Brasil. **Leônidas Proaño** – Bispo dos índios do Equador, morto em 1988.

ORAÇÃO

Da sede de Deus

Deus, nosso Pai, os santos fizeram na vida a experiência de que vós sois o Pai misericordioso e cheio de compaixão, encontrando em vós a razão absoluta de seu viver e morrer. Senhor, vivemos hoje o vazio dos relacionamentos humanos. As palavras que proferimos pouco dizem do estado de espírito em que nos encontramos. **Quantas vezes fingimos paz e segurança, dissimulamos força, destemor, poder de dominação, mas somos como a rama que vacila aos ventos, como a palha que se consome em meio ao fogo das vaidades e aflições de espírito:** *agressões, mentiras, violências latentes ou reveladas, sonhos ainda não nascidos e já abortados, a irritação e o medo por tudo e por nada, o desespero fazendo encosto em almas combalidas e assustadas por tantas desventuras, o sentido da vida obscurecido e não divisado. Senhor, Deus, Pai de bondade, nos momentos desinfelizes e cheios de desvarios, permiti que nos agarremos ao pouco de fé, de paz e de esperança que ainda nos resta.* **Sustentai-nos até que nosso ânimo se robusteça, até que nossa visão espiritual seja restabelecida e assim sejamos sinais da vossa imensa ternura e misericórdia.**

1º DE SETEMBRO

S. Beatriz da Silva

c. 1426 – fundadora – "Beatriz" quer dizer "aquela que faz alguém feliz"

Originária de Ceuta, África, Beatriz da Silva foi a fundadora da Ordem Concepcionista Franciscana ou Ordem de Nossa Senhora da Conceição. Seu pai, Rui Gomes, esteve à frente do governo de Ceuta e presidiu a Câmara de Campo Maior. Segundo os biógrafos, ela foi uma mulher de singular beleza e que a todos conquistava com sua afabilidade, simpatia, acuidade de espírito, sem perder a modéstia e a ternura. Devotava à Imaculada Conceição grande amor e estendia esse amor aos pobres e desamparados. Por volta de 1447, tornou-se a dama de honra da rainha Isabel de Castela. Contam que temendo a beleza e o fascínio que a gentil dama exercia na corte, a rainha ordenou que a trancafiassem numa grande arca. Posta em liberdade, abandonou a corte real e recolheu-se no convento de S. Domingos de Silos, em Toledo. Cobriu então o rosto com véu branco e ali viveu por 30 anos, de onde saiu para fundar, em 1490, a Ordem das Concepcionistas, que hoje se encontra espalhada pelo mundo inteiro, inclusive no Brasil. Foi canonizada por Paulo VI em 1976.

1º DE SETEMBRO

Testemunhas de nossos tempos

Julio Sposito – Estudante e militante cristão, assassinado pela polícia do Uruguai, em 1971. **Jesus Jiménez** – Camponês, ministro da Palavra, assassinado em 1979, em El Salvador.

ORAÇÃO
Da bondade para com os outros

Deus, nosso Pai, depositemos hoje toda a nossa confiança em vós e na Virgem Imaculada. **Possamos com vossa ajuda jamais nos sentir desamparados, e encontremos na fé o segredo da alegria, da jovialidade e da força de viver. A exemplo de S. Beatriz, tratemos a todos com afabilidade e bondade, sobretudo nossos familiares e os que estão próximos de nós.** *Dai-nos a sabedoria de vida, a inteligência e a sensibilidade para descobrir vossa vontade sobre cada um de nós. Dai-nos a firmeza de ânimo para jamais esmorecermos. Dai-nos uma fé renovada para vivermos cada momento de nossa vida com intensidade e em plenitude. Abri nossos corações ao acolhimento da vossa Palavra, que de muitas maneiras nos alcança: por meio de gestos, acontecimentos, preces, leituras, conversas e até mesmo de fracassos ou sofrimentos. Estais continuamente em nossa vida: "... fui eu que os ensinei a andar; eu os segurei nos meus braços, porém não sabiam que era eu que cuidava de vocês. Com laços de amor e de carinho eu os trouxe para perto de mim;* **eu os segurei nos braços como quem pega uma criança no colo. Eu me inclinei e lhes dei de comer**" (cf. Os 11,3ss).

2 DE SETEMBRO

S. Justo de Lião e S. Viator

séc. IV – bispo – "Justo" significa "aquele que age com retidão", que não é falso nem parcial

Justo e Viator viveram no século IV, tendo morrido por volta de 390. Em 374, Justo foi aclamado bispo da Igreja de Lião, na França. Em 381, participou do concílio de Aquileia, onde se encontrou com S. Ambrósio, seu dileto amigo. Anos depois deixou secretamente o bispado, fugiu para Marselha e dali embarcou para o Egito, com S. Viator, seu fiel companheiro. O motivo dessa decisão foi o sentimento de impotência ao querer impedir o linchamento de um homem pela multidão enfurecida. Tudo fizera para evitar a morte de um deficiente mental que perambulava pelas ruas amedrontando as pessoas. Perseguida, a pobre criatura refugiou-se numa igreja. S. Justo tentou proteger o infeliz, mas a multidão precipitou-se sobre o deficiente, linchando-o em praça pública. Desgostoso e sentindo-se culpado pela morte daquele homem, decidiu levar vida penitente ao estilo dos Padres do Deserto. Estes dois santos morreram longe da terra natal, mas os cristãos de Lião, ao descobrirem seu paradeiro, empreenderam viagem ao Egito e levaram para a França seus restos mortais. Ainda hoje são numerosas as vilas que trazem seu nome.

2 DE SETEMBRO

ORAÇÃO
Do respeito à vida

Deus, nosso Pai, a exemplo de S. Justo, devotemos à vida respeito incondicional. Conduzi-nos pelo mistério das luzes e sombras, da alegria e do sofrimento que envolvem nossa passagem por este mundo, sabidos de que "aquele que teme ao Senhor não será surpreendido por nenhuma desgraça. Mas Deus o protegerá na provação e o livrará de todo o mal" (Eclo 33,1). Plantamos gestos de ternura e de bondade, mas também causamos dor, provocamos males e perversidades. Abandonados à humana condição, ficamos errantes e tardos a todo o bem, sem forças para esquecer ofensas e sem humildade para aprender o perdão. Como ramos que vergam ao sabor dos ventos, balançamos sob os humanos excessos; como cristais que se esfacelam ao chão, nossa dignidade rompe-se ao granito de nossas mentiras e falta de retidão. **Plenificai com vossos dons o que em nós é vazio, frágil e decaído; vossa Palavra nos ilumine por dentro e faça cessar o que oprime e causa aos outros sofrimentos e ranger de dentes. Despertai em nós o sentimento de que somos da parte da ternura e da compaixão, sementes do Reino já germinadas e ainda não nascidas.**

3 DE SETEMBRO

S. Gregório Magno

*c. 540-604 – papa e doutor da Igreja – "Gregório"
quer dizer "vigilante", "cuidadoso"*

Natural de Roma, Gregório Magno deixou a próspera carreira política e se fez monge, fundando vários mosteiros. Pelágio II o fez diácono e nomeou-o embaixador pontifício em Constantinopla (585-586). Eleito papa em 590, tornou-se um dos mais notáveis pontífices da história da Igreja. Lúcido e perspicaz nos negócios eclesiásticos e políticos, empreendeu a evangelização da Inglaterra, reformou o rito da missa, promoveu o canto litúrgico (canto gregoriano), socorreu os pobres em suas necessidades. Ele próprio dizia de si:

Eu não nego ser culpado, conheço minha inércia e negligência. Talvez haja diante do juiz bondoso um pedido de perdão no reconhecimento da culpa. Na verdade, quando no mosteiro, podia não só reter a língua de palavras ociosas, mas quase continuamente manter o espírito atento à oração. Mas depois que pus aos ombros do coração o cargo pastoral, meu espírito não consegue recolher-se sempre, porque está dividido entre muitas coisas" (cf. Liturgia das horas, p. 1246, v. IV).

Escreveu muitas obras de Moral e Teologia.

3 DE SETEMBRO

S. Serápia

séc. II – virgem e mártir – "Serápia" vem de "Sérapis", antiga divindade egípcia

Natural de Alexandria, S. Serápia era a filha adotiva de S. Sabina e foi condenada à morte devido a sua fé em Jesus. Dizem as *Atas* que, tomada de santa ousadia e coragem, Sabina dirigiu-se ao tribunal e tomou a defesa de Serápia, resgatando-a das mãos dos acusadores. Dias depois, entretanto, Serápia foi novamente presa e exposta à humilhação pública e, por fim, decapitada. Sabina teve a mesma sorte daquela que lhe foi ao mesmo tempo serva, filha e mãe na fé: a virgem Serápia.

ORAÇÃO
Da súplica confiante

Deus, nosso Pai, Senhor todo-poderoso, fizestes todas as coisas que existem. Por vossos santos apóstolos, ressuscitastes mortos, purificastes leprosos, expulsastes demônios, restituístes a palavra a mudos, o ouvido a surdos (Mt 10,5ss). *Escutai, nesta hora, nossa súplica* (fazer seu pedido). *Tirai-nos do lodo, para que não nos afundemos. Salvai-nos das águas profundas* (Sl 68,15ss). *Depositamos em vós toda a nossa confiança. Sede nossa força e nosso rochedo inabalável. Confiante em vosso amor de Pai, vos invocamos, Senhor, Deus dos vivos, dos mortos, defensor dos pobres, consolador dos aflitos, iluminador das mentes e conhecedor dos corações.* **Vós sois a claridade e a alegria, o guia certo nos momentos incertos, a consolação dos empobrecidos, o advogado dos injustiçados que só têm a seu favor a justiça divina.**

4 DE SETEMBRO

Nossa Senhora da Consolação
séc. I

Esta devoção vem dos tempos dos Apóstolos, que, após a morte e ressurreição de Jesus, tinham Maria por verdadeira mãe e mestra. S. Mónica, em sua aflição de viúva e mãe desconsolada pelo destempero do filho Agostinho, recorreu à N. S. da Consolação, recebendo dela a graça da conversão do filho. Aos Agostinianos se deve a divulgação desse culto. É invocada com a seguinte oração:

N. S. Consoladora, Mãe de todos os seres humanos, dai-me fé para seguir sempre Jesus Cristo, vosso Filho. Quero, como vós fizestes, estar sempre perto de Jesus, em todos os momentos da vida. Mãe de Cristo, minha Mãe! Ajudai-me em minhas lutas, ajudai-me em meus trabalhos, ajudai-me a ser consciente de minha missão de cristão. Que a graça de Deus esteja sempre em mim e que eu possa comunicar essa mesma graça a meus irmãos. Virgem Maria, eu vos saúdo, ó cheia de graça, eu vos louvo por serdes a Mãe de Cristo e nossa Mãe.

S. Rosália
séc. XII – virgem – "Rosália" lembra uma antiga festa romana em que os túmulos eram enfeitados com rosas e flores, mas pode significar "Filha das rosas do Senhor"

Rosália é a padroeira de Palermo, Sicília, Itália, por ter livrado a cidade da peste em 1625. Segundo a tradição, guiada por dois

4 DE SETEMBRO

anjos, um armado de cavaleiro e outro disfarçado de peregrino, foi conduzida ao monte Pellegrino, onde viveu cerca de 16 anos na mais completa solidão. G. Doria, arcebispo de Palermo, pediu uma investigação sobre a autenticidade dos restos mortais a ela atribuídos. Na época, foi encontrada, numa gruta junto ao convento dominicano de S. Estêvão de Quisquina, a inscrição em latim: *"Eu, Rosália Sinibaldi, filha das rosas do Senhor, pelo amor de meu Senhor Jesus Cristo decidi morar nesta gruta de Quisquina"*. A descoberta confirmou a tradição popular sobre a vida da Santa.

ORAÇÃO
Do desejo de renovação

Deus, nosso Pai, que vos busquemos na aridez de nossos desertos interiores. Afastai de nós o medo de nossos vazios espirituais, pois podeis fazer brotar da areia quente fontes de águas refrescantes. As maravilhas do vosso Reino se apossem de nossos acomodados modos de ser e de viver. Operai, pois, em nosso coração o desejo das coisas que nos alentam. **Nos momentos de desânimo, fazei-nos recobrar a autoestima e a vontade de viver. Afugentai os medos e preenchei de paz nosso espírito.** *Possamos viver a fé com alegria e entusiasmo, na certeza de que sois Pai de misericórdia e amor. A ninguém neguemos nossa ajuda, mas tenhamos a humildade de nos deixar ajudar também. Em nada busquemos o interesse próprio, mas, cordiais uns com os outros, cultivemos os sentimentos da solidariedade. Nossa luta pela justiça jamais esmoreça, porque antes de nós, justo e justíssimo foi o Mestre.*

5 DE SETEMBRO

S. Lourenço Justiniano

1382-1456 – bispo – "Lourenço" quer dizer "aquele que é adornado com louro", "aquele que é vitorioso"

De família ilustre, Lourenço Justiniano foi um bispo veneziano que viveu no século XV. Ordenado sacerdote, foi logo eleito superior da Ordem de S. Jorge. Aos 51 anos, em 1433, foi sagrado bispo de Veneza por Eugênio IV. Homem de vida simples e abnegada, respeitoso, cordial e seguro do significado de sua missão, a ele recorriam os aflitos, os atribulados, e todos encontravam nele amparo e remédio para suas aflições. Fundou dezenas de mosteiros e numerosas igrejas. Procurou restabelecer a disciplina eclesiástica. Em 1455 foi nomeado patriarca de Veneza. Aos 74 anos, escreveu o seu último livro, *Os graus da perfeição*, quando veio a falecer, em 1456.

Testemunha de nossos tempos

Madre Teresa de Calcutá (1910-1998) – Missionária da caridade, fundadora das Missionárias da Caridade (1946) e universalmente conhecida como a Mãe dos Pobres, propunha servir os pobres para servir a vida. Uma de suas obras mais notáveis é a Shantinagar (Cidade da Paz), onde os leprosos recebem toda assistência material, profissional e espiritual. Recebeu numerosos prêmios internacionais pelo trabalho realizado junto a indigentes, entre os quais o Prêmio Nobel da Paz, em 1982. Sabia por experiência que a vida adquire todo o seu valor, mesmo em meio

5 DE SETEMBRO

a dificuldades e contradições, quando encontra o amor. *"O fruto da oração é a fé, o fruto da fé é o amor, o fruto do amor é o serviço e o fruto do serviço é a paz."*

ORAÇÃO
Do socorro de Deus

Deus, nosso Pai, ungi nossos corações com o vosso amor. Esse amor perene que se mantém sempre novo apesar de antigo: "Ah! Todos que tendes sede, vinde à água. Vós, os que não tendes dinheiro, vinde, comprai e comei; comprai, sem dinheiro e sem pagar, vinho e leite" (Is 55,1ss). Por isso, Senhor, quando a tibieza de nós se apossar, reanimai-nos e reerguei nosso ânimo. Presunçosos e autossuficientes, dai-nos o vosso santo temor e a reverência aos vossos desígnios de amor. **Fragilizados, debilitados em fazer o bem, em acreditar na esperança que brota do alto, inspirai-nos confiança e coragem de prosseguimento. Desanimados, enchei-nos de fervor e desejo de tudo recomeçar. Errantes de direção, dai-nos a verdadeira humildade e paciência para buscar o caminho reto.** *Levados pelos ventos das vaidades, manifestai sobre nós a vossa verdade e fazei-nos retornar à nossa simplicidade primeira. Agitados na busca de paz, dai-nos a vossa sabedoria para discernir aquilo que concorre para o nosso verdadeiro bem.*

6 DE SETEMBRO

B. Liberato

séc. XII – franciscano – "Liberato" significa "aquele que foi libertado", que está livre

Liberato foi um frade franciscano que viveu no convento de Soffiano, ao tempo de Francisco de Assis, século XII. Alcançou tão alto grau de santidade e profunda mística que todo seu ser resplandecia iluminado pela graça divina. Passava a vida entregue à contemplação e mergulhado em Deus. Contam que, em tais momentos de enlevo espiritual e comunhão com Deus, os pássaros assentavam-lhe sobre os ombros, braços e mãos e se punham a cantar maviosamente. Vivia na solidão, afastado de tudo, e raramente falava. Entretanto, se alguém lhe perguntasse alguma coisa, respondia cordialmente, e sua palavra era cheia de sabedoria e convencimento. Sentia-se que Deus estava presente naquele homem que a todos cativava e por todos era reverenciado pelo seu espírito de oração e de contemplação (cf. Rohrbacher, op. cit., vol. XVI, p. 83ss). Liberato devotava amor tão profundo à Virgem Maria que, na hora da morte, foi por ela reconfortado e conduzido ao encontro do Senhor.

6 DE SETEMBRO

ORAÇÃO
Do Senhor da esperança

"Deus da minha origem,
atraí-me para perto de vós.
Senhor da minha existência,
dirigi todos os meus passos.
Senhor da minha vocação,
dai-me forças para ir em frente.
Senhor da minha fé,
preservai-me da dúvida.
Senhor de minha esperança,
guardai-me do desespero.
Senhor do meu amor,
não permitais que me torne frio.
Senhor do meu passado,
que eu nunca vos esqueça.
Senhor do meu presente,
que estejais sempre perto de mim.
Senhor do meu futuro,
conservai-me fiel até o fim.
Senhor da minha vida,
que eu viva em vossa presença.
Senhor da minha morte,
acolhei-me na última hora.
Senhor da minha eternidade,
abençoai-me para sempre"
(E. Doyle. Francisco de Assis e o Cântico da fraternidade universal. Paulus, p. 199-200).

7 DE SETEMBRO

S. Clodoaldo ou Cloud

† 560 – *príncipe, eremita e sacerdote* – *"Clodoaldo" significa*
"aquele que governa com fama"

Clodoaldo era filho de Clodomiro, rei de Orléns, morto em batalha em 524. Foi o primeiro santo de sangue real que a Igreja universal honrou com culto público. Ele e mais dois irmãos foram entregues aos cuidados da avó, S. Clotilde, viúva do rei Clóvis. Teve dois irmãos, Childeberto, rei de Paris, e Clotário, rei de Soissons, assassinados pelo próprio tio. Somente restou Clodoaldo, que escapou milagrosamente da chacina. Cortou os longos cabelos, símbolo da autoridade e da mundanidade, abandonou tudo e se consagrou inteiramente ao serviço de Deus, mediante uma vida solitária, nos arredores de Paris. Tinha como diretor espiritual S. Severino. Dali foi para a Provença, retornando logo depois a Paris. Em 551, foi ordenado sacerdote pelo bispo Eusébio. Terminou seus dias no ano de 560, numa propriedade doada pelos tios, onde erguera uma igreja. Ali surgiria mais tarde a cidade de S. Cloud, nome este com que os franceses o veneram seja como santo, seja como príncipe valoroso.

7 DE SETEMBRO

ORAÇÃO
Da ressurreição

Deus, nosso Pai, movidos por vosso Espírito de amor, os Apóstolos tiveram a certeza de que Jesus estava vivo e presente no meio deles. **Ternura compassiva, Doador da paz, Restaurador da liberdade, Jesus passou pela angústia da dor e da morte, mas vós, ó Pai, não o abandonastes ao poder do mal. Com ele todas as gerações cantam a libertação e a ressurreição de seus medos e pavores vãos.** *Vossos discípulos proclamaram o poder da fé que animava seus corações, anunciando por toda parte que Jesus, o filho de José e de Maria, era o Senhor dos vivos e dos mortos e vivia em todo aquele que acreditava no seu nome. Por intercessão de S. Clodoaldo, renovai em nós a fé na ressurreição de Jesus e na ressurreição nossa de cada dia, em que superamos nossos temores e plantamos em nós pequenos gestos de libertação. Pela fé recebida dos Apóstolos e preservada pela Igreja, reconheçamos o Senhor em cada passo de nossa vida, em cada uma das pessoas que, como anjos, cruzam nossos caminhos e nos ensinam no silêncio de suas vidas que sois vós, o Deus, que nelas respirais e manteis a luz de seus dias. Pela fé, saibamos pelo coração que é Jesus, e não outro, que a cada dia nos chama à vida: "Vinde comer!...". (João 21,12).*

8 DE SETEMBRO

Natividade de Nossa Senhora

Já celebrada no Oriente, a festa da Natividade foi instituída na França pelo bispo de Angers. Conta a tradição que os anjos de Deus, entre os dias 7 e 8 de setembro, manifestavam-se ao santo bispo cantando em coro em louvor ao nascimento da Virgem Maria. Da França, a festa passou a ser celebrada em Roma (séc. VII), e dali se espalhou pelo mundo católico.

S. Corbiniano
c. 670-730 – bispo e fundador

Natural de Chartres, França, ainda jovem S. Corbiniano reuniu alguns companheiros e fundou uma pequena comunidade religiosa, onde levavam vida simples, cultivando a penitência, a oração e a prática da caridade. Em 716, partiu como peregrino para Roma, a fim de pedir conselhos ao romano pontífice. Sensibilizado pela sua profunda espiritualidade, Gregório II ordenou-o sacerdote, elevou-o à dignidade do episcopado, confiando-lhe a evangelização da Germânia e Baviera. Foi o fundador do bispado de Freising e do mosteiro de Weihenstephan, tendo em um ladrão regenerado, a quem salvara da forca, seu principal colaborador na pregação do evangelho. Adverso a honrarias, por várias vezes implorou ao Papa que o desobrigasse do encargo episcopal e lhe permitisse regressar à antiga vida de solidão. Certo dia, tomado por ira divina, derrubou com um pontapé a mesa posta para a refeição, mal havia abençoado

8 DE SETEMBRO

os alimentos. Isto porque um príncipe de nome Grimoaldo se divertia atirando bocados de alimentos ao cão favorito. Por sua coerência de vida e fidelidade à palavra de Deus, sofreu perseguições e risco de vida. Pressentindo a morte aproximar-se, banhou-se, mandou cortar os cabelos e a barba, paramentou-se, celebrou a eucaristia. Retornou a casa, bebeu um pouco de vinho. Em seguida, fez o sinal-da-cruz e entregou sua alma a Deus. Era 8 de setembro de 730.

ORAÇÃO
Do encontro com Deus

Deus, nosso Pai, dai-nos a simplicidade de vida. Dai-nos um espírito de oração que nos liberte e nos fortaleça nos momentos de vacilação. Dai-nos praticar constantemente o amor, a solidariedade e a caridade. Nossa maior glória seja ajudar a quem precisa, partilhando com o outro os dons de vós recebidos. **Cada dia saibamos nos despojar do orgulho, das vaidades, da autossufiência. Transpareça em nossa vida apenas a verdade sobre nós mesmos. Profunda seja a nossa confiança em vós, que não temamos nosso encontro definitivo com vós e com nós mesmos.** *E possamos ser contados entre vossos filhos bem-amados: "Vinde, benditos de meu pai, recebei por herança o Reino preparado para vós desde a fundação do mundo. Pois tive fome e me destes de comer. Tive sede e me destes de beber. Era forasteiro e me recolhestes. Estive nu e me vestistes, doente e me visitastes, preso e viestes ver-me..." (Mt 25,34-36ss).*

9 DE SETEMBRO

S. Pedro Claver

1580-1654 – jesuíta – "patrono universal das missões entre os negros – "Pedro" quer dizer "pedra", "rocha"

Natural de Verdu, Catalunha, S. Pedro Claver foi o *Apóstolo dos Negros e dos Escravos*. Em 1602, ingressou na Companhia de Jesus e, no julgamento de seus superiores, foi um "espírito medíocre", de "discernimento inferior à média"... "bom para pregar aos indígenas". Foi enviado então a Cartagena (Colômbia), onde terminou os estudos teológicos e, em 1616, foi ordenado. Influenciado pelo Jesuíta Alonso de Sandoval, colocou-se a serviço dos escravos negros que ali aportavam, procurando aliviar-lhes os sofrimentos e dar-lhes assistência material e religiosa. E advertia: *"A mão deve preceder o coração"*. Por cerca de 35 anos ficou do lado dos negros, declarando-se ser deles "eterno servo" (*Petrus Claver, Aethiopum semper servus*).

S. Tomás de Vilanova

1488-1555 – agostiniano – "Tomás" vem de "Tomé", que em aramaico significa "gêmeos"

Natural de Fuenllana, Castela, Tomás de Vilanova é o *Apóstolo da Espanha*. Ingressou na Ordem de S. Agostinho de Salamanca, destacando-se como ardoroso pregador. Eleito superior, por 25 anos conduziu a Ordem, tornando-a conhecida em toda a Espanha. Em 1544, sagrado

9 DE SETEMBRO

bispo de Valência, procurou restaurar com firmeza e sem radicalismos a disciplina entre o clero e os leigos. Em Valença organizou diversas ações pastorais em favor dos pobres. Dirigia sua vida segundo a máxima *primeiro fazer e depois ensinar*. Místico e culto, deixou diversos escritos, especialmente sermões, cartas e obras ascéticas.

ORAÇÃO
Do agir e do fazer

Deus, nosso Pai, tornai-nos pessoas de ação, primeiro fazendo e depois ensinando. *Nada protelemos do bem que temos de fazer.* **Não deixemos para amanhã as decisões que hoje devem ser tomadas. Colhamos sem sofreguidão os frutos que já amadurecem em nosso chão. Aguardemos com paciência que as tempestades passem e o sol desponte da escuridão. Adotemos um sorriso antes que a tristeza obscureça o nosso olhar.** *Nossos dias sirvam de engrandecimento do vosso reino de justiça e de paz. Tornai-nos vigilantes sobre nós mesmos, sobre o que dizemos e o que falamos. Jamais omitamos o pouco ou o muito que podemos fazer. Não lancemos sobre o ombro alheio o que é de nossa inteira responsabilidade, pois cada um tem o seu fardo a carregar, tem suas chagas a curar. Não sejamos dos que julgam que com o seu muito falar e pouco agir renovarão a face da terra: apenas xingar, esbravejar, reclamar, cerrar os punhos, acusar, recriminar, e nada fazer, não alivia quaisquer desventuras. Deus verá o nosso caminho, nos curará e nos encherá de consolação. Ele fará brotar o louvor de nossos lábios:* **Paz! Paz ao que está longe e ao que está perto.** *O Senhor nos curará* (cf. Is 57).

10 DE SETEMBRO

S. Nicolau de Tolentino

1245-1305 – agostiniano – protetor dos injustiçados e invocado contra incêndios e epidemias e para obter uma boa morte – "Nicolau" significa "vencedor do povo"

Nicolau de Tolentino nasceu em Sant'Ângelo in Pontano, Ancona, Itália, em 1245. Aos 15 anos, ingressou no convento dos Eremitas de S. Agostinho. Em 1269, ordenou-se sacerdote, em Cingoli. Em 1275, foi para Tolentino e lá viveu até o fim da vida. Distinguiu-se pela vida ascética e por sua moderação. Exigente consigo mesmo, era dotado de grande e extrema cordialidade para com as pessoas. Passou a maior parte da vida celebrando o perdão, visitando os pobres e desamparados, trabalhando pela promoção social, criando fundos de amparo aos necessitados. É invocado pelos injustiçados, oprimidos e encarcerados. É invocado também contra incêndios e epidemias e para obter uma boa morte. É o protetor da maternidade e da infância. Quando estava para morrer, uma intensa alegria apoderou-se do seu rosto. E quando perguntaram de onde vinha tal alegria, respondeu: *"Deus está presente, e meu Deus, Jesus Cristo, com sua Mãe e o nosso Pai Agostinho, que me diz: 'Bravo, bom e fiel servo!'"* (Leite, op. cit., p. 40). Morreu em Tolentino aos 10 de setembro de 1305.

10 DE SETEMBRO

ORAÇÃO
Do encontro definitivo com Deus

Deus, nosso Pai, um dia possamos vos encontrar e vos contemplar face a face. Sois um Deus de ternura e de bondade, e vosso desejo é que entremos em comunhão convosco já aqui neste mundo e gozemos da vossa plenitude no céu. Ensinai-nos a ter paciência conosco mesmos e aceitar nossas limitações, a assumir nossos erros, pequenos ou grandes que sejam. **Fazei-nos olhar para a frente, para não tropeçarmos a vida inteira em nosso passado. Sirva-nos de exemplo o caso da mulher de Lot. Por ter olhado para trás, perdeu a vida, convertendo-se em uma estátua de sal** (cf. Gn 19,26). *E não nos esqueçamos da palavra do Anjo, quando da destruição de Sodoma:* **"Se queres continuar vivo, não olhes para trás, e não te detenhas em parte alguma da planície; mas foge para a montanha, senão perecerás"** *(cf. Gn 19,17ss). Não deixemos que a nossa vida fique presa às ruínas do tempo que já passou, pois o nosso tempo é o agora, é este momento presente, é esta luz que nos alumia, é esta natureza que nos cerca, são estes olhares que nos concebem. E com confiança rezemos com S. Nicolau: "Com este poderoso bastão (da fé), atravessarei o Jordão desta vida, passarei o rio do paraíso, transparente como cristal, e chegarei à árvore da vida de Jesus Cristo"* (S. Nicolau).

11 DE SETEMBRO

Nossa Senhora do Bom Sucesso ou dos Agonizantes

Esta devoção nasceu em Portugal no século XV, quando era invocada para se obter uma "boa morte", pois esse era o "maior sucesso" que um cristão podia desejar. Por volta de 1637, padre Miguel Costa trouxe de Portugal uma imagem que foi colocada na capela da Santa Casa de Misericórdia, no Rio de Janeiro, dando início a seu culto em terras brasileiras. Passados dois anos (11/9/1639), a Virgem do Bom Sucesso foi entronizada na igreja a ela dedicada, e muitas curas têm sido por ela operadas.

Ó Mãe dos agonizantes, não nos desampareis na hora da nossa morte, mas alcançai-nos o arrependimento dos nossos pecados e o perdão de todas as nossas faltas... Amparados por vós, cheguemos à bem-aventurança eterna onde convosco louvaremos vosso Filho Divino que nos salvou. Isso vos pedimos por nós e por todos os nossos parentes, benfeitores e amigos.

S. Proto e S. Jacinto
séc. III – mártires – "Proto" significa "o primeiro" e "Jacinto" é um tipo de pedra preciosa

Os santos Proto e Jacinto deram testemunho da fé em Jesus Cristo por volta de 257, durante a perseguição de Valeriano, imperador romano. Em 1854, durante as escavações no cemitério de

11 DE SETEMBRO

Basilla, na Via Salária, os arqueólogos encontraram num túmulo a seguinte inscrição: "*Sepultado no terceiro dos idos de setembro, Jacinto, mártir*". Na ocasião, encontraram também um fragmento de pedra em que estava inscrito: "*Sepulcro de Proto, mártir*". Ficou então comprovada a real existência destes dois mártires.

ORAÇÃO
Das promessas cumpridas

Deus, nosso Pai, que o nosso espírito não se esmoreça, pois o que somos sem o vosso sopro? Que a fé não nos falte, pois o que somos sem a vossa mão a nos amparar? Que a confiança em vós nos fortaleça, pois a quem podemos dizer: "Vinde!". Que a esperança de que seguis nossos passos se confirme, pois o dia já se vai para que andemos errantes. Nossos sonhos de comunhão e justiça se realizem, pois sozinhos vergamos como palhas ao vento. Nossas lágrimas sejam enxugadas, pois do sofrimento até vós tivestes de beber. Nossa fome e sede de absoluto sejam saciadas, pois em vós somos muito mais que um pouco de poeira cósmica. **Tudo o que é doente, para longe de nós afastai. Tudo o que nos torna menos gente, desfazei. Tudo o que nos amarra, rompei. Das vaidades e aflição de espírito, soerguei-nos. Todo intento do mal, debelai. Toda palavra maldita, exorcizai. De todos os atrasos de vida, livrai-nos.** *De toda energia negativa e maléficos fluidos, amparai-nos. Toda promessa bendita, realizai. Com amor, pela vossa mão nos conduzi. Pelo caminho da retidão, atraí-nos. A vida em plenitude, revelai-nos. Em vossos braços, deixai-nos refugiar.*

12 DE SETEMBRO

S. Guido

*950-1012 protetor dos estábulos, das escuderias, dos cavalos.
É invocado contra a diarreia, doença da qual ele foi vítima.
"Guido" significa "aquele que nasceu no mato", portanto,
que está ligado à vida*

Natural de Brabante, Bélgica, S. Guido viveu entre os anos 950 e 1012. Filho de camponeses, vivia de maneira simples e completamente despojada. Vendeu o que possuía e distribuiu aos pobres. Ofereceu-se para ser sacristão na igreja de Laken, nos arredores de Bruxelas. Querendo ajudar ainda mais os desvalidos, entregou-se ao comércio. Contudo, logo percebeu que não era essa a vontade de Deus. Fez-se então peregrino, andarilho de Deus. Por sete anos, percorreu a Europa, a Terra Santa, visitando os principais santuários. Regressando da Terra Santa, passou o resto da vida em Anderlecht, nos arredores de Bruxelas. Daí ser chamado "Guido de Anderlecht". Seus devotos – sacristãos, camponeses, gente simples – logo difundiram o seu culto por toda a Europa.

Testemunha de nossos tempos

Valdício Barbosa dos Santos – Sindicalista rural de Pedro Canário, assassinado aos 42 anos, Espírito Santo, Brasil, 1989.

12 DE SETEMBRO

ORAÇÃO
Da busca da face de Deus

Deus, nosso Pai, colocamos agora, neste momento, sob a vossa proteção todo o nosso agir e todo o nosso viver. Caminhemos hoje buscando a vossa face de luz. **Em tudo procuremos a simplicidade, a cordialidade, o bom-senso, o bom humor, a alegria cristã, pois lamúrias e tristeza para nada servem.** *Aos que maquinam o mal e profanam nossas portas, desejemos o bem e invoquemos o poder do amor, que ultrapassa toda magia, desfaz todo encantamento, quebra toda maligna corrente e é mais forte que a morte. Relevemos quem nos faz o mal e busquemos paz à luz da oração, da vossa Palavra, que a tudo ilumina e dá esclarecimentos às coisas adversas de nossa vida. Convertei em coragem, em destemor, as contrariedades por que passamos. Busquemos a abnegação e o despojamento de nosso orgulho, pois diante de vós nenhuma vaidade se sustenta, nenhuma prepotência se exalta.* **Procuremos mais ajudar que ser ajudados, mais servir que ser servidos, mais somar que dividir, mais ouvir que aconselhar. Não faltemos com a cordialidade, o respeito, a sinceridade, sobretudo para com os que vivem juntos a nós.** *Não temamos ser "povoados", "habitados" por vós na pessoa de nossos semelhantes.*

13 DE SETEMBRO

S. João Crisóstomo

349-407 – bispo e doutor da Igreja – "João" significa "o Senhor é misericordioso" e "Crisóstomo", "boca de ouro"

Natural de Antioquia, S. João Crisóstomo foi bispo de Constantinopla em 397, destacando-se como insigne pregador, escritor e reformador dos costumes do clero e do povo. Suas veementes denúncias contra o mau uso das riquezas e as injustiças praticadas pelos ricos contra os pobres custaram-lhe não poucas perseguições e o exílio em Cucusus (Armênia) e depois em Comana (Ponto, Ásia Menor), onde morreu vítima dos maus tratos. Dizia:

Sobrevêm muitas ondas e fortes tempestades, mas não tememos afogar, pois estamos firmados sobre a pedra. Enfureça-se o mar, não tem forças para destruir a pedra. Ergam-se as vagas, não podem submergir o navio de Cristo. Pergunto eu: que temeremos? A morte? Para mim, viver é Cristo, e morrer é lucro (Fl 1,21) – (cf. Liturgia das horas, p. 1257, v. IV).

S. Amado

† c. 627 – abade e missionário – "Amado" significa "aquele que é objeto de uma viva afeição"

Amado foi um famoso monge do mosteiro de Agaune França que vivia na mais completa solidão numa caverna. Impressionado com a sua força espiritual, o abade S. Eustásio levou-o para o mosteiro de Luxeuil. Mais tarde foi enviado como missionário

13 DE SETEMBRO

a Austrásia ou Reino do Leste. Antes de morrer, mandou colocar em seu leito um saco com cinzas. Deitado sobre cinzas em sinal de penitência, confessou publicamente seus pecados. Mandou também colocar no seu túmulo a seguinte inscrição:

Homem de Deus que entrais neste santo lugar para rezar, implorai a misericórdia divina para a alma de Amado, penitente que aqui está sepultado, a fim de que, se a tibieza da minha penitência tiver deixado algumas dívidas dos meus pecados, vossa caridade e vossas orações me obtenham a inteira remissão (apud Rohrbacher, op. cit., vol. XVI, p. 169).

Morreu por volta de 627. Seu sucessor foi S. Romarico.

ORAÇÃO

Dos momentos de provação

"Senhor, bendito seja para sempre o vosso santo nome, porque quisestes que sobre mim viesse esta prova e tribulação. Não posso evitá-la; mas é necessário que a vós recorra, para que me ajudeis e convertais tudo em meu proveito. **Senhor, estou agora atribulado e não está bem o meu coração. Muito me atormenta o presente sofrimento. E agora, Pai, amantíssimo, que direi? Estou mergulhado em angústias; livrai-me desta hora.** *E cheguei a este extremo, para que sejais glorificado, quando eu, depois de muito abatido, for por vós libertado. Dignai-vos, Senhor, salvar-me; porque, pobre de mim, que farei e aonde irei sem vós? Dai-me paciência, Senhor, ainda por esta vez. Socorrei-me, Deus meu, e nada temerei, por mais que esteja atribulado"* (Imitação de Cristo, *livro III, cap. XXIX, 1*).

14 DE SETEMBRO

Exaltação da Santa Cruz

Esta festa remonta ao ano 335, quando S. Helena, mãe de Constantino I, em peregrinação pelos Lugares Santos, descobriu o madeiro em que Jesus teria sido crucificado. A Santa Cruz foi então *exaltada* com grande júbilo diante do povo cristão. Em agradecimento a Deus, foram construídas duas basílicas, uma no Gólgota e outra no lugar onde Jesus fora sepultado. S. André de Creta (séc. VIII) afirma:

Celebramos a festa da cruz; por ela as trevas são repelidas e volta a luz... junto com o Crucificado somos levados para o alto para que, abandonando a terra com o pecado, obtenhamos os céus (cf. *Liturgia das horas,* p. 1269s, v. IV).

Nossa Senhora de Nazaré

Contam que a Virgem de Nazaré salvou da morte iminente o fidalgo português D. Fuas Roupinho, detendo seu cavalo prestes a cair na ribanceira. Para lembrar o fato, ergueu-se ali uma ermida que deu origem ao Santuário de N. S. de Nazaré. A devoção alcançou o Pará (Brasil) com os jesuítas. Por volta de 1700, surgiu nos arredores de Belém uma capelinha, onde foi depositada a imagem de N. S. de Nazaré que Plácido José de Souza encontrara às margens do Murucutu.

Ó Virgem Imaculada de Nazaré, fostes por Deus exaltada e preferida entre todas as mulheres para exercer a sublime missão de Mãe

14 DE SETEMBRO

do Verbo Encarnado. Adoro e louvo o Altíssimo, que vos elevou a essa excelsa dignidade e vos preservou da culpa original... Confiado na bondade e ternura do vosso coração imaculado e maternal, peço-vos a força de imitar vossa humildade e participar da vossa caridade, a fim de viver unido, pela graça, ao vosso divino Filho, Jesus, assim como vós vivestes no retiro de Nazaré. Para alcançar essa graça quero com imenso afeto e filial devoção saudar-vos como o arcanjo S. Gabriel: Ave, Maria, cheia de graça...

Testemunha de nossos tempos

Miguel Woodward – Padre operário e engenheiro pelo King College de Londres, a serviço dos pobres, assassinado em 1973, no Chile.

ORAÇÃO
Do alento nas dificuldades

Deus, nosso Pai, no desânimo e desesperança, dai-nos forças para recomeçarmos, pois é melhor errar que se acomodar e nada fazer. Conduzi-nos por vossa luz a sonhos venturosos, pois é melhor sonhar que se render à descrença. Nas rotinas cotidianas, encorajai-nos a revolver o chão de nosso espírito, pois é melhor afadigar-se em searas de esperanças do que ser tragado no mar das futilidades. Na indolência e falta de sentido da vida, despertai em nós a certeza de que convosco tudo é possível, mesmo o impossível, pois só a fé tem o poder de nos regenerar. Recriai em nós um espírito renovado, cujo vigor nos sustente em nossas humanas fragilidades, pois da argila um dia fizeste brotar a vida. Dai-nos aceitação do que somos, pois somos o milagre cotidiano do vosso amor recriador.

15 DE SETEMBRO

Nossa Senhora das Dores ou da Angústia

Esta devoção remonta ao século XIII e alude ao sofrimento de Maria, simbolizado nos sete punhais cravados em seu peito: *1º:* Profecia de Simeão (cf. Lc 2,34ss); *2º:* Fuga para o Egito (*cf.* Mt 2,13…); *3º:* Perda do Menino Jesus no templo (cf. Lc 2,41ss); *4º:* Caminho da cruz (cf. Lc 23, 26ss); *5º:* Crucificação de Jesus (cf. Lc 23,33ss); *6º:* Descida do corpo da cruz (cf. Jo 19,17ss); *7º:* Sepultamento (cf. Lc 23,50ss). É invocada com a seguinte oração:

Minha Mãe dolorosíssima, não vos quero deixar sozinha a chorar, mas quero vos acompanhar também com as minhas lágrimas. Esta graça vos peço hoje: alcançai-me uma compreensão sempre maior da paixão de Jesus e vossa, para que em todos os dias de minha vida eu possa ser solidário com as pessoas que sofrem, vendo nelas vossas dores e as do meu Redentor. Elas me alcançarão o perdão, a perseverança, o céu, onde espero cantar a misericórdia infinita do Pai por toda a eternidade. Amém.

S. João, o Anão
"João" significa "o Senhor é misericordioso"

Anacoreta ou eremita, viveu no final do IV século, em Cete, Egito. Foi um importante Padre do Deserto do Egito. Mediante uma vida de absoluta obediência, penitência e oração, obteve o

15 DE SETEMBRO

dom da brandura, da paz interior, da humildade e da paciência. Nada conseguia perturbá-lo. Sempre repetia: "*... é impossível ganhar o coração de alguém, sem antes procurarmos ser-lhe útil*". Ensinou aos discípulos: "*Nada ensinei aos outros que não tivesse praticado antes*" (Rohrbacher, op. cit., vol. XVI, p. 202).

Testemunhas de nossos tempos

Pedro Pio Cortés – Índio achi, ministro da Palavra em Rabinal, Baja Verapaz, assassinado em 1981, Guatemala. **Antonio Llidó** – Sacerdote desaparecido, em 1974, no Chile.

ORAÇÃO
Da busca da libertação

Deus, nosso Pai, aos pés da cruz nos destes Maria por nossa Mãe. Por ela, Jesus assumiu sobre si nossas enfermidades e humanas contradições. Médico divino, dele é o poder que nos cura da tristeza. Dele é a energia salutar que nos regenera o espírito fragilizado. Ele ofereceu sua vida para que tivéssemos nas mãos o destino de nossas vidas e não vivêssemos ao sabor da tristeza, do fracasso, do erro, do pessimismo. ***Libertai-nos, ó Deus, de toda amarra visível e invisível, de todo malefício latente ou explícito, de toda cegueira e surdez moral e espiritual, de todo o egoísmo e orgulho manifestos e encobertos****. Libertai-nos de todo sentimento de culpa que nos perturba. Libertai-nos do rancor que nos cega, da inveja que nos devora. Livrai-nos do ressentimento e mágoa, do sentimento de vingança, de tudo aquilo que nos tira a paz e multiplica nossos males. Livrai-nos do vão padecimento, do despeito e raivas ocultas ou manifestas.*

16 DE SETEMBRO

S. Cornélio, papa, e S. Cipriano, bispo

séc. III – mártires – "Cornélio" quer dizer "duro como um chifre". "Cipriano" significa "natural da cidade de Cipros"

Em 251, S. Cornélio sucedeu a S. Fabiano na Cátedra de S. Pedro. Seu pontificado foi marcado pelo cisma de Novaciano, que também se fez eleger Bispo de Roma. Novaciano acusava S. Cornélio de ser muito moderado e tolerante para com os *apóstatas*, pessoas que haviam renegado a fé durante a perseguição de Décio. Com a ajuda de S. Cipriano, S. Cornélio procurou com todas as forças restaurar e manter a unidade da Igreja. Morreu no exílio.

S. Cipriano, por sua vez, foi um importante Padre da Igreja de Cartago, que se colocou do lado de S. Cornélio na luta contra Novaciano. Em 246, aos 36 anos, converteu-se ao cristianismo. Em 249 foi ordenado presbítero e aclamado bispo de Cartago e primaz da África Latina. Na perseguição de Décio, foi forçado à clandestinidade e a governar a Igreja de Cartago por meio de cartas. Deixou 65 cartas escritas e vários tratados de teologia. Durante a perseguição de Valeriano, foi preso e exilado, pagando com a vida suas convicções religiosas. Os *Autos* de seu martírio narram que Valeriano e seu filho, Galeno, não conseguindo convencê-lo a voltar à religião oficial, acusaram-no de subversão e o condenaram à morte pela espada. Ao ouvir a sentença de morte, simplesmente disse: "*Deus seja louvado*".

16 DE SETEMBRO

Testemunha de nossos tempos

John Troyer – Missionário norte-americano, mártir da justiça entre os camponeses de Tecpán-Chimaltenango, Guatemala, 1981.

ORAÇÃO
Da certeza da ação de Deus em nossa vida

Deus, nosso Pai, seja nosso espírito revestido de profunda determinação na busca do bem e da retidão de vida. Jamais nos esqueçamos de que a maior riqueza é a paz interior, aquela que vem do espírito. **É dali, do nosso íntimo reconciliado com Deus e em paz consigo mesmo, que brotam a força e a coragem para superar nossas dificuldades. É do nosso íntimo, unificado pela prece e embebido de amor, que nossa vida toma rumo e recobra sentido.** *Com o coração sem fingimento e disposto à misericórdia e à compaixão, busquemos apoio e alento na fé autêntica e verdadeira, aquela que proclama que sois o Deus vivo e Pai amoroso. Cheios de coragem e de santo temor espiritual, estejamos prontos a testemunhar a certeza de nossa fé em vós, nosso Pai providente, e em Jesus Cristo, morto e ressuscitado pelo poder de Deus. Graças ao seu amor, somos reconfortados e sarados, somos vivificados e regenerados, somos desembaraçados dos males que nos afligem. "Eu habito em lugar alto e santo, mas estou junto ao abatido e humilde, a fim de animar o espírito dos humildes, a fim de animar os corações abatidos"* (Is 57,15ss).

17 DE SETEMBRO

S. Hildegarda

1098-1179 – monja beneditina – "Hildegarda" significa "aquela que é como uma lança de guerra"

Hildegarda nasceu em 1098, em Bemersheim, e foi superiora do mosteiro das beneditinas, em Bingen. É tida até hoje como a grande mística cristã da Alemanha e conhecida como a "Sibila de Romênia", graças ao dom das visões que possuía desde pequena. Nessas visões, ela ouvia interiormente a "voz" de Deus, que a dirigia nas suas ações. Muito trabalhou pela reforma moral do clero, do monaquismo e do povo. Para isso percorria mosteiros, cidades, países, etc. Tornou-se um referencial não apenas religioso e teológico, mas também intelectual e científico da época, o que levou muitos bispos, abades, reis, príncipes e gente simples a buscar nela uma palavra de orientação ou a manter com ela estreita correspondência epistolar. Das suas visões místicas, originaram-se três obras de excepcional valor espiritual: *Liber Scivias* (sci vias lucis – *Conhece os caminhos do Senhor*); *Liber vitae meritorum* (*Livro dos méritos*); *Liber divinorum operum* (*Livro das obras divinas*). Morreu aos 80 anos de idade, em 17 de setembro de 1179. É representada como uma monja que escreve ou dita suas visões ao monge Volmaro, que a ajudou a escrever suas visões.

17 DE SETEMBRO

ORAÇÃO
Da nossa transformação interior

Deus, nosso Pai, "Luz Vivente" que moveis eternamente criando, conservando e renovando o cosmos e o homem (Hildegarda). **Mesmo nos momentos de vazio espiritual, de desânimo, de falta de confiança, de pânico e de medo, dai-nos a graça de contemplar vossa face na face resplandecente de Jesus ressuscitado.** *Dai-nos a graça de vê-lo através dos olhos da fé e senti-lo vivo e presente no meio de nós; vivo e presente no meio daqueles que lutam pela justiça e acreditam já aqui neste mundo na possibilidade de construir uma vida sem ódio, sem violência, sem injustiça, sem cobiça, sem agressões contra a vida das pessoas, sem destruição da natureza. O nosso medo convertei, pois, em coragem e destemor; nossa indiferença, em abnegação e serviço. Nossas limitações, suprimi; nossa ignorância, dissipai; nossa fraqueza, sustentai; nossos desaventos, abrandai; vossa face amiga e plena de luz, manifestai. Sustentados por vossa ternura, pela vossa misericórdia não nos condeneis a uma noite escura que jamais termina, a uma vida amarga e sem perspectivas, mas possamos caminhar na luz da alegria de nossos corações, agradecendo-vos o dom da vida que nos é concedido a cada momento. Cremos no poder do vosso amor que não é para um dia, mas para sempre, por isso jamais seremos confundidos.*

18 DE SETEMBRO

S. José de Copertino

1603-1663 – frade franciscano – patrono dos estudantes; dos aviadores e dos que viajam de avião ou outros meios de transporte aéreos – "José" significa "que o Senhor acrescente"

Natural de Copertino, Itália, S. José nasceu de família pobre, sem oportunidade para estudar, pois logo teve de trabalhar e ajudar em casa. Aos 17 anos, tentou em vão ingressar no convento dos frades menores conventuais. Procurou, então, os capuchinhos, conseguindo ser admitido, por algum tempo, como irmão leigo, mas logo teve de deixar o convento, por causa de seu retardamento mental. Não desanimou, porém e, graças a um tio padre, foi aceito junto aos franciscanos de Grotella. No convento, fazia os serviços mais árduos, entre outras coisas, cuidar de uma mula. Como seu desejo era tornar-se padre, tudo fazia para aprender teologia. Contam que nos exames saíra-se bem porque caíra a única questão que sabia, sendo por esse motivo invocado pelos estudantes nas provas escolares. Embora tido como "o frade mais ignorante de toda ordem franciscana", a todos surpreendia pelo modo como intuía a verdade das coisas. Após sua ordenação, em 1630, começaram os êxtases e visões, em que levitava na presença de todos, atraindo grande número de devotos. Acusado de *falsa santidade,* foi levado à presença dos juízes da Inquisição, os quais se calaram ao presenciar suas virtudes extraordinárias. As

18 DE SETEMBRO

autoridades eclesiásticas o tratavam com severidade por achá-lo perigoso, transferindo-o de um lugar para outro, mas onde quer que o escondessem e por mais que vigiassem seus passos, logo a população local se sentia atraída por ele. Veio a falecer em Osimo, aos 60 anos.

Testemunhas de nossos tempos

Alírio, Carlos e Faián, Gildardo e Marcos – Jovens camporeses, catequistas em Cocorná, assassinados na Colômbia, em 1982.

ORAÇÃO
Do Espírito Santo, Fonte viva

Deus, nosso Pai, hoje vos pedimos que envieis sobre nós o Espírito Santo e plenificai-nos com vossos dons:
"Vinde, ó Santo Espírito Santo,
as nossas almas visitai.
Enchei nossos corações, com vossa graça divinal.
Vós sois chamado Intercessor,
o Dom de Deus altíssimo,
a Fonte viva, o Fogo, o Amor, e a espiritual Unção.
Sois doador dos sete dons, e sois poder na mão do Pai;
por este transmitido a nós, enriqueceis a nossa voz.
Iluminai nosso entender, em nós vertei vosso amor.
Com vossa graça eternal, o fraco em nós robustecei.
Nosso inimigo repeli, e dai-nos logo a vossa paz.
E, tendo um guia como vós, evitaremos todo mal.
Fazei-nos conhecer o Pai, e o Filho revelai também.
E que de ambos precedeis fazei-nos firmemente crer.
Glorifiquemos a Deus Pai, e ao Filho que ressuscitou,
e ao Espírito de Deus, por todo sempre. Amém."

19 DE SETEMBRO

Nossa Senhora da Salete

Em 1846, quando apareceu aos pastorinhos Melanie Calvat e a Maximino Giraud em La Salette, nos Alpes franceses, a Virgem chorava escondendo o rosto entre as mãos. A causa de seu sofrimento era o afastamento das pessoas de Jesus, a falta de fé e o aumento da iniquidade. E ela pedia conversão. É invocada com a seguinte oração:

Lembrai-nos, ó Virgem de Salete, das lágrimas que derramastes no Calvário. Lembrai-vos também dos angustiosos cuidados que tendes por mim para livrar-me da justiça de Deus. Depois de terdes demonstrado tanto amor por mim, não podeis abandonar-me. Animado por este pensamento consolador, venho lançar-me a vossos pés, apesar de minhas infidelidades e ingratidões. Não rejeiteis a minha oração, ó Virgem reconciliadora, mas atendei-me e alcançai-me a graça de que tanto necessito... Ajudai-me a amar Jesus sobre todas as coisas. Eu quero enxugar vossas lágrimas por meio de uma vida santa de dedicação àqueles que mais sofrem neste mundo. Amém.

S. Emília Rodat

1787-1852 – fundadora – "Emília" quer dizer "diligente, solícita, zelosa"

Natural de Rodez, França, Emília de Rodat é a fundadora das Irmãs da Sagrada Família de Villefranche-de-Rouergue,

19 DE SETEMBRO

inspirada no modelo de vida da Sagrada Família de Nazaré. Em 1804, decidiu dedicar sua vida a Deus e aos pobres. Para realizar esse ideal, fundou, em 1815, uma obra para cuidar dos indigentes e levar a educação cristã à juventude. Regidas segundo a Regra de S. Agostinho, as irmãs da Sagrada Família amam o silêncio, o espírito de sacrifício e dedicam-se inteiramente ao serviço dos pobres. Foi canonizada em 1950.

Testemunha de nossos tempos

Joan Alsina – Sacerdote espanhol, operário e profeta da Palavra, assassinado durante o regime militar de Pinochet, em 1973, no Chile.

ORAÇÃO
Do amor terno e misericordioso

Deus, nosso Pai, somente vós tendes o poder de restabelecer a verdadeira paz. Mostrai, pois, que vossa paz consiste no amor terno e misericordioso, que tudo suporta, tudo crê, não busca o próprio interesse, não guarda rancor nem espalha desavenças, alegra-se com a verdade, e indigna-se com a injustiça. Mostrai também que é na simplicidade, na retidão do pensar e do agir, no acolhimento e na contínua superação de si que reside a paz de nossa consciência. **Fazei-nos entender que a falta de amor é a mãe de todos os males e desavenças. Da falta de amor e compreensão brotam as revoltas, os vícios, as agressões físicas e morais, as depressões...** *Dai-nos, pois, a certeza de que mesmo mal-amados e não correspondidos em nosso amor humano, somos por vós divinamente amados desde a eternidade: "Em nosso abatimento ele se lembrou de nós..."* (cf. Salmo 135,23).

20 DE SETEMBRO

S. André Kim Taegón, Paulo Chóng Hasang e seus companheiros

séc. XIX – mártires da Coreia

Por muito tempo, o catolicismo foi considerado, na Coreia, uma "religião perversa", pois suprimia nos convertidos os laços com o passado e com os cultos tradicionais. A essa questão religiosa somou-se também aquela do expansionismo europeu, visto pelo Estado coreano como ameaça às instituições. Se, por um lado, isso custou à comunidade cristã cerca de 80 anos (1801-1883) de perseguição, por outro a exaltou com 103 mártires, entre os quais se destacam o primeiro sacerdote, **André Kim,** e o leigo evangelizador, **Paulo Chóng**, ambos de origem coreana. Antes de ser executado, S. André Kim escreveu aos seus fiéis:

Eu vos peço: não deixeis de lado o amor fraterno, mas ajudai-vos uns aos outros, perseverando até que o Senhor tenha piedade de nós e afaste a tribulação (cf. *Liturgia das horas,* p. 1297, v. IV).

Caetano Catanoso

1879-1963 – fundador – "Caetano" quer dizer "natural de Gaeta" (Itália)

Natural de Chorio de San Lorenzo, Itália, Caetano Catanoso passou a vida inteira trabalhando pelos pobres de uma região esquecida, sem recursos e pers-

20 DE SETEMBRO

pectivas de futuro. Incansável, promoveu a evangelização popular e diversos trabalhos sociais. Devoto da Sagrada Face, fundou, em 1934, a Congregação das Religiosas Verônicas da Sagrada Face, com a finalidade da oração reparadora constante, da catequese, do serviço ao culto, da atenção especial às crianças, aos jovens, aos sacerdotes e aos idosos. Foi beatificado por João Paulo II, em 1997.

Testemunhas de nossos tempos

Francisco Luis Espinoza e companheiros – Sacerdote e militantes católicos assassinados, em 1978, na Nicarágua.

ORAÇÃO

Da humildade para reconhecer nossos erros

*Deus, nosso Pai, dai-nos entendimento e humildade para reconhecer nossas falhas. Erramos muitas vezes; somos levados ao orgulho e arrastados ao egoísmo. Por isso, **Senhor, em nossas quedas, dai-nos humildade para reconhecer que, sem vossa luz, somos cegos e vacilantes. Sem vossa força, somos fracos e debilitados. Sem vossa misericórdia e ternura, somos infelizes, vazios, palhas levadas pelos ventos de qualquer vaidade.** Em nossos sofrimentos e provações, dai força para, ao entregar nossa vida a vós, sermos curados e reabilitados. Nas angústias e tristezas, descubramos que de vós procedem a força e o alento para vencer as adversidades. De vós, o reencontro, a restauração, a reunião de tudo o que está desunido. De vós, a reconciliação das pessoas divididas por discórdias, ódios, preconceitos e falta de perdão. De vós, a última palavra que nos traz a salvação.*

21 DE SETEMBRO

S. Mateus

séc. I – apóstolo e evangelista – patrono dos contadores e contabilistas, é invocado contra a avareza – "Mateus" quer dizer "presente de Deus" – é representado por um ser humano alado simbolizando a árvore genealógica de Jesus – tem como emblema o livro dos Evangelhos, uma pena e uma lança

Os evangelhos sinóticos (Marcos, Lucas, Mateus) referem-se a Mateus ou Levi como um dos Doze apóstolos (Mateus 10,3; Marcos 3,18; Lucas 6,15). Antigos historiadores cristãos, como Pápias, bispo de Hierápolis por volta de 130, atribui a Mateus a redação de um evangelho em aramaico. O mesmo fez S. Irineu, dizendo que Mateus, apóstolo, escreveu seu evangelho quando Pedro e Paulo estavam fundando a Igreja de Roma, ou seja, por volta dos anos 60. Segundo Mateus 9,9 e 10,3, (Lucas 5, 27-31), S. Mateus foi um publicano convertido por Jesus: *"Indo adiante, viu Jesus um homem chamado Mateus, sentado na coletoria de impostos, e disse-lhe: 'Segue-me'. Este, levantando-se, o seguiu"*. No seu evangelho, Mateus nos revela Jesus como o cumprimento de todas as promessas do Pai. É o novo Moisés que se põe acima da Lei, acima do Templo. Nele, por ele o reino dos Céus já está presente na terra. Segundo uma antiga tradição, Mateus morreu martirizado na Etiópia, tendo seus restos mortais transferidos mais tarde para Salerno, onde até hoje são venerados.

21 DE SETEMBRO

Testemunha de nossos tempos

Dora Azmitia "Menchy" – Professora, pertencente à JEC, dedicada ao serviço dos pobres. Foi sequestrada e assassinada em 1981, na Guatemala.

ORAÇÃO
De São Mateus

"Tu, que hoje reinas na glória, cumprida a tua missão, lembras um Deus que ainda chama, que nos convida ao perdão. Levi, da banca de imposto, chama-te Cristo que passa: reserva-te outras riquezas, infensas ao fogo e à traça.

Por seu apelo movido, a tudo dizes adeus; serás apóstolo agora, terás por nome Mateus. Entesourando as palavras e as ações do teu Senhor, seu testemunho rediges: a Boa-Nova do amor.

Mas, ao pregar Jesus Cristo sobretudo entre o teu povo, em odre antigo colocas vinho melhor, vinho novo. Ó evangelista e apóstolo, agora mártir Mateus, dá que possamos contigo reinar na glória de Deus."

(Liturgia das horas, *Paulus/Vozes*)

22 DE SETEMBRO

S. Félix IV
526-530 – papa – "Félix" significa "feliz"

Félix nasceu em Benevento, Itália, e governou a Igreja de 526 a 530. Foi um homem virtuoso e equilibrado. Além da luta pela pureza da doutrina, seu grande empenho foi restaurar os monumentos antigos de Roma, arruinados pelas frequentes catástrofes. Conseguiu boas e cordiais relações com o rei godo Teodorico, sobretudo com sua filha Amalasunta, que lhe doou alguns edifícios no Fórum Romano, os quais foram restaurados e transformados em templos cristãos, dedicados aos santos Cosme e Damião. Restaurou também a basílica de S. Saturnino, destruída por um incêndio. Seu sucessor foi Bonifácio II, a quem preparou diligentemente para sucedê-lo. Morreu em 22 de setembro de 530.

Testemunha de nossos tempos

Eugênio Lyra – Leigo brasileiro, 30 anos, advogado cristão, foi assassinado em S. Maria da Vitória por um pistoleiro. Dedicou toda sua vida à defesa dos trabalhadores rurais e pequenos proprietários. Sua morte aconteceu poucos dias antes da denúncia que faria na Assembleia Legislativa do Estado da Bahia, em 1977.

22 DE SETEMBRO

ORAÇÃO
Da juventude

Deus, nosso Pai, vossas palavras são sábias e fonte de vida, e por elas possamos hoje ser instruídos e reconfortados: "Joga teu pão sobre a água porque após muitos dias o encontrarás. Reparte com sete e mesmo com oito, pois não sabes que desgraça pode vir sobre a terra. Quando as nuvens estão cheias derramam chuva sobre a terra; e quando uma árvore cai, tanto ao sul como ao norte, no lugar onde cair, aí ficará. **Quem fica olhando o vento jamais semeará, quem fica olhando as nuvens jamais ceifará.** *Assim como não conheces o caminho do vento ou do embrião no seio da mulher, também não conheces a obra de Deus, que faz todas as coisas.* **De manhã semeia tua semente, e à tarde não repouses a mão, pois não sabes qual delas irá prosperar: se esta ou aquela, ou se ambas serão boas.** *Doce é a luz, e agradável aos olhos ver o sol; ainda que o homem viva muitos anos, alegra-se com eles todos, mas lembra-se de que os dias de trevas serão muitos. Tudo o que acontece é vaidade. Alegra-te, jovem, com tua juventude, sê feliz nos dias da tua mocidade, segue os caminhos do teu coração e os desejos dos teus olhos, saiba, porém, que sobre essas coisas todas Deus te pedirá conta"* (cf. Eclesiastes, 11,1ss).

23 DE SETEMBRO

S. Lino

*séc. I – papa – "Lino" quer dizer
"aquele que tem os cabelos loiros"*

Lino foi o primeiro sucessor de S. Pedro, ou seja, o segundo papa da história da Igreja. Nasceu em Volterra, na região de Toscana, Itália, no século I. A seu respeito disse Santo Irineu:

Após haver fundado e edificado a Igreja, os bem-aventurados apóstolos transmitiram a Lino o encargo do episcopado. Paulo menciona este Lino em carta a Timóteo (2Tm 4,21) (apud Schlesinger, H. e Porto, H., tomo II, Paulus, São Paulo).

O seu pontificado, com sede em Roma, durou em torno de doze anos (56-67, como querem uns, ou 67-79, como querem outros). Teria sofrido o martírio nas cruentas perseguições promovidas pelo imperador Nero. Segundo a tradição, foi dele a prescrição do véu para as mulheres durante os cultos na igreja, adotando assim o que S. Paulo havia disposto na primeira carta aos Coríntios (1Cor 11,5-6), em que pedia às mulheres que cobrissem a cabeça ao participar dos cultos. O culto a S. Lino é proveniente da Toscana, sobretudo na cidade de Volterra, onde se conservam suas relíquias.

23 DE SETEMBRO

ORAÇÃO
Da dignidade de vida

Deus, nosso Pai, abri nossos corações e nossa mente à alegria, ao riso, ao júbilo, ao prazer de viver. Abri nossa existência ao mistério da vida que busca a vida, e não a morte. É vontade vossa que vivamos com dignidade e gozemos da saúde do corpo e do espírito. **Ensinai-nos a amar e a gostar de nós mesmos, acolhendo e aceitando nossa história pessoal, nossos erros e acertos, nosso passado e presente, entregando em vossas mãos nosso futuro. O pão nosso de cada dia não deixeis faltar. Sustentai também nosso espírito com vossa Palavra, que tudo esclarece.** *Cultivemos nossas riquezas interiores e abramos o coração ao serviço desinteressado. Nossos comportamentos adversos sejam corrigidos; purificado, nosso modo de ver as coisas; nosso agir e pensar, retificados; abri nossa mente ao belo, nobre, puro, verdadeiro, honesto, justo e esperançoso. Não vos pedimos facilidades nem comodidades ou fácil viver; mas dai-nos hoje e sempre saúde e coragem para enfrentar os desafios e confrontos que a vida nos impõe. Nosso compromisso é com a vida, com o amor e a esperança e com a construção de um mundo em que ninguém seja humilhado, rebaixado, mas tenha sua dignidade respeitada e preservada.*

24 DE SETEMBRO

Nossa Senhora das Mercês

Esta devoção remonta ao século XIII e liga-se aos religiosos Mercedários de S. Pedro Nolasco e aos colonizadores espanhóis que fundaram no Peru, em 1534, a cidade de S. Francisco de Quito. Com eles vieram a "Peregrina do Quito", uma imagem de madeira representando a Virgem sentada no seu trono, tendo na mão esquerda o Menino Jesus e na direita o cetro. Os Mercedários construíram capelas e difundiram seu culto por toda a colônia. De Quito, o culto a N. Senhora das Mercês espalhou-se por todo o continente americano. É invocada com a seguinte oração:

Virgem Maria, Mãe das Mercês, com humildade acorremos a vós, os membros desta família, certos de que não nos abandonais por causa de nossas limitações e faltas. Animados pelo vosso amor de Mãe, oferecemo--vos nosso corpo para que o purifiqueis, nossa alma para que a santifiqueis, o que somos e o que temos, consagrando tudo a vós. Amparai, protegei, bendizei e guardai sob vossa maternal bondade a todos e a cada um dos membros desta família que se consagra totalmente a vós. Ó Maria, Mãe e Senhora nossa das Mercês, apresentai-nos ao vosso Filho Jesus, para que, por vosso intermédio, alcancemos, na terra, a sua graça e depois a vida eterna. Amém.

24 DE SETEMBRO

Nossa Senhora Aparecida de Cabo Frio

No dia 24 de setembro de 1721, o pescador Domingos André Ribeiro achou em uma grota uma imagem de Nossa Senhora da Conceição. A imagem estava intacta, sem avaria alguma, apesar do impacto das ondas do mar contra os rochedos do Focinho do Cabo. Em agradecimento aos milagres operados pela Virgem Aparecida, foi-lhe dedicada uma capela dentro da Igreja Matriz de Nossa Senhora da Assunção.

ORAÇÃO
Da unidade dos povos

Deus, nosso Pai, a história humana caminha, as gerações passam, mas persiste a exploração do homem pelo homem. Avançam as tecnologias, a natureza é desvendada, sofisticado o poder econômico, inumeráveis também as pessoas que padecem fome, miséria crônica e ficam à margem do progresso humano. Prezamos a liberdade, mas inúmeras são as formas de escravidão social e psíquica. **Prezamos a união, as relações cordiais, a solidariedade, mas ficamos divididos, pelos preconceitos de raça, de posição social, de credos políticos e religiosos. Por isso, Senhor, Deus nosso Pai, vos pedimos: anulai todas as divisões e irmanai-nos em uma só família.** *Dai-nos o bom-senso para perceber que podemos nos ferir com as pedras da injustiça, da mentira, do desrespeito que nós próprios atiramos ao ar; que a vida faz retorno e nos faz regressar pisando os espinhos do ódio, da vingança e do desamor que nós mesmos semeamos quando passamos* (cf. Eclo 27, 28ss).

25 DE SETEMBRO

S. Hermano, o Entrevado

*séc. XI – monge – "Hermano" ou "Armando" quer dizer
"homem da guerra"*

Hermano, o Entrevado, nasceu em 1013, na ilha de Constança, que no século XI pertencia à Alemanha. Descendente dos condes de Alshausen, tornou-se monge aos 30 anos de idade. Viveu em uma das abadias mais antigas da Alemanha, o mosteiro de Reichnau, fundado por S. Firmino, em 724. Vítima de um "traumatismo obstétrico", ficou completamente paralisado, apenas mexendo um pouco as mãos e a língua. Era transportado de um lugar para outro como uma criança de colo. Apesar disso, foi considerado um dos maiores sábios do seu tempo, igualando-se ou mesmo superando a Beda, o Venerável. Foi grande matemático, poeta romântico, astrônomo, compositor, historiador, inventor. Inventou uma máquina de calcular, um astrolábio e várias espécies de instrumentos musicais. É de sua autoria a sequência litúrgica *Ave, maris stela*, *Alma Redemptoris Mater* e a *Salve, Regina*. Em uma de suas obras se lê:

Fui, eu, Hermano, que fez este livro, eu, o rebotalho dos pobres de Cristo, que anda a reboque dos aprendizes de filosofia, mais lento de espírito que um jumentinho" (apud Leite, J. op. cit., vol. III, p. 84).

25 DE SETEMBRO

Testemunha de nossos tempos

José Benedito Dusmet – Beneditino, arcebispo, beatificado no dia 25 de setembro de 1988. Natural de Palermo, nasceu no dia 15 de agosto de 1818. Foi professor de Teologia e Filosofia, prior em vários mosteiros, abade e, por fim, arcebispo de Catânia e cardeal. Homem de vasta cultura, lutou por uma melhor formação do clero e dos monges, com a abertura de seminários e o restabelecimento do Colégio de S. Anselmo. Esteve sempre presente junto ao povo nos momentos de calamidades públicas (erupção do Etna, em 1880, as epidemias de cólera em 1867, em 1885, etc.). Criou uma vasta rede de obras sociais para amparar necessitados, como órfãos, indigentes, idosos, sem-teto, doentes, etc.

ORAÇÃO

De Maria, Rainha
"Salve, Rainha,
Mãe de misericórdia,
vida, doçura, esperança nossa, salve!
A vós bradamos, os degredados filhos de Eva.
A vós suspiramos, gemendo e chorando
neste vale de lágrimas.
Eia, pois, advogada nossa,
esses vossos olhos misericordiosos a nós volvei!
E depois deste desterro,
mostrai-nos Jesus,
bendito fruto do vosso ventre,
ó clemente, ó piedosa,
ó doce sempre Virgem Maria!
Rogai por nós, Santa Mãe de Deus!
Para que sejamos dignos das promessas de Cristo."

26 DE SETEMBRO

S. Cosme e S. Damião

*séc. III – mártires – "Cosme" lembra o que "embeleza, adorna"
"Damião", o que "doma e vence" – patronos dos médicos,
farmacêuticos e crianças*

Os irmãos médicos Cosme e Damião eram da Arábia e ficaram famosos na arte da cura, exercida sem nada cobrar de ninguém. Tal era o desprendimento com que acudiam os necessitados, fossem cristãos ou não, que logo ganharam a estima e o respeito de toda a Egea. Sofreram o martírio na perseguição de Diocleciano (283-305). São invocados com a seguinte oração:

S. Cosme e S. Damião, por amor a Deus e ao próximo, vos dedicastes à cura do corpo e da alma de vossos semelhantes. Abençoai, pois, os médicos e farmacêuticos. Medicai meu corpo na doença e fortalecei meu espírito contra a superstição e todas as práticas do mal. Que vossa inocência e simplicidade acompanhem e protejam nossas crianças. Que a alegria de uma consciência tranquila repouse em meu coração. Que a vossa proteção, Cosme e Damião, conserve meu coração simples e sincero, porque dos pequeninos é o Reino do céu...

S. Cipriano, o Mago, e Justina
séc. III e IV – mártires – "Cipriano" significa "natural de Cipre"

Natural de Antioquia, Cipriano foi, antes da conversão, um mago que dominava os segredos da adivinhação e a arte dos sortilégios do Egito. Ao conhecer S. Justina, enamorou-se dela e tudo fez

26 DE SETEMBRO

para conquistá-la, mas tudo em vão, pois o segredo de Justina era a confiança inabalável em Deus. Compreendeu então a inutilidade da magia diante da fé e da oração. Abandonou tudo, converteu-se a Deus e se fez sacerdote, sendo mais tarde aclamado bispo de Cartagena. Em 304, Justina foi presa em Damasco e Cipriano, preso em Antioquia. Levados à Nicomédia, lá testemunharam a fé.

Testemunhas de nossos tempos

Lázaro Condo e Cristóbal Pauuña – Camponeses indígenas, mortos em 1974, no Equador.

ORAÇÃO
Da busca de Deus nas contradições humanas

Deus, nosso Pai, diante de vós, a malícia é confundida; os sortilégios, exorcizados, o poder do mal é desfeito. Se vós, Senhor, é por nós, quem será contra nós? Quem poderá nos prejudicar? Velai pois sobre cada um de nós. Nem o mal e suas potências, nem a penúria, a inveja, o ciúme, a calúnia, a mentira, a esperteza, os malfeitos, nada abata nosso ânimo e fragilize nossa fé em vós. Uma palavra vossa, e seremos curados, e as trevas converter-se-ão em luz. Guiai, Senhor, nossos passos e defendei-nos das doenças do corpo e do espírito. Desfaça os artifícios da inveja, dos maus intentos e de todos os quebrantos. Senhor Deus de todas as potestades, exorcizai as energias negativas, os maus presságios debelai, nossa luz interior reacendei, nas trevas do mal a nossa casa iluminai, nosso caminho, aplainai. Anjos que sobem e descem, defendei-nos, de todo o mal nos livrai.

27 DE SETEMBRO

S. Vicente de Paulo

1580-1560 – patrono das sociedades beneficentes – "Vicente" quer dizer "vencedor do mal"

Vicente de Paulo, o Apóstolo da Caridade, nasceu em Pouy, França. Compreendendo o significado perverso da miséria humana, procurou dar-lhe uma resposta concreta: fundou, em 1625, com um grupo de colaboradores, a *Congregação da Missão* ou *Lazaristas*, cuja primeira casa achava-se no priorado de S. Lázaro, em Paris. Mais tarde, fundou, com S. Luísa de Marillac, as *Filhas da Caridade* ou *Irmãs Vicentinas*. Com razão é o patrono das sociedades beneficentes. É invocado com a seguinte oração:

Ó glorioso S. Vicente, vós que nunca na vossa vida abandonastes a ninguém de quantos vos imploraram, considerai a multidão dos males que pesam sobre nós e vinde em nosso auxílio. Alcançai do Senhor socorro aos pobres, alívio aos enfermos, consolo aos aflitos, proteção aos desamparados, caridade aos ricos, conversão aos pecadores, zelo aos sacerdotes, paz à Igreja, tranquilidade às nações e a todos a salvação. Fazei que experimentemos todos os efeitos de vossa piedosa compaixão e que assim socorridos por vós nas misérias desta vida, sejamos reunidos convosco no céu, onde não haverá nem tristeza, nem dores, mas somente prazer, alegria e felicidade eterna. Amém.

27 DE SETEMBRO

S. Adolfo e João
†1852 – mártires – Adolfo" significa "lobo nobre"

Natural de Sevilha, os irmãos Adolfo e João eram filhos de pai mouro e mãe cristã. Órfã de pai, a mãe decidiu reunir-se aos cristãos de Córdoba. Considerando a atitude da mãe Artêmia um desrespeito a Maomé, seus parentes os denunciaram às autoridades mouras em Córdoba... Como se mantivessem firmes na fé, foram martirizados.

Testemunhas de nossos tempos

Guido Leão dos Santos – Líder da causa operária, morto pela repressão policial, em Minas Gerais, em 1979. **Augustina Rivas** – Religiosa do Bom Pastor, martirizada no Peru, em 1990.

ORAÇÃO
Do silêncio interior

Deus, nosso Pai, tudo fala de vós e tudo canta vosso louvor. No seio dos acontecimentos humanos, nos enviais mensagens de esperança e soerguimento. Passais por nossos corações como brisa refrescante, aliviando nossas penas, sarando o que está enfermo, endireitando o que é tortuoso. Por vosso amor, concedei-nos a graça do recolhimento, do silêncio interior, da escuta atenta e diligente de vossas mensagens de amor. Que ao vos buscar possamos encontrar-nos convosco e com nossos irmãos. Silenciai em nós os ruídos das trivialidades. **Cessai a agitação de nosso muito vagar e pouco encontrar. Ensinai-nos a humildade das sementes que em silêncio rompem a terra buscando a luz na superação de sua própria dissolução.**

28 DE SETEMBRO

S. Eustáquia

séc. IV – virgem e mártir – "Eustáquia" significa "aquela que dá bons frutos"

Natural de Roma, nasceu em 367. Era filha de S. Paula e discípula de S. Jerônimo. Em 382, atraída pela sabedoria de S. Jerônimo, escolheu-o como mestre espiritual. Um dia, o Mestre desabafou-se com ela contra os maus pastores dizendo que havia os que disputavam o sacerdócio para mais livremente se avistarem com as mulheres. Os que se preocupavam mais com as vestes, o calçado limpo, com os perfumes, com os penteados, anéis e ornamentos... Já outros andavam preocupados em saber o nome e as residências das damas da sociedade e em tirar proveito da amizade delas... (conf. Rohrbacher, op. cit., vol. 17, p. 152). Em 385, perseguido pelos adversários, Jerônimo perdeu seu grande amigo e incentivador, o papa S. Dâmaso. Foi então para a Palestina, estabelecendo-se em Belém. Não tardou muito, S. Eustáquia e S. Paula partiram em busca do mestre, fixando-se em Belém. Em carta dirigida à irmã de Eustáquia, Jerônimo testemunha:

Se tu visses tua irmã, se tu ouvisses que linguagem lhe sai da boca sagrada, que grande alma tu verias naquele frágil corpo. Tu ouvirias todos os tesouros do Antigo e Novo Testamento saírem, candentes, do seu coração (apud Rohrbacher, op. cit., vol. 17, p. 115).

Quando Eustáquia morreu, Jerônimo confessou a um amigo:

28 DE SETEMBRO

A súbita morte da santa e venerável virgem de Cristo, Eustáquia, perturbou-me muito e quase mudou meu gênero de vida (idem).

ORAÇÃO
Da Palavra que alenta

Deus, nosso Pai, S. Eustáquia viveu do alimento salutar da vossa Palavra. Nela encontrou alento, coragem, força, luz para prosseguir a caminhada rumo à Pátria celeste. A seu exemplo, **busquemos também nós, na leitura e meditação cotidiana da Palavra, o discernimento para bem conduzir nossos dias***. Que a Palavra nos converta a mente e o coração, torne-nos melhores, mais autênticos e generosos, mais justos e humildes, mais pacientes e respeitosos, mais esperançosos e cheios de fé. Que a Palavra instaure em nosso agir sentimentos de dignidade de vida e unção que a tudo engrandece. Sejamos como a árvore plantada à beira da fonte das águas eternas, que em tempo oportuno cobre-se de flores e de frutos.*

29 DE SETEMBRO

S. Miguel, S. Gabriel e S. Rafael, Arcanjos

"Anjo" quer dizer "mensageiro" de Deus

"*Quem como Deus*" é *Miguel* (Dn 10,13), o defensor e opositor do mal, o defensor das decisões divinas. *Miguel* geralmente é representado como um jovem guerreiro alado, sobre nuvens. Além da lança, espada e estandarte, traz uma balança, símbolo da justiça de Deus. *Gabriel* (= *minha força é Deus*) é aquele que anuncia o surgimento de um tempo novo (*kairós*) com o nascimento de João Batista e do Messias Jesus. É, pois, aquele que traz a boa notícia do Emanuel Deus-conosco. *Rafael* (= *a medicina de Deus*) é aquele que conhece todos os caminhos e guia Tobias em sua viagem (Tb 5,17ss). É o patrono dos viajantes e peregrinos.

S. Ciríaco, o Eremita

*449-557 – eremita – "Ciríaco" quer dizer
"aquele que pertence ao Senhor"*

Natural de Corinto, Ciríaco, o Eremita, era ainda muito jovem quando partiu para a Palestina e lá foi acolhido por S. Eutímio, o Grande, que vivia na solidão dos desertos próximos de Jericó. Teve como mestre o amigo de S. Eutímio, o abade S. Gerásimo, organizador das primeiras comunidades de anacoretas perto do mar Morto. Viveu a maior parte da vida na Caverna de S. Cáriton, no deserto de Tekoa, próximo de Belém. Um contemporâneo seu, Cirilo de Citópolis, escreveu sua vida e

29 DE SETEMBRO

afirma que era dotado de profunda bondade e paz de espírito e que jamais alguém o vira alterado.

Testemunhas de nossos tempos

Apolinário Serrano, José Lópes, Félix Salas e Patrícia Puertas – Sindicalistas camponeses, comprometidos com uma nova ordem social, assassinados em 1990, no Equador.

ORAÇÃO
Da busca da paz e da concórdia

Deus, nosso Pai, concedei-nos a concórdia e a paz. ***Restabelecei, nós vos pedimos, a paz em nossos corações atribulados por desavenças, incompreensões, rixas, falta de diálogo e falta de perdão.*** *Não deixeis que a discórdia, o egoísmo, o orgulho ferido destruam a harmonia em nossa casa. Enviai-nos* Rafael, *o conhecedor de todos os caminhos, para que guie na direção certa nossos passos. Que ele nos traga discernimento para relevar toda e qualquer ofensa e a inteligência para debelar toda mentira, calúnia e precipitados julgamentos. Enviai-nos* Miguel, *para nos defender do mal. Que ele nos dê a força para perdoar e pedir o perdão por nossos erros. E quando a discórdia recair sobre nós, enviai-nos* Gabriel, *o anunciador da boa-nova. Assim sejam refeitos nossos sonhos e esperanças e busquemos na humildade a verdade; no perdão, a paz; no mistério da vossa paixão, morte e ressurreição, um sentido novo para nossa existência.*

30 DE SETEMBRO

S. Jerônimo

c. 340-420 – presbítero e doutor da Igreja – "Jerônimo" significa "aquele que tem um nome sagrado"

Originário de Estridão, Dalmácia, S. Jerônimo foi um dos mais importantes latinistas e biblistas da história da Igreja. Foi chamado *"mestre do povo cristão, cujos escritos brilham pelo mundo inteiro como lâmpadas rutilantes"* (S. João Cassiano). Após receber o batismo aos 18 anos de idade, partiu para o Oriente onde se entregou à vida ascética e monástica, passando dois anos no deserto de Cálcide. Ordenado sacerdote, não quis exercer o ministério. O papa Dâmaso fê-lo seu secretário particular e o incumbiu de revisar a versão latina do Novo Testamento. Após a morte de Dâmaso, fixou-se na Palestina, onde fundou, com S. Paula, S. Eustóquia e outros discípulos, uma comunidade monástica. Com o auxílio de escribas, fez a versão dos textos sagrados em hebraico e grego para o latim e comentou vários livros da Bíblia. Sua tradução, a *Vulgata*, permanece como referência até hoje. Místico, fazia do estudo bíblico um meio de elevação espiritual. Deixou vasto epistolário, tratados doutrinários e comentários bíblicos.

S. Gregório, o Iluminador

240-326 – bispo – "Gregório" quer dizer "cuidadoso, vigilante"

Segundo a tradição, o pai foi o assassino do rei Khosrov I, da Armênia. Descoberto o crime, toda a família veio a ser

30 DE SETEMBRO

exterminada, com exceção de Gregório, salvo pela ama cristã, e levado da Armênia para Cesareia, na Capadócia. Ali foi batizado e mais tarde casou-se com uma jovem chamada Julita. De volta à Armênia, acabou preso por Tirídates III, mas intervém e cura o rei do mal que o atormentava, fazendo com que ele e toda a corte se convertessem à fé cristã. Libertado, foi sagrado bispo em Cesareia, dedicando o resto da vida à evangelização do povo armênio. Daí ele ser chamado "O Iluminador".

ORAÇÃO
Da alegria que brota da luta

Deus, nosso Pai, fortalecei nosso espírito para que enfrentemos as dificuldades com destemor e determinação. Olhemos para frente, para o horizonte, pois lá estão vossos anjos prenunciando a nossa vitória final. **Fazei-nos entender que a vida é transformação, dinamismo, contínua superação. Aprendamos da semente caída ao chão e que do chão se levanta enriquecida de folhas, de flores e de frutos.** *Aprendamos da noite que gera um novo dia. É pela luta e busca constantes que se concretizam os mais nobres ideais. É pelo espírito de luta que não mede sacrifícios, que se reconstrói uma vida desfeita. Enfrentemos as dificuldades com inteligência, discernimento e bom humor e assim exorcizemos os medos e as inseguranças do futuro. Apoiando-nos na Palavra que tudo criou e sustenta, havemos de conhecer a alegria de termos ultrapassado, na fé, nossos próprios limites.*

1º DE OUTUBRO

S. Teresinha do Menino Jesus

1873-1897 – É a padroeira das missões, dos floristas e aviadores – "Teresinha" é diminutivo de "Teresa", que quer dizer "natural de Terásia", ilha do mar Egeu

Teresinha do Menino Jesus fez-se monja carmelita aos 16 anos de idade, no Carmelo de Lisieux, França. Sua vida nada teve de extraordinário a não ser viver bem o dia a dia de sua vocação. Portanto, na sua vida o que importava não era *o que* fazia, mas *o como* ela fazia cada coisa: *com extremo amor*. Para ela, o amor era uma dimensão de vida, a sua vocação aqui na terra e também no céu: *"Quero passar o meu céu fazendo o bem na terra"*. Deixou-nos o seu testamento espiritual no livro autobiográfico *História de uma alma*. É invocada com a seguinte oração:

Ó S. Teresinha, chamai-nos, e nós correremos convosco, ao encontro de Jesus, pelo caminho do testemunho coerente do Reino por meio do amor. Fazei-nos simples e dóceis, humildes e confiantes para com o nosso Pai do céu. Ah!, não permitais que o ofendamos com o pecado. Assisti-nos em todos os perigos e necessidades; socorrei-nos em todas as aflições e alcançai-nos todas as graças espirituais e temporais, especialmente a que estamos precisando agora (...) Lembrai-vos, ó S. Teresinha, que prometestes passar o vosso céu fazendo o bem à terra, sem descanso, até ver completo o número dos eleitos. Ah!, cumpri em nós vossa promessa: sede nosso

1º DE OUTUBRO

Anjo protetor na travessia desta vida e não descanseis até que nos vejais no céu ao vosso lado, cantando a ternura do amor misericordioso do Coração de Jesus. Amém.

S. Remígio
c. 439 – apóstolo dos francos – "Remígio" quer dizer "o Remador"

De Lyon, França, Remígio pertencia a uma família de santos. A mãe foi S. Celina; sua ama, S. Balsâmia; o irmão, S. Príncipe. Em 459, aos 22 anos, foi aclamado bispo de Reims. Graças a sua pregação, Clóvis, rei dos francos, convertera-se ao cristianismo, após a vitória de Tolbiac, arrastando consigo uma multidão de crentes. Por isso, é chamado o *Apóstolo dos francos*.

ORAÇÃO
Do Deus que nos salva

Deus, nosso Pai, pelo vosso Espírito, agi em nós. Pela força do vosso amor eterno, arrebatai-nos para o vosso reino de justiça e de paz. **Pela vossa Palavra viva e eficaz, enchei nossos corações de ternura e de misericórdia. Devolvei-nos o sentido de viver. Pela vossa luz, sarai nossa cegueira interior.** *Pela certeza de que sois Senhor de todas as coisas, possamos buscar a retidão em nossas ações e a gratuidade em nossos gestos e sentimentos. Pela vossa verdade, que consome o que é palha, que as realidades transitórias e as vaidades das coisas não nos prendam nem nos verguem com pesados fardos. Pela vossa paternidade universal, unamos num gesto solidário nossas mãos em busca da justiça e da paz. Pelo vosso poder, livrai-nos de todo mal.*

2 DE OUTUBRO

Santos Anjos da Guarda

"Anjo" quer dizer "mensageiro" – "Rafael" significa "medicina de Deus" – É representado por jovem alado, de cabelos longos e esvoaçantes, vestido de túnica e capa, acompanhado de uma criança (Tobias) levando um peixe – "Miguel" significa "Quem como Deus" – Geralmente é representado como um jovem guerreiro alado, sobre nuvens – Além da lança, espada e estandarte, traz uma balança, símbolo da justiça de Deus

Anjo da Guarda ou Anjo Tutelar ou ainda, **Rafael Arcanjo**, aparece na Bíblia e na tradição católica como o anjo individual, protetor, defensor e amigo do homem. Desde o século XV, os moradores de Valência, Espanha, veneravam os Santos Anjos como protetores da cidade e de cada habitante, sendo por isso considerada o berço dessa devoção. A partir de 1508, a devoção universalizou-se pelo mundo católico. Embora a devoção aos Anjos da Guarda seja mais antiga que a dos santos, ela se popularizou somente na Idade Média, sobretudo a partir de 1670, quando Clemente X a tornou devoção da Igreja Universal. Os anjos estão presentes em toda a Bíblia, onde aparecem como os servidores e mensageiros de Deus, os guardiães e testemunhas dos pensamentos mais recônditos do homem (Gn 24,7.40; 31,11; 48,16; Ex 3,2; 14,19; 23,20; 33,2; Nm 22,22s; Js 5,13ss; Jz 2,1ss.; 13,3ss; 2Sm 24,16ss.; 2Sm 14,20; 19,28; Sl 91 etc.) É o Anjo do Senhor quem guia o povo de Deus pelo deserto e acampa com os que temem o

2 DE OUTUBRO

Senhor (Sl 34,8). É *S. Rafael Arcanjo* que guia o jovem Tobias a Ecbátana (Tb 5,11). No Novo Testamento são os anjos (*Arcanjo S. Gabriel*) que anunciam a José o nascimento de Jesus (Mt 1,20), a fuga para o Egito (Mt 2,3). Assistem a Jesus durante as tentações (Mt 4,11) e o confortam durante a agonia (Lc 22,43). Na ressurreição de Jesus, estão presentes (Mt 28,2). É também um anjo que liberta Pedro da prisão (At 5,19). A importância dos anjos na Bíblia é tal que chegam a ser citados por mais de 300 vezes.

ORAÇÃO
Dos Santos Anjos

"Eterno Autor do mundo, que o céu e o mar guiais, segundo as nossas obras, Rei justo, nos pagais. O espírito soberbo às trevas condenastes com muitos companheiros, e os anjos bons firmastes. Tais anjos enviai-nos, e dai-lhes por missão guiar os nossos passos até a salvação. Que venham consolar-nos, mostrar-nos vosso amor, guiar-nos para o bem, vencendo o tentador. **Guiai-nos pelos Anjos, ó Deus, durante a vida. Por sua mão nos levem à glória prometida.** *A vós, Deus Uno e Trino, louvor a todo o bem. Possamos, com os Anjos, no céu vos ver. Amém."* (Liturgia das horas)

3 DE OUTUBRO

B. André de Soveral, Ambrósio Francisco e companheiros

† 1630 – presbíteros e leigos – mártires do Brasil

Os padres André de Soveral e Ambrósio Francisco Ferro e 28 leigos foram martirizados por soldados holandeses calvinistas, no Engenho Cunhaú e Uruaçu, em Canguaretama, Rio Grande do Norte. O martírio ocorreu enquanto participavam da celebração eucarística celebrada por André de Soveral, e estavam ali presentes pais e mães de família, jovens e pessoas idosas. Um deles, Mateus Moreira, no momento em que lhe arrancavam o coração pelas costas, ainda teve forças para exclamar: *"Louvado seja o Santíssimo Sacramento"*. Antes de ser executado, padre André de Soveral exortava os fiéis a suportarem o martírio e, rezando, confortava os agonizantes.

S. Tomás de Hereford

c. 1218-1282 – bispo – "Tomás" é o mesmo que "Tomé" e significa "gêmeo"

Natural de Hambleden, Buckinghamshire, Tomás de Hereford estudou em Oxford, Paris e Orleãns. Participou do Concílio Ecumênico de Lyon, em 1245. Foi professor de Direito Canônico na Universidade de Oxford e, em 1275, sagrou-se bispo de Hereford, onde realizou importante trabalho pastoral junto ao clero e aos leigos. Visitava com frequência as comunidades dos fiéis, sempre se colocando ao lado dos mais fracos e necessitados,

3 DE OUTUBRO

defendendo-os contra o abuso dos poderosos. Levava vida austera e era fiel tanto nas pequenas como nas grandes coisas. Acabou morrendo excomungado pelo seu próprio arcebispo.

ORAÇÃO
Da grandeza da vida

Deus, nosso Pai, nós vos agradecemos pela vida, mestra que nos ensina a humildade, o despojamento e a perene recriação. Nós vos agradecemos pela vida, que nos chama à luta, tantas vezes difícil, árida, insensata, mas que sempre nos dá a consciência de estarmos vivos e de termos superado nossos desafios e desventuras. **Nós vos agradecemos pela vida, que supera e excede a sucessão dos desalentos provendo-nos com esperanças e sonhos novos.** *Nós vos agradecemos pela vida, que se faz plenitude por meio de um amor terno e misericordioso, generoso em doar e tardo em tomar para si. Possamos sempre nos lembrar das palavras de Moisés que, na montanha do Horeb, presenciou a glória de Deus:* **"Chegastes à montanha dos amorreus que o Senhor nosso Deus nos dará. Eis que o Senhor teu Deus te entregou esta terra: sobe para possuí-la, conforme te falou o Senhor, Deus dos teus pais. Não tenhas medo, nem te apavores"** (cf. Deuteronômio 1,19ss). *Não fiquemos aterrorizados, nem tenhamos medo perante as dificuldades da vida. É o Senhor Deus quem vai à nossa frente. Ele combaterá a nosso favor. Portanto, com firme confiança e determinação, subamos a montanha das nossas rotinas cotidianas na certeza de que a vida em nós um dia será plena.*

4 DE OUTUBRO

S. Francisco de Assis

1182-1226 – fundador – "Francisco" vem de "Franco" e quer dizer "homem livre" – patrono dos animais, da ecologia

Francisco aspirava à fama e à glória. Partiu, então, para a guerra e lá foi feito prisioneiro. Após um ano de prisão, voltou à cidade, sendo aclamado com festas. Um dia, entretanto, tocado por Deus, muda radicalmente a vida. Contrariando os planos do pai, em 1206 abandona tudo e, com alguns amigos, funda a *Ordem dos Frades Franciscanos*. Sob a inspiração e com a ajuda de S. Clara nasce a ordem das Clarissas e, em 1221, a Ordem Terceira. É invocado com a seguinte prece:

Ó glorioso S. Francisco, nosso grande padroeiro, a vós recorremos atraídos pela doçura de vossa santidade. Protegei-nos e abençoai-nos. Vós que nos ensinastes a procurar neste mundo a perfeita alegria no amor de Deus e do próximo; vós que tanto amastes as pessoas e a natureza toda, porque proclama a glória e a sabedoria do Criador, fazei-nos servir a Deus na alegria, ajudar o próximo o melhor possível, amar até as mais fracas criaturinhas e, com nossos bons exemplos e boas ações, espalhar em torno de nós os benefícios da fraternidade cristã. Amém.

4 DE OUTUBRO

S. Petrônio

c. 430 – bispo – "Petrônio" quer dizer simplesmente "o quarto filho"

Petrônio era de Bolonha e descendia de família nobre. Foi enviado a Roma por Teodósio para tratar da heresia nestoriana. Foi nomeado bispo de Bolonha pelo papa Celestino I. Segundo consta, é de sua autoria a obra *Vidas dos monges do Egito* e o *Tratado da ordenação do bispo*.

ORAÇÃO
De Deus e da natureza

Deus, nosso Pai, resgatai em nós o poder da admiração, do encantamento, do respeito e do carinho com a natureza. *Natureza, em que nada é supérfluo, pois a seu modo cada coisa cumpre seu destino de perpétua transformação. Assim, a palha e a folha prolongam a semente, a rama, o fruto, o tronco e a raiz. Grãos de areia formam as praias e as gotículas de água, os mares. Natureza em que nada há de falso, pois tudo é o que é: o torto não se faz de reto nem o que é mortal reclama redenção. Como fagulhas de uma chama maior, cruzamos o universo na dança das gerações. De cada coisa que criastes, ó Deus, pouco é o que compreendemos. O que é um riso ou uma lágrima na alquimia das coisas espirituais? Apesar das deturpações e violências, eis aí vossa obra de amor e de ternura, o espetáculo interminável da vida, que tudo excede e se renova em contínuas e doídas parições.*

5 DE OUTUBRO

S. Apolinário de Valence

séc. V – bispo – "Apolinário" quer dizer "aquele que foi consagrado a deus/Apolo"

Apolinário nasceu em Viena e viveu no século V. Irmão de S. Avito e conselheiro espiritual de S. Mermeto, foi eleito bispo de Viena em 480, quando o Império Romano chegava ao fim assolado pelas invasões dos bárbaros e conturbações políticas e sociais. Enfrentou a resistência de um clero corrompido e o abuso de poder de príncipes e poderosos. Por causa de sua luta em defesa da verdade e da justiça, acabou exilado. Morreu em 520, e foi sepultado na Igreja de S. Pedro e S. Paulo, em Valence.

S. Raimundo de Cápua

1330-1399 – dominicano – "Raimundo" quer dizer "conselheiro"

Superior geral da Ordem Dominicana e diretor espiritual e biógrafo de S. Catarina de Sena. Além de dirigir os frades pregadores, prestou inestimáveis serviços à Santa Sé no campo da diplomacia religiosa. Dedicou-se também às reformas eclesiásticas, à defesa dos direitos do Romano Pontífice. Deixou algumas obras escritas, entre as quais *De reformatione religiosa* e *Opuscula* e *Literarae*.

5 DE OUTUBRO

ORAÇÃO
Da busca da felicidade

Deus, nosso Pai, temos sede de felicidade, mas não sabemos discernir com clareza os verdadeiros caminhos para construir nossa paz interior. Temos sede de liberdade, mas não sabemos romper as correntes que nos prendem a tantos medos e angústias. **Temos sede de comunhão, mas vivemos agarrados a egoísmos, vaidades, mentiras e falsas seguranças. Temos sede de amor, de completude, de comunhão, mas andamos divididos, fragmentados e de nós mesmos empobrecidos e esquecidos de amar.** Temos sede de absoluto, mas fixamos morada no provisório de nossos interesses e desejos jamais saciados e nos escudamos em regulamentos estéreis e sufocantes. Por isso, Senhor, nós vos pedimos: dai-nos o dom do discernimento, da sabedoria e da fortaleza. Rompei as amarras do orgulho, da inveja e exorcizai nossas infelicidades. Aquecei-nos com o fogo divino da vossa sarça ardente. Acolhei-nos e amparai-nos à sombra das asas dos vossos anjos de luz. Alimentai-nos continuamente com vosso sopro de vida infinita.

6 DE OUTUBRO

S. Maria Francisca das Cinco Chagas

1715-1791 – mística franciscana – "Maria" significa "aquela que é excelsa, sublime" – "Francisca", por sua vez, quer significar "aquela que é sincera, livre e independente"

Nasceu em Nápoles, aos 25 de março de 1715. Sentindo-se atraída à vida consagrada, não quis casar, preferindo ingressar na Ordem Terceira de S. Francisco, sendo por isso perseguida por seus familiares. Tornou-se então uma das grandes místicas, cujas provações não foram pequenas. Além das profundas crises de fé, padeceu atrozes sofrimentos, mas manteve-se fiel a Deus, procurando-o incessantemente. Grande devota da Santíssima Trindade, meditava continuamente sobre a paixão, morte e ressurreição de Jesus. É chamada "Maria Francisca das Cinco Chagas" porque, no fim de sua vida, recebeu os estigmas, como S. Francisco de Assis. Morreu em 1791, em Nápoles.

Testemunha de nossos tempos

José Osmán Rodrigues – Camponês, 26 anos, ministro da Palavra, assassinado em Honduras, 1978, por sua luta pelos marginalizados.

6 DE OUTUBRO

ORAÇÃO
Das lições de humildade

Deus, nosso Pai, amparai-nos nos momentos adversos. Amparai-nos sobretudo quando buscamos a retidão em nossas ações e não somos compreendidos. Amparai-nos nos momentos de provação, quando o desespero parece sufocar nosso coração, quando a desesperança turva a nossa visão e obscurece nosso entendimento. Saibamos tirar proveito de nossos erros e aprendamos dos nossos limites e contradições. **Aprendamos de nossos próprios fracassos e desacertos. Mais vale a humildade que a prepotência. Mais vale ajudar o outro do que tudo querer reter para si. Mais vale a simplicidade de vida do que sucumbir à fragmentação dos sonhos na busca de poder.** *Possamos conservar íntegros o carinho e cuidado pela frágil chama de bondade que arde perenemente no fundo de cada coração. E possamos discernir entre o que realmente importa e o que é perfeitamente dispensável. Aprendamos do vendaval das vaidades que nada constrói e nos inclinemos à passagem de Deus na brisa suave da paz interior:* **"Sai e conserva-te em cima do monte na presença do Senhor: ele vai passar...** *Depois do fogo ouviu-se o murmúrio de uma brisa ligeira"* (1Rs 19,11-12). *E Deus estava na brisa suave.*

7 DE OUTUBRO

Nossa Senhora do Rosário

Esta devoção reporta à célebre vitória cristã sobre os turcos em Lepanto. No dia da batalha (7/10/1571), Pio V conclamara todo o povo cristão que rezasse sem cessar o rosário, pedindo à Virgem que desse a vitória aos cristãos. E assim aconteceu. Para comemorar o fato, Pio V estabeleceu anualmente uma celebração de ação de graças em honra a N. Senhora da Vitória. Em 1716, Clemente XI estendeu a festa à Igreja inteira. S. Domingos (1170-1221), por sua vez, propagou, por intermédio de seus frades pregadores, a reza do terço pelo mundo inteiro. É invocada com a seguinte oração:

Nossa Senhora do Rosário, dai a todos os cristãos a graça de compreender a grandiosidade da devoção do santo rosário, na qual à recitação da ave-maria se junta profunda meditação dos santos mistérios da vida, morte e ressurreição de Jesus, vosso Filho e nosso Redentor. S. Domingos, apóstolo do rosário, acompanhai-nos com vossa bênção, na recitação do terço, para que, por meio dessa devoção a Maria, cheguemos mais depressa a Jesus; e, como na batalha de Lepanto, N. Senhora do Rosário nos leve à vitória em todas as lutas da vida.

7 DE OUTUBRO

S. Marcos

séc. IV – "Marcos" significa "grande martelo de ferreiro", daí o nome do deus da guerra "Marte"

Marcos nasceu em Roma e foi o sucessor do papa Silvestre, em 336. Em seu breve pontificado procurou restaurar a espiritualidade das comunidades cristãs, construindo templos e combatendo heresias. Ao morrer, foi sepultado no cemitério de Balbina, na igreja que ele próprio construiu. O culto a S. Marcos começou logo após sua morte.

Testemunha de nossos tempos

Manuel Antonio Reys – Camponês, ministro da Palavra, assassinado em 1980, em El Salvador.

ORAÇÃO
Da obra redentora de Deus em nós

Deus, nosso Pai, pela vossa cruz salvaste o mundo. À semelhança de Jesus, Madeiro vivo, vergado pelo humano sofrimento, possamos com nossas lágrimas completar a obra da vossa redenção, até que venham vossos anjos na consumação dos tempos e desçam nossos corpos do lenho de nossas provações, ressuscitem nossas carnes e façam renascer nossos ossos e nos deem a graça de vos contemplar face a face, Deus vivo e verdadeiro. **Somos cruzes e, por sermos cruzes, está escrito que haverá remissão para nossos pecados.** *Lágrimas, gemidos e aflições de espírito um dia haverão de cessar; e a vida renovada, ressuscitada pelo poder de Deus, haverá de superar o abismo da morte e exultar de alegria pela vida sem fim.*

8 DE OUTUBRO

S. Pelágia, a Penitente
séc. V – "Pelágia" significa "aquela que é do mar"

Contemporânea de S. João Crisóstomo. Segundo a tradição, Pelágia foi uma dançarina de rara beleza, arrojada, vaidosa, debochada e liberada de Antioquia. Amava com paixão a dança e gostava de ostentar suas ricas pérolas, por isso era chamada de "Margarita", que, em grego, significa "Pérola". Um dia, Nono, que era bispo de Edessa, pregava nas portas da igreja, quando apareceu a bela e rica Pelágia desfilando em seu cortejo. Então Nono disse: *"Tornar-se tão bela só para agradar a um homem mortal, como devemos nós enfeitar nossa alma para agradar a Deus"*. E acrescentou: *"Esta mulher é uma lição para nós, bispos. Preocupa-se mais com sua beleza e sua dança do que nós com nossas almas e nosso rebanho"* (apud Attwater, *Dicionário dos santos,* Art Editora, 1991, São Paulo, p. 244). Cativada por Nono, acabou convertendo-se ao cristianismo, mudando radicalmente de vida. Disfarçada de homem, foi então para Jerusalém. Passou o resto da vida sozinha em uma gruta no Monte das Oliveiras. Era por todos conhecida com o nome de "Pelágio".

8 DE OUTUBRO

Testemunha de nossos tempos

Nestor Paz Zamorra – Seminarista, filho de um general boliviano, assassinado na Bolívia, em 1970, em virtude de sua luta em favor dos pobres.

ORAÇÃO
Da busca da ressurreição

Deus, nosso Pai, sede nossa luz e nossa direção neste dia. **Velai por nossa saúde e por nossa paz interior. Ajudai-nos a sermos mais nós mesmos, mais gente, e assim encontremos a alegria e a paz interior.** *Ajudai-nos a viver intensamente cada momento de nossa vida, sabendo que tudo caminha inexoravelmente rumo à unidade perfeita, nada é repetido, mas tudo se soma no cumprimento do vosso desígnio de amor. Tudo está suposto naquilo que ainda não foi, mas que é semente do que, no tempo propício, haverá de ser: vida renascida, vida ressuscitada. Todas as promessas anunciadas e todos os sonhos de paz e de fraternidade serão realizados, em uma terra sem males. Senhor, sois a vida ressuscitada, e vosso corpo resplandecente e glorioso é a certeza de que nossa é a ressurreição. Para quem vos ama não existe fim, mas eterna parição na vossa luz. Não existe morte, mas ressurreição pelo poder de Deus.*

9 DE OUTUBRO

S. Dionísio e seus companheiros

séc. III – bispo e mártir – "Dionísio" quer dizer "pertencente ao deus Baco", considerado pelos antigos gregos como o espírito exuberante do crescimento, da força e do vigor

Segundo Gregório de Tours, no século III Dionísio, conhecido também como Dinis, e mais seis outros bispos foram enviados como missionários de Roma para a França. Primeiro bispo de Paris, sofreu o martírio por volta de 258, sob o jugo de Décio ou de Valeriano. O lugar em que foi decapitado com seus companheiros de missão, Eleutério e Rústico, em Paris, é conhecido como Montmartre, isto é, "Colina do mártir". Algumas tradições antigas identificam S. Dinis com Dionísio, o Areopagita, homem versado nas ciências, convertido por Paulo Apóstolo. Sua vida está envolta em lendas e fatos miraculosos. S. Metódio, seu biógrafo, afirma que, ao ser decapitado, ele tomou a própria cabeça e com ela caminhou mil passos, depositando-a nas mãos de uma mulher cristã. A ele foram atribuídas várias obras de cunho religioso (*Dos nomes divinos, Teologia mística...*).

9 DE OUTUBRO

ORAÇÃO
Da aceitação de nós mesmos

Deus, nosso Pai, corremos daqui para ali, sem tempo para dar atenção às pessoas, sem tempo para escutar o outro, sem tempo para nós mesmos. Pais, não escutamos nossos filhos. Filhos, não escutamos nossos pais. Marido e mulher, andamos surdos e desatentos, pobres de ternura e de compreensão. Obtusos, não escutamos os mais sábios. Mais sábios, não escutamos os mais simples. Andamos sem tempo para uma palavra humana de encorajamento, de estima, de apreço e de amizade. **Distanciados de nós mesmos e dos outros, vamos nos distanciando da própria vida e caindo no vazio de tantas máscaras. Ensinai-nos, ó Deus de bondade, a dissipar a fumaça das vaidades.** *Clareai a treva que ofusca nosso olhar interior e nos impede de ver a nós mesmos e ao outro. Ensinai-nos a aceitação do que fomos e somos, pois reconhecendo nossas falhas e acertos seremos apaziguados e ficaremos em paz conosco mesmos. Atentos às palavras daquele que disse "ame seu próximo como você ama a si mesmo", possamos acolher o outro na simplicidade e na transparência do que realmente somos: rama de um mesmo tronco; grãos que amadurecem na mesma espiga; crianças que buscam o colo do mesmo Pai e chamam pela mesma Mãe em busca de proteção.*

10 DE OUTUBRO

S. Daniel e companheiros
†1227 – mártires – "Daniel" quer dizer, em hebraico,
"meu juiz é o Senhor" ou "é o Senhor que julga"

Sete anos após o martírio dos primeiros franciscanos, Beraldo e seus companheiros, em Marrocos, S. Daniel e vários companheiros partiram rumo à Ceuta para implantar entre os mouros a boa-nova, mas acabaram ali martirizados (10/10/1227). Os companheiros de S. Daniel eram Samuel, Ângelo, Dônolo, Leão, Nicolau e Hugulino. Os frades foram presos assim que entraram em Ceuta. Lançados na prisão, passaram uma semana, aguardando o julgamento. Como persistissem inabaláveis na fé cristã, foram decapitados. O culto a S. Daniel e seus companheiros se popularizou desde 1516.

S. Daniel Comboni
1831-1881 – bispo e fundador – "Daniel" quer dizer, em
hebraico, "meu juiz é o Senhor" ou "é o Senhor que julga"

Natural de Brescia, Daniel Comboni, apóstolo da África, foi o fundador dos missionários combonianos, precursores de um novo modelo de evangelização em terras africanas, em que o africano era chamado a ser o protagonista da própria história. Daí ele chamar a atenção da Igreja universal sobre sua responsabilidade missionária em relação à África, traçando um Plano global de evangelização para aquele continente, o qual deu origem a numerosas obras missionárias de apoio à luta contra todo o tipo de opressão, seja sociopolítica, seja cultural e religiosa. Além

10 DE OUTUBRO

do Instituto das Missões Africanas, fundou também a *Obra do Bom Pastor pela regeneração da África* e as irmãs Virgens missionárias da caridade, as Pias Mães da Negritude. Em 1877 é nomeado Vigário Apostólico e Bispo em Roma. Foi beatificado em 1996 por João Paulo II.

ORAÇÃO
Do novo milênio

Deus, nosso Pai, neste novo milênio, quando tudo parece fragmentado, quando tudo é exacerbado, despontai conosco do turbilhão das humanas transformações: os abismos fratricidas, preenchei; as divisões perversas, suprimi; as intrigas diabólicas, dissipai; as mentiras assassinas, desvendai; os que se perderam na vida, reencontrai; a violência e o ódio, exorcizai. **Nosso egoísmo e indiferença, quebrai. As searas da justiça e da verdade, multiplicai; a mesa dos famintos, provei; os humanos desertos, regai; a sede de amor e de misericórdia, matai;** *o porto da paz verdadeira, assegurai-nos; em altares vivos e oferentes, transformai-nos; a liturgia de nossas almas e de nossos corpos, dai-nos celebrar em vosso louvor. O corredor dos deserdados, visitai; a noite dos desalentados, clareai; o medo e o temor dos espíritos servis, esconjurai; nossas traves e amarras, rompei; nossos sonhos de fraternidade, reavivai; com vossa presença amorosa e perene, preparai-nos e acompanhai-nos nesse novo tempo.*

11 DE OUTUBRO

S. Alexandre Sáuli
1530-1592 – bispo – "Alexandre" quer dizer
"defensor dos homens"

Alexandre Sáuli nasceu em Milão, em 1530. Jovem ainda, ingressou na comunidade religiosa de S. Barnabé ou Barnabitas, dedicados à pregação e à educação da juventude. Professor de Filosofia na universidade de Pávia, foi eleito superior geral da ordem e, mais tarde, bispo, sagrado por S. Carlos Borromeo. Sua ação pastoral foi intensa: fundou colégios e seminários; promoveu frequentes visitas aos seus fiéis; favoreceu e incentivou a formação intelectual e espiritual do clero e zelou pela ortodoxia. Em 1591, foi nomeado bispo de Pávia, vindo a falecer no ano seguinte. Foi canonizado por Pio X, em 1904.

S. Maria Soledade Torres Acosta
1826-1887 – fundadora – "Maria" tem muitos significados,
como "amada", "senhora", "Predileta do Senhor", "excelsa",
"suprema"

Natural de Madri, Espanha, Maria Soledade foi, juntamente com Pe. Miguel Martínez Sanz, a fundadora das Servas de Maria, ministras dos enfermos. A ideia do novo instituto religioso nasceu da dificuldade que um amigo de Pe. Miguel enfrentara em achar alguma pessoa que pudesse cuidar à noite de sua filha doente, porque a regra das Filhas da caridade proibia às irmãs o serviço em domicílio. Pe. Miguel decidiu, então, encontrar sete "damas", bem situadas na vida, que pudessem assumir essa nova forma de apostolado. Aconselhada por seu confessor,

11 DE OUTUBRO

Maria Soledade foi a sétima a se oferecer a dar assistência, em domicílio, aos enfermos. A sétima dama, que fora inicialmente aceita meio a contragosto, por sua baixa condição social, haveria de tornar-se no futuro o sustentáculo da nova congregação. De fato, com o apoio da Rainha Isabel II, o instituto religioso só conseguiu superar as dificuldades e ganhar nova vida quando Maria Soledade foi escolhida para superiora, ficando à frente de suas irmãs por 31 anos.

ORAÇÃO
Do Deus que conforta

Deus, nosso Pai, animados pela confiança que depositamos em vós, possamos recobrar nossas forças, nosso entusiasmo, nossa alegria de viver, na certeza de que não estamos órfãos, mas estais conosco amparando-nos nas dificuldades, mostrando o caminho da fraternidade e da paz de espírito. Exorcizai nossos temores, reerguei nossa fronte abatida, sustentai nossa fé, apaziguai nosso interior e fazei ressoar em nossos desaventos vossa Palavra consoladora: **"Vinde a mim todos os que estais cansados sob o peso do vosso fardo e eu vos darei descanso.** Tomai sobre vós o meu jugo e aprendei de mim, porque sou manso e humilde de coração, e encontrareis descanso para vossas almas, pois o meu jugo é suave e o meu fardo é leve" (Mt 11,28-35).

12 DE OUTUBRO

Nossa Senhora Aparecida

A imagem de N. S. da Conceição Aparecida foi encontrada em 1717, no rio Paraíba por alguns pescadores. Por cerca de 20 anos, o pescador Filipe Cardoso conservou a imagem em sua casa. Depois lhe foi construída uma capelinha onde permaneceu por 143 anos até ser levada, em 1888, para a *Basílica Velha*. Em 1980 foi entronizada na *Basílica Nova*, inaugurada por João Paulo II. É invocada com a seguinte oração:

Lembrai-vos, ó Clementíssima Mãe Aparecida, que nunca se ouviu dizer que alguns daqueles que têm recorrido, invocado vosso santíssimo nome e implorado vossa singular proteção, fosse por vós abandonado. Animados com essa confiança a vós recorremos, tomando-vos de hoje para sempre por nossa mãe, nossa protetora, consolação e guia, esperança e luz na hora da morte. Senhora, livrai-nos de tudo o que possa ofender-vos e a vosso santíssimo Filho, nosso Redentor e nosso Senhor Jesus Cristo. Virgem bendita, preservai-nos de todos os perigos da alma e do corpo; dirigi-nos em todos os negócios espirituais e temporais. Soberana Senhora, livrai-nos da tentação do demônio, de todos os males que nos ameaçam, para que, trilhando o caminho da virtude, possamos, um dia, ver-vos e amar-vos na eterna glória por todos os séculos dos séculos. Amém.

12 DE OUTUBRO

S. Serafim de Montegranaro

1540-1604 – Em hebraico, "Serafim" significa "anjo do fogo", "anjo da luz"

Natural de Montegranaro, Itália, Serafim fez muitas coisas na vida antes de tornar-se capuchinho: foi pastor de ovelhas e ajudante de pedreiro. Enfrentou muitas dificuldades antes de ingressar na vida religiosa e, quando ingressou, foi duramente provado pelos próprios coirmãos. Embora mal soubesse soletrar algumas palavras ou jamais conseguisse ler um livro, na sua simplicidade de criança possuía o dom de ler as consciências e o íntimo das pessoas.

ORAÇÃO
Da ternura de Deus

Deus, nosso Pai, crescemos, ficamos autossuficientes e pedimos a herança que nos cabe na vida. Longe de nossa casa, criamos deuses à nossa imagem e semelhança. Cansamos e nos afadigamos por nada. **Sobrecarregamos com inúteis fardos, e vamos aprendendo as lições de nossas próprias insanidades. Andarilhos de promessas de paz, de felicidade, jamais cumpridas, e mendigos de sentimentos de ternura e de misericórdia, perambulamos em círculos sem nunca nos encontrar.** *E, cansados, pedimos colo e nos entregamos como crianças ao vosso Anjo de luz, para que nos conduza de volta aos nossos corações. Mesmo quando distanciados de nós mesmos, ainda assim somos iluminados pela luz do vosso olhar e acompanhados pela vossa bondade. Desvencilhai, pois, nosso agir de toda mentira e falsidade e dai-nos a simplicidade de coração, que nos torna dignos do vosso reino.*

13 DE OUTUBRO

S. Geraldo de Aurillac

855-909 – leigo – "Geraldo" significa "aquele que governa com a lança"

A vida deste leigo e santo foi escrita por S. Odão, abade de Cluny. S. Geraldo viveu na França, por volta de 855. Seu pai, conde de Aurillac, era dono de consideráveis propriedades. Desde criança, foi uma criatura frágil, o que mais tarde o impedirá de ingressar na vida religiosa. Aos 7 anos, ficou cego mas recuperou a visão após algum tempo. Recusou-se casar, para entregar-se totalmente ao serviço de Deus e do próximo. Profundamente religioso, passou a vida praticando o bem e ajudando os necessitados. No fim de seus dias, ficou novamente cego, desta vez, definitivamente. Pressentindo que a morte se aproximava, intensificou suas obras de caridade: libertou os servos de sua propriedade e fundou um mosteiro em Aurillac, confiando-o aos monges de Cluny. Morreu em 909, em Saint-Cirgues.

13 DE OUTUBRO

ORAÇÃO
Do Deus renovador de nossas mentes

Deus, nosso Pai, reavivai nossa capacidade de admiração e de apreço pela vida, dom de vós recebido. Em lugar da frieza, da indiferença, dai-nos a capacidade de emocionar e de abrir o coração ao que é novo e restaurador. No vosso Reino, sejamos como crianças em gestação, que aos poucos amadurecem para a parição, para a vossa luz. **Em lugar da tristeza, do desânimo, da acomodação, dai-nos o santo otimismo e o bom humor de quem sabe confiar mesmo em tempos adversos.** *Em lugar da rotina, do sempre igual, dai-nos a capacidade da criatividade, da inovação. Em lugar da insensibilidade, dai-nos a capacidade do estremecimento, do encantamento, da descoberta de que sois um Deus amoroso e terno. Em lugar do comodismo, da autossegurança, dai--nos a capacidade da busca, a alegria do encontro, o fascínio da vossa claridade, que nos atrai e seduz para vosso reino de amor.*

14 DE OUTUBRO

S. Domingos Loricato

† 1060 – *"Domingos" quer dizer "nascido em um domingo"
ou também "pertencente ao Senhor"*

Domingos Loricato foi um eremita italiano que passou toda a vida fazendo penitência, recitando dia e noite os salmos, jejuando, sempre vestido de uma "lorica", que era uma couraça, símbolo de sua luta contra o espírito do Mal. No silêncio e na meditação, era confortado com o dom das lágrimas. Daí ser ele chamado "Domingos Loricato". Sua vida foi escrita por Pedro Damião que, referindo-se a ele, dizia que o santo não tinha um falar elegante, mas sua vida excedia em nobreza e virtudes. Sua pregação não era feita com palavras vazias, mas com obras vivas e gestos concretos.

S. Fortunato

*530-609 – bispo – "Fortunato" quer dizer "afortunado",
"feliz", "ditoso"*

Fortunato foi bispo de Poitiers e poeta latino. Nasceu em Cénéda, próximo de Treviso (Veneto) em 530. Morreu em 609. Amigo de S. Radegunda, foi eleito bispo de Poitiers em 569. Destacou-se também como poeta, deixando vários escritos, entre outros *Obras diversas, Hinos litúrgicos, Vida de santos, Exposição da fé cristã*. Tinha também o poder de exorcizar demônios e ressuscitar mortos.

14 DE OUTUBRO

ORAÇÃO
Do abandono total a Deus

"Ó bom Jesus, ó Pai de minha alma, faça-se a vossa vontade e não a minha em tudo e por tudo. Dai-me seja este tudo sem exceção, e que seja esta entrega de todo o coração. **Encaminhai-me, Deus meu, quando erro, fazei-me tornar a vós quando me afasto, prendei-me, Deus meu, e não me julgueis por minhas rebeliões desventuradas.** *Não vedes quão negligente sou em me oferecer e quão fraco e mentiroso em cumprir, mas para tudo é vosso amor. Se nem sempre me cumpre estar em luz e consolação, tomai à vossa conta a fraqueza desta pobre natureza, e tratai-me como quiserdes, e tende-me de vossa mão em tudo e, se vós me quiserdes, farei vossa vontade e não a minha."* (Imitação de Cristo, Livro III, cap. XV, Edições Paulinas).

15 DE OUTUBRO

S. Teresa de Ávila

1515-1582 – doutora da Igreja, fundadora e mística – "Teresa" quer dizer "natural de Terásia", ilha do mar Egeu

Aos 20 anos, S. Teresa de Ávila entrou para o convento carmelita da Encarnação em Ávila, Castela. Mais tarde, encorajada por S. Pedro de Alcântara, fundou o Convento de S. José, em Ávila (1562), a primeira casa das carmelitas reformadas ou "descalças", que seguiam uma regra mais rigorosa e menos complacente que a das carmelitas "calçadas". Viajando por toda Espanha, fundou mais 20 conventos, que prezavam a disciplina e a oração mental. Afetuosa, franca, alegre e espirituosa, soube unir em si a vida contemplativa e a vida de ação, amando a Deus em tudo e por tudo. Deixou várias obras, entre as quais *Vida* (autobiografia), *Caminho da perfeição*, *Livro das fundações* e *O Castelo interior*.

S. Eutímio, o Jovem

c. 823 – eremita – "Eutímio" significa "benévolo", "bem-humorado", "aquele que está de bem com a vida"

Eutímio, cujo nome de batismo era Nicetas, viveu em Opso, na Galácia, Ásia Menor, por volta de 823. Seu pai chamava-se Epifânio e a mãe, Ana. Casou-se com Eufrosina e tiveram uma filha que se chamava Anastasô. Um dia, porém, deixou a casa, a mulher e a filha, juntando-se a S. Joânico, um camponês que virou soldado e depois se fez eremita, fundando três mosteiros.

15 DE OUTUBRO

Eutímio viveu por três anos em uma gruta no monte Atos e depois, por volta de 870, fundou também ele um mosteiro onde passou cerca de 14 anos. Tentou em vão levar uma vida de estilita como o fizera S. Simeão Estilita. Espírito inquieto, terminou sua vida peregrinando de mosteiro em mosteiro, morrendo aos 74 anos de idade.

ORAÇÃO
Da Sabedoria de Deus

Deus, nosso Pai, vós conheceis o começo, o meio e o fim dos tempos. Conheceis toda a natureza, aquilo que é oculto e manifesto. A tudo restaurais por vossas energias e vibrações. Nada vos é oculto. Nada vos é ausente. O que em nós é obtuso não resiste à vossa claridade. Nada resiste ao fogo de amor que em vós arde eternamente. Sob a vossa luz, o que é confuso se esclarece. O que é frágil recobra forças e se fortalece. O que é doente ganha a vida e se estabelece. A vossa Sabedoria tudo penetra, tudo atravessa, tudo abrange, tudo restaura. Concedei-nos o falar com sabedoria e inteligência. **Dai-nos a graça de pensar e agir corretamente e em tudo usar de bom senso e discernimento. Jamais percamos a dignidade humana e de criaturas criadas à vossa imagem e semelhança.** *Dirigi nossos passos pelo caminho da retidão e iluminai nossas sendas obscuras, para que, compreendendo e aceitando a nós mesmos, possamos também compreender os outros e render-vos graças eternamente.*

16 DE OUTUBRO

S. Edwiges
1174-1243 – invocada contra os endividados – "Edwiges" lembra "luta" e "combate"

Edwiges nasceu na Bavária. Embora vivesse num palácio, não descurava a oração, a penitência e a caridade. Após o nascimento do último filho, o marido e ela decidem viver em perfeita continência. Foi provada duramente com a morte de cinco filhos seus, só lhe restando Gertrudes. Após a morte do marido, Henrique I da Silésia e Polônia, usou de sua fortuna para ajudar os pobres. Terminou seus dias no convento cisterciense de Trebnitz, que ela própria havia fundado e do qual a filha Gertrudes era a abadessa. É envocada pelos pobres e individados, pois jamais deixou de ajudar a quem a ela recorria.

Vós, S. Edwiges, fostes na terra amparo dos pobres e desvalidos e socorro dos endividados, e no céu gozais o eterno prêmio da caridade que praticastes. Confiante vos peço: sede minha advogada para que eu obtenha a graça de (pede-se a graça) e por fim a graça suprema da salvação eterna. Amém.

S. Geraldo Majela
1726-1755 – religioso e místico – patrono das mulheres grávidas. "Geraldo" quer dizer "aquele que é forte como uma lança".

Geraldo Majela nasceu em Muro, Itália, em 1726. Filho de alfaiate, desde cedo mostrou-se inclinado aos enlevos místicos. Aos 12 anos, ficou órfão de pai, tentando a vida como alfaiate na

16 DE OUTUBRO

cidade natal. Abandonou tudo, entretanto, e ingressou na Congregação do Santíssimo Redentor, recentemente fundada por S. Afonso Maria de Ligório. Foi caluniado e proibido de participar da eucaristia. O tempo, porém, foi seu melhor juiz. No convento exercia os ofícios mais humildes, como o de porteiro, jardineiro, enfermeiro, cozinheiro; e por todos era chamado de "pai dos pobres". Após cinco anos de vida religiosa, caiu gravemente enfermo, vindo a falecer aos 29 anos de idade.

ORAÇÃO
Do poder transformador de Deus

Deus, nosso Pai, floresçam no chão do coração das pessoas as sementes do Reino. **Por não buscar a paz, a fraternidade, a solidariedade e a reconciliação, caíram cidades, esfacelaram-se impérios. Por não buscar a justiça, povos se tornaram escravos. Por não ter fé na vida, não guardar a esperança, pessoas perderam a dignidade.** *Fazei, pois, Senhor, que em tudo busquemos mais unir que dividir, porque de vós procede toda a comunhão e a participação. Possamos enxergar no outro mais as suas qualidades do que os defeitos, porque de vós procede toda a perfeição. Tornai-nos mais acolhedores e receptivos e menos arrogantes e presunçosos, porque de vós procede toda a verdade que liberta nossa mente e purifica nossos sentimentos. Tornai-nos operantes e dignos da vocação a que fomos chamados, porque de vós procede o poder que transforma, recria e faz novas as antigas coisas.*

17 DE OUTUBRO

S. Inácio de Antioquia
séc. II – bispo, mártir e doutor da Igreja

Foi discípulo dos Apóstolos Pedro, Paulo e João e o segundo bispo da Igreja de Antioquia depois de Pedro. Por volta de 110, durante a perseguição de Trajano, foi preso e levado a Roma para ser julgado. Durante a viagem escreveu sete cartas pastorais endereçadas a diversas Igrejas, tratando de questões doutrinais, da organização da Igreja e dos princípios fundamentais da vida cristã. Em Roma foi sentenciado e lançado às feras. Na carta dirigida aos Romanos, testemunhava: *"Deixai-me ser alimento das feras; por elas pode-se alcançar a Deus. Sou trigo de Deus, serei triturado pelos dentes das feras para tornar-me o puro pão de Cristo. Rogai a Cristo por mim, para que por este meio me torne sacrifício para Deus"* (cf. *Liturgia das horas*, v. IV, p. 1387-1388).

S. Margarida Maria Alacoque
1647-1690 – religiosa e mística – "Margarida" quer dizer "pérola", mas lembra também a flor que traz o seu nome

Natural de Lantecour, Borgonha, Margarida Maria, órfã de pai, foi uma menina de saúde frágil, da qual Nossa Senhora teria se compadecido, fazendo-a levantar do leito em que jazia por quase 4 anos. Ingressou no convento da Visitação em Paray-le-Monial, em 1671. Sua vida foi totalmente dedicada à devoção ao Sagrado Coração de Jesus. Por quatro vezes o

17 DE OUTUBRO

Sagrado Coração de Jesus manifestou-se a ela envolto em chamas, pedindo-lhe que anunciasse ao mundo o seu amor. Com a ajuda de Cláudio de la Colombière e com o testemunho de uma vida íntegra, Margarida Maria conseguiu vencer os preconceitos dos que a consideravam apenas uma "visionária" e não uma verdadeira mística.

ORAÇÃO
Do Deus de todo bem e de toda graça

Deus, nosso Pai, buscamos, no progresso e nos confortos tecnológicos, refúgio para nossos desconfortos e remédio para nossos vazios interiores. **Um dia, dissestes: "Enchei as talhas de água", e o que era água transformou-se no melhor vinho** (cf. Jo 2,6ss). **Por isso, Senhor, nós vos pedimos, humildemente: estancai, com vosso poder, nossa sede de absoluto, de felicidade, de amor, e fazei transbordar do vinho da vossa graça as frágeis talhas vazias de nossa fé e esperança.** *Vosso é o poder de desvendar os segredos dos corações inquietos, de devolver a paz aos que precisam de perdão e reconciliação. Vosso é o poder de resgatar a dignidade humana ferida por tantos males, aviltada por desumanos e perversos atos, empobrecida de amor e da justiça desamparada. Em Jesus, vosso Filho e nosso irmão, todo clamor por vós será ouvido, todas as promessas de justiça serão cumpridas, todos os ídolos serão postos por terra e destruídos, todos os inocentes serão repatriados e haverão de rir e serão cobertos de bens; e seus sonhos de esperanças, paridos.*

18 DE OUTUBRO

S. Lucas
séc. II – apóstolo

O novo Testamento fala de Lucas como médico, companheiro e colaborador de Paulo em suas viagens missionárias (Cl 4,14; At 16,10-17; 20,15-21; 27,1-28, 16). A tradição atribui a Lucas a autoria do terceiro evangelho (70-80) e dos Atos dos Apóstolos. Homem comprometido com a Igreja nascente, conhecedor da tradição cristã, era sensível para com os pecadores e os pobres. Segundo S. Irineu, Lucas acompanhou Paulo até o martírio e morreu aos 84 anos na Beócia.

Nossa Senhora Mãe Rainha ou Mãe Peregrina

No dia 18 de outubro de 1914, Pe. Kentenich, com alguns seminaristas, fez uma *aliança de amor com Nossa Senhora*. Dali nasceria o culto à *Mãe Rainha Vencedora Três Vezes Admirável de Schoenstatt*. É *Mãe* porque é a Mãe de Jesus e nossa Mãe (Jo 19,25ss); *Rainha*, porque, em virtude de ser a Mãe do Rei do Universo, está acima de todas as criaturas; *Vencedora*, porque, pelo poder de Deus a ela concedido, triunfa de todo o mal; *Três Vezes Admirável*, porque é a *Mãe de Deus*, *Mãe do Redentor* e a *Mãe dos remidos;* de *Schoenstatt,* porque foi o lugar escolhido por Deus para estabelecer o seu santuário. Desde 1949, a Mãe Peregrina vem visitando lares, hospitais, escolas, presídios, incentivando a reza do terço e promovendo o encontro das pessoas.

18 DE OUTUBRO

Testemunhas de nossos tempos

Massacre no Engenho Aztra – Em 1977, no Equador, são assassinadas mais de cem pessoas, porque protestavam contra a empresa que não os pagava.

ORAÇÃO
Do discernimento

Deus, nosso Pai, Senhor dos vivos e dos mortos. Conselheiro forte. Perscrutador dos corações. Libertador dos pobres e dos injustiçados. Porto seguro dos náufragos de esperança e de seus sonhos de felicidade espoliados. Guia dos que buscam a luz do conhecimento do bem e o discernimento entre a mentira e a verdade. **Dai-nos a graça de ver com os olhos da fé o que é preciso ver. Fazei vir o que há de vir. Fazei nascer o que há de nascer. Fazei cair o que há de cair.** *Sustentai o que pede fortalecimento. Dai à história um caminhar seguro. Uni os laços e congregai os povos. Nenhum sangue seja vertido ao chão. Tornai possível a reconciliação e a fraternidade universal. Pontificai o convívio entre as gerações. Divisões e preconceitos exorcizai. Nos abismos intransponíveis, dai-nos a mão e sustentai-nos na travessia. Mas em tudo, lembrai-vos da vossa aliança conosco. Dependurai o vosso arco de paz no firmamento e confirmai a vossa promessa: "... tudo o que existe não será mais destruído pelas águas do dilúvio"* (cf. Gn 9,8ss).

19 DE OUTUBRO

S. Pedro de Alcântara
1499 – místico e asceta – "Pedro" significa "rocha", "pedra"

Pedro nasceu em Alcântara, Espanha, em 1499. Estudou em Salamanca e, aos 16 anos, ingressou na Ordem dos Franciscanos, em Manxarretes, tornando-se mais tarde Provincial. O campo de sua missão foi Espanha e Portugal. É tido como um dos maiores místicos e ascetas espanhóis do século XVI. Foi conselheiro das cortes espanhola e portuguesa e o diretor espiritual de S. Teresa de Ávila. Era um homem de vida austera, dado a grandes penitências, meditações e oração. Tal estilo de vida foi implantado nos conventos sob sua jurisdição. S. Teresa muito o admirava, seja pela afinidade espiritual, seja pelos favores que dele conseguira e pelo apoio que lhe deu o Santo nos momentos mais difíceis de sua vida. Graças a ele, S. Teresa conseguiu fundar em Ávila o seu primeiro convento de carmelitas "descalças". No tempo do Brasil império, era o protetor do Brasil em atenção ao Imperador, que também se chamava Pedro. É representado vestido do hábito franciscano, com uma cruz, um crânio, a pomba simbolizando o dom da profecia e o livro com a Regra da Ordem.

19 DE OUTUBRO

ORAÇÃO
Da busca da eterna morada

Deus, nosso Pai, por mais que avance o homem no tempo, por mais que se acrescentem aos séculos as humanas experiências, pouco ainda sabemos do amor, do perdão e da justiça. Pouco sabemos do mistério da dor e da iniquidade e do mistério que nos envolve a cada instante. Pouco sabemos das forças ocultas que nos arrastam ora para o bem ora para destemperos, crueldades e padecimentos. Nesta frágil arca em que buscamos refúgio, tudo geme de dor e de alegria ao mesmo instante, tudo silencia e se desespera diante da própria impotência, tudo se esvai e pede um novo nascimento. Lembremo--nos de Noé... Por 40 dias e 40 noites, permaneceu na arca, à deriva, nas águas do dilúvio que jamais parecia ter fim (Gn 7,1ss). Mas, cheio de esperança e confiança, concentrou o coração naquele que o conduzia na escuridão, em meio a raios, trovões e tempestade. E quando as águas serenaram, por três vezes a pomba alçou voo e partiu, por outras três vezes voltou; e só na quarta vez que partiu... pois a vida sobre a terra já era possível. **Nós, desta arca em que balançamos sobre as alegrias e as mágoas da vida, quais pombas, partimos muitas vezes para regressar vezes sem conta ao ponto de partida.** *O que importa, entretanto, é ficarmos atentos à espera do aviso de Deus, para deixar a arca e pisar terra firme, uma terra sem males, e nele, em Deus, estabelecer nossa eterna morada.*

20 DE OUTUBRO

S. Irene ou Iria

séc. VI – virgem e mártir – "Irene" quer dizer "aquela que é de paz", que trabalha pela paz, que é "pacífica"

Irene ou Iria é venerada na Espanha e especialmente em Portugal. Viveu por volta de 550, em um mosteiro português. Segundo a tradição, era uma jovem de singular beleza por quem um jovem, chamado Britaldo, se apaixonou. Como Irene já houvesse optado pela vida consagrada, sua decisão foi respeitada. Perante esse amor impossível, o jovem apaixonado entrou em depressão e deixou-se prostrar no leito. Comovida, Irene foi visitá-lo, confortando-o com a promessa de jamais se casar com outro. Aconteceu que S. Irene tinha como conselheiro espiritual um monge chamado Remígio, que, vencido por sua beleza, quis seduzi-la. Como Irene resistisse às insinuações, um dia o monge administrou-lhe uma bebida misteriosa que fê-la tomar o aspecto de gestante. Crendo-se traído, Britaldo mandou matá-la. Seu corpo foi lançado nas águas do rio Nabão. Célio, seu irmão, que era abade, descobriu, porém, a verdade. Todos se puseram a procurá-la pelas águas dos rios Nabão, Zêzere e Tejo. Seu cadáver foi encontrado nas águas do Tejo, junto à cidade de Scálabis, que passou a chamar-se Santarém, em memória de S. Irene.

20 DE OUTUBRO

Testemunhas de nossos tempos

Raimundo Herman – Sacerdote norte-americano, 45 anos, defensor dos índios quíchuas, assassinado na Bolívia em 1975. **Maurício Maríglio** – Sacerdote brasileiro, 1966. **Jorge Eduardo Serrano** – Jesuíta, Colômbia, 1988.

ORAÇÃO
Do Deus consolador

Deus, nosso Pai, habitais nossos corações e nos instruís no íntimo de nossas consciências, plenificando-nos de alegria e esperança. No tempo da adversidade, consolai-nos e dai-nos forças e alento para continuar a luta. No tempo da dor e da provação, enxugai nossas lágrimas de agonias e devolvei--nos a serenidade. No tempo de alegria e felicidade, recolhei nossos risos de bem com a vida. No tempo do desânimo, fazei despontar uma nova era para nossos dias. **No tempo da dúvida, esclarecei o que nossos raciocínios obscureçam e concedei-nos a real visão das coisas. No tempo do erro, aplainai o que nossas mãos aviltam e abaixai nosso orgulho para nos corrigir.** *No tempo adverso, restitui-nos a normalidade e a simplicidade de coração. No tempo do medo, fazei calar em nós o que não consiste. No tempo da dificuldade, instigai nossas mentes, desafiai nossa precária inteligência e pretenso bom-senso... Falais, quando tudo se cala, e calais, para que nossos clamores subam até vossos anjos.*

21 DE OUTUBRO

S. Úrsula e companheiras

"Úrsula" quer dizer "ursinha"

Segundo o Martirológio romano, S. Úrsula e suas companheiras resistiram aos hunos e foram martirizadas perto de Colônia. Segundo antiga tradição, Úrsula era uma jovem de singular beleza física e de profunda fé, o que a engrandecia perante todos. Desejando entregar-se inteiramente ao serviço de Deus e, ao mesmo tempo, vendo-se pretendida em casamento, pediu ao príncipe que a amava três coisas: primeiro, que tivesse um tempo de três anos para se decidir; segundo, que ela e cada uma de suas dez escravas tivessem mil escravas cada uma; finalmente que o príncipe se convertesse à fé cristã. Partiu então com as legiões de onze mil virgens rumo ao país em que o príncipe a aguardava para o casamento, passando por Roma a fim de visitar o túmulo dos Apóstolos Pedro e Paulo. Antes de alcançar a cidade de Colônia, Úrsula e suas companheiras foram massacradas pelos hunos, preferindo a liberdade em lugar da escravidão. A congregação religiosa das Irmãs Ursulinas foi fundada na Lombardia em 1537, por S. Ângela de Mérici.

21 DE OUTUBRO

Testemunha de nossos tempos

Gerardo Poblete – Sacerdote salesiano, 31 anos, torturado e morto, em 1973, no Chile.

ORAÇÃO
Deus Defensor dos inocentes

Deus, nosso Pai, vós sois o Libertador dos cativos. O Defensor dos inocentes e injustiçados. O Demolidor dos entraves e divisões. O Médico dos coxos, cegos e paralíticos. O Juiz dos inválidos e esquecidos. Vós fazeis as virgens conceberem e as estéreis darem à luz. Incutis em nós o anseio de liberdade, a força viva de libertação. Por vosso poder e por vossa força, toda malícia é exorcizada. Todo vil sentimento de medo, de aflição é apagado. Todo orgulho é rompido e subjugado. Toda vaidade é revelada. Toda sede de justiça é estancada. Da servidão, do egoísmo, da prepotência, somos libertados. Toda consciência é retificada e iluminada. Por isso, **Senhor Deus da vida libertada, mediante a superação das amarras que nos prendem e do reconhecimento humilde de nossas falhas e contradições, dai-nos forças de conquistar cada dia nossa liberdade desfeita.** *E assim possamos dizer: "Eu te amo, Senhor, minha força... Minha rocha e minha fortaleza, quem me liberta é o meu Deus. Nele me abrigo, meu rochedo, meu escudo e minha força salvadora, minha torre forte e meu refúgio"* (Sl 18,1ss).

22 DE OUTUBRO

S. Abércio
séc. II – bispo

Abércio foi um bispo turco do segundo século que viveu na cidade de Hierápolis. Em 1883, o arqueólogo Ramsay descobriu na parede de uma casa dois importantes fragmentos da inscrição gravada no seu túmulo, que entre outras coisas relatava, por meio de imagens, sua experiência religiosa. Dizia ser ele Abércio de Hierápolis discípulo de um Santo Pastor que conduzia suas ovelhas por montes e vales, cujos olhos eram enormes e tudo viam. Aprendeu deste Pastor as Escrituras fiéis e por ele foi enviado a Roma... Em Roma encontrou um povo que trazia um selo brilhante... Viajou também pela Síria e por todas as cidades da região e esteve em Nísibe além do Eufrates. Em toda a parte, encontrou irmãos na fé... A fé o levava a toda parte e em toda a parte a ele foi servido como alimento um Peixe de nascente, muito grande, puro, pescado por uma Virgem pura. Foi-lhe servido vinho delicioso e pão. Disse que ele, Abércio, havia mandado escrever estas coisas, quando tinha 72 anos de idade e pedia que o irmão que entendesse estas palavras intercedesse junto a Deus por ele, Abércio (apud Leite, op. cit., vol. III, p. 207-208).

22 DE OUTUBRO

ORAÇÃO
Do reino que há de vir

*Deus, nosso Pai, **não nos deixeis flutuar entre o temor e a esperança, acabrunhados pela tristeza e pelo medo do que nos pode acontecer no futuro... Não olhemos para trás, mas firmes e concentrados no presente vivamos intensamente a graça do instante que nos é dado.** Dai-nos o dom da alegria, da tolerância que prolonga a vida do homem. Ensinai-nos a rezar, a dominar e exorcizar os pensamentos negativos e destrutivos. Cada dia busquemos em vós nova força e novo alento para seguir em frente sem esmorecimento e desânimo. Vós sois um Deus de amor e de bondade, que desejais a felicidade e não a condenação, desejais a vida do homem e não a sua morte. Como peregrinos, à luz do vosso olhar, desarmemos a humana tenda do comodismo. Soltemos os laços que nos amarram e partamos ligeiros, porque o Anjo de Deus já separou as águas e Deus nos protege com sua nuvem de glória. O poder de Deus fará o mar de nossas dificuldades virar trilho enxuto para que passemos sem vacilar. Busquemos a vossa vontade, atentos mais ao presente que ao passado e futuro, que a vós pertencem. Sois Pai e sabeis o que é bom e o que realmente nos convém. Não temamos o que há de vir, pois o que virá é o que já foi semeado por nossas mãos. **Não temamos o que há de vir, pois os vossos anjos cuidam de nós e podem revogar até o mal plantado em nosso caminho.***

23 DE OUTUBRO

S. Severino Boécio

480 – filósofo – "Severino" vem de "severo" que significa "sério", "grave"

Natural de Roma, S. Severino Boécio, cujo nome completo era Anício Mânlio Severino Boécio, nasceu por volta de 480 e morreu em 524. Casado, teve dois filhos que, como ele, tornaram-se cônsules. Filósofo, teólogo e cientista, contribuiu para a divulgação do pensamento grego no Ocidente, traduzindo do grego para o latim as obras de Platão, Aristóteles, Pitágoras, Euclides, Ptolomeu e outros. Deixou vários escritos versando sobre teologia, lógica, música, matemática e engenharia, sendo o mais importante *A consolação da filosofia*. Por defender corajosamente um amigo acusado pelo imperador Teodorico de conspiração no Senado Romano, foi preso também e encarcerado em Pávia, onde foi torturado por suas convicções religiosas se oporem às dos arianos, de quem Teodorico era simpatizante. Acabou sendo condenado à morte e executado em Pávia.

Testemunhas de nossos tempos

João "Ventinha" – Posseiro em Jacundá, 25 anos, assassinado em 1987 por pistoleiros no Pará, Brasil. **Marco Antonio Ayerbe Flores** – Estudante universitário peruano, morto em 1981.

23 DE OUTUBRO

ORAÇÃO
Da sabedoria

Deus, nosso Pai, dai-nos a sabedoria do coração, que é fazer o outro feliz fazendo-nos a nós mesmos felizes. Dai-nos a sabedoria que vem do Espírito, que nos pede iluminar o outro iluminando-nos a nós mesmos. **Dai-nos a sabedoria que vem da dor e do sofrimento, quando mais fala o silêncio do coração que a lógica fria da razão, que nada sabe da dor.** *Dai-nos a sabedoria de pensar e agir com retidão, mesmo sabendo que podemos errar; e errando, na humildade, assumir as falhas, corrigir os erros e superar as próprias limitações. Dai-nos a sabedoria da transitoriedade, que é saber-se passageiro, migrantes de nós mesmos. Dai-nos a sabedoria da busca continuada, que é sempre estar pronto para partir. Dai-nos a sabedoria do autodespojamento, que torna possível esperar com serenidade nosso último e eterno ressurgimento. Dai-nos a sabedoria da vida, que é discernir entre a casca e o grão, entre o que é provisório e o que é permanente. Dai-nos a sabedoria do discernimento entre as inúteis coisas e a gratuidade do encanto de cada momento intensamente vivido. Dai-nos a sabedoria do entendimento de que em vossas mãos estão as coisas que passaram e as que hão de acontecer.*

24 DE OUTUBRO

S. Antônio Maria Claret

1807-1870 – bispo e fundador – "Antônio" quer dizer "aquele que vai à frente"

Natural de Sallent (Barcelona), Antônio Maria Claret abandonou aos 22 anos o ofício de tecelão para se dedicar inteiramente à propagação do reino de Deus. Jovem sacerdote, durante 7 anos, percorreu, a pé, a Catalunha inteira propagando a fé em Deus. Depois foi para Barcelona e fundou a editora Livraria Religiosa, que inundou a Espanha com livros e folhetos religiosos. Sua obra missionária não terminou ali: em 16 de julho de 1849, fundou a Congregação dos Missionários Filhos do Imaculado Coração de Maria, foi sagrado arcebispo de Cuba e metropolita de Porto Rico. Em 1857, tornou-se o confessor de Isabel II, empenhando-se em favor da Igreja espanhola. Por ocasião da sua beatificação, em 1934, Pio XI resumiu sua vida, dizendo que Claret foi um apóstolo incansável, um organizador moderno e o grande precursor da Ação Católica. Além de escritor fecundo, compreendeu o imenso valor da imprensa, procurando sempre, sem medir sacrifícios, inová-la com a utilização de máquinas cada vez mais modernas. Foi um entusiasta das grandes tiragens, da difusão em larga escala de opúsculos, folhetos, panfletos...; queria que a imprensa chegasse a todo lugar e a todas as pessoas.

Foi canonizado no dia 7 de maio de 1950. Sua obra permanece hoje nos Missionários Claretianos, presen-

24 DE OUTUBRO

tes em cerca de 56 países. Dedicam-se à evangelização pelos meios de comunicação social (rádios, televisão, editoras, gráficas, livrarias, multimídia); à pastoral direta com o povo (paróquias, catequese, missões); à educação (escolas, colégios, seminários e faculdades); à promoção humana (creches, centros sociais, centros de juventude). No Brasil, a obra claretiana teve início em 1895, com a chegada de dez missionários a São Paulo, de onde se difundiu rapidamente por diversos estados.

ORAÇÃO

Da proteção contra toda espécie de violência

Ó glorioso Santo Antônio Maria Claret,
vós que em vida sofrestes
tantos tipos de violência e perseguições,
como atentados, assaltos e ameaças de morte,
mas que, pela vossa fé e confiança em Deus,
e no Imaculado Coração de Maria,
todas as vezes vos livrastes desses males,
intercedei por mim
e livrai-me do perigo de ser assaltado,
roubado ou sequestrado.
Afastai de mim e de minha família
toda espécie de violência física e moral.
Amém.

(Rezar um pai-nosso por todas as pessoas que se encontrarem em perigo ou nas mãos de malfeitores).

25 DE OUTUBRO

B. Frei Galvão

1739-1822 – religioso franciscano – "Galvão", entre outros significados, quer dizer "aquele que é sempre verde" ou ainda "cortês"

Frei Antônio de Sant'Ana Galvão nasceu em Guaratinguetá (SP) em 1739 e morreu no Mosteiro da Luz (SP). Em 1774 fundou o Recolhimento de N. S. da Conceição da Divina Providência, hoje Mosteiro da Imaculada Conceição da Luz, das Irmãs Concepcionistas. São famosas as pílulas de Frei Galvão, às quais se atribui poder de cura. Constituem-se de papelinhos em que está escrito em latim a frase extraída do Breviário: *"Depois do parto permanecestes virgem, Mãe de Deus, intercedei por nós"*. Esses papelinhos são enrolados em forma de pílulas e ingeridos pelo devoto. É invocado com a seguinte oração:

Meu querido Frei Galvão, valendo-se da palavra de Deus, ajudastes milhares de pessoas a recuperar sua saúde. Intercedei por mim junto a Deus para que eu também possa me livrar de toda enfermidade, física ou espiritual, que possa vir a afligir-me. Despertai em meu coração a vontade de encontrar forças para suportar e vencer minhas atuais dores, pela leitura, meditação e vivência da Sagrada Escritura.

S. Gaudêncio de Bréscia

séc. IV-V – bispo – "Gaudêncio" quer dizer "aquele que vive contente, alegre e feliz"

Gaudêncio foi um bispo italiano, amigo de Ambrósio e João Crisóstomo. Chefiou a delegação que Inocêncio I enviou a

25 DE OUTUBRO

Constantinopla, em defesa de João Crisóstomo, que, em virtude de suas veementes denúncias contra as injustiças, acabou exilado em Cucusus, Armênia. Escritor fecundo, deixou-nos uma coleção importante de sermões, versando sobre temas bíblicos e doutrinais.

Testemunhas de nossos tempos

Carlos Paéz e Salvador Ninco – Líderes indígenas. **Luz Estella e Nevardo Fernandez** – Operários, assassinados em 1987, na Colômbia. **Wladimir Herzog** – Jornalista brasileiro, assassinado em 1975. **Daniel de La Serra** – Missionário claretiano espanhol, vítima de um atropelamento em 1992. Em Quilmes, Argentina, percorria de bicicleta as comunidades, organizando-as em cooperativas e mutirões.

ORAÇÃO
Do Deus que nos sustenta

Deus, nosso Pai, sem o aconchego da vossa amizade e da vossa ternura, passamos o tempo plantando inúteis planos. Passamos a vida colhendo palhas de ventos que rugem e à nossa bem-aventurança nada acrescentam. Sem a vossa luz que aclara nosso discernimento, passamos anos nos ajeitando onde não há mais jeito. E a existência se faz pesado fardo de rotinas e mediocridades. ***A certeza de que vós sois Pai misericordioso, e por nós velais do nascer ao pôr do sol, é a garantia de que nossa é a plenitude da vida; nossas as searas dos sonhos bem-aventurados. Viva e pujante será conservada a raiz mais funda de nós.*** *Fazei-nos, pois, erguer nossa fronte em sinal de busca venturosa. Dirigi nossos passos rumo às fontes das águas eternas.*

26 DE OUTUBRO

B. Luís Orione
1872-1940 – fundador da Pequena Obra da Providência

Natural de Pontecurone, Itália, era filho de operário e de mãe doméstica e analfabeta. Foi fortemente influenciado por Don Bosco e pela obra de caridade de Cotolengo, tomando para si o lema: *"Evangelizar os pobres, os pequenos e os aflitos de todo mal e sofrimento"*. Sua atividade missionária, já intensa antes de sua ordenação sacerdotal em 1895, intensificou-se ainda mais: ajudava os jovens, visitava os pobres e enfermos, difundia a imprensa católica... Em 1898 fundou os Eremitas da Divina Providência e, em 1927, as Irmãs Sacramentinas, ambos voltados à contemplação. Durante a Primeira Guerra Mundial, além das Irmãs Missionárias da Caridade, fundou também o primeiro "Pequeno Cotolengo", para assistência e recuperação de deficientes físicos e psíquicos, iniciativa que logo se espalharia pelo mundo inteiro, inclusive no Brasil. Atento aos sinais dos tempos, às necessidades emergentes da sociedade e à missão da Igreja num mundo em transformação, percorreu numerosos países organizando colônias agrícolas, casas de caridade, escolas, orfanatos, centros de acolhimento de idosos, institutos de formação profissional. Chamava a si mesmo de "Peregrino da Divina Providência" e sentia-se como "autêntico asno de Deus". Foi beatificado por João Paulo II em1980.

26 DE OUTUBRO

Testemunha de nossos tempos

Hubert Luís Guillard – Sacerdote belga, fez-se pobre entre os pobres de Cali. Morto em 1985, na Colômbia.

ORAÇÃO
Da busca da paz

Deus, nosso Pai, dai-nos a força necessária de sempre agir buscando a ternura e a misericórdia. Jesus disse: **"Sou manso e humilde de coração", afastemos, pois, para longe de nós a prepotência, o autoritarismo, a tirania; e busquemos antes e acima de tudo a mansidão e a humildade de coração**. *O que fere, machuca, magoa e causa divisão entre as pessoas seja transformado em carinho, docilidade e acolhimento. Toda violência, velada ou manifesta, seja desarmada. Pacificada seja toda ira e todo sentimento de vingança. Estancado e exorcizado seja todo o ódio que aflora em desafetos e destemperos. Jesus disse: "Eu sou a videira e vós, os ramos...", bebamos da seiva da Vida que se faz dom na abundância de salutares frutos de verdade e retidão. À luz das palavras daquele que disse: "Eu sou o caminho, a verdade e a vida..." afastai de nós o cansaço das coisas doentes, amarradas, amaldiçoadas. Da rigidez dos mortos, curai-nos, sarai-nos e nos libertai. Nossa aridez humana, fecundai. Jesus disse: "Eu sou a Água viva...", dai-nos a sede que vem das coisas do alto. E assim possamos nos assemelhar àquele que disse "Quero misericórdia e compaixão! Quero a paz dos corações...", Felizes os fazedores de paz, porque deles é o reino de Deus.*

27 DE OUTUBRO

B. Madre Maria Encarnación Rosal
1820 – fundadora – "Maria" quer dizer "excelsa", "sublime"

Primeira guatemalteca a ser beatificada, Maria Encarnación foi a reformadora do Instituto das Irmãs Bethlemitas, fundada pelo bem-aventurado Pedro Betancourt. Nasceu em Quetzaltenango, Guatemala, aos 26 de outubro de 1820. Em 1838, ingressou no Mosteiro de Belém, do qual foi priora em 1855. Inspirada no lema *"Perca-se tudo, menos a caridade"*, procurava pautar a vida no amor, humildade, pobreza e na entrega generosa de si a Deus e ao próximo. Procurou reformar o Mosteiro de Belém, mas, diante da resistência das irmãs adversas às mudanças, afastou-se e, inspirada no carisma de Pedro Betancourt, fundou um novo instituto na cidade natal, dedicado ao serviço dos necessitados, à educação das crianças e dos jovens, à promoção e assistência social. Sua vida foi uma síntese de trabalho e contemplação, da mística e da ação. Hoje o Instituto das Irmãs Bethlemitas está presente em cerca de 13 países. Foi beatificada por João Paulo II, no dia 4 de maio de 1997.

S. Frumêncio
séc. IV – bispo

Frumêncio viveu no século IV e foi o primeiro bispo católico a evangelizar a Etiópia. Segundo S. Rufino, Frumêncio e Edésio viajavam com o filósofo Merópio de Tiro. Ao chegar na Etiópia, Merópio foi assassinado e os dois jovens, escravizados

27 DE OUTUBRO

pelos nativos da Costa da Somália. Conduzidos à corte de Axum, Frumêncio tornou-se secretário particular do monarca e, mais tarde, preceptor dos filhos do rei. Sua influência foi tal que obteve permissão para que fossem construídas igrejas na Etiópia. Conseguiu de S. Atanásio de Alexandria o envio de missionários àquele país, tendo ele próprio sido sagrado bispo da jovem igreja de Axum pelo próprio Atanásio. Os etíopes o chamavam de *Abá Salama*, que significa "Portador de luz".

ORAÇÃO
Da Luz que vem de Deus

Deus, nosso Pai, sois o Dia Eterno, a Luz de toda luz que não tem fim. Em Jesus vós tornastes a nossa claridade infinita, o Sol que ilumina do nascente ao poente nossas vidas. **Quem vos segue tem a luz da vida e não anda nas trevas da inveja, da injustiça, do ódio e da vingança.** *Vós que dissestes: "Faça-se a luz!", fazei brilhar nos corações aflitos e atribulados a luz do entendimento das coisas adversas. Num mundo tantas vezes ofuscado pelas trevas da violência que agride, fere e cega de cegueira mortal o humano coração, dai-nos a graça de sermos "portadores da Luz". Por isso, Senhor, as nossas sombras dissipai. Os caminhos aclarai. À plenitude da vida conduzi-nos. Assim possamos participar já aqui, neste mundo, das promessas de uma terra sem maldades.*

28 DE OUTUBRO

S. Judas Tadeu

séc. I – discípulo de Jesus – É invocado em casos de desespero – "Judas" quer dizer "aquele que é festejado, celebrado"

De Caná da Galileia, Palestina, Judas Tadeu era irmão do apóstolo Tiago e primo de Jesus. Seu nome consta da lista dos Doze (Mt 10,1ss e par.). Antigos escritos comprovam que ele teria pregado o evangelho na Ásia Menor, Síria, Palestina e Pérsia, onde foi martirizado, sendo por isso representado com uma machadinha e um livro na mão. Deixou-nos uma carta ("Epístola de S. Judas"), em que exorta os fiéis a manterem a pureza da fé, mesmo que as dificuldades pareçam intransponíveis. Pouca coisa mais se sabe a respeito de sua vida. É invocado com a seguinte oração:

S. Judas, glorioso apóstolo, fiel servo e amigo de Jesus, a Igreja vos honra e vos invoca universalmente como o patrono nos casos desesperados, nos negócios sem remédio. Rogai por mim, que sou tão miserável. Fazei uso, eu vos peço, desse particular privilégio que vos foi concedido, de trazer visível e imediato auxílio, onde o socorro desapareceu quase por completo. Assisti-me nesta grande necessidade, para que possa receber as consolações e o auxílio do Céu em todas as minhas precisões, atribulações e sofrimentos, alcançando-me a graça de ..... (aqui se faz o pedido) *e para que eu possa louvar a Deus convosco e com todos os eleitos, por toda a eternidade. Eu vos prometo, ó bendito S. Judas,*

28 DE OUTUBRO

lembrar-me sempre deste grande favor, e nunca deixar de vos honrar, como meu especial e poderoso patrono, e fazer tudo o que estiver a meu alcance para incentivar a devoção para convosco. Amém.

S. Cirila

séc. III – "Cirila" é o feminino de "Cirilo", que significa "senhora"

Cirila quer dizer "senhora". Filha de S. Trifônia, foi martirizada sob o imperador Cláudio. Segundo piedosa tradição, ela recebeu o batismo com a mãe Trifônia, pouco depois da morte do pai. O imperador romano Cláudio não queria apenas induzi-la a sacrificar aos ídolos, mas também satisfazer seus desejos sexuais. Diante da recusa terminante, foi estrangulada e seu corpo, lançado aos cães. Um sacerdote cristão chamado Justino sepultou-a ao lado de sua mãe.

ORAÇÃO
Do trabalho dignificado

Deus, nosso Pai, o pão nosso de cada dia nos dai hoje. **Pelo fruto do trabalho de nossas mãos, nossa mesa seja farta, nossa vida, digna; nossos direitos, respeitados; nossa missão de paz e justiça, dignificada.** *Nosso trabalho transforme-se em missão de construir um mundo fraterno e solidário. Um mundo em que todos tenham oportunidade de cumprir sua vocação de serviço e de artífice do bem comum. Abri a nossa mente e coração à busca de novas formas de organização de trabalho. Fazei imperar entre os homens as relações justas, o entendimento e o respeito, a transparência e a verdade, a garantia da paz e da felicidade.*

29 DE OUTUBRO

S. Narciso

séc. II – bispo – "Narciso" é o nome de uma flor

Segundo Eusébio, S. Narciso era natural da Palestina e foi o 15º bispo de Jerusalém, eleito em 189. Presidiu ao Concílio de Cesareia (197) e encabeçou a lista de assinaturas de uma carta que o episcopado da Palestina enviara ao papa S. Vitor. Nesta carta, os bispos declaravam observar os ritos e usos da Igreja romana. Contam que certa vez fora acusado de um crime que não cometera. Os caluniadores confirmaram por falsos juramentos a acusação. O primeiro dissera que, se estivesse mentindo, que o queimassem vivo. Já o segundo chamou sobre si a praga da lepra, se o que havia dito não fosse verdade. Por fim, o terceiro jurou pela luz de seus olhos que estava falando a verdade. Narciso ficou muito desgostoso e resolveu deixar a cidade secretamente. Foi para o deserto de Nítria, onde viveu oculto durante 8 anos. Aconteceu, então, que abateu sobre os caluniadores o mal que cada um havia arrogado sobre si: o primeiro morreu queimado; o segundo foi consumido pela lepra; e o terceiro ficou cego. Voltando a Jerusalém, resolveu reassumir, juntamente com o bispo Górdio, o pastoreio de seu rebanho. Morreu por volta de 212, aos 116 anos de idade.

29 DE OUTUBRO

ORAÇÃO
Do Deus que ilumina nosso interior

Deus, nosso Pai, vós sois a luz da nossa vida. Nos momentos de escuridão, iluminai nosso interior e mostrai-nos uma saída. No momento de desorientação, dissipai as sombras que impedem a descoberta das nossas limitações e das nossas qualidades pessoais. Nós vos pedimos, Senhor: **Quando tudo se confunde, vós, que sois o Caminho, manifestai o que em nós é oculto e reorganizai o nosso caos e dai solução para nosso caso.** *Vergados e trôpegos, tornai leve o que se fez pesada pena.* **O que em nós foi distorcido e aviltado, seja endireitado e sua pureza resgatada.** *Vós sois a vida, exorcizai o que em nós não foi compreendido ou malbaratado. Passivos e acomodados, abri nossos olhos para que contemplemos no firmamento vossas obras dançantes e na arte humana a manifestação da vossa glória pelos séculos. Nos momentos de angústia, desfigurai o que é grave e sério e sustentai o que é leve e frágil. Que a tristeza não nos aflija e a depressão não nos oprima, mas deem lugar à alquimia de bons humores. Vós sois o sal que dá sabor à nossa existência. Do que for insosso recuperai os sabores. Nossos erros e falhas não leveis em conta. Nossas sendas tortuosas aplainai. A ternura e o amor nos ensinai. Plenificai-nos com sonhos salutares e promessas realizadas. Vós, que vos fizestes o Verbo Encarnado, habitai a carne viva da história humana e regenerai-nos de nossos erros.*

30 DE OUTUBRO

S. Marcelo

séc. III – mártir – Marcelo significa "martelo pequeno"

Natural de Leão, Espanha, Marcelo sofreu o martírio durante a perseguição de Diocleciano:

Em Tânger, na Mauritânia, a paixão de S. Marcelo, centurião, teve a cabeça cortada e assim consumou o martírio sob Agricolano, representante do prefeito do pretório, em 298 (Martirológio romano).

O prefeito de Tânger quis saber de Marcelo que loucura insana era aquela que impelia um soldado bem-sucedido a repudiar sua faixa militar para seguir tal aberração. Ao que Marcelo responde que somente haveria de servir a Jesus Cristo, eterno Rei e Senhor. Foi então condenado à morte por insubordinação e subversão ao poder constituído. Quando o levavam para o suplício, disse a Agricolano que o condenara: *"Deus te abençoe!"* (apud Rohrbacher, op. cit., vol. 19, p. 80s).

Testemunha de nossos tempos

Santos Dias da Silva – Metalúrgico, sindicalista, 37 anos, militante da Pastoral Operária, assassinado durante uma manifestação de metalúrgicos, em 1979, em São Paulo, Brasil.

30 DE OUTUBRO

ORAÇÃO
Do Deus que habita em nós

Deus, nosso Pai, a exemplo de S. Marcelo, sejamos fiéis a nós mesmos, à nossa consciência, aos princípios que regem nossa vida segundo a justiça e a verdade. **Prestemos atenção à voz do Espírito que habita nossos corações, conhece nossos passos mais ocultos e nos chama à vida em plenitude. Sirvamos com amor e generosidade a Deus na pessoa de nossos semelhantes, especialmente os que estão mais próximos de nós: familiares, vizinhos, amigos e companheiros de trabalho.** *Acolhamos também os que não têm recursos e padecem necessidades e humilhações: Pois dissestes: "Tudo o que fizerdes a um destes pequeninos, em meu nome, é a mim que o fazeis". Ao longo de nossa vida, possamos chegar à unificação da nossa mente e coração, com o nosso modo de pensar e de agir. Assim procedendo, chegaremos àquilo que vós, Deus verdadeiro e fiel, desejais de nós mesmos: sermos testemunhas de seu amor e de sua misericórdia. Pois vosso Filho Jesus um dia disse: "Vós sois o sal da terra. Ora se o sal se tornar insosso, com que o salgaremos? Para nada mais serve, senão para ser lançado fora e pisado pelos homens"* (Mt 5,13ss).

31 DE OUTUBRO

S. Wolfgang

927-944 – beneditino – "Wolfgang" quer dizer "aquele que vai para o combate feroz como um lobo" ou ainda "o lobo que anda em volta", ao que logo ele ajuntava "só que eu corro atrás das ovelhas para as alimentar e não para as devorar"

Wolfgang nasceu na Suábia, por volta de 927, e morreu em Peppingen, Áustria, em 944. Em 964 tornou-se beneditino em Einsiedeln. Foi bispo de Ratisbona (Baviera) em 927, contribuindo para o reflorescimento da religião tanto dos leigos como do clero e religiosos. Foi conselheiro do imperador S. Henrique II (1002-1024). Dizem que, ao morrer, pediu que o levassem diante do altar da igreja, a fim de receber os sacramentos. Disse, então, aos padres que mandavam o povo se afastar:

Deixai que me vejam morrer, já que nisso se empenham. Isso os fará pensar na própria morte, e talvez em prepará-la. Com eles e comigo tenha Deus misericórdia (Leite, op. cit., v. III, p. 241).

31 DE OUTUBRO

ORAÇÃO
Dos valores cristãos

Deus, nosso Pai, jamais percamos os verdadeiros e autênticos valores humanos e cristãos: procurar em tudo salvaguardar a dignidade e a autenticidade de uma vida reta, justa e amante da paz e da reconciliação. **Trabalhemos sem cessar o nosso interior, aparemos as arestas, aplainemos os caminhos do Senhor, rebaixemos o nosso egoísmo, cultivemos a humildade, a abnegação, o desapego das coisas, para que, convertendo nosso coração, demos graças ao Deus que eleva os simples e faz cair os orgulhosos e autossuficientes.** *Ensinai-nos a solidariedade, a disponibilidade em servir, a generosidade em acolher e ser acolhido, e assim possamos buscar não apenas a nossa, mas a felicidade de nossos semelhantes. Ensinai-nos a partilhar com o outro o que somos e o que temos, na certeza de que, na participação e na comunhão, vossas promessas de paz, de justiça e reconciliação entre os homens sejam cumpridas e um reino novo renasça no seio dessa cega e fragilizada humana condição: "Eis que virão dias – oráculo do Senhor – em que aquele que semeia estará próximo daquele que colhe, daquele que pisa as uvas, daquele que planta; as montanhas destilarão mosto, e todas as colinas derreter-se-ão..."* (Am 9,13-15).

1º DE NOVEMBRO

Todos os santos

Esta celebração teve origem no Oriente no século IV. Em 835, Gregório IV deu à celebração em honra de todos os santos do céu um caráter universal. Dessa maneira foi resgatada para a veneração a memória de todos aqueles que pública ou anonimamente viveram e testemunharam o evangelho. S. Bernardo afirma que o desejo que a lembrança dos santos mais estimula e incita é o de gozarmos de sua tão amável companhia e de merecermos ser concidadãos e comensais dos espíritos bem-aventurados..., de associar-nos, enfim, à comunhão de todos os santos e com todos nos alegrarmos... Os santos desejam-nos e não fazemos caso; os justos esperam-nos e esquivamo-nos (cf. *Liturgia das horas,* v. IV, p. 1421).

S. Cesário de Terracina

séc. – mártir – "Cesário" lembra "aquele que possui cabelos longos" ou "cabeludo"

Segundo antiga tradição, S. Cesário foi um diácono vindo da África para Terracina, cidade próxima de Roma. Opôs-se energicamente contra o costume de afugentar os males que abateriam sobre a cidade imolando a Apolo, todos os anos, uma vítima humana. Preso, foi levado ao templo do deus Apolo, onde fez desabar os ídolos e seus altares. Jogado numa prisão durante dois anos, aguardou em oração a hora da sua execução. Uma longa cabeleira encobria todo o seu corpo e de seus olhos emanava intensa claridade. Por fim colocado num saco, foi atirado ao mar.

1º DE NOVEMBRO

Testemunhas de nossos tempos

Massacre de todos os santos – Em La Paz, em 1979, Bolívia.
Simón Hernández – Índio achi, catequista e ministro da Palavra, camponês, morto em Rabinal, Guatemala, 1981.

ORAÇÃO
Da superação de todo medo

Deus, nosso Pai, por intercessão de todos os vossos santos, curai nosso coração doente pelo egoísmo e acabrunhado pela falta de fé e confiança na vida. Curai nosso espírito desejoso de paz e de harmonia interior. **Curai nosso coração do medo de tudo aquilo que nos confunde e nos entristece, sobretudo, do temor da morte. Acompanhai cada passo e afastai para longe de nós as perenes ameaças e as cegueiras que vêm do mal.** *Vós sois o Senhor da paz, aquele que faz o leão andar com o cordeirinho e a criança brincar com a serpente. Sob o vosso olhar terno, um dia haverão de se abrigar no mesmo ninho a víbora e os filhotinhos das aves. Afugentai com a vossa ternura a violência que avilta e humilha, corrompe e destrói vidas. Curai nossa mente perturbada pela fumaça das alquimias fragorosas, que prometem o sucesso, a fama, o poder, o domínio, não de si, mas dos semelhantes. Curai-nos da falta de amor e de respeito ao próximo, que devasta e cria desertos de amizade e de compaixão. Curai nossos sentimentos, mais lembrados de turvos rancores, de mágoas e desaventos que de luminosos e felicitosos momentos.*

2 DE NOVEMBRO

Dia dos Finados

Trata-se de uma tradição que remonta à antiguidade cristã e se popularizou a partir do século VIII. Em 998, S. Odilon fixou, na abadia de Cluny, o dia 2 de novembro como um dia dedicado à solene comemoração dos falecidos, ou seja, daqueles que, como sementes lançadas à terra, nasceram para Deus nas searas eternas.

"Cristo, se quisesse, poderia não ter morrido. Não julgou, porém, dever fugir da morte como coisa inútil nem que nos salvaria melhor, evitando a morte. Com efeito, sua morte é a vida de todos... Não se deve lastimar a morte, que é causa da salvação do povo. Não se deve fugir da morte, que o Filho de Deus não rejeitou, e da qual não fugiu" (Do Livro sobre a morte de seu irmão Sátiro, de Santo Ambrósio, bispo. Apud *Liturgia das horas*, v. IV, p. 1.431s).

S. Marciano

séc. IV – eremita – "Marciano" deriva de "Marcos", que significa "martelo"

Natural de Ciro, S. Marciano viveu no século IV. Atraído pela vida contemplativa, vendeu tudo o que possuía e construiu uma cela no deserto, onde passava o tempo a ler e a meditar a Sagrada Escritura. Seguiam-no dois discípulos: Agapito e Eusébio. Sua vida está envolta em acontecimentos prodigiosos. Embora solitário, sua fama espalhou-se por toda a redondeza;

2 DE NOVEMBRO

a ele acorriam simples fiéis, príncipes e bispos. Pouco antes de morrer, recebeu a visita de alguns bispos que dele desejavam receber conselhos. Como ele permanecesse em silêncio por longo tempo, suplicaram-lhe que dissesse alguma palavra de conforto. Então ele disse a eles que o *Deus do universo fala continuamente em nossos corações*, mas o homem não o escuta, por isso não colhe os frutos que deveria colher. Morreu por volta do ano 381.

ORAÇÃO
Do Deus que nos ensina

Deus, nosso Pai, instruí-nos pela vossa Palavra. **Somente vós tendes o poder de operar maravilhas e reabilitar nossos corações abatidos e vacilantes. Dai-nos a graça de sermos por vós instruídos, ensinados, abençoados, defendidos e encaminhados à vossa luz.** *Iluminados por vossa mensagem, possamos discernir nossa missão de manter inabalável esta certeza: os homens de todas as raças e nações hão de querer bem uns aos outros, hão de ter misericórdia e compaixão, hão de ter respeito e estima pela vida. Corrigi-nos com vossas advertências, com vossas lições de amor. De nossos erros e falhas, aprendamos as lições de vida e de verdade. Nos momentos de dificuldades, encorajai-nos com promessas de libertação. Possamos hoje ouvir vossa voz que nos dá alento e nos faz adiantar no serviço da paz e da reconciliação universal: "Naquele dia, as montanhas gotejarão vinho novo, e das colinas escorrerá leite, os ribeiros de Judá conduzirão água. Da casa do Senhor sairá uma fonte e regará o vale das Acácias"* (Jl 4,18ss).

3 DE NOVEMBRO

S. Martinho de Lima

*1579-1639 – religioso – É o patrono da justiça social.
É invocado contra os ratos – "Martinho" quer dizer "aquele
que é guerreiro, que é belicoso"*

Martinho de Porres foi o primeiro santo mulato da América Latina. Irmão leigo dominicano, nasceu em Lima, Peru, em 1579. Seu pai foi governador do Panamá, e sua mãe, uma mestiça de condição humilde. No seu batistério está escrito *"nascido de pai desconhecido"*. Foi barbeiro (profissão desprezada pela nobreza espanhola), cirurgião-dentista, roupeiro e enfermeiro. Sua condição de mestiço e filho natural foi um empecilho para entrar na vida religiosa, só conseguindo o grau de "donato", uma espécie de criado, na ordem dominicana. Só mais tarde, professaria como irmão leigo, mas continuou fazendo os serviços mais humildes. Por isso ele é representado com uma vassoura na mão. Foi, entretanto, um grande místico que devotava aos pobres uma ardente caridade. Com as esmolas recebidas fundou orfanatos, asilos e instituições para cuidar dos escravos. Foi canonizado apenas em 1962, por João XXIII. É invocado com a seguinte oração:

Ó bem-aventurado S. Martinho, na terra viveste unicamente para Deus e para o próximo. Hoje te encontras junto ao trono da bondade e da misericórdia, por isso podes dispor melhor de seus tesouros. Se aqui sabias onde estava a necessidade para remediá-la, melhor a vês do

3 DE NOVEMBRO

céu onde moras. Vela, pois, bondoso S. Martinho, por nós que a ti recorremos com firme confiança de sermos ouvidos. Confirma a esperança daqueles que desejam ver-te exaltado na terra, como Deus te exaltou na sua glória. Amém.

ORAÇÃO
Do sentido da vida

Deus nosso Pai, fazei-nos entender que há alegria em construir uma vida em comunhão com outras vidas, pois todos bebemos da seiva que sustenta a raiz e a humana rama. **Há júbilo no esforço de quem quebra pedras, rompe muros, edifica pontes, pisa a uva e amassa o pão na árdua travessia de si para o outro, pois do encontro nasce a comunhão, e da comunhão, a ressurreição de nossas vidas.** *Por mais árdua seja a lida e por mais cruel a desesperança, nada turve nossos sonhos de paz, nada barre a busca da humana superação, pois as promessas que nos movem falam de auroras risonhas, de campos de paz e searas paridas. Na dilatação da ternura e da vida mil vezes redimida vale a fadiga do corpo e o desconforto da alma, pois na busca sincera conhecemos a luz em novas parições. Mas de que vale construir vidas na fadiga de quem arrebanha rios e carreia ventos e ajunta tesouros, vasos e alfaias santas, se ausente está de vós, ó Senhor, que sois o amor que tudo legitima, tudo fundamenta, tudo plenifica, tudo excede com admiráveis e perenes dons: "Aquele que não ama não conheceu a Deus, porque Deus é Amor"* (1Jo 4,7ss).

4 DE NOVEMBRO

S. Carlos Borromeu

*1538-1584 – bispo – "Carlos" que dizer "viril",
"varonil", "vigoroso"*

Natural de Arona, Lombardia, S. Carlos Borromeu era formado em Direito Civil e Direito Canônico. Cardeal e secretário particular do papa Pio IV, teve importante papel na reforma tridentina: fundou seminários para a formação do clero, renovou a pastoral, promoveu a evangelização popular. Em um Sermão proferido no último sínodo, exortava:

Se ao menos uma fagulha do amor divino já se acendeu em ti, não a mostres logo, não a exponhas ao vento! Mantém encoberta a lâmpada, para não se esfriar e perder o calor; isto é, foge, tanto quanto possível, das distrações; fica recolhido junto de Deus, evita as conversas vãs... Tua missão é pregar e ensinar? Estuda e entrega-te ao necessário para bem exerceres este encargo. Faze, primeiro, por pregar com a vida e o comportamento. Não aconteça que, vendo-te dizer uma coisa e fazer outra, zombem de tuas palavras, abanando a cabeça (cf. Liturgia das horas, v. IV, p. 1430).

S. Vital e S. Agrícola

séc. IV – mártires – "Vital" lembra vida nova, batismo, e quer dizer "aquele que entra na vida"

Vital e Agrícola foram martirizados em Bolonha, Itália, durante a perseguição de Diocleciano, século IV. O *Martiroló-*

4 DE NOVEMBRO

gio romano afirma que Vital era servidor de Agrícola e foi seu companheiro de martírio. Os perseguidores empregaram contra Agrícola toda a sorte de tortura, de maneira que não havia parte alguma de seu corpo que não fosse carne viva. S. Vital sofreu com resignação, não cessava de rezar a Deus, a quem entregou a alma. Agrícola morreu na cruz, pregado com uma infinidade de cravos.

ORAÇÃO
Da fé que nos torna um em Cristo

Deus, nosso Pai, seja a nossa maior dignidade servir o vosso Filho Jesus, que veio para servir, e não para ser servido. Que a fé autêntica e verdadeira naquele que tem o poder de nos libertar da cegueira do egoísmo e do orgulho nos faça renascer para uma nova vida, em que a paz interior seja restabelecida, nossos medos e temores, afastados; o ódio e a violência, estancados. **Senhor, fazei que toda maldade seja redimida e que sejam transformadas em bênçãos nossas iniquidades. Animados pelo Espírito, que em nós clama "Pai", rompamos as barreiras que nos dividem, os preconceitos que nos atrofiam,** *as mentiras que nos escravizam, os medos e temores que nos embaraçam. E, nesse dia, deixemos penetrar em nosso espírito as palavras de João que diz: "Ninguém jamais contemplou a Deus. Se nos amarmos uns aos outros, Deus permanece em nós, e o seu Amor em nós é levado à perfeição...* ***Não há temor no amor; ao contrário, o perfeito amor lança fora o temor, porque o temor implica um castigo, e o que teme não chegou à perfeição do amor"*** (1Jo 12.18).

5 DE NOVEMBRO

Bem-aventurada Francisca D'Amboise

1427-1485 – carmelita – "Francisca" lembra pessoa livre, sincera, independente

Francisca d'Amboise nasceu na França, em 1427. De família nobre, foi uma duquesa bretã e depois carmelita. Em 1441, casou-se com um dos filhos de João V. Em 1450, Pedro II, seu marido, tornou-se o sucessor de Francisco I da Bretanha. Francisca jamais se esqueceu de voltar seu coração a Deus e a praticar o verdadeiro amor. Interessada por questões religiosas, apoiando monges e monjas, construindo-lhes vários mosteiros. Em 1457, quando Pedro II morreu, Francisca abandonou tudo e ingressou, em 1468, na ordem carmelita. Em 1475 foi eleita prioresca. Faleceu em 1485.

Testemunha de nossos tempos

Fanny Abanto – Professora, líder dos docentes, verdadeira educadora, ligada às lutas populares, morta no Peru, em 1980.

5 DE NOVEMBRO

ORAÇÃO
Do conforto na dor

Deus, nosso Pai, nos momentos de decisão, concedei--nos o discernimento. Nos desaventos, fortalecei nosso ânimo. Nas provações e desafios, fortificai a nossa fé. Na angústia e aflições de espírito, sustentai--nos para que não vacilem nossos pés. Nas trevas espirituais, fixemos nosso olhar no vosso rosto de luz que a tudo ultrapassa. ***Não antecipemos sob nossos ombros o fardo de passados e futuros males. Ensinai-nos esperar contra toda esperança. No amor, que é mais forte que a morte, busquemos remédio para nossa dor e sofrimento.*** *Acompanhai nossos passos, em nossas fraquezas, estendei-nos vossas mãos e acalentai-nos em vosso regaço. Quando o tempo se granar em horas, em momentos de pasmos e largos horizontes, quando nossa casca mal suportar nosso peso de barro, soprai sobre nós vosso Espírito de amor e de liberdade. Concedei--nos a graça de acolher em nossos corações o vosso Espírito que faz novas as antigas coisas, que rasga os véus e revela o rosto do Pai. "... derramarei do meu Espírito sobre toda carne. Vossos filhos e vossas filhas profetizarão, vossos jovens terão visões e vossos velhos sonharão... E farei aparecerem prodígios em cima, no céu, e sinais embaixo, sobre a terra"* (cf. At 2,17ss).

6 DE NOVEMBRO

S. Iltut
séc. V – monge

O abade Iltut viveu no século V e se destacou entre os santos de Gales.

O autor de *A Vida de S. Sansão* refere-se a S. Iltut como grande conhecedor das Sagradas Escrituras e versado em toda sorte de erudição. Foi o fundador de uma importante escola monástica chamada Llanilltyd Fawr, em Glamorgan, por onde passaram vários santos, entre os quais S. Sansão.

6 DE NOVEMBRO

ORAÇÃO
Do Deus vivo e verdadeiro

Deus, nosso Pai, libertai-nos de todas as servidões, mas fazei-nos servos da ternura e da compaixão. Não nos deixeis cair sob o jugo dos ídolos forjados à nossa imagem e semelhança, mas nos ajoelhemos diante de vós em humilde adoração. Possamos vos invocar, Deus Forte, Deus Verdadeiro, Deus dos vivos e dos mortos, Deus dos Excluídos, Deus Ternura e Compaixão. Rompei a barreira de nosso orgulho e quebrai as fortalezas de nossos egoísmos, e fazei brilhar em nossa face a liberdade dos filhos da luz. **Arrancai nossas botas de arrogância e violência, os galardões e estrelas que escondem os estigmas de nossas mentiras, traições e cruéis veredictos... e escrevei com nossas preces e gestos de bondade nossos nomes no Livro da Vida.** *Trazei à luz nossas maquinações, as sendas tortuosas revelai, mas que a brisa do mar e o vento da terra fecunde as sementes de paz e os antigos sonhos tornem realidade as promessas do vosso reino. Que os tempos da seca verguem sob o peso dos fecundos tempos das águas e se façam risos claros nossas mágoas turvas. "Filhos de Sião, exultai, alegrai-vos no Senhor, vosso Deus!... Eu vos restituo os anos que o gafanhoto devorou..."* (cf. Jl 2,23ss).

7 DE NOVEMBRO

S. Ernesto

séc. XIII – abade – "Ernesto" significa aquele que é "lutador", "resoluto", "decidido"

Ernesto foi um monge que viveu no século XIII, na abadia de Zwiefalten, às margens do lago Constança. Por cinco anos foi abade, cargo a que renunciou para participar da II Cruzada. Essa Cruzada terminou em desastre, pois dos 200 mil homens e mulheres que partiram para o Oriente poucos retornaram. Dizem que, ao partir como integrante do exército alemão, afirmou:

Já não conto tornar a ver-vos cá na Terra, porque Deus vai me conceder, assim espero, derramar o sangue por ele. Pouco importa aliás a morte que me está reservada, contanto que me permita sofrer por amor de Cristo Senhor (apud José Leite, S.J., op. cit., Vol. III, p. 274).

De fato, S. Ernesto foi um daqueles muitos que não voltaram.

7 DE NOVEMBRO

ORAÇÃO
Do Espírito que ajuda a discernir

Deus, nosso Pai, vós dissestes pela boca do profeta: "Eis que virão dias, oráculo do Senhor Deus – em que enviarei fome à terra, não fome de pão, nem sede de água, mas de ouvir a palavra do Senhor. ***Cambalearão de um mar a outro mar, errarão do norte até o levante, à procura do Senhor, mas não a encontrarão"*** *(Am 8,11-12). Dai-nos, hoje, Senhor, esta fome e esta sede, e saciai-nos com o alimento da vossa Palavra. Ensinai-nos a vos amar com todo o coração e toda a mente, com todas as nossas forças. Que o vosso amor e a vossa misericórdia purifiquem nosso modo de ver as coisas e nos tornem mais humanos, mais simples, mais solidários e generosos no serviço do bem.* ***Que o fogo do vosso Espírito nos ajude a discernir e a ler corretamente os sinais dos tempos.*** *Fazei-nos compreender que sem despojamento, sem desapego, sem a simplicidade de vida, sem amor à verdade e à justiça, sem a humildade de coração, sem a conversão interior jamais chegaremos a amar verdadeiramente a nós mesmos, a Deus e o outro.*

8 DE NOVEMBRO

S. Godofredo

1065-1115 – bispo – "Godofredo" quer dizer "protegido por Deus"

Nascido em Soissons, foi sagrado bispo de Amiens, em 1104. Seu pai tornou-se monge no convento de Nogent, e um dos seus irmãos, Odon ou Odão, viveu solitário no monte de S. Quentim. Em 1095, Godofredo restaurou o mosteiro de Nogent-sous-Couci, fazendo reflorir a espiritualidade de monges e fiéis. Ao ser eleito bispo, entrou descalço na cidade e colocou-se ao lado do povo simples, defendendo-o contra a ganância dos poderosos. Condenou com veemência os abusos do clero e procedeu à reforma das comunidades religiosas. Pressionado por intrigas políticas e religiosas, renunciou ao episcopado, retirando-se para a Cartuxa de Grenoble. O povo de Amiens, entretanto, enviou delegados à Santa Sé, pedindo a volta do santo bispo, que em nome da obediência religiosa reassumiu suas funções episcopais em Amiens. Veio a falecer logo depois no dia 8 de novembro de 1115.

8 DE NOVEMBRO

ORAÇÃO
Da libertação de Deus

Deus, nosso Pai, vós dissestes: **"Na conversão e na calma está a nossa salvação, na tranquilidade e na confiança estará a nossa força..."** *(cf. Is 30,15s). Por isso, vos pedimos, neste dia, ficai conosco, dissipai todo o medo e apaziguai os nossos corações, para que, mediante vossa ação libertadora em nós, a luz da fé renasça em nossas vidas.* **Rompei nossos egoísmos, desembaraçai nossos pés, soltai nossas mãos, agilizai nossa mente para construirmos uma sociedade justa, humana e fraterna. Passai, Senhor, nós vos pedimos, pelo nosso interior e plenificai-nos com a vossa luz e o vosso poder.** *Maran atha, vinde, pois, Senhor, ficai conosco e não nos deixeis esmorecer. Mediante o testemunho de vida sincera, a busca incansável do bem, transformai as estruturas injustas e desumanas, causadoras de infelicidades e de morte. Ouvi o vagido dos que sofrem e recolhei as lágrimas dos inocentes. Onde houver tristeza, plantai sonhos de bem-aventuranças e onde houver choro e pranto fazei brotar o riso e o canto. Misteriosos são os vossos caminhos, insondáveis os vossos desígnios de amor sobre nós. Traçai uma senda para cada um de nós; uma fonte de água viva fazei correr sob nossos pés. Dai-nos a calma e tranquilidade para enfrentar as dificuldades do dia a dia, e assim possamos ter a certeza de esperanças amadurecidas.*

9 DE NOVEMBRO

Dedicação da Basílica de Latrão

A basílica de S. João de Latrão é o mais antigo templo cristão, sendo por isso chamada "mãe e cabeça de todas as igrejas da Urbe e do Orbe" e símbolo "de amor e unidade para com a Cátedra de Pedro". Foi construída pelo imperador Constantino na colina de Latrão, em Roma, quando era papa Melquíades (311-314). Por ocasião da celebração dessa festa, S. Cesário de Arles (século VI) assim exortava os fiéis:

Queres ver bem limpa a basílica? Não manches tua alma com as nódoas do pecado. Se desejas que a basílica seja luminosa, também Deus quer que tua alma não esteja em trevas, mas que em nós brilhe a luz das boas obras, como disse o Senhor, e seja glorificado aquele que está nos céus. Do mesmo modo como tu entras nesta igreja, assim quer Deus entrar em tua alma, conforme prometeu: E habitarei e andarei entre eles (cf. Lv 26,11.12) – (cf. *Liturgia das horas*, v. IV, p. 1439).

B. Isabel da Trindade

1880 – "Isabel" quer dizer "casta", "pura"

Isabel da Trindade, cujo nome de batismo era Maria Isabel Catez, nasceu em Bourges, França, no dia 18 de julho de 1880. Índole ardente, sensível, apaixonada, sofreu fortemente as influências de S. Teresinha do Menino

9 DE NOVEMBRO

Jesus. Aos 21 anos, em 1901, entrou para o Carmelo de Dijon. Morreu aos 26 anos, após 5 anos de vida religiosa. Devotadíssima da Santíssima Trindade, afirmava que o *Amor habita em nós,* por isso seu único exercício era mergulhar em seu íntimo e perder-se *naqueles* que lá se encontravam: Pai, Filho e Espírito Santo. *"A felicidade da minha vida é a intimidade com os hóspedes da minha alma."* Dizia que o amor que sentia era como um oceano no qual mergulhava e se perdia. Deus estava nela e ela em Deus, por isso tinha de amá-lo e deixar-se amar todo o tempo em todas as coisas: *"Acordar no Amor; mover-se no Amor; adormecer-se no Amor; a alma na sua Alma; coração no seu Coração; olhos nos seus Olhos.."* Leite, op. cit., v. III, p. 282-283).

ORAÇÃO
Da Santíssima Trindade

"Ó meu Deus, Trindade que adoro, ajudai-me a esquecer-me inteiramente, para fixar-me em vós, imóvel, tranquila, como se minha alma já estivesse na eternidade; **que nada possa perturbar a minha paz, nem fazer-me sair de vós, ó meu Imutável, mas que cada minuto me faça mergulhar mais na profundidade do vosso mistério.** *Dai a paz à minha alma; fazei dela o vosso céu, a vossa morada querida, o lugar do vosso repouso. Que eu nunca vos deixe só, mas esteja lá, toda desperta na minha fé, toda em adoração, toda entregue à vossa ação criadora... Ó meu Três, meu Tudo, minha Beatitude, Solidão infinita, Imensidade onde eu me perco, entrego-me a vós enquanto espero ir contemplar, à vossa luz, o abismo das vossas grandezas."* (B. Isabel da Trindade)

10 DE NOVEMBRO

S. Leão Magno

† 461 – papa e doutor da Igreja

Natural de Toscana, Leão Magno foi reconhecido por todos como homem de nobre caráter, político habilidoso e zeloso pastor. Antes mesmo de ser papa, seu grande prestígio como diácono de Roma já havia alcançado as comunidades cristãs do Oriente, que viam nele um intermediador capaz de resolver suas intrigas internas e cismas, como a questão do monofisismo, que afirmava existir em Cristo uma única natureza, a divina. Mas problemas de fé e de disciplina eclesiástica grassavam também na Igreja do Ocidente, sobretudo o pelagianismo, que negava o *pecado original* e a necessidade da graça de Deus para alcançar a salvação. Tudo isso era agravado pela já previsível queda iminente do outrora poderoso Império Romano e sua cultura. Nem os cismas, nem as intrigas políticas, nem as invasões dos bárbaros esmoreceram o ânimo de Leão Magno, que, por 21 anos, governou a Igreja (440-461) com sabedoria e firmeza, conseguindo o respeito de todos: *"Pedro falou por boca de Leão"*, diziam os 600 bispos reunidos no concílio de Calcedônia (451), impressionados com a limpidez de doutrina contida na Carta que enviara ao patriarca Flaviano.

10 DE NOVEMBRO

S. André Avelino

séc. XVI – teatino – "André" quer dizer "varonil", "robusto", "forte"

André Avelino foi um sacerdote napolitano nascido em 1521. Abraçou a Ordem Teatina dos cônegos regulares, em Nápoles, onde deu provas de grande zelo pelas coisas de Deus. Foi pregador, confessor, conselheiro de grande sensibilidade humana e profundidade espiritual. Encarregado por S. Carlos Borromeu, estabeleceu uma casa religiosa de teatinos em Milão.

ORAÇÃO
Do Deus-conosco

Deus, nosso Pai, iluminai nossa mente, para que as sombras do mal não turvem a certeza de que sois Deus-conosco para sempre. Não nos deixeis cair em tentação, não deixeis que o mal nos vença e tenha a última palavra sobre nós. Em vosso Filho Jesus, Ternura humana do Pai e Misericórdia divina de Deus, possamos resgatar tudo o que é riso, é canto, é gozo, é carne, é sangue, é nervo, tudo o que é vida e resgata em nós a vossa imagem e semelhança: Deus--amor da vida plenitude. Deixando-nos transformar por vós, construamos um mundo em que "os olhos dos que veem já não estarão vendados, os ouvidos dos que ouvem perceberão distintamente. O coração dos irrefletidos procurará adquirir o conhecimento, a língua dos gagos falará com desembaraço e com clareza. Já não se chamará nobre ao tolo nem se dirá ilustre àquele que é trapaceiro" (Is 32,3-5).

11 DE NOVEMBRO

S. Martinho

c. 316-397 – bispo – "Martinho" quer dizer "belicoso", "guerreiro"

Natural de Sabaria, Panônia (Hungria), S. Martinho é considerado o pai do monaquismo latino no Ocidente e o grande missionário dos camponeses gauleses. Como o pai, seguia a carreira militar, mas converteu-se ao cristianismo, decidindo-se pela vida monástica. Ordenado sacerdote em 360, fundou uma comunidade semieremítica em Ligugé, que foi um dos primeiros mosteiros da França. Eleito bispo de Tours em 370, fixou suas bases em Marmoutier, mosteiro por ele construído perto de Tours. Era lá que ele, depois de suas incursões missionárias, se retirava para refazer suas forças espirituais e seu ardor apostólico, conciliando ação (bispo) e contemplação (monge). Foi um pastor exemplar, dedicado à formação do clero e à evangelização dos pobres. Não media esforços para ir ao encontro de seu povo nos mais remotos lugarejos de sua diocese. Apesar de ser bispo, jamais deixou de ser monge, buscando no silêncio do mosteiro seu encontro com Deus.

S. Menas

séc. III – mártir – "Menas" lembra "terra"

Menas é considerado um dos grandes santos do Egito. Foi um soldado egípcio do exército romano, acampado na Frígia. Quando estourou a perseguição de Diocleciano (284-305), deixou o exército e embrenhou-se pelo deserto, levando uma vida

11 DE NOVEMBRO

de penitência e de contemplação. Um dia, movido pela força do Espírito Santo, compareceu na cidade e confessou publicamente a fé em Jesus. Preso e decapitado, seu corpo foi lançado às chamas. Segundo a tradição, ele costumava aparecer repentinamente, montado em seu cavalo, socorrendo os que o invocavam nos momentos de dificuldades.

ORAÇÃO
Do amor sincero

Deus, nosso Pai, pela força do Espírito vos confessamos como Deus todo-poderoso, na certeza de que vosso amor por nós dura para sempre. Possamos hoje celebrar o vosso nome, porque vosso amor é para sempre (Sl 136). **Porque eterno é o vosso amor, o ódio, a violência, o egoísmo, a falta de fraternidade não hão de nos atemorizar, mas nos induzam a reaprender o amor sincero, que supera toda a arrogância e excede toda a morte.** *Porque eterno é o vosso amor, possamos reaprender o perdão e a conversão, o serviço desinteressado e generoso; possamos reaprender os caminhos da fraternidade e da comunhão; possamos abrir nossa mente ao que é novo e salutar. Porque sois a plenitude da vida e vosso amor é eterno, arrastai-nos às fontes da Água viva e mitigai a nossa sede de comunhão. Somos os ramos vivos e vós a Videira eterna; fazei-nos produzir abundantes frutos de paz e de alegria interiores: "Eu sou a videira, e vocês são os ramos, quem fica unido a mim dará muito fruto" (João 15,1ss).*

12 DE NOVEMBRO

S. Josafá de Polotsk

*1580-1623 – bispo e mártir – "Josafá" significa
"O Senhor o julgou"*

Natural de Wlademir, Ucrânia, S. Josafá Kuncewicz pertencia à Ordem de S. Basílio e, em 1613, foi abade do mosteiro da Santíssima Trindade em Vilna, tido como centro de renascimento místico e religioso. Nomeado bispo do rito esloveno oriental em 1618, concentrou seus esforços na luta para consolidar a união das comunidades cristãs ortodoxas com a Igreja de Roma. Tal união, entretanto, não era bem-vista por parte da hierarquia ortodoxa, que acusava os rutenos de "traidores" por terem, no sínodo de Brest em 1596, se unido à Igreja de Roma. E a questão que era apenas religiosa passou a ser também político-militar, com sangrentas perseguições aos católicos de Polotsk. S. Josafá foi uma das vítimas daquela intolerância religiosa.

S. Emílio

*1747-1847 – ermitão – "Emílio" quer dizer "solícito",
"diligente", "trabalhador"*

Natural de Castela, Espanha, Emílio é tido como um dos primeiros monges espanhóis, cuja vida foi narrada por S. Bráulio, bispo de Saragoça. Aos 20 anos, ajuntou-se a um ermitão chamado Félix, que foi seu mestre e conselheiro espiritual. Viveu 40 anos na mais absoluta solidão, rezando e fazendo penitência.

12 DE NOVEMBRO

Testemunha de nossos tempos

Nicolas Tum Quistan – Leigo e catequista da aldeia de Chipaj, assassinado em 1980, na Guatemala. Clandestinamente, cada mês buscava a comunhão na paróquia mais próxima.

ORAÇÃO
Da coragem que advém da fé

Deus, nosso Pai, na tristeza, no desânimo e na falta de sentido, abramos a janela de nossa vida e outra vez olhemos para as sementes que germinam, para os animais que procriam, para as crianças que pulam, para Deus que passa e não se mostra. No sentimento de estarmos trabalhando em vão, não nos deixeis cair em confusão, mas revigorai nosso espírito aflito e elevai o nosso ânimo. ***Quando já não tivermos forças e coragem para reiniciar a caminhada, quando desertarmos da busca de novos sonhos e soluções, fazei-nos mais uma vez confiar em vós e em vós depositar toda a nossa esperança.*** *Mostrai-nos, em meio às nuvens densas o vosso rosto de humana luz, a vossa claridade e jamais seremos confundidos. Confiantes na vossa Palavra, fazei-nos ressurgir de nossos fracassos, fazei-nos levantar de todo tropeço, fazei-nos corrigir nossos descaminhos, fazei-nos aparar nossas contradições. Sois um Deus de ternura e de bondade, que vos alegrais quando buscamos a verdade, que vos apressais quando por vós clamamos, que vos alegrais quando pedimos perdão.*

13 DE NOVEMBRO

S. Homembom

c. 1150-1197 – leigo – patrono dos alfaiates, costureiras e dos profissionais de confecção

Trata-se do primeiro santo *leigo* e *não nobre* a ser canonizado pela Igreja. A pedido do bispo de Cremona, o papa Inocêncio III o inscreveu na lista dos santos, com a Bula Quia pietas (12/01/1199). Morreu em Cremona no dia 13 de novembro de 1197.

Filho de um alfaiate de Cremona, Itália, Homembom era tão venerado por sua bondade e solidariedade para com os pobres que bastaram dois anos após a morte para ser canonizado. À frente da alfaiataria e dos negócios herdados do pai, não apenas distribuía aos pobres alimentos, roupas e dinheiro, mas também os visitava, levando conforto aos enfermos e esperança aos aflitos e atribulados. Por mais que distribuísse esmolas aos pobres, seus bens não diminuíam, ao contrário multiplicavam-se miraculosamente. Fervoroso, entregava-se diariamente às orações e à prática dos sacramentos.

13 DE NOVEMBRO

ORAÇÃO
Do amor a si mesmo

Deus, nosso **Pai,** *fazei-nos compreender que o primeiro próximo de nós somos nós mesmos, pois quem pouco se ama pouco se deixa amar e pouco se é amado, e por desconhecer o poder do amor desconhece também o júbilo da total doação.* Quem a si mesmo não se dá com ternura e paixão, e como criança recém-nascida não se entrega por inteiro à vida, jamais conhecerá a gratuidade do amor que tudo invade e permeia. Quem como a semente não se deixa perder, para germinar e se aprofundar no chão, jamais desabrochará em frutos de abundantes dons. Aprendendo a nos amar, amaremos também aqueles que convivem conosco e que tantas vezes, mais do que nós, suportam sobre seus ombros o peso de nossos fardos e os descaminhos de nossa treva. Com humildade e sinceridade, aceitemos o nosso passado, assumindo quer nossos erros quer nossas vitórias e sucessos. Não voltemos nosso rosto para trás, nem nos fixemos nas coisas que já se passaram. Olhemos para frente, concentremos nosso olhar nas coisas que brotam do presente e apontam para o futuro. Hoje prestemos atenção à palavra do sábio: **"Não joeires a todos os ventos, nem te metas por qualquer trilha... Sê firme em teu sentimento e seja uma a tua palavra. Sê pronto para escutar, mas lento para dizer a resposta. Se sabes algo, responde a teu próximo; se não, põe a tua mão sobre a boca..."** (cf. Eclo 5,11ss).

14 DE NOVEMBRO

S. José Pignatelli

1737 – jesuíta – "José" quer dizer "o Senhor providenciou"

José Pignatelli nasceu em 1737, em Saragoça. Descendente de uma família napolitana, ingressou bem jovem na Companhia de Jesus, onde, já sacerdote, exercia o cargo de professor de Literatura. Quando os jesuítas foram expulsos da Espanha, José Pignatelli assumiu, em Córsega, a direção da ordem e dali foi para Ferrara, sempre conduzindo e animando os seus coirmãos a vencerem as dificuldades. Em 1773, dissolvida a Companhia de Jesus por Clemente XIV e estando proibido de exercer o ministério sacerdotal, S. José passou a dedicar-se inteiramente ao estudo. Em 1804, Pio VII restaurou a Companhia de Jesus no reino de Nápoles. Entretanto, quando, em 1814, a questão jesuítica foi definitivamente resolvida, José Pignatelli já havia falecido, não vendo os frutos de seu trabalho incansável. Era um homem de vasta cultura e devotadíssimo do Sagrado Coração de Jesus e da Virgem Maria. É chamado de o "restaurador dos jesuítas".

14 DE NOVEMBRO

ORAÇÃO
Da busca do perdão

Deus, nosso Pai, dai-nos humildade para que possamos experimentar o dom de perdoar a quem nos ofendeu, a quem nos machucou e feriu por dentro, pois assim alcançaremos a remissão para nossos pecados. **Ensinai-nos a perdoar, pois o perdão é a medicina que nos sara por dentro e nos previne contra atrozes sofrimentos.** *Perdoar é o refrigério que aplaca a ardência de mágoas e desejos de vingança. Perdoar o outro é alcançar de Deus o perdão de nossos pecados. Lembremo-nos da parábola do servo cruel (Mt 18,23ss), quando o Senhor, cheio de compaixão, perdoou toda a dívida do servo, deixando-o ir em paz. Mas este, esquecido de que tinha sido perdoado, meteu na prisão o amigo que lhe devia apenas alguns vinténs: "Servo mau, eu te perdoei toda a dívida porque me suplicaste. Não devias também tu compadecer-te de teu amigo, como eu tive piedade de ti?". Ensinai-nos a ultrapassar as coisas envelhecidas, as ideias preconceituosas, os condicionamentos que nos amarram, as tiranias que nos oprimem. Busquemos a verdade que nos liberta e tirai de nossos olhos as traves que nos cegam.*

15 DE NOVEMBRO

S. Leopoldo da Áustria

1073-1136 – rei – "Leopoldo" quer dizer "destemido", "audacioso entre o povo"

Leopoldo III, o Pio, nasceu em Melk, em 1073 e foi educado por Santo Altmano, bispo de Passau. Em 1096 sucedeu a seu pai, Leopoldo II, de Babengerg. Casou-se com Inês, irmã de Henrique V, e tiveram 11 filhos. Alguns de seus filhos tornaram--se ilustres servidores da Igreja: Conrado foi bispo de Salzburgo e Oto, bispo de Freising. Leopoldo foi um grande benfeitor da Igreja e entre suas obras temos a abadia beneditina de Mariazell, a abadia cisterciense de Heiligenkreuz e a abadia agostiniana de Klosterneuburg. Governante hábil e amado do povo, era chamado de o "pai dos pobres" e governou sua gente por 40 anos. Morreu em Viena no dia 15 de novembro de 1136. O povo o chamava de Piedoso. Foi canonizado por Inocêncio VIII. É o patrono da Áustria.

15 DE NOVEMBRO

ORAÇÃO
Da restauração da unidade interior

Deus, nosso Pai, fazei repousar sobre nós "o Espírito de sabedoria e de entendimento, Espírito de prudência e de coragem, Espírito de ciência e de temor ao Senhor" (cf. Isaías 11,2ss). Abri, pois, nossa mente para o entendimento das bem-aventuranças do vosso reino de amor. Aumentai nossa fé para que sejamos atraídos pela retidão e pela justiça, obras vossas em meu coração. **Mandai vossos anjos para que nos ensinem o caminho da verdadeira paz e da iluminação interior. Dai-nos a simplicidade de um coração capaz de perdoar e esquecer as ofensas, e assim cheguemos à plenitude daquele que é o Santo, o Único, o Simples, o Indivisível.** *Ensinai-nos que perdoar é unificar nosso ser e fazê-lo forte diante da provação. É reencontrar nosso eixo no vaivém das coisas e situações, é restabelecer nosso encantamento perante a vida, é sanar nossas emoções e revogar futuros sofrimentos. Perdoar é testemunhar a nossa própria ressurreição.*

16 DE NOVEMBRO

S. Margarida da Escócia

1070-1093 – rainha – "Margarida" quer dizer "pérola" mas lembra também a flor que traz o seu nome

Margarida foi rainha da Escócia em 1070. Exerceu grande influência sobre o rei e marido, Malcolm, inspirando-lhe sentimentos tais que fizeram dele um dos reis mais virtuosos e justos da Escócia. Tiveram seis filhos e duas filhas, que foram educados com sabedoria e afeto. Sem pedir milagres ou fatos extraordinários, buscava a Deus na simplicidade de coração, procurando viver o Evangelho concretamente, no serviço desinteressado a seus semelhantes. Era rainha, sim, mas jamais perdeu a simplicidade de vida. Mulher resoluta, soube conciliar seus deveres sociais e religiosos. Empenhou-se em restaurar os bons costumes, em banir a ignorância, em acabar com a corrupção, a simonia, a usura, as superstições e amparar os necessitados. Jamais sentava-se à mesa sem antes dar de comer aos órfãos e necessitados. Por ocasião do Natal, o rei e ela distribuíam de joelhos esmolas a centenas de necessitados. Amante da paz, tudo fez para evitar as guerras, afirmando que os espólios dos combates nada mais eram que rosários de assassínios e banditismo. Abatida pela morte do marido, morreu em 1093 aos 47 anos de idade.

16 DE NOVEMBRO

ORAÇÃO
Do amor que tudo envolve

Deus, nosso Pai, sois o Amor que a tudo envolve, recriando a vida em contínuos renascimentos. Quando tudo declina e fragiliza, vós ali estais com a vossa presença que restaura e vivifica nossos corações. Porque estais conosco, nosso interior é curado e se fortalece em paz duradoura. **Porque estais conosco, o medo que nos impede de agir com justiça e retidão se esvanece. Porque estais conosco, o perdão supera o ódio e a vingança. Porque estais conosco, desfaz-se a tristeza que turva a mente e cega o coração.** *Porque estais conosco, rompe-se o orgulho que nos afasta de vós e dos irmãos. Porque estais conosco, nossa esperança é resgatada e dignificadas nossas ações. Porque estais conosco, a vida sem sentido retoma sua direção. Porque estais conosco, a fé nos torna inabaláveis como rochedos que não se vergam a ventos. Porque estais conosco, caminhamos sem vacilar buscando-vos sem cessar.* **Senhor, porque eterna é a vossa bondade, eu vos peço hoje: completai a obra que em cada um de nós começastes. Conservai a nossa vida em meio às adversidades. Não abandoneis a obra de vossas mãos** (Sl 137,7ss).

17 DE NOVEMBRO

S. Isabel da Hungria

1207-1231 – rainha – "Isabel" quer dizer "casta", "pura"

Natural da Hungria, S. Isabel foi casada com o rei Luís IV, com quem teve três filhos. Seu diretor espiritual, Conrado de Marburgo, disse a seu respeito:

Muito cedo começou Isabel a possuir grandes virtudes. Do mesmo modo como a vida inteira foi a consoladora dos pobres, era também desde então a providência dos famintos. Determinou a construção de um hospital, perto de um castelo de sua propriedade, onde recolheu muitos enfermos e enfraquecidos. A todos os que ali iam pedir esmola distribuiu liberalmente suas dádivas; e não só ali, mas em todo o território sob a jurisdição de seu marido. Destinou para isso a renda de quatro principados do esposo, e foi ao ponto de mandar vender seus adornos e vestes preciosas em benefícios dos pobres (cf. *Liturgia das horas*, v. IV, p. 1457-1458).

Depois da morte do marido, renunciou a todos os títulos e mandou construir um hospital, onde ela própria cuidava dos doentes.

S. Hilda

614-690 – monja – "Hilda" quer dizer "aquela que luta, que combate"

Natural da Nortúmbria, S. Hilda era sobrinha-neta do rei Eduíno e foi batizada por S. Paulino de York em 627, quando

17 DE NOVEMBRO

tinha 13 anos. Aos 30 anos de idade optou pela vida religiosa, entregando-se à oração e à penitência. Nomeada abadessa, dirigiu um convento em Hartlepool. Construiu então em Whitby um mosteiro misto, para acolher homens e mulheres, que governou por 30 anos. Tornou-se a conselheira de reis, de príncipes e de todos os que a procuravam para dela receber orientações. Os que a conheciam chamavam-na de mãe, pois grandes eram as suas virtudes e santidade. Morreu após uma enfermidade que se arrastou por seis anos, aos 76 anos de idade.

ORAÇÃO
Da comunhão com Deus

Deus, nosso Pai, ensinai-nos o verdadeiro amor, aquele que não esvazie, mas plenifique e preencha a nossa vida de sentido; amor que não fragiliza, que não desalente, mas estimule a caminhar e nos faça acreditar que a história humana em nós é antiga e nova ao mesmo tempo. **Ensinai-nos um amor, que plante em nossos dias, promessas de paz; e conserve viva e inabalável nossa fé na bondade e na ternura, que sempre hão de existir no coração das pessoas.** *Por isso, Senhor, na certeza de vos encontrar, nós vos buscamos na inquietude de nossos corações, pois assim o fizeram e farão todas as gerações. Abri nosso espírito e vinde habitar em nossas vidas. Vinde lavrar, semear e colher da seara milenar de que vós sois o Agricultor. Estabelecei entre nós vosso Reino de amor. Restaurai nosso semblante abatido e desanimado, pois em vós se encontram toda a força e o poder que movem mundos e universos.* **"Quando vos invoquei, vós me respondestes; fizestes crescer a força de minha alma"** (Sl 137,3ss).

18 DE NOVEMBRO

S. Odon

*879-942 – abade – "Odon" ou "Odo" lembra
"bens", "fortuna", "riqueza"*

O abade Odo de Cluny nasceu em Tours, em 879. Seu nascimento deu-se na velhice de seus pais. Após tentar sem sucesso o serviço das armas, ingressou no convento dos Cônegos de S. Martinho de Tours, em 898. Entregou-se ardorosamente aos estudos, à oração e à penitência. Viveu em uma época de decadência da vida monástica, da qual o próprio papa João XI se lamentava dizendo que sequer havia um mosteiro em que a regra era observada. Em 909, fez-se monge em Cluny, onde S. Bernon procurava fazer a reforma. Em 927, eleito sucessor do abade S. Bernon, restaurou a disciplina monástica e inovou as práticas comunitárias em Cluny, fazendo aumentar o número de monges. Pressentindo a proximidade da morte, quis terminar seus dias junto àquele que fora seu inspirador e protetor, S. Martinho de Tours. Faleceu em 942, legando à Igreja uma obra vasta, entre as quais, *Vida de S. Geraldo de Aurillac* (4 volumes); Conferências, (3 volumes), *Morais* (35 volumes) e uma série de *Sermões* sobre a vida de S. Martinho de Tours, S. Bento e S. Madalena.

18 DE NOVEMBRO

ORAÇÃO
Do Deus nosso refúgio

Deus, nosso Pai, sois nosso refúgio, nossa força e nossa vitória. **Senhor, diante do mal, defendei-nos. Diante da dor, acarinhai-nos. Na dúvida, esclarecei-nos. No erro, corrigi-nos. Nas nossas sombras, alumiai-nos. Na defesa da verdade, desatai nossa língua. Na busca da retidão, encorajai-nos por dentro.** *Na construção da fraternidade, firmai nossas mãos. Na busca da paz, dai-nos inteligência e divina ousadia. Nas coisas do alto, enchei-nos de sabores. Nas coisas humanas, dai-nos bom-senso e bom humor. Quando tudo obscurece, alumiai nossos passos. Quando tudo perde o sentido, mostrai-nos o caminho. Estancai nossos ódios, desarmai nossas guerras, ateai fogo em nossas vaidades, subjugai nossos males. Que nesse dia, possamos dizer com o salmista: "Vós sois meu Deus; tende compaixão de mim, Senhor, pois a vós eu clamo sem cessar. Consolai o coração de vosso servo, porque é para vós, Senhor, que eu elevo a minha alma, porquanto vós sois, Senhor, clemente e bom, cheio de misericórdia para quantos vos invocam.* **Escutai, Senhor, a minha oração; atendei a minha voz suplicante. Neste dia de angústia é para vós que eu clamo, porque vós me atendereis"** (Sl 85,2ss).

19 DE NOVEMBRO

S. Roque González de Santa Cruz e companheiros

1576-1628 – mártires do Paraguai – "Roque" significa "homem grande e forte"

Natural de Assunção, Paraguai, Roque González era filho de emigrantes espanhóis influentes na alta sociedade paraguaiense. Ordenou-se sacerdote em 1559 e tornou-se vigário da catedral da cidade. Em 1609, ingressou na Companhia de Jesus, dedicando a sua vida missionária em favor dos indígenas oprimidos ao longo do rio Paraguai. Arquiteto, pedreiro, carpinteiro, criou um projeto de *redução (missão),* que consistia em uma praça central, uma igreja e escola e as casas enfileiradas. Havia ali disciplina, trabalho e aprendizado de vários ofícios, e a catequese. Animado pelo seu espírito evangelizador, fundou várias reduções (Yatapuia, Santa Ana, Yaguapoa). Foi morto juntamente com dois outros sacerdotes, Pe. Alonso Rodriguez e Pe. Juan de Castillo (15/11/1628). Foi canonizado por João Paulo II em 1988.

S. Matilde de Hackeborn
1241-1298 – mística – "Matilde" quer dizer "guerreira poderosa"

Natural da Turíngia, S. Matilde foi uma mulher de vasta cultura, à altura dos grandes pensadores, como Orígenes, Alberto Magno, Tomás de Aquino. Exerceu suas atividades de educadora

19 DE NOVEMBRO

no mosteiro de Helfta, em que sua irmã S. Gertrudes era abadessa. É tida como uma das mais importantes místicas alemãs da Idade Média. Antes de morrer, confiou a S. Gertrudes seu itinerário espiritual, revelando as maravilhas que Deus nela operava. Essas anotações foram objeto de estudo e meditação por parte das monjas, dando origem mais tarde à obra intitulada *O livro da graça especial,* escrita por S. Gertrudes. Morreu em Helfta, em 1298.

ORAÇÃO
Da busca do reino

Deus, nosso Pai, sustentais nossas vidas na transitoriedade do tempo. Venha a nós o vosso Reino de fartura. **Ensinai-nos a condividir do pouco ou do muito que temos, assim a ninguém falte o pão que sustenta o corpo nem o pão que alimenta a mente e o coração.** *Desejais a todos a plenitude de vida, a ninguém seja negado colher e beber dos próprios sonhos. Quiseste o homem como parceiro na criação: iluminai as mentes e abri os corações, para que as divisões e os preconceitos sejam superados.* **A todos seja garantido o bem-estar de uma vida digna, prazerosa, livre de amarras físicas e mentais.** *A ninguém falte a autoestima, o sentimento de amar e de ser amado. A ninguém seja imputada a culpa do mal não praticado. Ninguém seja judiado, maltratado, torturado, assassinado. Ninguém seja favorecido por canalhices, corrupções e impunidades. Ninguém tenha uma velhice infeliz e abandonada. Nenhuma mulher seja humilhada, explorada ou prostituída. Nenhuma criança adormeça com fome. Nenhuma injustiça seja encoberta, nenhuma verdade abafada.*

20 DE NOVEMBRO

S. Edmundo

854-870 – rei – "Edmundo" significa "aquele que tem seus bens protegidos"

Santo Edmundo subiu ao trono da Inglaterra no Natal de 854. O seu reinado foi conturbado pelas invasões bárbaras, com grande poder de destruição. Para não se tornar vassalo de Ivar, chefe bárbaro, decidiu lutar em favor da liberdade de seu povo, mas caiu prisioneiro. Amarrado a uma árvore, teve o corpo cravejado de flechas e, depois de decapitado, seu corpo foi atirado em uma floresta. Contam que, procurando a cabeça do rei, os cristãos, para não se dispersarem, gritavam uns para os outros: "Onde estás? Onde estás?". No meio da busca, o rei teria respondido: "Aqui. Aqui. Aqui". Acorrendo ao lugar, encontraram a cabeça do rei guardada por um lobo que a defendia dos outros animais. S. Edmundo morreu em 870.

Testemunha de nossos tempos

Edvaldo Nunes da Silva – Leigo brasileiro, 28 anos, dedicado inteiramente aos mais necessitados. Em 1979, preso, foi torturado até a morte.

20 DE NOVEMBRO

ORAÇÃO
Do Deus da alegria

Deus, nosso Pai, sois como o Dia que rompe a escuridão. Em vossa aurora radiante, trazeis o riso das coisas boas, que aclara caminhos, enxuga lágrimas, alivia o jugo sobre os ombros, restitui esperanças e planta a alegria nos corações. **É preciso rir do próprio sério que nos verga, brincar debaixo das sombras que nos turvam, banhar-se no poço das mágoas que nos consomem.** *Como criança, brincar de esconde-esconde com o adverso dos dias que nos cansam. O amor é a boa notícia que chega a cada manhã. A esperança é o agasalho que nos protege do frio dos dias e das noites descrentes. Para que ser sério na vida, quando o carrossel dos risos leva dores e sofrimentos. "Ensinai-me vosso caminho, Senhor, para que eu ande na vossa verdade.* **Dirigi meu coração para que eu tema o vosso nome. De todo o coração eu vos louvarei, ó Senhor, meu Deus, e glorificarei o vosso eternamente. Porque vossa misericórdia foi grande para comigo...**" (Sl 85,11ss).

21 DE NOVEMBRO

Nossa Senhora da Apresentação

No Oriente, a festa da Apresentação de Nossa Senhora no Templo já era celebrada desde o século VII. No Ocidente, entretanto, essa festividade começa a ser difundida a partir do século XIV, quando Gregório XI estabeleceu o seu culto em Avinhão. Por volta de 1599, essa devoção chegou ao Brasil, estabelecendo-se primeiramente em Natal (RN) e dali se difundindo por outros Estados.

S. Gelásio
† 496 – papa – "Gelásio" quer dizer "risonho"

O papa Gelásio governou a Igreja de 492 a 496. De origem africana, era dotado de personalidade enérgica, culta e polêmica. Lutou ardorosamente para preservar a doutrina recebida dos apóstolos, combatendo as heresias e confirmando com suas numerosas cartas os fiéis na fé. Foi o primeiro a expressar a autoridade jurisdicional do bispo de Roma sobre toda a Igreja:

Dois poderes, augusto Imperador, partilham entre si soberanamente este mundo: a autoridade soberana dos pontífices e o poder real; a carga dos sacerdotes é tanto mais pesada quando, no exame divino, eles terão de dar conta ao Senhor, até pelos reis... (apud Leite, op. cit., vol. III, p. 238).

Os seus decretais conservam-se no Museu Britânico e são de grande valor documental. O sacramentário gelasiano traz cerca de cinquenta prefácios litúrgicos, mostrando com isso o intenso

21 DE NOVEMBRO

trabalho de renovação litúrgica de S. Gelásio. Segundo Dionísio, o Pequeno, S. Gelásio mais procurou servir do que dominar e morreu pobre depois de enriquecer os necessitados. Morreu em 545.

ORAÇÃO
Do louvor ao Senhor do céu e da terra

Deus, nosso Pai, vós nos conheceis e sabeis os caminhos por onde passamos e haveremos de trilhar no presente e no futuro. Conheceis as fontes donde colhemos água para nossa sede. Conheceis, Senhor, as sendas de nossos desejos ocultos. **"Sabeis tudo de mim, quando me sento ou me levanto. De longe penetrais os meus pensamentos. Quando ando e quando repouso, vós me vedes, observais todos os meus passos.** *A palavra ainda me não chegou à língua, e já, Senhor, a conheceis toda. Vós me cercais por trás e pela frente, e estendeis sobre mim a vossa mão"* (Sl 138,2ss). *A felicidade plena é a promessa que reservais a vossos filhos. Nós vos amamos e vos bendizemos, Senhor do céu e da terra, fonte de todo o bem e de toda a verdade, Consolador dos aflitos e Libertador dos que estão cegos pelo ódio, vingança e desespero. Nós vos amamos e bendizemos, Senhor do céu e da terra, Deus de amor, de ternura e de misericórdia, rico de graça e de perdão, garantia de nossa esperança e causa de nossa alegria.* **Em nosso abatimento, lembrai-vos de nós, Senhor, porque a sua misericórdia é eterna** (cf. Sl 135,23s).

22 DE NOVEMBRO

S. Cecília

séc. III – virgem e mártir – "Cecília" (coeli lilia) quer dizer "lírios do céu", em alusão à coroa de lírios que um anjo lhe trouxe do céu – é a patrona dos músicos

Cecília foi uma jovem romana, cristã fervorosa, cujo nome vem citado no cânon da missa. Veneradíssima na Idade Média, foi exaltada como o modelo da mulher cristã. Segundo a tradição, seu casamento com Valeriano foi celebrado com pompas, cantos e música. Ela, porém, entoava em seu coração um canto ao Senhor. Na intimidade, confessou ao esposo que um anjo velava dia e noite por ela. Valeriano disse que só acreditaria se visse aquele ser celeste. Aconselhado por Cecília, foi ver o papa Urbano nas catacumbas e lá, tocado por Deus, vestiu a veste branca do batismo. Ao se apresentar a Cecília, viu junto dela um anjo com duas coroas: uma coroa de rosas, que foi dada à esposa, e outra de lírios, dada ao esposo. Valeriano e seu irmão Tibúrcio, que também se fizera cristão, sofreram o martírio por sepultarem os corpos dos mártires e ajudarem os necessitados. Cecília recolheu seus corpos e os sepultou em sua propriedade. Presa, foi submetida à asfixia no caldário e, depois, decapitada.

22 DE NOVEMBRO

S. Filémon e S. Ápia

séc. I – mártir – "Filémon" significa "amante", "aquele que ama"

Filémon era um rico habitante de Colossos, Frígia, Ásia Menor, convertido por S. Paulo, Apóstolo. O *Martirológio romano* afirma que em Colossos, na Frígia, sob o imperador Nero, no dia da festa de Diana, os pagãos invadiram a igreja e prenderam Filémon e Ápia, discípulos de S. Paulo; depois de terem sido espancados e enterrados até a cintura, foram mortos a pedradas (séc. I). A ele S. Paulo dirigiu uma carta (Epístola a Filémon). S. Ápia provavelmente era a esposa de Filémon, a quem Paulo refere-se em Filémon 1-2.

ORAÇÃO
Das maravilhas de Deus

Deus, nosso Pai, enchei nossos corações de canções esperançosas, de cantos de libertação. Dai-nos a serena harmonia, fruto de um coração íntegro, reto e fraterno*. Uni-nos em um mesmo amor, em uma mesma fé, num mesmo sentimento de respeito mútuo, de união de forças, de participação e solidariedade, sementes do Reino que estabeleceste no meio de nós. Conservemos a unidade de espírito pelo vínculo da paz. Venha a nós o vosso Reino: "****Velhos e velhas ainda se sentarão nas praças de Jerusalém, cada um com o seu bastão na mão por causa da idade avançada. E as praças da cidade encher-se-ão de meninos e meninas que brincarão em suas praças****. Assim disse o Senhor dos Exércitos. Porque isto parece impossível aos olhos do resto deste povo (naqueles dias), será, por isso, impossível aos meus olhos?* (Zc 8,4ss)

23 DE NOVEMBRO

S. Columbano

c. 540 – abade – "Columbano" quer dizer "pombo" e lembra a paz

Columbano nasceu na Irlanda por volta de 540. Versado em ciências profanas e sagradas, decidiu tornar-se monge. Em 575 partiu para a França com alguns companheiros, onde fundou numerosos mosteiros, a todos dirigindo com zelo e disciplina. Entre os principais mosteiros por ele fundados estão os mosteiros de Annegray, Fontaine, Luxeuil, Coutances, Faremoutierss, Jouarre, Saint-Gall e muitos outros. A influência de S. Columbano na espiritualidade e na restauração da vida monástica foi enorme. De suas abadias saíram numerosos santos, como S. Felisberto, S. Mommelin de Noyon, Santo Omer, S. Bartin, S. Wandrille... Foram monges de S. Columbano que difundiram a prática da confissão auricular e individual, costume que se generalizou por toda a Igreja, conservando-se até nossos dias. Ele dizia a seus monges:

Homem, como tu és miserável. O que tu deves odiar, tu amas; e o que deves amar, tu o ignoras. Em ti, tens o que te entrava; em ti não tens o que te libertar. Tens dois olhos e te deixas levar cegamente: tu consentes que te levem à morte (Rohrbacher, op. cit., p. 182).

Personalidade forte, intransigente no zelo da fé, denunciador de escândalos dos poderosos, sua vida foi uma peregrinação constante. E por onde passava deixava a marca de sua passagem nos mosteiros que fundava. Morreu em Bobbio, Lombardia, Itália, longe da terra natal.

ORAÇÃO
Da purificação interior

Senhor, Deus, destruí e anulai em nós a iniquidade. Exorcizai o mal que nos domina e nos conduz ao desespero. **Purificai-nos e ponde em nossa boca e em nossos corações pensamentos de bondade, de otimismo, de confiança no poder do vosso amor e da vossa misericórdia.** *Fazei nascer em nós desejos de justiça, zelo pela verdade, atos de solicitude humana, para podermos agir retamente, amando nossos semelhantes e neles buscando a comunhão convosco. Dai-nos compreender a vossa mensagem e celebrar com a vida a grandeza do vosso amor. Dai-nos a memória do que realizais em nós, assim possamos cantar um eterno canto de louvor. Dai-nos a ternura e a compaixão para nossos sentimentos não se brutalizarem. Dai-nos um coração puro e que vos busque sem cessar, pois diante de vós os poderosos são rebaixados; o fraco e o humilhado são elevados. Dai-nos a fé, que faz ouvir a vossa voz nos chamando pelo nome, mandando-nos prosseguir sem medo ou hesitação:* **"Não tenhas medo. Eu estou contigo. Daqui, do mais íntimo que o teu íntimo, quero te iluminar. Tem um coração humilde e pronto à conversão".** *Dá-nos tudo aquilo que sabeis ser útil à nossa vida e à de nossos semelhantes.*

24 DE NOVEMBRO

S. André Dung-Lac e seus companheiros
séc. XVIII-XIX – mártires do Vietnã

No dia 9 de junho de 1988, João Paulo II canonizou 116 mártires vietnamitas pertencentes à Igreja do Vietnã. Desses, 96 eram de origem vietnamita e os demais missionários provenientes da Espanha e da França. Desde 1624, quando os primeiros jesuítas fundaram ali as bases do cristianismo, os cristãos sofreram contínuas e sangrentas perseguições. Eram acusados de destruir, com sua pregação, seus valores culturais e religiosos. Durante a perseguição de 1843, Paulo Le Bao-Tinh escrevia da prisão:

O meu cárcere é verdadeiramente uma imagem do fogo eterno. Aos cruéis suplícios de todo gênero, como grilhões, algemas e ferros, juntam-se ódio, vingança, calúnias, palavrões, acusações, maldades, falsos testemunhos, maldições e, finalmente, angústia e tristeza. Mas Deus, que outrora libertou os três jovens da fornalha acesa, sempre me assiste e libertou-me dessas tribulações, que se tornaram suaves, porque a sua misericórdia é eterna! (cf. Liturgia das horas, v. IV, p. 1477)

S. Eanfleda
626-671 – rainha

Eanfleda viveu por volta de 626. Filha de S. Edvino e de S. Etelburga, teve em S. Paulino de York um sábio mestre das coisas

24 DE NOVEMBRO

espirituais. Casou-se com o rei Oswy de Northumbria, que no Sínodo de Whitby (664) adotou os usos da Igreja Romana. Em 671, quando Oswy veio a falecer, S. Eanfleda retirou-se para o mosteiro de Whitby, onde sua filha era abadessa. Em expiação à morte de S. Oswy, S. Eanfleda construiu o mosteiro de Gilling. S. Wilfredo encontrou nela apoio para os seus projetos pastorais. Faleceu em 671 e foi sepultada ao lado do marido na abadia de Whitby.

ORAÇÃO
Do Deus, nossa força

Deus, nosso Pai, não nos abandoneis na aflição e no desespero dos que não confiam em vossa mão, que salva e protege. Sois Pai amoroso e cheio de ternura, nos momentos de angústia, enviai vossos anjos a nos conduzir por caminhos seguros, para que não tropecemos nas fraquezas da nossa humana e frágil condição. Pai amoroso, sondai nosso interior. Conhecei as trevas de nossa ignorância e dissipai-as. Penetrai nossas aflições e nossos desaventos e purificai-os. Abrandai com uma única Palavra o ímpeto dos ventos que nos vergam. Indicai-nos a direção para onde devemos ir. ***Envolvei-nos por trás e pela frente. Tocai o fundo de nossas almas e de nossos pensamentos. Examinai um a um nossos sentimentos e restaurai em nós o que já não é vida. Dizei uma palavra e transformai nossa lágrima em risos de louvor.*** *"Ensinai-nos a guardar nosso coração acima de tudo, porque dele provém a vida. Fazei que nossos olhos olhem de frente e nosso olhar se dirija para diante. Aplainai o trilho sob nossos passos, e sejam firmes todos os nossos caminhos"* (cf. Pr 4,23ss).

25 DE NOVEMBRO

S. Catarina de Alexandria

séc. IV – mártir – protetora dos estudantes e invocada contra os acidentes de trabalho – "Catarina" significa "casta", "pura"

Mártir dos primeiros tempos do cristianismo, S. Catarina (c. 300) foi uma mulher de grande beleza, vasta cultura e profunda fé. Contam que ousou desafiar publicamente os filósofos pagãos, os quais emudeceram diante da força de seus argumentos contra a adoração dos ídolos. É representada com uma roda, por ter sido este o instrumento utilizado para torturá-la. Ela se desfez em pedaços. É invocada com a seguinte oração:

S. Catarina de Alexandria, que tivestes uma inteligência abençoada por Deus, abre a minha inteligência, faze entrar na minha cabeça as matérias de aula, dá-me clareza e calma na hora dos exames, para eu ser aprovado. Quero aprender sempre mais, não por vaidade, nem só para agradar aos meus familiares e professores, mas para ser útil a mim mesmo, à minha família, à sociedade e à minha pátria. S. Catarina de Alexandria, conto contigo. Como também tu comigo. Eu quero ser um bom cristão para merecer a tua proteção. Amém.

25 DE NOVEMBRO

ORAÇÃO
Dos bens materiais

Deus, nosso Pai, dai-nos a capacidade de nos servir dos bens materiais sem deixar que eles nos escravizem. **A busca de bens materiais e de riquezas espirituais não sufoquem a vossa Palavra em nossos corações, pois o Senhor disse: "Onde está o teu tesouro aí estará teu coração"...** *A avareza nas pequenas ou nas grandes coisas não impeça uma vida baseada na simplicidade, pois Jesus, embora sendo rico, despojou-se de tudo, até de si mesmo, para que tivéssemos a vida em abundância. Participemos já aqui, neste mundo, da comunhão convosco, Deus de amor e de ternura, porque nem só de pão vive o homem; e a falta de amor também destrói sonhos, esperanças e vidas. Busquemos antes de tudo o que nos faz viver intensamente a vida dos filhos de Deus, pois essa é a grande aventura do espírito humano: passando pelos semelhantes, comungar-se com o próprio Deus. Nossa maior riqueza seja cultivar a amizade, a solidariedade, o acolhimento, a vontade firme de servir e ajudar o próximo, o compromisso com a justiça e a fraternidade, a abnegação de nós mesmos em favor do bem de todos, porque somente assim encontraremos nossa bem-aventurança. "Bem-aventurados os misericordiosos, porque alcançarão misericórdia"* (Mt 5,7).

26 DE NOVEMBRO

S. João Berchmans

1599-1621 – "João" quer dizer "O Senhor é benigno", "O Senhor é misericordioso". Patrono dos que servem o altar

João Berchmans nasceu em Diest, Bélgica, no dia 13 de março de 1599. Seu pai era sapateiro e curtidor de peles. Apesar das dificuldades materiais, conseguiu entrar na Companhia de Jesus e, no dia 25 de setembro, professou os votos religiosos. Partiu para Roma a fim de concluir os estudos teológicos. João Berchmans era uma pessoa afável e alegre, cujo maior sacrifício era, conforme ele mesmo afirmava, a vida comum, o dia a dia. Procurava, então, fazer as pequenas coisas do melhor modo que podia, dando o máximo de si no mínimo que podia fazer. Acometido pela tuberculose aos 22 anos de idade, morreu precocemente no dia 13 de agosto de 1621.

ORAÇÃO
Do despojamento de si

Deus, nosso Pai, quando sentirmos que já avançamos por demais dentro da vida e os sonhos já não tiverem forças para sustentar nossos passos, dai-nos, ó Deus da vida, o entendimento de que é apenas a nossa casca que envelhece. Pois o nosso

26 DE NOVEMBRO

espírito, ainda mais atento e desperto, inclina-se à Vida de toda vida e se volta às mais altas colinas. **Quando sentirmos que após tantos giros retornamos ao ponto de partida, não pensemos a vida com amargura e tristeza, mas como quem se enche de encantamento diante da beleza da pérola nascida das tantas agonias de suas próprias entranhas.** *Quando sentirmos que nossos pés já avançam lentos e nosso peito, ofegante, fazei-nos acreditar que o amor é a eterna medicina muito mais poderosa que os desaventos e muito mais forte que a morte: foi acreditando no poder do amor que as virgens conceberam, e as estéreis deram à luz, e quem era julgado morto voltou à vida. Quando o vento dos tempos varrer o chão, deixando apenas o cascalho vivo de nossa existência, dai-nos o entendimento de que a lição maior é perder as cascas do egoísmo, fazer cair as palhas do orgulho, despojar-se da rama que nos esconde, e aguardar que se cumpra o tempo de novo florescimento. Quando sentirmos que a rotina do dia a dia nos cansa, que fazer e refazer as mesmas coisas é fardo pesado e um sonho sem lembranças, dai-nos o entendimento de que, na barriga do tempo, dia após dia cumprindo eternas rotinas, somos, em vós, Senhor da vida, tantas vezes formados e quantas vezes gerados até alcançarmos no amor a plenitude da vida.*

27 DE NOVEMBRO

Nossa Senhora das Graças ou da Medalha milagrosa

Este culto liga-se à figura de S. Catarina Labouré. A 27 de novembro de 1830, a Virgem lhe apareceu e confiou sua vontade de que fosse cunhada uma medalha segundo o modelo revelado na visão. Surgiu então a *Imagem Milagrosa*, uma medalha em que, entre outras coisas, está gravada a frase: *"Ó Maria concebida sem pecado, rogai por nós que recorremos a vós"*. Aparecem também na medalha o S. Coração de Jesus, uma coroa de espinhos e o Coração de Maria, perpassado por uma lança. É invocada com a seguinte oração:

Eu vos saúdo, ó Maria, cheia de graça. Das vossas mãos voltadas para o mundo, as graças chovem sobre nós. Nossa Senhora das Graças, vós sabeis quais as graças que são mais necessárias para nós; mas eu gostaria, de maneira especial, que me concedêsseis esta que vos peço com todo o fervor de minha alma (pedir a graça...). O Pai é todo poderoso e vós sois a Mãe de seu Filho. Por isso, Nossa Senhora das Graças, confio e espero alcançar o que vos peço. Amém.

S. Gregório de Sinai

séc. XIII – monge – "Gregório" quer dizer "cuidadoso", "vigilante"

Gregório de Sinai foi canonizado pela Igreja Ortodoxa oriental. Esteve junto aos monges de Esmirna, do monte Sinai

27 DE NOVEMBRO

e de Creta. De Creta, dirigiu-se para o monte Atos, tornando-se ali autêntico mestre espiritual, ensinando a monges e eremitas como mergulhar no próprio interior com a utilização de técnicas de relaxamento corporal, da concentração obtida pelo controle da respiração. Do monte Atos, S. Gregório foi para as costas do mar Negro e fundou um mosteiro no monte Paroria, vivendo ali o resto de sua vida.

Testemunha de nossos tempos

Pablo Gazzarri – Sacerdote dos Irmãozinhos de Foucauld, 32 anos, sequestrado e morto em 1977, Argentina.

ORAÇÃO
Do Deus conosco

Deus, nosso Pai, arvoramo-nos "sábios" e cheios de razões... mas sem vossa luz é turvo o entendimento e trôpegos os pensamentos. Ignoramos que a vida nos pede simplicidade e humildade. ***Os sinais da vossa passagem perpassam toda a nossa atribulada existência. Cultivador da bondade e do amor, cuidais de nós com carinho e ternura.*** *Alegria nossa, resplandeceis nos rostos dos amantes, brincais e rolais pela grama abraçado às crianças, gritais nas asas dos ventos e murmurais no profundo das águas e no mais alto do firmamento. Sois o Imprevisível, já estais, mas ainda ides chegar, vós nos enriqueceis sem nada cobrar e sem se empobrecer. Sem pedir nos concedeis graça sobre graça, pois a cada instante assoprais sobre o universo e tudo respira e tudo se renova como em uma nova recriação.*

28 DE NOVEMBRO

S. Tiago de Marca

"Tiago" corresponde a "Jacó", que em hebraico quer dizer "que Deus proteja"

Tiago de Marca nasceu em Monteprandone, Itália, em 1394. Formado em Direito Civil, trabalhou como tabelião em Perúgia. Impressionado e indignado pela injustiça que se cometia em nome da lei, resolveu mudar radicalmente o seu estilo de vida, ingressando na Ordem Franciscana. Pregador inflamado, percorreu a Europa inteira, especialmente a Hungria e a Alemanha. A pedido de Calisto III exerceu o espinhoso cargo de inquisidor geral contra os hereges, procurando conciliar compaixão e a ortodoxia da religião. Terminou seus dias em avançada idade e na mais completa solidão, em um convento em Nápoles.

Testemunha de nossos tempos

Marcial Serrano – Sacerdote diocesano, 30 anos, assassinado em 1980, em El Salvador, tendo seu corpo sido jogado no Lago de Ilopango.

28 DE NOVEMBRO

ORAÇÃO
Do Deus da vida

Deus, nosso Pai, sede a nossa esperança nesta luta cotidiana, de trabalhos árduos e de vitórias tardas. Ficai conosco, neste dia. Não deixeis que percamos a dignidade humana. Levantai o nosso ânimo. Inspirai-nos coragem quando pensar por nós mesmos e agir com retidão é um ato de fé e de esperança no poder de superação que a vida tem. **Senhor, encorajai-nos quando procuramos ver as coisas como são e, sem medo e temores vãos, esforçamo-nos por transformá-las. Que hoje possamos crer com firmeza no poder do Espírito que recolhe nossos vagidos e recria em nós a vida.** *Espírito de força e de poder, fazei ressurgir nova carne e regenerar nossos ossos ressequidos, como no princípio da criação. Sede nossa ajuda quando lentamente vamos nos gestando neste cotidiano vário como semente que a dias e a meses obedece até que as cadeias e as amarras cedam e toda a força da vida aborreça a morte. E mais uma vez prevaleça o mistério dos ventos fecundos, trazendo-nos notícias de que é esperançosa a nossa sorte, pois em Cristo Jesus, ressuscitado, somos já aqui neste mundo herdeiros das promessas de vida sem-fim: "Cheias de medo, inclinaram o rosto para o chão; eles (os anjos), porém, disseram:* **'Por que procurais Aquele que vive entre os mortos? Ele não está aqui; ressuscitou'"** (Lc 24,5s).

29 DE NOVEMBRO

B. Dionísio da Natividade e Redento da Cruz

séc. XVII – "Dionísio" significa "pertencente a Dionísio", divindade cultuada na Grécia Antiga

Dionísio da Natividade nasceu em 1600, na Bélgica. Seu nome de batismo era Pedro Berthelot. Serviu por muito tempo o rei de Portugal como cosmógrafo e piloto-mor. Em 1635, ingressou na Ordem dos Carmelitas, emitindo em 1636 os votos religiosos. Em 1638 foi ordenado sacerdote. Nesse mesmo ano partiu com o coirmão *Redento da Cruz* para Achém, norte da Samatra. Aprisionada pelos mouros, a tripulação do navio foi toda morta, com exceção do embaixador português que, após cumprir 3 anos de cativeiro, retornou a Goa. Ele próprio relatou, em 1643, à Santa Sé, o martírio dos frades carmelitas.

29 DE NOVEMBRO

ORAÇÃO
Das grandezas de Deus

Deus, nosso Pai, neste dia, acompanhai-nos cada um de nossos passos. Não nos deixeis cheios de medo e acabrunhados diante dos problemas físicos e morais que enfrentamos. Pela fé, abri os olhos do nosso espírito para a comunhão e participação, porque sozinhos nada valemos e nada somos. **Lembremos dos discípulos de Emaús que, desanimados e descrentes, caminharam lado a lado com o Ressuscitado sem reconhecê-lo na pessoa de um peregrino.** *Foi somente na fração pão que as sombras se esvaneceram e a alegria voltou a iluminar os seus rostos. Senhor, nosso Deus, vós "sois, acima de todas as coisas, soberanamente bom. Somente vós, altíssimo e poderosíssimo. Somente vós, suficientíssimo e pleníssimo. Somente vós, suavíssimo e amabilíssimo. Somente vós, belíssimo, amantíssimo e gloriosíssimo sobre todas as coisas. Em quem existiriam e existirão, simultânea e perfeitamente, todos os bens. Por isso é pouco e insuficiente tudo o que fora de vós possais conceder, revelar e prometer. Pois, certamente, não pode o meu coração encontrar verdadeiro repouso, perfeito contentamento, se, elevando-se acima de todos os dons e de todas as criaturas, não descansar em vós..."* (Imitação de Cristo, Livro III, cap. XXI, 2)

30 DE NOVEMBRO

S. André

séc. I – apóstolo – "André" quer dizer "varonil", "robusto"

André era irmão de Simão Pedro e um dos doze apóstolos. João Evangelista conta que certo dia João Batista estava com dois discípulos quando viu Jesus passando. Apontando então para ele João disse: *"Eis o Cordeiro de Deus"*. André, ouvindo estas palavras, sentiu-se atraído pelo Mestre e o seguiu até onde Jesus morava e começou a viver com ele. E ficou tão entusiasmado que, ao encontrar com seu irmão, Simão disse: "Encontramos o Messias!". E Simão ficou também com Jesus (João 1,35ss). Santo André era de Betsaida, na Galileia (João 1,44). Segundo as tradições conservadas por Eusébio, o apóstolo André pregou na Bitínia, na Cízia, na Macedônia e na Acaia, onde morreu crucificado em uma cruz em forma de X. As Atas de seu martírio remontam ao século IV, revestindo-se na forma de uma carta em que os presbíteros de Patras comunicam à Igreja universal a morte do apóstolo André. É representado jovem, vestido de uma túnica e manto, sempre acompanhado da cruz em forma de X (cruz decussada) ou cruz de Santo André.

30 DE NOVEMBRO

ORAÇÃO
De Santo André

"Pescavas outrora peixes,
aos homens pescas agora:
das ondas do mal, André,
retira-nos sem demora.
Irmão de Pedro no sangue,
também o foste na morte:
morrendo ambos na cruz,
tivestes o céu por sorte.
A iguais coroas chegastes,
seguindo idênticos trilhos:
a Igreja vos tem por pais,
a Cruz vos tem como filhos.
Primeiro a escutar o apelo,
ao Mestre, Pedro conduzes;
possamos ao céu chegar,
guiados por tuas luzes!
Do teu irmão companheiro,
mereces iguais louvores,
mas desse segues a voz,
pois é o pastor dos pastores.
Amigo de Cristo, dá-nos
correr contigo à vitória,
e um dia, chegando ao céu,
cantarmos de Deus a glória.
(Liturgia das horas, *Editora Ave-Maria/Paulinas/ Vozes*)

1º DE DEZEMBRO

S. Elói

c. 588-660 – bispo – patrono dos artesãos, ourives, ferreiros, metalúrgicos – "Elói" quer dizer "o escolhido", "eleito"

Elói ou Elídio, como também é chamado, nasceu em Chaptelat no Limosine, por volta de 588. Fortemente inclinado aos trabalhos manuais, foi ourives, ferreiro, comerciante de cavalos, mecânico, cocheiro, fabricador de selas e de facas, carreteiro e bispo. Destacou-se como importante ourives ao construir um trono de ouro para o rei Clotário II. Atribuem-se a ele o túmulo de S. Martinho de Tours, o mausoléu de S. Dionísio de Paris, o cálice de Cheles, os relicários de S. Germano de Paris, S. Piat, S. Severino S. Genoveva. Foi um dos conselheiros mais influentes do rei Clotário, conseguindo com sua diplomacia restabelecer a paz no reino. Suas múltiplas atividades não o afastavam dos cuidados que tinha pelos pobres, pelos que se encontravam prisioneiros. Fundou vários mosteiros, entre os quais o de S. Martinho, em Noyon... Em 641, foi nomeado bispo de Ruão, quando procurou organizar sua diocese, dando testemunho de fé e de zelo pastoral.

1º DE DEZEMBRO

ORAÇÃO
Do remédio para a angústia e a tristeza

*Deus, nosso Pai, ensinai-nos a solidariedade humana. **Fazei-nos entender que servir nossos semelhantes é afastar de nós a tristeza, a depressão, o vazio interior. Servir nosso irmão, desejar e buscar o bem de todos é alcançar sobre nós multiplicadas as bênçãos do céu.** Diante dos acontecimentos que nos chocam, das contrariedades que nos oprimem, do sofrimento que nos fragiliza, da angústia que nos sufoca, busquemos primeiro a vossa luz que tudo ilumina e toda a treva dissipa, e nos apoiemos, não sobre nossos pés vacilantes, mas busquemos em vós a força de toda a superação, procurando servir com mais empenho nosso irmão. Penetrai-nos com a claridade da vossa Presença e dai-nos o entendimento de que cuidais de cada um de nós, e desejais a seus filhos não a dor nem o sofrimento, mas a plenitude da vida, a felicidade sem temor.*

2 DE DEZEMBRO

B. João Ruysbroeck

1293-1381 – fundador "João" significa "Deus é benigno, complacente, misericordioso"

Nasceu em 1293, em Ruysbroeck, nos arredores de Bruxelas. Em 1318 foi ordenado sacerdote. Fundou uma pequena comunidade em Groenendeael ("o vale verde"), onde foi prior até a morte. Ali se entregava a uma vida de grande simplicidade, em contato com a natureza. A ele acorriam personalidades do mundo inteiro. Pôs-se a escrever suas experiências espirituais, legando-nos numerosas obras, entre as quais *O reino dos amantes de Deus, As núpcias espirituais, O livro da mais alta verdade, O espelho da salvação eterna, O livro dos sete fachos, Os sete graus de amor espiritual, A pedra brilhante; Os doze pontos da verdadeira fé e As quatro tentações*... Dizem que, tomando conhecimento da grave doença que o acometera e que morreria em breve, pediu humildemente que o acomodassem na enfermaria comum dos irmãos. Ardendo em febre e disenteria, passou vários dias esperando que Deus o chamasse. Morreu rodeado pelos irmãos em oração e tinha o rosto radioso e sem os sinais ordinários dos agonizantes. *"Era o ano do Senhor de 1381, no dia oitavo da Beata Catarina, virgem e mártir. Tinha já mais de 88 anos e era padre havia cerca de 64"* (apud J. Leite, op. cit., vol. III, p. 376).

2 DE DEZEMBRO

Testemunhas de nossos tempos

Ita Ford e companheiras (Maura Clarke, Dorothy Kazel, Jean Donovan) – Missionárias americanas, sequestradas e mortas em El Salvador, em 1980. Antes de ser assassinada, Irmã Ita dizia: "Somente Deus pode dar força para que a gente seja capaz de enfrentar a morte...".

ORAÇÃO
Da libertação total

Deus, nosso Pai, esperamos ansiosamente, e aguardamos com alegria e pavor, nosso primeiro passo, como criança liberta do colo, ainda cambaleante, no primeiro andar. **Não há caminhada sem titubeios, e toda libertação tem seu preço: foi com sangue e pestes e clamores e gritos de morte que Moisés fugiu dos cavalos e cavaleiros e carros de guerra do Faraó...** *"O Senhor é minha força e meu canto, a ele devo a salvação. Ele é meu Deus, e o glorifico, o Deus do meu pai, e o exalto. O Senhor é um guerreiro, Javé é o seu nome" (Ex 15,2ss). É buscando a vós sem cessar que prevalecemos de nossos egoísmos, quebramos as cadeias do ódio, exorcizamos a iniquidade e todo o mal. Lembremos das palavras de Pedro: "Cingi, portanto, os rins do vosso espírito, sede sóbrios e colocai toda vossa esperança na graça que vos será dada no dia em que Jesus Cristo aparecer...* **Sede santos, porque eu sou santo.** *Se invocais como Pai aquele que, sem distinção de pessoas, julga cada um segundo as suas obras, vivei com temor durante o tempo da vossa peregrinação" (1Pd 1,13ss).*

3 DE DEZEMBRO

S. Francisco Xavier

1506-1552 – "Francisco" quer dizer "franco", "livre"

Natural de Navarra, Espanha, S. Francisco Xavier foi uns dos primeiros jesuítas a ingressar na Companhia de Jesus, fundada em 1534. Em virtude de sua intensa atividade missionária na Índia e Japão, criando, nos vilarejos e cidades por onde passava, comunidades e centros de evangelização, é considerado o Paulo do Oriente. O êxito de seu trabalho apostólico se deveu também a seu poder de adaptação aos costumes e à cultura local, fazendo-se "oriental" com os orientais. Morreu na ilha de São Chao, aos 46 anos, quando se preparava para retornar à China. É invocado com a seguinte oração:

Amabilíssimo santo, todo cheio de caridade e zelo; convosco, respeitosamente, adoro a divina Majestade e, porque singularmente me comprazo no pensamento dos dons especiais da graça com que fostes enriquecido em vida e na glória de vossa morte, rendo por eles as mais fervorosas ações de graça e suplico-vos, com todo o meu coração, que me alcanceis o que vos peço (...) por vossa poderosa caridade. Amém.

S. Cláudio
séc. I – "Cláudio" significa "coxo", o "claudicante"

Segundo a tradição, o tribuno romano Cláudio, sua esposa, Hilária, Jasão e Mauro, seus filhos, e mais 70 soldados foram

3 DE DEZEMBRO

mortos por ordem do imperador romano Numeriano. S. Cláudio foi precipitado no fundo de um rio com uma pedra ao pescoço. Os soldados e os dois filhos foram condenados à pena máxima, ou seja, à decapitação. S. Hilária sepultou os filhos e foi presa enquanto rezava na sepultura de seus entes queridos.

ORAÇÃO
Do Deus nossa eterna possibilidade

Deus, nosso Pai, em vós nos movemos, somos e para vós tendemos. **Ficai conosco, Senhor, pois quantas vezes vamos sem ir, olhamos sem enxergar, falamos sem nada dizer, queremos amor sem nos doar, queremos ganhar sem nada perder, queremos a paz sem nada fazer.** *Vivemos à superfície de nós mesmos, sem nos encontrar, sem nos compreender, sem nos amar. Fazei, Senhor, que a nossa vida seja um tempo de graça, um momento de feliz encontro e de comunhão, de descoberta de nós mesmos, de compreensão e de acolhimento dos semelhantes, de construção de vida e de iluminação espiritual. Ficai conosco, Senhor, para que, apesar das rupturas, das dores e sangramentos, não fiquemos à espera, passivos, temerosos, pusilânimes, mas partamos resolutos para realizar nossos sonhos, fundar nossas esperanças, juntar nossas forças às de tantos que constroem o bem e fazem a paz e fraternidade universal. Ficai conosco, Senhor, nossa Eterna Possibilidade, nosso Dia Eterno, nossa perene ressurreição, nossa única solução de paz e humana solidariedade.*

4 DE DEZEMBRO

S. Bárbara

séc. IV – mártir – Patrona dos artilheiros e invocada contra raios e a morte repentina – "Bárbara" significa "estrangeira" ou também "aquela que balbucia"

Bárbara recebeu educação adversa à fé cristã. Contam que o pai mandou construir-lhe uma torre para protegê-la das influências maléficas do cristianismo. Ela, entretanto, secretamente, recebeu os ensinamentos cristãos e foi batizada. Sem que o pai o soubesse, mandou construir na torre três janelas, que lembrassem o mistério da Santíssima Trindade. Ao saber que a filha havia se convertido, o pai a denunciou ao tribunal. No momento em que a Santa era decapitada pelo próprio pai, este foi mortalmente ferido por um raio de luz. É invocada com a seguinte oração:

S. Bárbara, sois mais forte que a violência dos furacões e o poder das fortalezas. Ficai sempre comigo, para me dar forças. Conservai meu coração em paz. Que em todas as lutas da vida eu saiba vencer, sem humilhar ninguém. Conservai serena a minha consciência. E que eu possa cumprir da melhor maneira os meus deveres. S. Bárbara, intercedei junto a Deus, quando eu me encontrar em meio à tempestade. Alcançai de Deus, para todos nós, a proteção nos perigos. E alcançai, para todo o mundo, a paz, fazendo desaparecer todo o rancor e toda a guerra. S. Bárbara, rogai por nós e pela paz dos corações, das famílias, das comunidades, das nações e do mundo inteiro. Amém.

4 DE DEZEMBRO

S. João Damasceno ou Mansur

séc. VII – "João" significa "Deus é misericordioso, complacente"

Natural da Síria, João Damasceno era filho de um alto funcionário do califa de Damasco. Atraído pelo chamado de Deus, abandonou tudo e fez-se monge, no mosteiro de S. Sebas, perto de Jerusalém. Foi o último dos Padres gregos, o último Doutor da Igreja antes do cisma do Oriente. Sintetizou em sua obra cinco séculos de cristianismo, encerrando assim um período da história da Igreja e antecipando novos posicionamentos cristãos dos séculos vindouros. Sua principal obra é *A fonte da ciência*, em que fez uma exposição sistemática do dogma católico.

ORAÇÃO

*"Senhor, me tirastes do sangue do meu pai; me formastes no seio de minha mãe; me fizestes sair à luz, nu como todas as crianças... **Senhor, sede para mim como uma lâmpada acesa, que me guie pelo caminho reto. Abri minha boca para que fale retamente, fazei que a língua de fogo do vosso Espírito me conceda uma linguagem clara e expedita, de forma que vossa presença nunca me abandone.** Apascentai-me, Senhor, e fazei-vos de pastor junto comigo, para que meu coração não se desvie à direita nem à esquerda, senão que vosso espírito bom me guie pelo caminho reto, e assim minhas obras sejam feitas conforme vossa vontade até o último momento"* (S. João Damasceno).

5 DE DEZEMBRO

S. Sabas
439-532 – eremita

Sabas nasceu em 439, em Mútala, em Cesareia. Seu pai era um oficial do exército romano. Aos 20 anos, tornou-se discípulo de Santo Eutímio, o Grande, no deserto de Judá. Depois de uma iniciação cenobítica, foi viver a vida de anacoreta em uma gruta, dedicando-se à oração e ao trabalho manual. Fabricava cestos e, aos sábados, levava o fruto do seu ofício para o mosteiro. Passava o domingo com os outros monges. Quando Santo Eutímio morreu, Sabas o sucedeu na direção de todos os eremitas, ao passo que os cenobitas eram dirigidos por S. Teodósio. Acusado de intransigente por uns, de ignorante por outros, Sabas refugiou-se na Transjordânia. Dizem que disputou uma gruta com um leão, acabando este último por lhe ceder o abrigo. Quando os eremitas deram-no por morto, voltou a Jerusalém e restaurou a ordem com o apoio do patriarca. Exerceu grande influência junto ao patriarca de Jerusalém, que lhe confiou várias missões eclesiásticas em Constantinopla. O mosteiro que ele fundou, em 478, nos penhascos entre Jerusalém e o Mar Morto, existe até hoje, com o nome de Mar Saba. Veio a falecer em 532.

5 DE DEZEMBRO

ORAÇÃO
Da busca de nós

Deus, nosso Pai, cultivemos o silêncio interior, a oração operante que nos faz entrar em comunhão convosco, em comunhão conosco e com nossos irmãos. Possamos fazer silêncio e assim fazer calar nossas cobiças, nossas revoltas, nossos interesses mesquinhos, nossas maquinações, nosso ódio, nossos desejos de vingança, nossa sede de ter e de poder, nossas prepotências... **Dai-nos a graça de olharmos para o fundo de nossos corações, para descobrir, em meio a nossas fragilidades, a vossa glória resplandecente em nós.** *Vós sois um Deus de ternura e de bondade; vossa misericórdia supera toda culpa, corrige todo erro, ilumina toda treva, reúne o que em nós é partido, e de onde já não havia esperança, faz brotar de novo a vida. Dizei, pois, uma só Palavra e extirpai o pavor, o medo que existe dentro de nós; tomai nossa mão e conduzi-nos sem receio, na travessia de nós. Possamos olhar para nosso íntimo fragilizado, desamado, dividido, esvaziado, machucado por tantos desaventos e testemunhar o milagre da nossa própria ressurreição.*

6 DE DEZEMBRO

S. Nicolau

séc. III e IV – "Nicolau" significa "vencedor do povo"

Natural de Mira, atual Turquia, S. Nicolau ou S. Claus, como é conhecido pelos povos anglo-saxões, viveu entre 280 e 345. Os russos também o veneram e o têm como seu principal padroeiro. É um dos santos mais populares do mundo. Suas imagens são tão numerosas quanto as da Virgem Maria. Sem levar em consideração sua representação como *Papai Noel*, amplamente divulgada por interesses comerciais, no tempo do Natal. É chamado S. Nicolau de Bari, porque, quando a cidade de Mira caiu em poder dos turcos em 1807, 62 soldados partiram de Bari para resgatar os restos mortais do santo em poder dos turcos. Numerosas são as lendas que se contam a seu respeito. Graças a sua intercessão, três moças se casaram, pois o Santo as socorreu, colocando pela janela do velho e miserável pai, em três noites seguidas, três bolsas de ouro. S. Nicolau é também o protetor das crianças, pois segundo a lenda ressuscitou três crianças assassinadas por um estalajadeiro e prestes a serem servidas aos hóspedes, entre eles o próprio Nicolau. Hoje, sob o manto de *Papai Noel*, é o símbolo do amor, da bondade, da ternura em relação às crianças, especialmente mais pobres.

6 DE DEZEMBRO

ORAÇÃO
Da paz que vem de Deus

Deus, nosso Pai, concedei, hoje, a paz, o vosso shalom, a todos os homens de boa vontade. Concedei a paz sobretudo às crianças, aos jovens, levados de arrastão pela nossa vida tantas vezes inconsequente, negligente, mais inclinada ao egoísmo que à partilha e à comunhão. Concedei a paz aos que não tiveram oportunidades. **Concedei a paz aos que já não sabem a quem recorrer, a quem implorar, mas que ainda encontram forças para elevar aos céus o rosto amargurado e silencioso de tanto sofrer.** *Concedei a paz aos que elevam a vós, ó Pai, a fraca luz de seus olhos já cansados de procurar e nada encontrar. Concedei a paz aos que já não acreditam na bondade humana e somente em vós buscam refúgio e proteção, clamando noite e dia: "Senhor, meu Deus, de dia clamo a vós, e de noite vos dirijo o meu lamento. Chegue até vós a minha prece, inclinai vossos ouvidos à minha súplica. A minha alma está saturada de males, e próxima da região dos mortos a minha vida" (Sl 87,2ss). Neste dia, Senhor, ensinai-nos o acolhimento, o respeito pela dignidade de cada um, sabendo que a elevação do outro é a elevação de nós mesmos. Mais que mensageiros da paz, fazei-nos construtores da paz, da alegria, da concórdia e da união. Seja cumprida a vossa promessa:* **"De suas espadas eles forjarão relhas de arado, e de suas lanças, foices.** *Uma nação não levantará a espada contra a outra, e já não se adestrarão para a guerra" (Isaías, 2,4).*

7 DE DEZEMBRO

S. Ambrósio

c. 340-397 – bispo – "Ambrósio" quer dizer "imortal", "divino" – É invocado como protetor das abelhas e dos trabalhadores em cera

Ambrósio nasceu em Trèves por volta de 340. Foi uma das figuras mais expressivas da Igreja de seu tempo. Estudou Direito em Roma e logo ingressou na vida pública. Foi governador da Emília, Lácio e Milão. Além de político, era versado em humanidades, poesia e retórica. Representa, pois, a encarnação dos mais altos valores da alma romana, dedicada ao bem público: a retidão e o amor à justiça, a probidade e a praticidade. Tal era o seu prestígio junto à população que acabou sendo escolhido bispo pelo próprio povo. Enquanto exortava o povo à paz e à concórdia, uma voz do meio da multidão exclamou: *"Ambrósio, bispo!"*. O povo começou a aclamá-lo bispo. Entre surpreso e cheio de temor, aceitou relutante o cargo como vontade de Deus (374). Durante o seu episcopado, deu mostras de excelente administrador da comunidade. Foi um verdadeiro guia espiritual e pastor do povo. Exerceu grande influência nos imperadores Gracioano, Valentiniano II e Teodósio I. Foi sob sua influência espiritual que Agostinho se converteu ao cristianismo. É o símbolo de um novo rejuvenescimento da Igreja. Deixou várias obras escritas, entre as quais comentários exegéticos, sermões, etc. Compôs vários cânticos litúrgicos (cantos gregorianos). Morreu em Milão no dia 4 de abril de 397.

7 DE DEZEMBRO

É apresentado com vestes episcopais, com um livro em uma das mãos e na outra o báculo. Outras vezes, é representado com uma pomba, uma colmeia ou com abelhas.

Testemunhas de nossos tempos

Lúcio Aguirre e Elpídio Cruz – Militantes cristãos, solidários entre os refugiados salvadorenhos, assassinados em 1981, em Honduras.

ORAÇÃO
Do Deus, nosso repouso

Deus, nosso Pai, a exemplo de S. Ambrósio, dai--nos a retidão e o amor à justiça, a probidade e o bom-senso nas pequenas e grandes coisas. Seja a razão de nosso viver a busca da paz e da concórdia, mas jamais esqueçamos o temor de Deus e a verdadeira humildade, aquela que se esvazia de si mesma para que vós, ó Deus, manifeste a força e o poder do vosso Espírito de amor. Possamos hoje proclamar com S. Ambrósio: "Ó Deus, que criaste o universo, tu reges os céus e revestes o dia com o esplendor da luz e a noite com a doçura do sono. ***O repouso restitua aos membros cansados o vigor necessário ao trabalho de cada dia, alivie as mentes fatigadas, e dissipe a angústia das preocupações****"* (Santo Ambrósio).

8 DE DEZEMBRO

Imaculada Conceição de Maria

O dogma da Imaculada foi proclamado por Pio IX em 1854. Já presente no Oriente desde o século VIII e no Ocidente desde o século IX, o culto à Imaculada Conceição chegou ao Brasil por intermédio dos portugueses, e sua devoção foi difundida de norte a sul pelos frades franciscanos. Marco referencial dessa devoção é o de N. Senhora da Conceição Aparecida. É invocada com a seguinte oração:

Ó Maria, Senhora do mundo, a nenhum pecador desamparais nem desprezais. Olhai-me com piedade e alcançai-me de vosso amado Filho o perdão dos pecados, bem como a mais autêntica alegria pela vida, para que eu, que agora venero com devoção vossa santa Imaculada Conceição, possa saborear desde já as bem-aventuranças por mercê de vosso bendito Filho Jesus Cristo, nosso Senhor, que com o Pai e o Espírito Santo vive e reina para sempre. Amém.

S. Frida, Edite e Sabina

séc. IV – "Frida" deriva de "Elfrida", que quer dizer "aquela que é protegida e tem a paz pela coragem e bravura" – "Edite" lembra "aquela que combate pelos bens, pelas riquezas" – "Sabina" quer dizer "pertencente à federação dos sabinos", antigo povo da Europa

Pouco se sabe sobre as santas *Frida*, *Edite* e *Sabina*, que viveram durante a heptarquia anglo-saxônica, em que a Inglaterra

8 DE DEZEMBRO

era dividida em sete reinos. Filhas de reis, decidiram abraçar a vida religiosa. Partiram então para Roma, a fim de ingressar em algum convento. Ao chegar à França, foram surpreendidas por três príncipes que as queriam em casamento e, como recusassem, foram por eles assassinadas.

Testemunhas de nossos tempos

Alícia Domont e Leonie Duquet – Religiosas comprometidas com familiares de desaparecidos políticos, assassinadas em 1981, Argentina.

ORAÇÃO
Do Senhor da paz

Deus, nosso Pai, vós sois o Senhor da paz, o conhecedor de nossos corações, o doador de todos os bens, o edificador de nossas esperanças. Olhai, pois, para nossa vida atribulada e aflita, ferida por nossas próprias iniquidades, e tende piedade de nós. Por vosso amor e misericórdia, afastai de nós o ódio, a inveja, a avareza, o orgulho, a cobiça e o egoísmo. Reconciliai-nos com nós mesmos, ensinai-nos a aceitação de nossa vida, a correção em nossas falhas e erros. Mandai o vosso Espírito para que nos converta ao amor, à bondade e serviço aos semelhantes. Exorcizai em nós todos os males e nos concedais a alegria de sermos contados entre os filhos por vós amados. **Vinde, Senhor Jesus, purificai-nos, ensinai-nos o diálogo e a comunhão. Ensinai-nos a sinceridade e o desejo de libertação. Dai-nos paciência e ternura para saber ouvir, saber escutar, saber tolerar e saber corrigir primeiro a nós e em último o nosso próximo.**

9 DE DEZEMBRO

S. Pedro Fourier

1565-1640 – fundador – "Pedro" quer dizer "rocha"

Natural de Mirecourt, Lorraine, Pedro Fourier foi, juntamente com Madre Alix Le Clercq, o fundador da congregação das Irmãs Agostinianas de Nossa Senhora, dedicadas à educação de meninas pobres. É conhecido como "o bom padre de Mattaincourt", por ter ali trabalhado durante 30 anos, sempre ajudando o povo necessitado e procurando melhorar suas condições de vida. Queria que toda criança tivesse acesso à escola e aprendesse a ler e escrever. Daí a origem das Irmãs Agostinianas de Nossa Senhora, colocando já em 1598 a mulher na vanguarda da missão educadora. Ocupa, ao lado de João Batista de La Salle, José Calazans e João Bosco, um lugar importante na história da educação e formação da juventude. Foi canonizado em 1897 e seu corpo encontra-se em Mattaincourt.

9 DE DEZEMBRO

ORAÇÃO
Do Deus, nosso Pai

Deus, nosso Pai, vós estais nos céus e reinais em nossos corações apesar de nossas fragilidades e de nossas faltas de amor. Na concórdia e na paz seja santificado o vosso nome por todas as criaturas do céu e da terra. **Venham a nós a alegria, a paz, a justiça, a reconciliação de que tanto necessitamos. Venha a nós o vosso reino que também é nosso.** *Seja feita em nós a vossa obra de amor, sejam recriados em nossos corações carentes de sentido de vida e de valores espirituais um sentido forte para buscarmos a paz e a justiça. Que, servindo nossos semelhantes, possamos ser curados de toda tristeza, de toda angústia, de toda mágoa e ressentimentos. Que, abrindo nossos corações ao acolhimento, alcancemos a esperança, a fé e a confiança no poder que o amor tem de regenerar a vida, tempo de graça em que passais pedindo para ficar conosco. Buscando a solidariedade humana, sejamos perdoados por nossas antigas faltas de amor e de fraternidade e recobremos a alegria de viver e de construir a paz. Não nos deixeis cair na indiferença perante o mal, mas livrai-nos das trevas do ódio sem fim...*

10 DE DEZEMBRO

S. Joana Francisca de Chantal

1572-1641 – fundadora – "Joana" deriva de "João", que significa "Deus é misericordioso"

Natural de Dijon, S. Joana de Chantal ficou viúva, com um filho e três filhas. Seu marido, o nobre e rico barão de Chantal, morreu num acidente de caça. Em 1604, veio a conhecer S. Francisco de Salles, que passou a ser seu diretor espiritual. Dez anos depois da morte do marido, já com os filhos crescidos, a baronesa de Chantal, juntamente com Jacqueline Fabre e Brechard, fundou a congregação da Visitação de Santa Maria, em Annecy: *"Onde nenhum rigor afastasse os fracos e os enfermos de tentar aperfeiçoar-se no amor divino"*.

S. Eulália de Mérida

séc. II e III – "Eulália" quer dizer "aquela que é eloquente, que fala bem"

Em sua obra *Peristephanon,* o escritor cristão Prudêncio (c. 405) dá testemunho da vida e do martírio de S. Eulália, venerada na basílica de Mérida, construída sobre seu túmulo. S. Eulália teria sido uma jovem que sofreu o martírio aos 14 anos de idade, na perseguição de Maximiano, em 304. Embora os pais a escondessem num lugar afastado da cidade, Eulália fugiu à noite e retornou à cidade e corajosamente apresentou-se perante o tribunal. Movida por santa ousadia, chamou a atenção do pretor, denunciando em alta voz as injustiças e a idolatria. Como subestimasse os deuses pagãos, foi torturada e depois queimada

10 DE DEZEMBRO

viva. Os restos mortais de S. Eulália foram sepultados na Igreja de Mérida, pois ali deu testemunho de sua fé.

ORAÇÃO
Dos filhos da luz

Deus, nosso Pai, não nos quisestes escravos, mas filhos bem amados, livres, iguais em liberdade, em respeito e dignidade. Não nos quisestes humilhados, envergonhados, mas dignificados como filhos da luz. Não nos quisestes órfãos, mendigos de um pedaço de pão, mas possuidores de todos os bens, plenificados de ternura e compaixão. Não nos quisestes vencidos, subjugados na mente e no coração, mas livre em pensamentos e ações. Não nos quisestes mudos, calados, submissos ao mal, mas defensores da justiça, fazedores da paz, anunciadores da ressurreição. **Não nos quisestes doentes, fragilizados, sem esperança, mas fortalecidos e reanimados pelo sopro do vosso Espírito, cujo poder nos regenera e nos faz voltar à vida.** *Em Jesus e por Jesus temos a paz de Deus, "em que estamos firmes, e nos gloriamos na esperança de possuir um dia a glória de Deus. Não só isso, mas nos gloriamos até das tribulações.* **Pois sabemos que a tribulação produz a paciência, a paciência prova a fidelidade e a fidelidade, comprovada, produz a esperança. E a esperança não engana. Porque o amor de Deus foi derramado em nossos corações pelo Espírito Santo que nos foi dado**" (cf. Rm 5,2ss).

11 DE DEZEMBRO

S. Daniel Estilita

409-493 – eremita – "Daniel" quer dizer "Deus é o meu juiz", "é Deus quem decide, quem determina"

Daniel Estilita nasceu em 409, em Matra, Turquia, e morreu perto de Constantinopla, em 493. Aos 12 anos, ingressou no convento e ali permaneceu até aos 38 anos. Acompanhando o abade a uma viagem à Antioquia, Daniel passou por Tellnesin, onde vivia S. Simeão Estilita. Convidado a subir à coluna, foi abençoado. Seguindo viagem, S. Daniel visitou a Terra Santa, passando por diversos conventos, acabando por fixar-se, em 451, como o fizera S. Simeão Estilita, no topo de uma coluna de um antigo templo pagão em ruínas. Ali passou 33 anos, anunciando a quem o visitava o amor de Deus, exortando a amar o semelhante a exemplo de Cristo que nos amou primeiro e, nos momentos de dificuldades, reis e príncipes iam até ele pedir conselhos.

Testemunha de nossos tempos

Gaspar Garcia Laviana – Sacerdote, mártir das lutas de libertação do povo nicaraguense, 1978.

11 DE DEZEMBRO

ORAÇÃO
Do Deus que nos conhece

*Deus, nosso Pai, vós nos conheceis como realmente somos. **Vós nos vedes através de nosso interior e para além de nossas mentiras, erros, pecados e limitações. Conheceis nossa verdadeira face, o caminho de nossas mágoas, de nossas adversidades, o trânsito de nossas dores e sofrimentos**. Conheceis também o segredo de nossa alegria, de nossas forças, de nossa fé e confiança em vós. Conheceis nossos alegres sonhos, os momentos em que nos sentimos gente, humanos, recompensados por servir desinteressadamente nossos semelhantes. Que vos procuremos nas circunstâncias de nosso tempo, pois todo tempo é tempo do vosso amor. Conforme vosso Espírito nos inspire, ajudai-nos a abrir nossos corações à vossa graça e responder hoje aos vossos apelos de serviço ao próximo, de perdão, de ternura e de compaixão para com todos. Enchei nossos dias com a plenitude do vosso amor que nos consola e nos faz recobrar a força para melhor servir, para melhor acolher, para melhor superar nossos limites, para melhor agradecer. Que sempre possamos elevar nossa voz com o Salmista: "Quando contemplo o firmamento, obra de vossos dedos, a lua e as estrelas que lá fixastes: "Que é o homem, digo-me então, para pensardes nele? **Entretanto, vós o fizestes quase igual aos anjos, de glória e honra o coroastes...**"* (Salmo 8,4ss).

12 DE DEZEMBRO

Nossa Senhora de Guadalupe

A Virgem Maria apareceu, em 1523, ao índio mexicano Juan Diego, na colônia de Tepeyac, onde se adora Tonantzin, a Venerável Mãe. Para convencer as autoridades eclesiásticas a construir para ela uma capela no local da aparição, Nossa Senhora transformou as flores silvestres, que Juan, a seu pedido, havia recolhido em sua "tilma" (manto), na estampa da Virgem de Guadalupe. Façamos nossas as palavras que ela dirigiu ao humilde e marginalizado índio Juan Diego:

Escute, meu filho, não há nada que temer. Não fique preocupado nem assustado. Não estou eu aqui a seu lado? Eu sou a Mãe dadivosa. Não o escolhi para mim e o tomei aos meus cuidados? Que deseja mais do que isso? Não permita que nada o aflija e o perturbe....

É invocada com a seguinte oração:

Mãe do Céu, Morena, Senhora da América Latina, de olhar e caridade tão divina, de cor igual à cor de tantas raças. Virgem tão serena, Senhora destes povos tão sofridos. Patrona dos pequenos e oprimidos, derramai sobre nós as vossas graças. Derramai sobre os jovens vossa luz. Aos pobres vinde mostrar o vosso Jesus. Ao mundo inteiro trazei o vosso amor de Mãe. Ensinai quem tem tudo a partilhar, ensinai quem tem pouco a não cansar, e fazei o nosso povo caminhar em paz...

12 DE DEZEMBRO

ORAÇÃO
Da confiança em Deus

Deus, nosso Pai, no evangelho de vosso Filho Jesus, temos a luz para nossos passos e o consolo para nossas aflições. **Nos momentos difíceis, possamos confiar na vossa misericórdia e ternura de Pai**, *que nos ama sempre,* **apesar de nossas infidelidades.** *Riqueza, comodidades, fama, glória e poder nada são perante a grandeza que é servir o próximo, por amor àquele que se fez servo de todos. Busquemos na vossa Palavra os frutos de sabedoria, perdão, compreensão, esperança, justiça e paz. Diante da ganância, saibamos partilhar. Diante do egoísmo, adiantemos a servir. Diante dos interesses particulares, coloquemos o bem de todos. Diante da indiferença, procuremos a solidariedade, que é o remédio para nossas dificuldades. Jamais nos esqueçamos de que sois nosso refúgio na opressão e defesa oportuna para os tempos de perigo. Aqueles que conhecem vosso nome confiam em vós, porque, Senhor, jamais abandonais quem vos procura. Que a esperança dos aflitos não seja frustrada. Não vos oculteis nas horas em que sofremos e estamos angustiados, em que estamos deprimidos e desesperançados.* **E no momento de fraqueza, levantai, Senhor, e estendei-nos vossa mão poderosa** (cf. Sl 910ss).

13 DE DEZEMBRO

S. Luzia

séc. III e IV – mártir – "Luzia" vem de "Lúcia" e quer dizer "aquela que é luzente como a aurora", "iluminada" – É invocada contra a cegueira do corpo e da alma

Luzia ou Lúcia sofreu o martírio em Siracusa, provavelmente durante a perseguição de Diocleciano (sécs. III-IV). Foi uma das santas mais veneradas na Igreja dos primeiros séculos, como indica uma inscrição encontrada nas escavações da catacumba de S. Giovanni: *"Eusquia, a irrepreensível, viveu santa e pura cerca de quinze anos; morreu na festa de minha **S. Luzia**, a qual não pode ser louvada como merece"* (Palacin, L., op. cit., p. 193). Segundo as Atas, Luzia pertencia a uma família nobre e rica de Siracusa. Prometida em matrimônio, ela adiou o casamento, pois havia feito voto de consagrar a Deus toda a sua vida. Caindo a mãe gravemente enferma, Luzia levou-a à tumba da S. Águeda. Em virtude da cura obtida, a mãe consentiu que ela se dedicasse à vida religiosa e distribuísse os bens aos pobres. Revoltado com a atitude de sua pretendida, o noivo denunciou-a ao procônsul Pascásio. Ela confessou destemidamente sua fé. Decidiram, então, expô-la à humilhação pública, mas seu corpo ficou tão pesado que dezenas de homens não puderam arrastá-lo. As chamas também nada puderam contra ela. Por fim, foi decapitada.

13 DE DEZEMBRO

Ó Virgem admirável, cheia de firmeza e de constância, que nem as pompas humanas puderam seduzir, nem as promessas, nem as ameaças, nem a força bruta puderam abalar, porque soubeste ser o templo vivo do Divino Espírito Santo. O mundo cristão vos proclamou advogada da luz dos nossos olhos, defendei-nos, pois, de toda moléstia que possa prejudicar a nossa vista. Alcançai-nos a luz sobrenatural da fé, esperança e caridade para que nos desapeguemos das coisas materiais e terrestres e tenhamos a força para vencer o inimigo e assim possamos contemplar-vos na glória celeste. Amém.

ORAÇÃO
Da cura de nossas cegueiras

Deus, nosso Pai, quisestes que S. Luzia fosse a protetora de todos os sofrem de algum problema de visão. A seu exemplo, tornai-nos luminosos pela fé, e resplandecentes pela esperança. Libertai nossos corações da tristeza, da angústia ou qualquer aflição que possam obscurecer nossa vida, fazendo-nos tropeçar a cada passo, longe de vós, Luz de toda luz, Sol eterno, Guia certo de nossos destinos incertos... **Curai também, Senhor, a nossa cegueira quando não quisermos ver as injustiças e reconhecer os erros que praticamos**. *Curai-nos, pois, embora tendo vista, tantas vezes não enxergamos o bem do próximo, o bem de todos, mas apenas nossos interesses, as vantagens próprias, nosso bem menor.*

14 DE DEZEMBRO

S. João da Cruz
1542-1591 – presbítero e doutor da Igreja

Natural de Fontíveros, Espanha, S. João da Cruz destacou-se como místico, poeta, teólogo e mestre espiritual. Influenciado por S. Teresa de Ávila, foi o pioneiro da reforma carmelitana masculina, sofrendo com isso incompreensões e perseguições. Fundou em Durvelo o primeiro convento dos carmelitas descalços. Deixou-nos importantes tratados de espiritualidade, como *A subida do Monte Carmelo, Noite escura da alma* e *Chama do amor vivo*. Afirmava: *é preciso cavar fundo em Cristo, que se assemelha a uma mina riquíssima, contendo em si os maiores tesouros; nela, por mais que alguém cave em profundidade, nunca encontra fim ou termo. Ao contrário, em toda cavidade aqui e ali novos veios de novas riquezas* (cf. Liturgia das horas, v. I, p. 1.072).

S. Venâncio Fortunato
c. 530-600 – bispo – "Venâncio" significa "caçador"

Venâncio Fortunato nasceu em Duplavilis, perto de Veneza, por volta de 530. Estudou gramática e retórica em Ravena. Era trovador e frequentador das cortes, viajando por toda a Europa. Influenciado por S. Radegundes e por S. Inês, decidiu deixar sua vida de trovador itinerante. Ordenado sacerdote, continuou compondo seus versos, legando-nos alguns dos cânticos da mais alta inspiração da mística cristã. Em 597, foi eleito bispo de Poitiers. Entre seus escritos mais conhecidos, temos o *Vexilla regis* e o *Pange lingua*, compostos por ocasião da chegada a Poitiers de uma relíquia da S. Cruz, enviada pela imperatriz Sofia de Constantinopla. Morreu por volta de 600.

ORAÇÃO

Do rei avança o estandarte

"Do Rei avança o estandarte,
fulge o mistério da Cruz,
onde por nós foi suspenso o autor da vida, Jesus.
Do lado morto de Cristo, ao golpe que lhe vibraram,
para lavar meu pecado o sangue e água jorraram.
Árvore esplêndida e bela, de rubra púrpura ornada,
de os santos membros tocar digna, só tu foste achada.

Ó Cruz feliz, dos teus braços do mundo
o preço pendeu;
balança foste do corpo que ao duro inferno venceu.
Salve, ó altar, salve vítima, eis que a vitória reluz:
a vida em ti fere a morte, morte que à vida conduz.
Salve, ó Cruz, doce esperança,
concede aos réus remissão;
dá-nos fruto da graça, que floresceu na Paixão.
Louvor a vós, ó Trindade, fonte de todo o perdão,
aos que na Cruz foram salvos, dai a celeste mansão.
(Vexilla regis, "Do rei avança o estandarte", composto por S. Venâncio Fortunato)

15 DE DEZEMBRO

S. Maria Vitória

1562-1617 – fundadora – "Maria" tem muitos significados, como "amada", "senhora", "predileta do Senhor", "excelsa", "suprema"

Maria Vitória nasceu em Gênova, em 1562. Desde menina, desejava ingressar na vida religiosa, mas acabou fazendo a vontade dos pais. Casou-se aos 17 anos e foi mãe de 8 filhos. Não bastasse ficar viúva, sobreveio-lhe um tempo de grande penúria. Rezando e pedindo ajuda a Deus, conseguiu superar a crise. Fez então os votos de castidade, o de não usar joias e vestidos de seda e o de não frequentar festas profanas. Todos os seus filhos entraram para a vida religiosa. S. Maria Vitória, juntamente com algumas companheiras, fundou a Congregação das Irmãs da Celeste, cuja regra foi escrita pelo jesuíta Bernardino Zanoni. E consistia em uma vivência autenticamente evangélica, intensa vida de oração e devoção filial à Virgem da Anunciação. Morreu no dia 15 de novembro de 1617.

Testemunha de nossos tempos

Daniel Bombara – Membro da JUC, comprometidos com a população pobre da Argentina, morto em 1975.

15 DE DEZEMBRO

ORAÇÃO
Da comunhão com nossos irmãos

Deus, nosso Pai, vinde e iluminai as trevas de nossa ignorância. **Senhor, dai-nos entendimentos para compreender que a medida de nossa felicidade, de nossa paz interior, é a dedicação com que buscamos ajudar e compreender nossos semelhantes.** *Que o bem de todos seja nossa maior recompensa; a solidariedade, o bálsamo para nossos desaventos. Sabeis que vivemos atrelados às nossas coisas, mais inclinados a recolher do que a oferecer. Como plantas rasteiras, criamos raízes na areia de nosso nada. Buscamos segurança nas coisas que caducam e passam. Esquecemos que sois vós a muralha que nos defende. Sois as asas que nos carregam longe de toda desgraça. Sois a brisa suave que nos sossega e nos acalma. Sintamos hoje e sempre a vossa mão nos protegendo. Ouçamos vossa voz nos animando e nos enchendo de coragem. Atentemos para vossa luz nos clareando como um dia sem sombras. Vinde, Senhor, abri nossas mentes. Dilatai nossos corações. Clarificai nosso entendimento. Reconciliai-nos num mesmo sentimento, para que não sejamos como gotas de água que desapareçam na areia quente do chão. Dai-nos a sabedoria das fontes que deixam jorrar as águas que, saindo de si, formam riachos e grandes mares.*

16 DE DEZEMBRO

B. Clemente Marchisio

1883-1903 – fundador – "Clemente" quer dizer "clemente", "benigno", "indulgente"

Natural de Raconígi, Itália, Clemente Marchisio foi o fundador das Irmãs das Hóstias ou Filhas de São José, dedicadas ao trabalho com a juventude. Além disso, elas têm a missão de preparar o vinho e as partículas a serem consagrados nas missas, daí o nome de "Irmãs das Hóstias". Dedicou a vida toda às populações da paróquia de Rivalba. Foi beatificado por João Paulo II, em 1984.

S. Everardo

séc. IX – confessor – "Everardo" significa "aquele que é forte como um javali"

Pertencente a uma das mais respeitadas e poderosas famílias da era carolíngea, S. Everardo era casado com Gisela, filha do imperador Luís, o Piedoso. Seu pai, alto dignitário de Carlos Magno, terminou seus dias como monge na abadia de S. Bertinho. Berengário, um dos seus sete filhos, tornou-se rei da Itália; Adelardo e Rudolfo, abades. Foi também o fundador da famosa abadia de Cysoing, onde foi sepultado ao morrer, em 867.

Testemunhas de nossos tempos

Eloy Ferreira da Silva – Líder sindical da região de S. Francisco, Minas Gerais, morto em 1984, Brasil. **Indígenas de Cauca** – Assassinados em 1991, na Colômbia.

16 DE DEZEMBRO

ORAÇÃO
Dos servos de Deus

Deus, nosso Pai, iluminai, hoje, nossos olhos com vossa luz, para que assim possamos ver e enxergar vossas pegadas ao longo de nosso caminho. Aclarai nosso entendimento para não adormecermos na tristeza, na falta de confiança na vida, no desânimo de quem se deixa vencer por suas dificuldades e contrariedades. Abri hoje nossos ouvidos para escutar vosso apelo de confiança e esperança na vida, que nos diz: **"Não terás mais necessidade de sol para te alumiar, nem de lua para te iluminar: permanentemente terás por luz o Senhor, e teu Deus por resplendor"** (Is 60,19ss). *Elevamos a vós, Senhor, esse hino de louvor.*

"Jesus, coroa celeste, Jesus, verdade sem véu,
ao servo que hoje cantamos deste o prêmio do céu.
Dai que por nós interceda em fraternal comunhão,
e nossas faltas consigam misericórdia e perdão.
Bens, honrarias da terra sem valor ele julgou;
vãs alegrias deixando, só as do céu abraçou.
Que sois, Jesus, rei supremo, jamais cessou de afirmar;
com seu fiel testemunho soube o demônio esmagar.

Cheio de fé e virtude, os seus instintos domou,
e a recompensa divina, servo fiel, conquistou.
A vós, Deus uno, Deus trino, sobe hoje nosso louvor,
ao celebrarmos o servo de quem Jesus é Senhor."
(Liturgia das horas, op. cit., 1994)

17 DE DEZEMBRO

S. Olímpia

366-408 – confessora – "Olímpia" quer dizer "celestial", "celeste"

Olímpia nasceu em Constantinopla, por volta de 366. Pertencia à alta nobreza bizantina. Aos 18 anos casou-se com Nebrídio, prefeito de Constantinopla, que morreu após 22 meses. Em 391, tomou o véu das diaconisas. Tinha como diretor espiritual S. João Crisóstomo, patriarca de Constantinopla. Durante o exílio de Crisóstomo por causa de intrigas da imperatriz Eudóxia e do bispo Teófilo de Alexandria, S. Olímpia sempre esteve a seu lado, defendendo-o e negando-se a reconhecer o usurpador como legítimo patriarca. João Crisóstomo escreveu-lhe 17 cartas, exortando sua filha espiritual à fé, ao amor incondicional a Jesus Cristo. Felicita-a também pela sua prudência, pela sua paciência diante das adversidades, pelo perdão que concede aos inimigos e perseguidores. S. Olímpia morreu em 408, exilada na Bitínia, Turquia.

17 DE DEZEMBRO

ORAÇÃO
Do despojamento de si

*Deus, nosso Pai, S. Olímpia descobriu que a grandeza de uma vida está em servir e praticar a misericórdia. Por isso quis levar uma vida simples, dedicada aos necessitados e à prática da justiça. Embora fosse rica, despojou-se de tudo e colocou em Deus sua inteira confiança. Porque acreditou, vós realizastes nela coisas maravilhosas. Que seu exemplo nos sirva de orientação para nos desfazermos das coisas que nos prendem e nos impedem de amar verdadeiramente e buscar a simplicidade de coração. Que as palavras de seu mestre espiritual nos ajudem a nos preparar para o nascimento daquele que, sendo o Poderoso, o Onipotente, fez-se criança, a tudo se assemelhando a nós, menos no egoísmo e na iniquidade: "O que ultrapassa a necessidade é supérfluo e inútil. Calce um par de sapatos maiores que os pés e você não os suportará, porque lhe dificultam o caminhar... **Por que esta loucura pelo que foge de nós e fica aqui embaixo? Nada mais enganador do que a riqueza, hoje com você e amanhã contra você**"* (João Crisóstomo ao povo de Antioquia).

18 DE DEZEMBRO

Nossa Senhora do Ó ou do Bom Parto

A devoção a N. Senhora do Ó ou do Bom Parto (Expectação) remonta a S. Ildefonso, bispo de Toledo. Esse título repousa no fato de a letra O ser o símbolo de Deus. Ou também, como querem outros, advém das antífonas rezadas durante o Advento, que repetem com frequência a exclamação Ó! É invocada com a seguinte oração:

Ó Maria Santíssima, vós que compreendeis perfeitamente as angústias e aflições das pobres mães que esperam um filho, especialmente nas incertezas do sucesso ou insucesso do parto. Olhai para mim, vossa serva, que na aproximação do parto sofro angústias e incertezas. Dai-me a graça de ter um parto feliz. Fazei que meu bebê nasça com saúde, forte e perfeito. Eu vos prometo orientar meu filho, sempre pelo caminho certo, o caminho que o vosso Filho, Jesus, traçou para todos os homens, o caminho do bem. Virgem, Mãe do Menino Jesus, agora me sinto mais calma e mais tranquila porque já sinto a vossa maternal proteção. Nossa Senhora do Bom Parto, rogai por mim.

S. Vinebaldo
† 760 – *"Vinebaldo" quer dizer "amigo audacioso"*

Vinebaldo, irmão de S. Vilibaldo e de S. Valburga, nasceu na Inglaterra. Em 720, aos 19 anos, foi com seu pai em peregrinação à Roma. O rei Ricardo morreu antes de visitar o túmulo

18 DE DEZEMBRO

dos apóstolos Pedro e Paulo e foi sepultado em Luca, onde é honrado como santo. S. Vinebaldo estabeleceu-se em Roma por sete anos, estudando Sagrada Escritura. Atraído por S. Bonifácio, partiu para a Turíngia, onde foi ordenado sacerdote. Mais tarde retirou-se para a floresta de Heidenhein, construindo ali dois mosteiros, um masculino e outro feminino.

Testemunhas de nossos tempos

Massacre dos Camponeses Ondores – Mortos em 1979, Peru.
João Canuto – Líder sindical em Rio Maria, assassinado em 1985, Pará, Brasil.

ORAÇÃO
Do advento do Senhor

*Deus, nosso Pai, **Jesus, vosso Filho, não veio como aquele que atemoriza, humilha e tiraniza, que pisa e faz vergar nossos ombros sob a carga de pesados fardos. Ele assumiu sobre si nossas fraquezas, dores e sofrimentos**. Pela sua palavra poderosa, os pobres recuperam a saúde e a dignidade. Carros de guerra, cavalos e cavaleiros diante dele nada são, pois ele tem o poder em suas mãos e o mundo jaz a seus pés. É o Príncipe da paz, o Mensageiro da esperança e da boa-nova para os corações aflitos e os atribulados de espírito. Senhor, neste tempo de graça e de consolação, aguardamos ansiosamente o vosso advento: "Eu vou criar novos céus, e uma nova terra; o passado já não será lembrado, mas será experimentada a alegria e a felicidade eterna daquilo que vou criar. Já não morrerá aí nenhum menino, nem ancião que não haja completado os seus dias; será ainda jovem o que morrer aos cem anos..."* (Is 65,17ss).

19 DE DEZEMBRO

S. Urbano V

1310-1370 – papa – "Urbano" quer dizer "habitante da cidade" e lembra também cidadania, civilização

Urbano V nasceu no castelo de Grisac, em 1310. Estudou com os beneditinos de Chirac, frequentando depois as universidades de Mentpellier, Avinhão, Tolosa e Paris, doutorando-se em Direito Canônico. Em 1352, tornou-se abade de S. Germano de Auxerre e de S. Vítor de Marselha em 1361. Eleito papa em 1361, continuou a observar os costumes monásticos, vivendo na mais completa simplicidade e despojamento, esforçando-se para socorrer os pobres e necessitados. Reorganizou a cúria romana, combateu os simoníacos e organizou a Cruzada contra os turcos. Em 1367, deixou Avinhão e voltou para Roma, restaurando as basílicas de Latrão, de S. Pedro e de S. Paulo e reconstruindo o mosteiro de Montecassino. Faleceu em Avinhão, deitado em uma humilde cama, vestindo um hábito beneditino. Foi sepultado no mosteiro de S. Vítor, onde fora abade.

19 DE DEZEMBRO

ORAÇÃO
Da paternal misericórdia

Deus, nosso Pai, S. Urbano viveu na mais completa simplicidade e despojamento, procurando sempre ajudar os mais necessitados. **Que cada um de nós, nesse dia, possamos abrir nosso coração à claridade de vossa luz e que se dissipem de nossa vida a indiferença perante as necessidades de nossos semelhantes.** *Em um mundo fragilizado e doente pela violência e falta de respeito à pessoa, dai-nos coragem e ousadia para cumprir nossa missão de sermos ternos e misericordiosos, para que assim possamos alcançar de vós ternura e misericórdia. E quando findar este dia, elevemos de coração sincero esta prece: "Agora que o clarão da luz se apaga, a vós imploramos, Criador: com vossa paternal misericórdia, guardai-nos sob a luz do vosso amor. Nossos corações sonhem convosco: no sono, possam eles vos sentir. Cantemos novamente vossa glória ao brilho da manhã que vai surgir. Saúde concedei-nos nesta vida, as nossas energias renovai; da noite a pavorosa escuridão com vossa claridade iluminai. Ó Pai, prestai ouvido às nossas preces, ouvi-nos por Jesus, nosso Senhor, que reina para sempre em vossa glória convosco e o Espírito de Amor"* (Liturgia das horas, *Oração da noite*).

20 DE DEZEMBRO

S. Zeferino

219-217 – papa – "Zeferino" lembra coisas "propícias", "favoráveis", "agradáveis"

Zeferino foi papa de 219-217. Foi durante seu pontificado que desencadeou a perseguição de Setímio Severo. Embora a perseguição fosse relativamente branda e tolerante no início, agravou-se quando foi proibida toda e qualquer propaganda judaico-cristã. Entre os mártires mais ilustres dessa época, temos S. Perpétua e S. Felicidade, martirizadas em Cartago. Sofreram também o martírio Saturnino, Secúndulo, Revogado, Saturo e Andeolo. Uma paz relativa retorna com a subida ao trono do imperador Caracalla e seus sucessores. Embora não tendo sido martirizado, S. Zeferino foi sempre venerado como confessor da fé. Foi sepultado nas catacumbas de S. Calisto.

20 DE DEZEMBRO

ORAÇÃO
Da proteção contra todos os perigos

Deus, nosso Pai, possamos hoje viver sob a vossa proteção. Possamos descansar à sombra da vossa onipotência. Vós sois nosso refúgio e nossa fortificação e em vós confiamos a integridade de nossas vidas. Sois vós que nos livrais da malícia e das humanas maquinações. **Na vossa presença não temeremos os terrores noturnos, e o medo e o pânico não nos atingirão. Nossos pensamentos negativos se converterão em alentos de paz e de esperança** *(cf. Sl 90). Que hoje nos conforte as palavras desse Santíssimo breve:*

"Primeiramente, eu peço e rogo ao Pai Eterno que **receba a súplica deste Breve, com os merecimentos de seu Filho Nosso Senhor Jesus Cristo, para livrar meu corpo de todos os perigos mortais e da fúria dos meus inimigos e das armas que trouxeram contra mim***. Em todos os perigos e apertos, livrai-me, Senhor Bom Jesus: pela vossa encarnação, pelo vosso nascimento, pelas lágrimas que no presépio chorastes, pela profusão de sangue que derramastes, pelo frio e sede que sofrestes, pela esmola que destes, pelo jejum no deserto, pelos sermões que pregastes aos vossos discípulos, pela instituição do SS. Sacramento, pela oração do horto, pela entrada em Jerusalém, pela noite da Ceia, pela traição de Judas, pelas bofetadas que em casa de Anás vos deram". De todos os perigos, defendei-me!* (Extrato do Santíssimo Breve de Roma).

21 DE DEZEMBRO

S. Pedro Canísio

1521-1597 – jesuíta – "Pedro" quer dizer "rocha", "pedra" e lembra o que é "firme" e resiste ao tempo

O Doutor da Igreja, S. Pedro Canísio, nasceu em Nimega, Holanda, em 1521. Filho do prefeito de Nimega, doutorou-se em Direito Canônico, em Lovaina, e em Direito Civil, em Colônia. Ingressou na Companhia de Jesus e, em 1546, foi ordenado sacerdote. Viveu num tempo conturbado pela Reforma e Contrarreforma, lutando intensa e ardorosamente pela consolidação do catolicismo na Alemanha. Por isso ele é chamado pelos alemães de o "segundo apóstolo da Alemanha", o Bonifácio dos tempos modernos. S. Pedro Canísio percorreu quase toda a Europa: Áustria, Baviera, Alsásia, Suábia, Tirol, Polônia, Suíça. Consolidou uma rede de colégios e universidades jesuíticas nas cidades de Ingolstaldt, Praga, Munique, Insbruck, Tréveris, Mogúncia, Dilligen, Spira, tudo com o objetivo de fazer frente à Reforma Protestante. Como escritor deixou uma obra admirável e fundamental para o catolicismo na Alemanha: *Suma da doutrina cristã* e um *Catecismo,* para o povo e crianças, as *Controvérsias.* Morreu em Friburgo, no dia 21 de dezembro de 1597.

Testemunhas de nossos tempos

Massacre de S. Maria de Iquique – Cerca de 3.600 mineiros chilenos foram mortos em 1907, por reivindicarem melhores condições de vida.

21 DE DEZEMBRO

ORAÇÃO
Da expectativa da vinda de Jesus

Deus, nosso Pai, na vossa imensa bondade, vós nos sustentais, moveis e atraís ao vosso Reino. Em Jesus, vosso Filho, revelastes e abristes vosso coração, para que nele encontrássemos o conforto e a consolação em nossas aflições. E nos chamais de filhos e de amigos. Pelo vosso Espírito, vós ensinais a conhecer vossa vontade, vossos desígnios de amor, vossas promessas de vida em plenitude. **Em Jesus nos fizestes beber da água viva e comer da mesa da comunhão e da fraternidade. Dai-nos sempre, Senhor, dessa vossa água e desse alimento de vida eterna. Assim seremos libertados de todo medo e lavados de nossas culpas, e de nossas trevas iluminados.** *Concedei-nos hoje a paz interior, a firmeza de espírito, a humildade que nos conduz à verdade, a reconciliação que leva à comunhão convosco e com nossos irmãos. Possamos assim chegar ao natal de vosso Filho com o coração humilde e desarmado, com a fronte erguida e embalada por sonhos de novas esperanças: "Levanta-te, sê radiosa, eis a tua luz! A glória do Senhor se levanta sobre ti. Vê, a noite cobre a terra e a escuridão os povos, mas sobre ti levanta-se o Senhor, e sua glória te ilumina"* (Isaías 60,1ss).

22 DE DEZEMBRO

S. Francisca Cabrini

1850-1917 – "Francisca" lembra uma pessoa "livre, franca, independente"

Natural de Sant'Angelo Lodigiano, Itália, Francisca Xavier Cabrini é a fundadora da congregação das Irmãs Missionárias do Sagrado Coração. Em 1889, fundou a primeira casa em Nova Iorque, dedicando-se inicialmente aos imigrantes italianos e depois a todos sem distinção. Outras obras como escolas, hospitais e orfanatos foram surgindo e ganhando a confiança do povo americano. Quando faleceu em Chicago, em 1917, sua obra missionária havia se espalhado pelos quatro continentes. Madre Cabrini naturalizou-se norte-americana e foi a primeira santa a ser canonizada nos Estados Unidos. É a padroeira dos imigrantes.

S. Queremom

séc. III – mártir

Queremom foi bispo de Nilópolis, hoje Ilahum, situada às margens do rio Nilo, ao sul de Mênfis, Egito. Em avançada idade, refugiou-se nas montanhas onde procurava ansiosamente pelos irmãos na fé. Dionísio de Alexandria afirma que uma multidão de crentes andava errante por desertos e montanhas, padecendo sede, fome, frio, doenças, enfrentando toda sorte de perigos, assaltos, animais selvagens... O *Martirológio romano* afirma que sofreu o martírio em 250, ao tempo do imperador Décio.

22 DE DEZEMBRO

Testemunha de nossos tempos

Chico Mendes – Líder sindicalista brasileiro em Xapuri, preocupado com o desmatamento e os conflitos violentos na Amazônia, assassinado em 1988.

ORAÇÃO
Do livramento dos perigos

Deus, nosso Pai, ensinai-nos a bem contar os nossos dias, para alcançarmos o saber do coração" (cf. Salmo 89). *Dai-nos hoje a alegria de viver cada momento a plenitude da graça de estarmos vivos, de podermos respirar livremente e saborear um pedaço de pão. E nós vos suplicamos, ouvi-nos, Senhor:*
"Ó Pai Eterno, pela coroa dos 72 espinhos que em vossa sacrossanta cabeça puseram, pela cana que vos fizeram empunhar, pela púrpura que por escárnio vos vestiram, pelos pregos que vos pregaram na cruz, pelas três horas que vivestes pregado no madeiro, pelas sete palavras que na cruz dissestes, pelo cálice que bebestes, pela dor que sentistes quando vistes chegar vossa Santíssima Mãe e o discípulo S. João, pelas recomendações que fizestes, pela hora que expirastes, pela descida ao inferno, pela vossa maravilhosa assunção, pela vinda do Espírito Santo, por tudo isso eu vos peço e rogo, **Senhor: livrai-me este meu corpo do fogo violento e das águas correntes, dos bichos peçonhentos e das condições de má gente e de todos os perigos presentes e futuros",** *amém.*
(*Extrato do* Santíssimo Breve de Roma).

23 DE DEZEMBRO

Santas Vitória e Anatólia

séc. III – virgem e mártir – "Vitória" era o nome de uma divindade romana cultuada como "deusa das vitórias" – "Anatólia" quer dizer "aurora"

Vitória e Anatólia sofreram o martírio provavelmente em 253, durante a perseguição de Décio, em Roma. Embora prometida em casamento, sob a influência de S. Anatólia, Vitória decidiu-se pela consagração total a Deus. Os pretendentes das duas jovens denunciaram-nas ao imperador. Nem os bons tratos nem a violência as fizeram desistir da opção religiosa que haviam tomado e acabaram sendo martirizadas.

Testemunha de nossos tempos

Gabriel Maire – Sacerdote francês, morto em 1989, no Brasil, em consequência de seu trabalho em favor da justiça.

23 DE DEZEMBRO

ORAÇÃO
Da vinda de Jesus

Deus, nosso Pai, os profetas anunciaram a vinda do vosso Filho. Nele e por ele temos o cumprimento de vossas promessas. Pela fé e pela graça que nos concedeis, participamos dos frutos do vosso Reino, já presente no meio de nós. Nós vos louvamos e vos bendizemos porque sois o Deus vivo e verdadeiro, que irrompestes na história humana com força e poder, trazendo ao homem a alegria da libertação. O homem desanimado, perdido e sem esperança, fechado em si mesmo, recobrou novo alento e fez um voto de confiança na vida, no amor, na paz e na fraternidade. **Doravante, já não somos órfãos nem desamparados, pois estais conosco, amparando-nos na caminhada.** *Aumentai em nós o desejo de vos servir nos irmãos, abrindo nossos corações à vossa graça e ao vosso dom, que é Jesus Cristo, Nosso Senhor. "Dou-vos um novo mandamento: Amai-vos uns aos outros. Como eu vos tenho amado, assim também vós deveis amar-vos uns aos outros. Nisso conhecerão que sois meus discípulos, se vos amardes uns aos outros. (...)* **Não se perturbe o vosso coração. Credes em Deus, crede também em mim...***"* (Jo 13,34-35.14,1s).

24 DE DEZEMBRO

S. Charbel Makhlouf
1828-1898 – eremita e místico

Este monge e ermitão libanês nasceu em Beka-Kafra em 1828 e foi canonizado em 1977. Tornou-se conhecido no mundo inteiro pela transpiração de sangue que vertia de seu corpo. Aos 23 anos, José Zaroun Makhlouf foi bater às portas do mosteiro de Maron, em Annaya, onde foi aceito como noviço, mudando seu nome para o de Charbel, um mártir do século II da Igreja antioquena. O monge Charbel levou a vida simples de um monge que cantava o ofício, trabalhava no campo, rezava, despojava-se de si mesmo, servia a todos... Em 1875, deixou a casa da ordem maronita baladita e foi para o eremitério de S. Pedro e de S. Paulo, onde se entregou por 23 anos a uma vida completamente austera e despojada. Recitava o ofício, jejuava, comia parcamente e dormia em uma cela desconfortável. S. Charbel morreu às vésperas do Natal e seu túmulo em Annaya continua até hoje sendo visitado por inúmeros romeiros não apenas do Líbano, mas do mundo inteiro.

24 DE DEZEMBRO

ORAÇÃO
Da vida em plenitude

Deus, nosso Pai, vós desejais nossa felicidade e o bom êxito em nossos empreendimentos. Desejais que vivamos em plenitude, na alegria e na esperança. Desejais que desfrutemos o trabalho de nossas mãos. Desejais que partilhemos com nossos semelhantes as alegrias e tristezas, as angústias e a luta por dias melhores. Desejais para nós dias em que já não haverá lágrimas nem desesperos, dias em que sereis tudo em todos. **Abençoai-nos, cumulai-nos de júbilo, frutificai nossas searas de bons gestos e boas obras, dai saúde, paz, harmonia, concórdia aos nossos lares, boa vizinhança e espírito solidário à nossa gente.** *Tornai farta a mesa dos que não têm pão, fazei entrar na terra a chuva fecunda e procriadeira. Defendei-nos de qualquer tirania, livrai-nos de toda mentira e hipocrisia, e dos laços do ódio e da vingança libertai-nos. Na adversidade sejamos fortes e pacientes; na provação, busquemos vossa força e a sabedoria dos tempos; no desespero, iluminai-nos; na tristeza, erguei-nos e avivai-nos. Vós estais conosco.* **De dia nos conduzis por trás de uma nuvem, e à noite, ao clarão de uma flama. Fendeis os rochedos em nossos desertos e com torrentes de água matais a nossa sede. Das pedras de nossas estradas fazeis jorrar regatos, e manar água como rios** (cf. Sl 77,13ss).

25 DE DEZEMBRO

Natal

Hoje celebramos a festa do nascimento de Jesus, nascido em Belém de Judá, de Maria Virgem. A Misericórdia e a Ternura estabelecem-se definitivamente no meio de nós na pessoa de Jesus, o Messias Salvador. Doravante o Sol Invencível é Cristo, o Sol da Justiça é Cristo Ressuscitado.

S. Anastácia

séc. III? – mártir – "Anastácia" quer dizer "ressurreição"

Além da festa do Natal, hoje se celebra também a memória de S. Anastácia, que deu testemunho de Jesus na perseguição de Diocleciano, na Panônia, Iugoslávia. No tempo de S. Leão Magno (471), suas relíquias foram levadas para Constantinopla e o seu culto se espalhou por toda a Igreja. Os cristãos costumavam se reunir na aurora da festa do Natal para celebrar sua memória, ligando-se assim o seu nome à festa do nascimento de Jesus Menino.

ORAÇÃO
Do nascimento de Jesus

O Amor fez o nosso Natal. Reuniu gestos vividos e promessas vindouras, sonhos paridos e desejos fortes de que a vida se fizesse eternidade, pão repartido fartamente, vinho derramado em profusão:

25 DE DEZEMBRO

Deus-conosco, festejos sem fim! Amém, amém, amém! Mais três vezes amém ao tempo de Deus em nós. À mesa da ceia exposta sentamo-nos alegres, risonhos. Comemos do que da vida nos foi dado e celebramos a boa-notícia: "Nasceu-nos um Menino! Um filho nos foi dado". O que poderíamos fazer senão desfazer a noite, transformá-la num dia de intensa claridade? O que poderíamos fazer senão nos amar, tirando a canga de nosso pescoço, tornando nossa alma leve, livre de medos, de temores e de maus presságios?... O que poderíamos fazer senão deixar que nossos corpos fossem amparados por asas eternas, comungando com toda criatura amante e amada de um novo tempo, em que Deus nasce e surge dos suores e soares das ondas amorosas de nossos profundos e humanos mares. Natal, tempo de dormir e de sonhar sonhos leves. Tempo de navegar mundos em naves belas. Tempo de armar redes em ventos cálidos. Tempo de visitar portos de rostos pálidos. Tempo de plantar vinhas e colher frutos. Tempo de malhar o trigo e cozer o pão. Tempo de acarinhar profecias e promessas prenhes. O Amor fez o nosso Natal, gesto amoroso de nascimento e dentro de nós Deus se fez carne e nos tornou eternos na gratuidade de um momento.

26 DE DEZEMBRO

S. Estêvão

séc. I – primeiro mártir – "Estêvão" deriva de "Estéfano", que significa "coroa", "diadema"

Primeiro mártir da história do cristianismo, S. Estêvão foi um homem cheio de fé e do Espírito Santo. Os Apóstolos o escolheram para ser o primeiro dos sete diáconos encarregado dos cuidados para com as viúvas e necessitados (At 6,1-6). Ninguém conseguia resistir à sabedoria e ao Espírito com que ele falava. Seus adversários o acusaram de blasfemo contra Deus e a Lei e de pregar que Jesus iria mudar os costumes que Moisés transmitira ao povo judeu. Sua morte assinala a ruptura entre o cristianismo e o judaísmo. Instigada pelos doutores da lei, uma multidão enfurecida o apedrejou até a morte.

S. Vicenta Maria Lopes

1847-1887 – fundadora – "Vicenta" vem de "Vicente", que quer dizer "vencedor do mal"

Natural de Navarra, Espanha, Vicenta Maria foi a fundadora da Congregação das Filhas de Maria Imaculada, cuja finalidade inicialmente era o serviço doméstico, ou seja, oferecer às empregadas domésticas um lar em que pudessem encontrar afeto e receber orientação e instrução. Apoiada por sua tia Eulália e pelos padres Medrano, Fidalgo e Soba, ela conseguiu consolidar sua obra, que foi aprovada pela Santa Sé em 1888, dez anos após a fundação do Instituto. Milhares de empregadas domésticas passaram por suas casas, fundadas

26 DE DEZEMBRO

na Europa e nas Américas. Morreu em 1887, aos 40 anos, após cinco anos de sofrimento. Mas tudo suportou com paciência, aceitação e humildade.

ORAÇÃO
Da proteção contra os perigos

Deus, nosso Pai, "livrai-me de facas e de balas de qualquer metal e matéria. Sejais comigo em todos os perigos, por aquelas palavras fortes que Moisés disse ao passar do mar Vermelho: Senhor, aí vêm os meus inimigos. Caia o vosso poder sobre eles. **Fiquem imóveis como pedras nos campos, enquanto passa este vosso servo pelos perigos e apertos. Suas armas faltem fogo e caia por terra o poder de Deus sobre eles e os destruam. Conservai-me, Deus Pai. Guardai-me, Deus Filho. Defendei-me, Deus, Espírito Santo.** *Meus inimigos sejam convertidos pelo poder da Santíssima Trindade. Todas as armas que trouxerem contra mim sejam inibidas pelo poder de Deus, pela Virgem Maria e por todos os santos da corte do céu, patriarcas, profetas, confessores, virgens, viúvas, penitentes, eremitas, apóstolos, evangelistas, S. Tiago, S. Marcos, S. Mateus, S. Lucas, S. Felipe e todos os mais apóstolos, os coros dos anjos, querubins e serafins e todas as denominações de virtudes, anjos do céu, velai-me pelo poder de S. Miguel, S. Rafael. Por eles permita, Senhor, que todos os meus inimigos tenham boca e não falem mal, tenham mãos e não me peguem nem me ofendam e alcancem, pelo poder da Santíssima Trindade.* (Extraído do Santíssimo Breve de Roma).

27 DE DEZEMBRO

S. João Evangelista

séc. I – apóstolo – "João" significa "Deus é misericordioso"

Irmão de Tiago Maior, S. João fazia parte do grupo dos Doze. Segundo S. Paulo, era, ao lado de Pedro e Tiago, uma das colunas da Igreja em Jerusalém (Gl 9,2). Testemunhou a transfiguração de Jesus e viu com seus próprios olhos o Mestre agonizar na cruz. A tradição sempre o identificou com o discípulo "a quem Jesus amava" e que se inclinou no peito de Jesus na Última Ceia. A ele Jesus confiou o cuidado de sua Mãe aos pés da cruz. Atribui-se a ele também o *Quarto Evangelho* e as *Cartas de João* e o *Apocalipse*. Por pregar a Palavra de Deus e dar testemunho de Jesus, foi exilado na ilha de Patmos (Ap 1,9). Em idade avançada, não se cansava de dizer aos seus discípulos: *"Amai-vos uns aos outros. Este é o mandamento do Senhor e, se o cumprirdes, apenas isso é suficiente"*.

S. Fabíola

séc. IV – viúva – "Fabíola" deriva de "Fábio", que lembra os cultivadores de favas de Roma antiga

Natural de Roma, Fabíola pertencia a uma ilustre família romana. Segundo a tradição, fundou em Roma um hospital para os pobres. Essa teria sido a primeira fundação do gênero na Europa. Viúva, visitou em 395 a Terra Santa, onde se encontrou com S. Jerônimo, da qual dá testemunho dizendo que sua fortuna não era pequena, mas ela de tudo se desfez e com o dinheiro fundou um

27 DE DEZEMBRO

nosokomion, uma espécie de hospital em que eram recolhidos os doentes que jaziam nas ruas e praças públicas. Ali eram curados e alimentados. S. Jerônimo afirma que muitas vezes ela mesma carregava às costas os enfermos, curava suas feridas e com as próprias mãos os alimentava e dava-lhes de beber.

Testemunha de nossos tempos

Ângelo Pereira Xavier – Cacique da nação pankaré, morreu lutando pelas terras de seu povo, 1979, Brasil.

ORAÇÃO
Do desapego de nós mesmos

Deus, nosso Pai, no Reino de Deus é grande aquele que, se desapegado de si, serve os pequeninos em vosso nome. Em lugar de ser servido, a todos serve com generosidade. Sem temer ser empobrecido, dá tudo de si e não faz conta da própria vida. **Por isso, Senhor, nós vos pedimos: tirai as trevas de nossos olhos, limpai nossos ouvidos, fazei arder nossos corações, para que descubramos a alegria e a grandeza do que é servir sem querer ser servido.** *Todos, sem distinção, somos preciosos a vossos olhos, Senhor:* **"Porque és precioso a meus olhos, porque eu te aprecio e te amo, permuto reino por ti... Fica tranquilo, pois eu estou contigo..."** *(Isaías 43,2ss). E, cumprindo vosso mandamento de amor, sejamos curados de nossas tristezas, elevados de nossas mediocridades, gerados para a verdadeira vida.*

28 DE DEZEMBRO

Os Santos Inocentes

A origem da festa dos Santos Inocentes remonta ao século IV, no Oriente, e ao século V, no Ocidente. Hoje a Igreja procura resgatar o sentido e o significado jubiloso desta festa, em que se celebram os protetores das crianças e dos simples. Jesus nos trouxe a grande alegria do reino de Deus, da nova aliança, da nova terra e dos céus novos, em que toda lágrima será enxugada e toda opressão será banida e todos se sentirão irmãos e filhos de Deus. Na Idade Média, a festa dos Santos Inocentes era um momento de grande alegria especialmente para as crianças que cantavam no coro e serviam o altar. Eles próprios presidiam parte das cerimônias litúrgicas, culminando com um pequeno banquete às expensas da Igreja. S. Prudêncio cantou a memória dos Santos Inocentes. O episódio da matança dos Inocentes ou das crianças de Belém por ordem de Herodes é narrada por Mateus (Mt 2,16ss). Como Moisés, Jesus vai conduzir o povo rumo à libertação, em um novo êxodo. Jesus é o novo Moisés que libertará o povo contra toda opressão simbolizada pela morte das crianças, vítimas de Herodes. Herodes é a personificação de todo aquele que em nome do poder oprime os inocentes.

28 DE DEZEMBRO

ORAÇÃO
Dos Santos Inocentes

Deus, nosso Pai, olhai hoje por todas as nossas crianças, sobretudo aquelas que não contam com o aconchego de um lar e estão à margem de uma sadia convivência social. **Senhor, abençoai todos aqueles que se preocupam com o bem-estar dos pequeninos e traduzem esse compromisso em gestos concretos.** *Despertai em nós o afeto e o carinho por aqueles que não podem contar com ninguém e estão à mercê da própria sorte, buscando nas drogas e na violência a superação do medo e da insegurança que dia e noite os aterrorizam.*

"Salve, ó Flores dos mártires,
que na alvorada do cristianismo
fostes massacrados pelo perseguidor de Jesus,
como um violento furacão,
arranca as rosas apenas desabrochadas.
Vós fostes as primeiras vítimas,
a tenra grei imolada
num mesmo altar
recebestes a palma
e a coroa."

(apud Sgarbossa, op. cit, p. 417)

29 DE DEZEMBRO

S. Davi

rei – "Davi" quer dizer "amado", "querido de Deus"

Filho de Jessé, de Belém, Davi foi o sucessor de Saul no trono de Israel (1Samuel 16,1-13). Cultivava a música (1Sm 16,14ss), a poesia e tinha a convicção de que o Senhor estava do seu lado, assim como ele se colocava do lado do Senhor. A causa do povo de Deus era também a causa do Senhor. Foi assim que com uma funda abateu o gigante Golias (1Samuel 17,1ss). Simples, violento, mas de coração contrito e humilhado pelos erros cometidos. Amigo íntimo de Jônatas, filho de Saul, que o protegia contra a ira do pai (1Samuel 19,1ss). Perseguido pelo rei Saul, refugiou-se no deserto de Judá, onde conseguiu reunir um grupo de guerreiros (1Samuel 27,1ss) e lutou e venceu os amalecitas. Quando Saul foi vencido pelos filisteus, Davi foi escolhido para sucedê-lo, estabelecendo residência real em Hebron (2Samuel 2,4ss). Aos poucos conseguiu consolidar seu reinado (2Samuel 5,1ss), derrotando os filisteus e retomando Jerusalém, que se tornou não somente a cidade real mas também o centro religioso mais importante de Israel.

29 DE DEZEMBRO

ORAÇÃO
Da confiança em Deus

Deus, nosso Pai, possamos nesse dia lembrar-nos da funda de Davi e da espada do gigante Golias. **Foi clamando o nome do Senhor dos Exércitos que o frágil hebreu se postou de frente ao inimigo, alçou sua funda e com uma pedra certeira derrubou o poderoso filisteu com seu escudo, sua couraça de bronze e sua espada afiada** (cf. 1Samuel 17,1ss). *Senhor, ficai hoje e sempre do nosso lado, sabidos de que sois vós que dais vitória a nossas lutas, coroais de frutos nossos trabalhos, apaziguais nossos medos e nos encorajais em nossas fraquezas.*

"Senhor, meu coração não é ambicioso,
nem meus olhos altaneiros;
não ando atrás de grandezas,
nem de maravilhas que me ultrapassam.
Não! Fiz calar e repousar meus desejos,
como criança desmamada no colo de sua mãe.
Israel, põe tua esperança no Senhor,
desde agora e para sempre!"
(Salmo 131, atribuído a Davi)

30 DE DEZEMBRO

S. Fulgêncio

467-532 – bispo – "Fulgêncio" quer dizer "aquele que é luzente, luminoso"

Fulgêncio nasceu em Cartago, em 467. Influenciado por S. Agostinho, decidiu-se por uma vida mais simples, despojada de riquezas. Ordenado sacerdote, foi escolhido para bispo de Bizacena. Apavorado pela ideia, fugiu para o deserto e lá permaneceu até que todos os bispos fossem sagrados. Quando regressou, foi imediatamente consagrado bispo de Ruspe, pois o rei ariano, Trasmundo, havia exilado na Sardenha 59 bispos e, entre eles, S. Fulgêncio. Em 523, quando morreu o rei ariano, S. Fulgêncio e os bispos exilados puderam retornar a suas sedes episcopais. Por nove anos dirigiu o rebanho de sua diocese, adotando um estilo monástico de vida pessoal. Dedicou grande empenho à composição de obras doutrinais e pastorais. Tudo o que recebia ele doava aos pobres. Morreu em 532, em Ruspe, aos 65 anos de idade.

30 DE DEZEMBRO

ORAÇÃO
Do Deus que caminha conosco

Deus, nosso Pai, queremos vos sentir caminhando conosco, lado a lado, nosso bondoso amigo, nosso companheiro, nosso Defensor, Condutor de nossos passos. Queremos convosco unir nossas forças num mesmo esforço, em uma mesma luta por paz, justiça, retidão de pensamento e de sentimentos, por solidariedade humana e concórdia fraternal. Senhor, nosso Deus, queremos sentir-vos ao nosso lado, fazendo a mesma viagem, cumprindo nossa páscoa. **Senhor, amparai-nos para não nos dispersarmos, fortalecei-nos para não esmorecermos, iluminai para que vençamos o deserto de nossos egoísmos, de nossa indiferença, de nossos ódios e vinganças.** *Não nos deixeis desnorteados, confusos, errantes, mas mostrai-nos o caminho que nos leva à vida e à comunhão convosco e com nossos semelhantes.* **"Sois vós, Senhor, que dais forças ao homem acabrunhado, redobra o vigor do fraco.** *Até os adolescentes podem esgotar-se, e jovens robustos podem cambalear, mas aqueles que contam com o Senhor renovam suas forças. Dais a eles asas de águia. Correm sem cansar, vão para a frente sem se fatigar"* (cf. Isaías 40,29ss).

31 DE DEZEMBRO

S. Silvestre

séc. IV – papa – "Silvestre" quer dizer "aquele que é da selva, do mato"

Natural de Roma, S. Silvestre governou a Igreja de 314 a 335. Constantino Magno havia se tornado imperador e atribuía a vitória contra seus inimigos à cruz de Cristo, ao Deus de sua mãe, S. Helena. O edito de Milão punha fim a mais de 250 anos de perseguição à Igreja. Os cristãos saíam das catacumbas para celebrar publicamente seu culto em templos majestosos e deslumbrantes, construídos a mando do próprio Imperador. Um nova era, cheia de esperança e percalços, nascia para a Igreja e coube a S. Silvestre estabelecer as bases doutrinais e disciplinares do cristianismo como religião oficial do Estado.

S. Melânia, a Jovem, e S. Piniano

séc. V – "Melânia" quer dizer "negro", "preto" e lembra "cabelos negros"

Melânia nasceu em Roma. Aos 13 anos, casou-se com S. Piniano. Tiveram vários filhos, que morreram em tenra idade. Decidiram então dedicar suas vidas ao serviço de Deus. Venderam tudo o que tinham, libertaram os escravos e foram ao encontro de S. Agostinho. Construíram dois mosteiros na diocese de Hipona. Depois partiram para a Terra Santa onde se estabeleceram definitivamente, cada um vivendo separado num mosteiro. Em 435, S. Piniano faleceu e foi sepultado no lugar em que Jesus havia predito a destruição do Templo. S. Melânia morreu em 439, em Jerusalém.

31 DE DEZEMBRO

Testemunha de nossos tempos

Maurício Lopez – Pastor evangélico argentino, membro do Conselho Mundial das Igrejas, assassinado na Argentina, em 1976.

ORAÇÃO
Da proteção contra os males

Deus, nosso Pai, vós "sois benfazejo e verdadeiro. Vós sois paciente e tudo governais com misericórdia; com efeito, mesmo se pecamos, somos vossos, porque conhecemos vosso poder; mas não pecaremos, cientes de que somos considerados como vossos, porque conhecer-vos é a perfeita justiça, e conhecer vosso poder é a raiz da imortalidade" (cf. Sabedoria 15,1ss). *Nesse último dia ano, coloquemo-nos sob a proteção de Maria, dos anjos e dos santos: "Santa Maria, valha-me. Mãe dos pecadores, socorrei-me. Todos os coros dos anjos sejam por mim. Todos os santos patriarcas sejam por mim. Todos os santos confessores, guardai-me e confortai-me todos os santos discípulos do Senhor.* **O meu corpo defendam todos os santos da corte do céu. Dos perigos me guardem. S. Bento seja comigo. S. Brás, S. Sebastião, S. Catarina e todos os santos sejam comigo. Da morte repentina, livrai-me. Senhor, do ferro agudo, das armas de fogo, de tiros e balas, de todos os perigos, livrai-me Senhor Deus a quem venero.** *Assim passarei por todos os meus inimigos sem ser visto nem ofendido, pelo poder de Deus Pai, Deus Filho, Deus Espírito Santo. Amém"* (Extrato do Santíssimo Breve de Roma).

BIBLIOGRAFIA

ARNS, Cardeal. *Santos e heróis do povo.* São Paulo, Paulinas, 1985.

ATTWATER, Donald. *Dicionário dos santos*

Bíblia Sagrada. São Paulo, Ave-Maria.

GUÉRIOS, R. F. Mansur. *Dicionário etimológico de nomes e sobrenomes – Tudo o que você gostaria de saber.* São Paulo, Editora Ave-Maria, 1994.

LEITE, José, S.J. *Santos de cada dia.* (III volumes), Editorial A. O. Braga, Portugal.

LEONARDI, C. – RICCARDI, A. – ZARRI, G. et alii. *Il grande libro dei santi – Dicionario enciclopedico.* Turim, Edizioni San Paolo, 1998.

Liturgia das horas. São Paulo, Ave-Maria/Vozes, 1998.

MARINS, José, TREVISAN, Tolide M., CHANONA, Carolee. *Martírio, memória perigosa na América Latina.* São Paulo, Paulinas, 1984.

MEGALE, N. Botelho. *Invocações da Virgem Maria no brasil.* 5. ed. Petrópolis, Vozes, 1998.

PALLACÍN, Luís. *Santos do atual calendário litúrgico.* São Paulo, Loyola, 1982.

PALLACÍN, C. – PISANESCHI, N. *Santo nosso de cada dia, rogai por nós!* São Paulo, Loyola, 1991.

PUJOL, C. *La casa de los santos – Un santo para cada dia del año.* Madri, Rialp, 1989.

ROHRBACHER. *Vida dos santos.* XII volumes, São Paulo, Editora das Américas.

SCHLESINGER, Dr. Hugo – PORTO, Humberto. *Líderes religiosos da humanidade* (2 tomos). São Paulo, Paulinas, 1986.

SGARBOSSA, Mário – GIOVANNINI, Luigi. *Um santo para cada dia.* São Paulo, Paulinas, 1984.